普通高等教育电子商务"十二五"规划教材
编审委员会名单

主　任　　陈　进
副主任　　祁　明　汤兵勇　贺盛瑜　张润彤
委　员　　（按拼音排序）

　　　　　　曹　杰（南京财经大学）
　　　　　　陈　进（对外经济贸易大学）
　　　　　　郭卫东（首都经济贸易大学）
　　　　　　贺盛瑜（成都信息工程学院）
　　　　　　胡　桃（北京邮电大学）
　　　　　　华　迎（对外经济贸易大学）
　　　　　　琚春华（浙江工商大学）
　　　　　　劳帼龄（上海财经大学）
　　　　　　李　明（重庆师范大学）
　　　　　　倪　明（华东交通大学）
　　　　　　祁　明（华南理工大学）
　　　　　　瞿彭志（上海大学）
　　　　　　帅青红（西南财经大学）
　　　　　　孙宝文（中央财经大学）
　　　　　　孙建红（宁波大学）
　　　　　　孙细明（武汉工程大学）
　　　　　　汤兵勇（东华大学）
　　　　　　闫相斌（哈尔滨工业大学）
　　　　　　杨路明（云南大学）
　　　　　　叶琼伟（云南财经大学）
　　　　　　张李义（武汉大学）
　　　　　　张润彤（北京交通大学）
　　　　　　张玉林（东南大学）

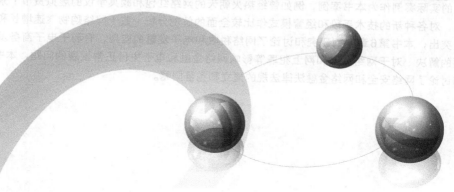

普通高等教育电子商务"十二五"规划教材

NETWORK FINANCE AND ELECTRONIC PAYMENT

网络金融与电子支付

瞿彭志 主编 凤羽翠 刘岚 副主编

化学工业出版社

·北京·

《网络金融与电子支付》从多年前一门相对陌生的新课程，如今已成为电子商务专业和其他相关专业最重要的专业必修课，越来越受到高校师生们的重视。本书在各章节内容的选择上注意紧跟网络金融的发展前沿，在具体的编写方面力争精益求精。与其他同类的教材相比，本书特别注重以下几个部分：对传统金融到网络金融领域的业务作全面的介绍，努力做到理论和技术的完整性和系统性；选择具有代表性的实际案例作为本书案例，例如曾经热火朝天的网络红包和颇具争议的虚拟货币；紧跟网络金融的发展，对各种新的技术手段和经营模式作比较全面的解剖分析；鉴于网络购物飞速增长和国家税收矛盾尖锐突出，本书第6章专门研究和讨论了网络税收和电子发票的应用，有利于电子商务发展和国家税收问题的解决；对于网络欺诈和网上犯罪等影响网络金融和电子支付正常发展的问题，本书第7章专门研究和讨论了网络安全和网络金融法律法规的建立和完善问题。

图书在版编目（CIP）数据

网络金融与电子支付/瞿彭志主编. —北京：化学
工业出版社，2014.8（2021.3重印）
普通高等教育电子商务"十二五"规划教材
ISBN 978-7-122-20839-2

Ⅰ.①网… Ⅱ.①瞿… Ⅲ.①计算机网络-应用-
金融-高等学校-教材②电子商务-支付方式-高等
学校-教材 Ⅳ.①F830.49②F713.36

中国版本图书馆CIP数据核字（2014）第116830号

责任编辑：宋湘玲　　　　　　　　　　　文字编辑：王新辉
责任校对：王　静　　　　　　　　　　　装帧设计：尹琳琳

出版发行：化学工业出版社（北京市东城区青年湖南街13号　邮政编码100011）
印　　装：北京七彩京通数码快印有限公司
787mm×1092mm　1/16　印张17½　字数457千字　2021年3月北京第1版第5次印刷

购书咨询：010-64518888　　　　　　　　售后服务：010-64518899
网　　址：http://www.cip.com.cn
凡购买本书，如有缺损质量问题，本社销售中心负责调换。

定　　价：48.00元　　　　　　　　　　　　　　　版权所有　违者必究

编写说明

近年来国家有关部委发布了《电子商务发展"十二五"规划》、《"十二五"电子商务发展指导意见》等文件，为电子商务的发展制定了宏伟蓝图。并从国家层面开展了电子商务示范城市创建工作、电子商务示范基地创建工作及电子商务示范企业评选工作等，电子商务的发展进入了快车道。

电子商务的飞速发展，使得各行各业对电子商务人才的要求越来越高。我国高等教育承担着为国家培养和输送懂技术、能实干的电子商务活动的策划、开发和管理的专门人才。目前，我国300多所高校开设了电子商务本科专业，每年约有5万多电子商务的高等学校毕业生走向电子商务相关行业。为了更好地培养电子商务专业人才，我们经过多次调研、反复研讨、认真组织，与化学工业出版社合作出版了本套电子商务系列教材。

本套教材是依据电子商务专业最新专业规范的培养要求，组织电子商务研究领域中颇有建树的学者教授、行业专家共同编写。主编老师大多为教育部高等学校电子商务专业教学指导委员会委员及业内公认专家学者。

本套教材定位于为企业培养开展电子商务活动的策划、开发和管理的专门人才。

本套教材具有如下特色：

（1）**行业特色**：融入电器、服装、制造、化工、钢铁、粮食、小商品；金融、电信移动、新材料、网络信息等行业特点；重视制造业与服务业的融合。

（2）案例特色：以传统行业开展电子商务活动的典型案例为主，注重案例分析及拓展。

（3）校企合作：教材面向社会需求和应用，与企业结合、与企业共同编写，将企业实战观点渗入教材。

本套教材配套有电子资源（电子课件、习题解答），为选用教材的任课老师免费提供，如有需要请登录化学工业出版社教学资源网www.cipedu.com.cn下载或者联系1172741428@qq.com。

编写时虽力求精益求精，但疏漏在所难免，还请广大专家读者批评指正。

普通高等教育电子商务"十二五"规划教材

编审委员会

2014年8月

互联网的发展使电子商务得到广泛和深入的应用，网络购物已成为网民的爱好和习惯。网络金融从2013年开始大事不断：据支付宝公布的数据，2013年"双十一"通过支付宝流动的销售额资金达350亿元，相当于北京和上海一天的商业零售额总和，其中通过手机端支付4518万笔，支付金额突破113亿元。2013年6月阿里巴巴推出的余额宝具有支付、转账等功能，同时比银行有更高的活期利息。截至2014年3月，余额宝吸储规模达到8000亿元，而央行2013年全年银行间债市共发行的地方政府债券也只有3500亿元，余额宝火箭般的蹿升速度让国内传统金融业惊出阵阵冷汗；紧接着网络巨头百度、腾讯、新浪、苏宁、京东等相继推出的百发在线理财、微信支付、理财通、微博钱包、零钱宝、京保贝等均业绩非凡；另外，通过第三方支付的P2P（点对点）网络信贷面向个人消费和中小企业小额信贷业务也日益兴旺，增长迅速。最令公众怦然心动的是2014年春节腾讯突然推出网络红包，一时间各种网络红包漫天飞，引无数网民竞相争抢，腾讯则毫不费力地收获了大量微信支付个人用户，2天绑定了2亿张个人银行卡。随后阿里与腾讯为了抢占移动互联网入口阵地在移动支付主战场全力火拼，从2014年年前开始分别投入数十亿元资金到打车软件"快的打车"和"嘀嘀打车"进行竞争，使每一单通过支付宝或微信支付的出租车业务补贴高达20元，上海甚至出现了大妈乘出租车到菜场买菜的趣事。而携程、同程和驴妈妈等旅游网站则开始抢夺旅游景点门票的网上支付，竞争激烈程度足以吸引旅游者的眼球。至此，网络金融依托互联网优势以各种创新的技术手段和业务模式对传统金融行业形成了冲击和倒逼，打破了传统金融业的垄断，一点点地蚕食原本属于银行的领地，使传统金融企业深感不安，应了马云两年前"如果银行不改变，我们就改变银行"的话，网络金融已促使传统金融业兴起了一场自身革命。

任何依托互联网而存在和发展的金融业务都属于网络金融。传统金

融业由于存在行业垄断而与实体经济之间有较大的落差，造成的后果是整个金融资源配置效率降低。而网络金融借助互联网可使物流、信息流和现金流实现三流合一，使金融机构的对接结算、信贷、购买、理财等业务过程变得更为便捷，对客户的服务更有效率。网络金融相对于传统金融业具有"服务范围广""服务效率高"和"服务信息透明"三方面的特征，随着互联网和现代通信技术的不断创新和广泛应用，如网民利用手机上网和在线移动支付的普及，网络金融的发展会有非常宽阔的前景。

网络金融及应用从起先被人们怀疑和畏惧，到现已日益被越来越多的民众所接受和青睐，对网络金融的研究也越来越受到人们的重视。网络金融的发展进程可分为以下三个阶段。

● 第一阶段是以信息技术为基础的金融服务手段创新，其特征就是使传统的金融服务网络化。例如网上银行、网上证券、网上支付等。

● 第二阶段是借助电子商务平台、社交网络和移动通信等互联网服务模式的创新，进而实现网络金融的深化。比如移动支付和有些商业银行推出微信银行服务等。

● 第三阶段将是互联网与金融业深度融合，使金融资源通过更低的中间成本得到更高效的配置。例如P2P网络信贷使个人客户和小微企业的理财和融资得到解决。

网络金融今后的发展方向和趋势，近年来引起了业内人员和专家们的广泛讨论，主要的关注点是网络金融对传统金融业带来的冲击及是否会产生颠覆性影响，特别是银行的资产业务、支付业务等领域。面对网络金融的进逼优势，许多专家认为网络金融实际上难以离开传统金融，其理由是如果没有包括工商银行在内的银行支付系统能每秒处理6500笔以上的支付业务，那么淘宝网近两年"双十一"热闹的促销就会"趴窝"。因此，传统银行依托其强大的风险控制系统、信用体系建设和信

息化水平，今后仍将在金融领域中占据重要的地位。目前比较一致的结论是：虽然网络金融已经并将继续得到迅速普及与发展，使传统金融业在许多方面无法与之抗争而面临尴尬的困境，但究其结果，无论网络金融如何发展，仍将无法完全取代传统金融业。另一方面，传统金融业面对网络金融的冲击，则必须积极转型并与之深度融合，努力对传统的业态形式加以变革并从中得到升华。同时，伴随网络金融的迅速发展也派生出不少问题：开展网络金融的企事业组织和机构需要深入地探讨如何更有效地开展和应用网络金融？如何满足社会对优秀网络金融专业人才的迫切需求和期望？网络金融人才应具有怎样的知识结构和经营管理能力？这些均需要我们认真研究和讨论。

《网络金融与电子支付》是多年前一门相对陌生的新课程，如今已成为电子商务和其他相关专业最重要的专业必修课，越来越受到高校师生们的重视。课程所涉及的内容包括理论、技术、方法和手段等，而这些内容各方面的发展变化都很快，需要不断紧跟社会实际应用而完善。鉴于此，本书在各章节内容的选择上密切关注和紧跟网络金融的发展前沿，在具体的编写方面力争精益求精。与其他同类教材相比，本书特别注重以下几个部分。

● 对传统金融到网络金融领域相关的业务作全面的介绍，努力做到理论和技术的完整性和系统性。

● 选择具有代表性的实际案例作为本书案例，例如曾经热火朝天的网络红包和颇具争议的虚拟货币。

● 紧跟网络金融的发展，对各种新的技术手段和经营模式作比较全面的解剖分析。

● 鉴于网络购物飞速增长和国家税收的矛盾比较突出，本书第6章专门研究和讨论了网络税收和电子发票的应用，有利于电子商务发展和国家税收问题的解决。

● 对于网络欺诈和网上犯罪等影响网络金融与电子支付正常发展的问题，本书第7章专门研究和讨论了网络安全和网络金融法律法规的建立和完善问题。

参加本书编写的作者均是具有丰富第一线教学和实践经验的教师，其中凤羽翚教授编写第1、第4章，刘岚副教授编写第2、第3章，王霞副教授编写第5章，曹海生副教授编写第6章，袁丽娜副教授编写第7章，瞿彭志教授对各章加以补写、修改和完善，并负责对全书进行统稿。

上海大学周培端副教授对本书的编写提供了许多宝贵的意见，在本书出版之际，在此表示衷心的感谢。

网络金融的发展异常迅猛，在实际应用中涉及的各种技术、方法和手段又在不断变化和推陈出新，本书的编写虽经认真修改和完善，仍感到有不少地方需要再加斟酌，加之编者的水平和时间有限，不当之处在所难免，期待各位专家和读者的批评指正。

瞿彭志

2014年8月　于上海大学

E-mail：qupzh@china.com

目录
Contents

1 金融与网络金融

1.1　金融业务与网络经济 ·················· 3
　　1.1.1　传统金融业发展与现状 ············ 3
　　1.1.2　网络经济与全球经济一体化 ········ 5
1.2　网络金融优势及其应用 ················ 6
　　1.2.1　网络金融的定义 ················· 6
　　1.2.2　网络金融的发展与现状 ············ 7
　　1.2.3　网络金融优势与业务创新 ··········· 10
　　1.2.4　网络金融与社会经济 ·············· 13
1.3　网络金融的现状与前景 ················ 15
　　1.3.1　网络金融业务领域 ··············· 15
　　1.3.2　其他网络金融业务 ··············· 22
　　1.3.3　网络金融风险与监管 ·············· 33
　　1.3.4　网络金融发展前景 ··············· 38
本章小结 ····························· 42
复习思考 ····························· 42

2 银行电子化与网络银行

2.1　信息化环境下的银行电子化 ············· 45
　　2.1.1　银行信息化发展现状 ·············· 45
　　2.1.2　银行电子化业务 ················· 48
2.2　网络银行 ························· 57
　　2.2.1　网络银行发展与现状 ·············· 58
　　2.2.2　网络银行业务特点与功能 ··········· 62
　　2.2.3　网络银行系统及应用 ·············· 65
　　2.2.4　网络银行监管 ·················· 66
　　2.2.5　国内外典型网络银行 ·············· 70
本章小结 ····························· 74
复习思考 ····························· 74

3 电子商务的支付与结算

3.1 电子商务的支付方式 …………………………………………… 77
   3.1.1 交易支付方式的发展 ……………………………………… 77
   3.1.2 常用电子商务的支付形式 ……………………………… 80
3.2 B2B网络交易的结算 ………………………………………… 93
   3.2.1 B2B网络交易 …………………………………………… 93
   3.2.2 B2B网络交易结算的主要形式 ……………………… 95
   3.2.3 B2B交易的网络融资 ………………………………… 96
本章小结 ……………………………………………………… 101
复习思考 ……………………………………………………… 101

4 电子支付系统及其应用

4.1 电子支付系统介绍 ………………………………………… 106
   4.1.1 支付方式的变革 ……………………………………… 106
   4.1.2 电子支付的概念 ……………………………………… 107
   4.1.3 电子支付系统的特征 ………………………………… 107
   4.1.4 电子支付的发展阶段 ………………………………… 108
   4.1.5 电子支付系统的分类 ………………………………… 108
   4.1.6 主要电子支付系统 …………………………………… 109
   4.1.7 电子支付系统的构成 ………………………………… 110
   4.1.8 电子支付系统的工作模式 …………………………… 111
   4.1.9 电子支付系统的安全 ………………………………… 114
4.2 电子支付系统的应用 ……………………………………… 116
   4.2.1 B2C电子支付系统的构成及运行 ………………… 116
   4.2.2 B2B电子支付系统的构成及运行 ………………… 118
   4.2.3 银行提供的支持电子商务的业务 …………………… 118
   4.2.4 使用信用卡网上支付 ………………………………… 123
   4.2.5 使用电子支票网上支付 ……………………………… 124
   4.2.6 使用电子现金网上支付 ……………………………… 126
4.3 B2B网络交易的结算 ……………………………………… 127
   4.3.1 B2B网络交易 ………………………………………… 127
   4.3.2 B2B网络交易结算的主要形式 ……………………… 128
   4.3.3 国内外主要银行清算系统 …………………………… 130
   4.3.4 B2B网络交易短期和临时融资 ……………………… 138
本章小结 ……………………………………………………… 141
复习思考 ……………………………………………………… 141

5 第三方支付与移动支付

5.1 第三方支付 …………………………………… 143
5.1.1 第三方支付的概念与业务流程 ………………… 143
5.1.2 第三方支付商业模式及应用 …………………… 144
5.1.3 国内主要的第三方支付平台 …………………… 148
5.1.4 第三方支付发展中面临的问题与对策 ………… 156
5.1.5 第三方支付企业 ………………………………… 159
5.2 移动支付 …………………………………… 162
5.2.1 移动支付的概念与流程 ………………………… 163
5.2.2 移动支付的发展与现状 ………………………… 167
5.2.3 移动支付的运营模式 …………………………… 172
5.2.4 移动支付的风险与防范 ………………………… 176
5.3 微信支付与移动互联网金融 ……………… 178
5.3.1 瞬间发力的微信红包 …………………………… 179
5.3.2 后发制人的微信支付 …………………………… 184
5.3.3 手机支付的阿里与腾讯之争 …………………… 187
5.3.4 移动互联网金融 ………………………………… 195
本章小结 ……………………………………… 200
复习思考 ……………………………………… 200

6 电子支付税收

6.1 国内外电子商务税收政策 ………………… 203
6.1.1 税收基本原则 …………………………………… 203
6.1.2 美国电子商务税收政策 ………………………… 204
6.1.3 欧盟电子商务税收政策 ………………………… 205
6.1.4 其他国家和国际组织的电子商务税收政策 …… 206
6.2 国内电子商务税收问题与对策 …………… 207
6.2.1 国内电子商务税收征管现状 …………………… 207
6.2.2 电子商务对我国税收征管造成的影响 ………… 211
6.2.3 我国加强电子商务税收征管的对策 …………… 214
6.2.4 电子商务税收征管认识误区 …………………… 215
6.3 国内电子支付税收系统 …………………… 217
6.3.1 电子发票在国内的发展 ………………………… 217
6.3.2 Ⅰ型（嵌入式）电子发票 ……………………… 218
6.3.3 Ⅱ型（非嵌入式）电子发票 …………………… 220

6.3.4 电子发票的验真机制 ································· 221
6.3.5 国内现行网络发票与电子发票系统 ·············· 222
6.4 电子支付税收发展趋势 ································· 223
6.4.1 税源监控从"以票控税"向"以信息流控税"发展 ····· 224
6.4.2 计税凭证由纸质发票向电子发票进化 ············ 224
6.4.3 对第三方支付的监管将更加完善 ················ 226
6.4.4 电子商务平台将在纳税登记中发挥重要作用 ········ 226
本章小结 ··· 228
复习思考 ··· 228

7 电子支付的安全与法律

7.1 电子支付的安全问题 ································· 231
7.1.1 电子支付的风险 ······························· 231
7.1.2 电子支付的安全策略 ··························· 234
7.1.3 电子支付的安全技术 ··························· 235
7.2 电子支付安全协议 ··································· 246
7.2.1 SSL协议及应用 ······························· 246
7.2.2 SET协议及应用 ······························· 247
7.2.3 其他安全协议 ································· 250
7.3 电子支付的法律保障 ································· 251
7.3.1 法律在电子支付中的地位 ······················ 251
7.3.2 电子签名法 ································· 253
7.3.3 信用制度与民事法 ····························· 256
7.4 电子支付的安全管理 ································· 259
7.4.1 电子支付的安全管理步骤 ······················ 259
7.4.2 电子支付安全管理的技术措施 ·················· 260
7.4.3 电子支付风险管理的其他方面 ·················· 261
本章小结 ··· 261
复习思考 ··· 262

参考文献

金融与网络金融

本章学习目的

■ 掌握网络金融的概念及内涵

■ 了解网络金融的优势和作用

■ 掌握网络金融的具体业务内容

■ 了解网络金融的现状与发展前景

■ 了解网络金融面临的风险与监管

导入案例

网络金融是春宇供应链一站式服务成功的关键

上海春宇供应链管理有限公司（以下简称"春宇"）成立于2004年6月，2008年正式开展全球化工供应链业务，是全球化工行业较早提供基于数字商务平台为支撑的一站式供应链管理服务提供商之一。春宇专注于化工进出口领域，为国际及国内中下游化工企业和化工产品应用企业提供采购外包、物流规划与实施、供应链金融结算、进出口业务代理、全球分销等供应链服务，与客户共享资源，为客户创造价值。该公司为全球化工企业提供在线交易、采购外包、综合物流管理、供应链金融等一站式外包服务，现已经成长为全球领先的电子供应链平台研发和运营企业，是中国最大的基于电子商务平台的化工供应链服务提供商。

公司成立以来，春宇的业务持续保持高速增长，短短几年内春宇创新的商业模式和自主研发的数字商务平台为全球化工领域建立了一个跨企业的业务支持平台，实现了将所有资源信息和交易的过程信息整合到一个业务平台上，初步形成了供应链的集成，简化了交易的过程，极大地方便了客户。

春宇供应链管理的目标是为客户进行一站式的服务，但是在公司成立的初期，买卖双方交易的最后一个过程即交易资金的支付成为了一站式服务的壁垒。因为买方在下订单后一般只支付10%~30%的定金，在收到货后再支付其余货款，而春宇又没有大量的垫付流动资金，从而在很大程度上制约了公司业务的发展。在上海市政府的帮助下，春宇公司达成了与国内外大型金融和保险理赔机构的合作，通过互联网金融服务创新，顺利跨越了交易资金支付的鸿沟，真正意义上达到了春宇供应链管理一站式服务的目标（见图1-1）。

春宇供应链的核心业务包括以下几方面。

● 采购外包。凭借公司强大的供应商与客户数据库资源，为客户提供一站式采购外包服务，在需求商与生产商之间建立起紧密的、资源共享的动态企业联盟，使客户可根据生产需求实现原材料的JIT（Just In Time，即时，实时）采购，降低采购成本与库存成本。通过集合全球相同采购订单，实现规模采购优势，从而降低客户的采购成本。

● 物流规划与实施。公司可根据客户的需求进行物流规划，量身定制个性化物流解决方案，采取包括公路、铁路、海运等多种方式，按照客户的要求准时、安全地将货物送到客户指定地点并降低成本及缩短时间，提高供应链的效率。

● 供应链金融。通过与国内外各大金融机构和保理机构的合作，进行金融服务创新，为客户提供在线的基于采购、供应的金融产品服务（包括采购资金的垫付、出口代收汇、汇率锁定、提前收汇、进出口结汇等金融服务），实现了卖方货到付款，并让客户有90天的账期，解决了客户交易的最后一站即供应链金融需求，真正达到一站式服务的目标。

● 代理进出口。公司为客户提供全方位进出口服务（代理签约、开证、收证、审单、文件准备、订舱、报关、收汇、付汇、核销、金融融资、国际快递等服务）。

● 信息服务。公司利用业务平台供应与需求的强大数据库功能及大量的数据，加工整理出有价值的信息，为客户提供专业化与个性化的服务，满足客户需求。

● 全球分销。由于化工行业产品原料的交叉性特点，公司将依托业务平台，为客户提供全球分销服务。公司根据客户的市场需求制订分销方案并协助客户管理分销网络，扩大市场覆盖面，提高市场占有率。

● 联合需求预测。通过业务平台实现客户数据共享，对客户生产原料库存、产品库存和消耗状况进行共同预测，并与客户共同制定合理的库存策略，包括各种原料的最佳订货点、每次的订货批量以及例外事件的规则等，确保客户的生产供应。

● 生产计划安排。通过与客户生产系统对接，协助客户制订最优化的生产计划，满足供应需求。

● 联合库存管理。业务平台时刻在记录分析客户每次订购的详细情况，以达到与客户一起制定最佳库存量、减少采购资金的占用、降低商务成本、规避价格波动风险的目标，提高供应链效率。

● 自动补货。业务平台不断分析与计算库存水平，当库存原材料低于预定的订货点时，业务平台自动生成采购订单并传递给客户确认、传递给供应商确认、传递给物流服务提供商确认。客户、供应商、物流服务提供商通过业务平台及时掌握所有环节的信息，确保供应的顺利完成。

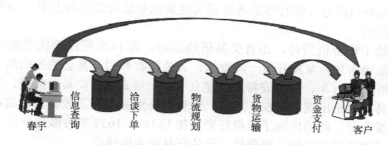

信息查询　洽谈下单　物流规划　货物运输　资金支付　客户

春宇

图1-1　春宇供应链一站式服务示意图

春宇的成功是赢在数字，赢在网络。春宇集团首创的TradX（快贸通）云平台基于供应链的服务，将信息流、物流、资金流、业务流等所有资源信息整合融入到整个交易过程中，真正实现了进出口贸易全部流程的在线操作，同时整合了各种形式的物流资源和金融资源，为中小型贸易企业提供一站式、可视化的外包解决方案。各中小企业可以通过快贸通平台，实现通关、物流、退税、融资等所有进出口环节订单操作执行的代理外包服务，随时随地轻松查询并掌握整个交易过程，大大降低了中小企业或个人在从事外贸业务时的运营成本，提升整体执行效率。由此帮助中小外贸企业在愈发严峻的经济大环境下保持最佳竞争优势，实现合作共赢。

1.1　金融业务与网络经济

1.1.1　传统金融业发展与现状

金融是货币流通和信用活动，以及与之相联系的经济活动的总称。广义的金融泛指一切与信用货币的发行、保管、兑换、结算、融通有关的经济活动，甚至包括金银的买卖；狭义的金融专指信用货币的融通。

金融的内容可概括为货币的发行与回笼，存款的吸收与付出，贷款的发放与回收，金银、外汇的买卖，有价证券的发行与转让，保险、信托、国内、国际的货币结算等。从事金融活动的机构主要有银行、信托投资公司、保险公司、证券公司、基金公司、期货交易所，还有信用合作社、财务公司、金融租赁公司以及证券、金银、外汇交易所等。

金融是信用货币出现以后形成的一个经济范畴，它和信用是两个不同的概念：① 金融不包括实物借贷而专指货币资金的融通（狭义金融），人们除了通过借贷货币融通资金之外，还以发行股票的方式来融通资金；② 信用指一切货币的借贷，金融（狭义）专指信用货币的融通。人们之所以要在"信用"之外创造一个新的概念来专指信用货币的融通，是为了概括一种新的经济现象；信用与货币流通这两个经济过程已紧密地结合在一起。最能表明金融特征的是可以创造和消减货币的银行信用，银行信用被认为是金融的核心。

最初金融业发轫于银行。银行最初萌芽于长凳、金匠活动，后来为了降低借贷利率而出现了城市银行，之后随着贸易的发展逐渐集中到商业银行，但受到风险等因素影响，在实际运作过程中为了降低风险，逐步诞生了中央银行。银行经营的业务方式，随风险的加大，促使银行业经营由混业走向分业（1933年美国的《格拉斯-斯蒂格尔法》），现在随着业务界限越来越难以区分，银行等业务经营又回到混业经营的方向上来（1999年美国《金融服务现代化法》）。

金融活动除了资金借贷外，还有交易所的活动。在14世纪欧洲的布鲁日（今属比利时）因一个叫范德布尔斯家族开设一间旅馆，大量接收参加交易会的各地商人而慢慢演变成现在的交易所。1531年，荷兰安特卫普建立了第一座真正的交易所大厦，为有形和无形的产品提供交易，于是出现了期权、期货。这种海外贸易引发了股份公司的产生和股票的出现，如东印度公司。此后出现了投机狂潮，如1634～1637年的郁金香热，1720年英国的南海泡沫，同期法国的约翰·劳事件。于是交易所走向规范。

随着长途贸易的发展，保险业也发展起来。刚开始在水险萌芽，然后发展火险等其他品种。

中国金融业的发展过程基本集中在货币与信用上。中国的货币发展经历了五个阶段：

① 原始社会的多样化；

② 从物物交易，集中到一般等价物，如各种铸币，秦统一货币后形成了影响很大的半两钱；

③ 明朝统一到白银，从而构成铜钱与白银并存的双本位制；

④ 1935年统一到法币；

⑤ 新中国成立后形成人民币，到现在出现了电子货币。

每一个阶段，货币发展形式都与当时经济、社会等背景密切联系在一起，体现了当时社会经济发展需要。

以典当为主的信用机构也是中国金融业的一大领域。典当大致产生在南北朝时期，后来得到了迅速发展，并逐步演化成"典、当、质、押"几个不同的组织形式，对我国古代社会经济产生了很大影响。账局在1736年产生，山西汾阳县商人王庭荣出资4万两在张家口设立祥发永账局，首倡该组织，其功能以对工商业者存、放资金为主，偶尔从事汇兑业务。钱庄在1577年（明万历五年）左右产生，刚开始基本以银钱兑换为业务，到清乾隆年间开始发展到存放款活动，同时，在经济发展较好的地区还发行钱票，即庄票。票号大致在道光年间产生，以汇兑为主，后来才发展到存放业。其最初是由颜料庄改组而成，即日升昌。当时因赢利颇多，其他一些庄号群起仿办。从事者多为山西商人，且集中在平遥、太谷、祁县三地。其组织为独资和合资，为无限责任。业务早期为商业汇兑，后来到太平天国运动后才为政府汇兑服务。

此外，在我国广大的农村等地区流传已久的合会形式的筹资工具还获得一定发展，各地受到自身因素的影响，组织和运用方式有所差别，但它们的实践却极大地丰富了我国传统金融体制的内容。

1.1.2 网络经济与全球经济一体化

18世纪中期的第一次产业革命，资本主义完成了第一次原始积累，并且以机器代替了手工作业，从工场手工生产开始向大规模的工厂化生产转变。从19世纪下半叶开始，第二次产业革命稳步向前推进，在使用先进技术的同时，随着工业的扩大化和丰富化，不同形式的产业分工得以出现，产业间形成了清晰明确的产业界限。现在，信息化技术的快速发展，使得社会正经历着新一轮产业革命。随着信息化进程的不断加快，产业经济的发展在融合趋势下进一步演进，不同产业间的融合展现了整个世界经济的一体化进程。产业融合建立在信息技术不断发展以及经济趋向国际化、自由化的大背景之下，它必然会对整个社会经济发展带来重大影响。

第二次世界大战以后的世界经济，由于信息技术产业的迅猛发展而发生了重大深远的变革。信息科技的突破性进展，特别是互联网的蓬勃发展，对许多产业的整体环境及产业结构都带来了巨大影响，形成了所谓的产业聚合现象。除了技术条件的日趋成熟之外，随着政治管制的放松、经济的发展，不断有改革者以全新的视角，从消费者需求切入，采用不同的技术，打破产业藩篱，创造新的产业或使传统产业转型。使得原来产业中呈线性的平行价值链被打破，重新聚合成为新的价值链，而这些新的价值链将跨越原本各自独立的产业界限，形成盘根错节的价值网，并可经由不同的连接方式，形成新的产业形态，展现出新的面貌。产业融合的现象，首先从通讯产业、消费性电子产业开始，之后其他产业也随之变化，不管在生产制造业、高科技产业、金融业、服务业，产业融合的脚步都以更加快的速度，一点一滴地影响着人们的生活。金融业一直被视为国家经济发展的中枢，因而受到各国政府的严密管制。然而，自20世纪80年代开始，全球金融环境逐渐发生结构性的变化，究其原因乃根源于金融自由化（financial liberalization）、信息技术发展（information technology development）与金融创新（financial innovation）的冲击，以及互联网技术掀起的全球金融服务革命、银行并购风潮造成的金融版图重组、金融机构业务综合化引发的异业竞争，这些发展趋势都预示着金融机构将面临前所未有的挑战。因此，各国政府无不顺应金融环境的变迁而放松金融管制，使得金融机构之间的竞争更加趋于白热化。与此同时，由于消费者对金融商品需求的多样化、信息科技发达、金融市场一体化进程以及金融证券化进展等客观环境，金融机构不得不改变先前提供简单既有业务的服务方式，助推金融业融合成为当今世界不可抵挡的趋势。自计算机技术问世以来，各行各业无不享受着其带来的便利，金融机构当然也不例外。早期运用计算机连线处理复杂的账户资料，不但为金融机构节省了许多人力与文书成本，交易效率也随之提升，对整体经济发展产生了正面效应。1977年花旗银行推出的自动提款机可以说是划时代的服务，大众可以随时通过提款机提款；新型的交易系统也相继推出，以应对债券和外汇交易的需要。20世纪90年代互联网技术逐步走向成熟，更助长了这波信息科技的热潮。"网络银行"突然间成了炙手可热的名词，客户可以通过网络来完成转账、账务查询、基金购买等多项金融交易，大幅减少了排队等候的时间。继"网络银行"之后，"移动银行"又成为了当今金融与信息技术结合的热点，消费者可以利用手机等移动产品来享受金融机构的服务。从上述发展可以观察到，金融机构对信息技术的依赖程度有增无减，而且在如今信息化时代中，客户对资讯科技的接受程度将越来越高，金融机构必须不断推出新的高技术含量服务才能满足客户需求。

以往人们开设支票账户需要银行，办理住宅抵押贷款要到储蓄机构，买保险找保险公司，作股票投资找证券经纪商，投资其他资产则找各种不同的专业金融公司。而今，随着新科技的注入，必能导致规模经济效应出现，进一步使成本支出减少；为了处理不良债权，各银行无不尽其最大可能筹措资金，寻求多元化的资金收入来源，更驱使金融服务业朝着业务多元化方向迈进。同时值得关注的现象是，银行业在金融市场的占有率已经日趋下降，美林证券（Merrill Lynch）、福特汽车（Ford）、通用电气（General Electric）等，虽然公司名称没有出现银行二字，本质上已经从事着银行业务。所以，面对激烈的市场竞争，包括银行业在内的金融机构必须变得更有弹性，更有效率地提供多样化的产品和服务，以适应客户需求的不断改变。

在金融市场迈向自由化、国际化之际，金融业界为维持业务的成长并创造有力的发展空间，彼此相互融合的趋势已越来越明显，采用新科技以促进金融产品更新换代也成为金融业发展的共识。许多国家如英国、日本、美国等政府当局早已逐步将以往金融体系四大支柱——银行、信托、证券及保险业彼此不能互相涉入对方业务的规定加以撤销，促使金融业内部融合趋势得以迅速发展起来。综合性金融业务已经成为时势所趋，各金融机构都纷纷开发多样化的金融商品来满足消费者需求，银行、证券、信托以及保险业等各金融机构，或透过策略联盟，或互相进入彼此的市场，来达到同时提供给消费者储蓄、投资、理财、保障等便利性的消费产品。促进金融业融合发展趋势产生的原因，除了可以增进消费者的需求选择、使消费者的效用最大化外，对于金融机构自身而言，最主要的是可以达到范围经济、降低经营风险以及实现企业绩效。

近十余年来，由于全球金融体系的发展以及科学技术的突飞猛进，世界各国逐渐放宽了各项金融管制，国际间的金融市场越来越趋于紧密地融合起来，并朝向全球化方向发展。这种金融业务全球化的发展趋势，不仅促使金融产品不断推陈出新，更使银行业、证券业、保险业等金融业内部的业务区隔和差异逐渐模糊，导致了金融业内部出现混业经营向大型集团化融合发展的趋势。就银行业融合的经营形态而言，主要有银行内直接兼营、银行转投资子公司经营、银行控股公司及策略联盟等多种类型。由于各国金融环境发展有其独特的历史背景和渊源，致使金融业融合的形态也各有差异。近年来随着国际性金融集团的演进和融合趋势，在经营形态上多朝向控股公司发展。美国为了提升金融经营效率和国际竞争力，于1999年通过了《金融服务现代化法》，废除了《格拉斯-斯蒂格尔法》对于银行与证券分立的限制，并允许金融控股公司从事证券、保险、投资顾问、共同基金及商业银行等金融业务；欧洲国家如德国、英国采取全能银行制度；日本也于1997年废除了禁止设立纯粹控股公司的规定。在全球金融危机爆发之后，大部分国家无论是出于被迫或自愿，都在积极进行金融改革。

1.2 网络金融优势及其应用

1.2.1 网络金融的定义

网络金融（E-finance/Cyber Finance/Network Finance）的定义，从已经发表的学术论文来看时至今日尚未有一个业界公认的定义。一般来说有如下观点。

①"网络金融指基于金融电子化建设成果在国际因特网上开展的金融业务"（孔繁强，2010），这种观点主要强调的是金融业务在网络上的运作。

②"网络金融作为信息网络技术与现代金融相结合的产物，是对以网络技术为支撑的可以在全球范围内展开的金融活动的总称"（王雷，2003），该观点强调网络金融的运用场地和范围。

③"网络金融是网络技术和金融的相互结合，是以网络等新技术手段为基础的一种金融创新形式"（吴晓光，2011），该观点突出了网络技术的特点。

④"网络金融是现代信息技术、网络技术和各种金融业务的有机结合，具有高度交互性和广阔的发展前景，是一种在网络虚拟空间进行金融活动的一种新型金融形式"（王琴，2013），该观点强调了网络金融的创新特征。

综上所述，网络金融从包含的业务范围来区分有狭义和广义之分。

从狭义上说，网络金融是指以金融服务提供者的主机为基础，以因特网或者通信网络为媒介，通过内嵌金融数据和业务流程的软件平台，以用户终端为操作界面的新型金融运作模式。

从广义上说，网络金融的概念还包括与其运作模式相配套的网络金融机构、网络金融市场以及相关法律、监管等外部环境。

1.2.2 网络金融的发展与现状

网络金融的产生和发展有其经济和技术背景。从经济发展来看，世界各国经济之间的相互融合更加紧密，使经济和金融之间的联动性、传导性空前增强，国际金融一体化是国际经济一体的重要方面。国际经济一体化中最突出的表现之一是货币的国际化、资本的全球化、金融组织金融制度及金融监管的国际化。金融一体化最主要的表现形式是金融资本的集中，而金融资本集中主要通过金融机构的并购体现。近年来的金融并购案表现出资本集中的规模巨型化、国际化，业务范围扩大化，并购全球化等特征。从技术的视角看，主要是快速发展的信息化促使金融业的转型带来网络金融的发展。

1.2.2.1 发达国家网络金融的发展

发达国家网络金融的发展经历了从银行信息化到网络银行、网络证券、网络保险和综合创新的网络金融的历程。

1995年以来，发达国家和地区的银行、证券公司和保险公司等金融企业纷纷在互联网上建立网站，形成从自动柜员机（ATM，Automatic Tell Machine）、销售终端（POS，Point of Sale）到无人银行、电话银行，从家庭银行到网络银行的全方位的金融电子化服务。据有关资料统计，截至1997年10月，全球共有20家银行在因特网上设立了站点，其中，全球最大的100家银行中有70%在因特网上设立了站点。目前，这种金融专业站点正以年均90%的速度递增，截至1998年3月，因特网上有240多个金融站点为客户服务，1000多家金融机构进入因特网，其中，120多家金融服务企业提供在线交易服务。2002年西方国家网上银行业务所占的比重达到15%左右，2005年这一比重达到30%，美国银行这一比重达到50%。但是，网络金融的发展总体上处于不平衡状态，北美（美国和加拿大）和欧洲的网络银行发展最为迅速，其网络银行数量之和占全球市场的90%以上。其次是亚太地区，如澳大利亚、新西兰、中国香港和新加坡。拉美地区的网络金融20世纪90年代后期也有较快发展，非洲的发展最为迟缓。

网络银行的发展速度惊人。1995年10月，美国花旗银行率先在互联网上设立站点，形成了虚拟银行的雏形。1995年10月18日，世界第一家纯网络银行安全第一网络银行（Security First Network Bank）开始营业，为客户提供24小时全天候服务。自安全第一网络银行开业以来，许多国家和地区的银行纷纷上网，在国际金融界掀起了一股网络银行风潮。如美洲银行在互联网上提供了家庭银行和建立客户自己的银行两项业务；大通曼哈顿银行在网上推出了汽车贷款项目；在欧洲，德国、芬兰、英国等许多国家的银行都相继上网，在互联网上开展银行业务。英国的艾格公司（Egg，一家网上银行，是英国最大的人寿保险公司的分支机构）

已经被称为是世界上最成功的网络银行，其客户已经达到60万，存款达到120亿美元。2000年3月初，德国最大的银行——德意志银行宣布推行"全球电子商务战略"，旨在通过与国内外网络、软件和电信等产业巨子的紧密合作，全力拓展互联网业务和电子商务，改变传统的发放信贷加收取中介佣金的经营方式，让银行所有业务进入互联网，抢滩全球网络金融市场。在日本，富士银行推出的第一家网络银行已经开始商业化运作，向客户提供现金卡网上购物、网上账户转账（网络货币结算）等业务，以及投资咨询等金融服务。樱花银行、住友银行等大银行也先后投入巨资推出网上银行服务。

网上证券交易发展迅速。自美国于1994年最先在互联网上开办股票交易以来，通过互联网进行股票买卖的业务飞速发展。1999年6月1日，美国最大证券经纪商美林公司宣布将提供网上贴现交易。摩根投资银行在互联网上设立了站点，并于2000年3月正式宣布摩根银行实验室成立，计划投资至少1亿美元用于摩根实验室2000年的业务发展和网络金融战略的推进，而且摩根银行与其他公司联合成立了全球第一家网上衍生证券服务供应商（Cynifi公司）。在美国，网上证券交易已经非常普及，截止到1998年底，美国提供网上交易服务的虚拟证券商已经超过60家，其交易额已经占散户交易量的30%。1999年，新开设的网络经纪公司就多达110家，比1998年几乎翻了一番。到2002年，网上证券经纪开户数目已超过1400万个，涉及资产逾7000亿美元。在亚洲地区，网络证券发展也十分迅速，据研究报告，亚太地区的网上股票交易市场呈现"爆炸式"的增长。网上证券交易与交易总量之比增加到40%以上。与此同时，这一地区网络证券交易的投资者也从277万增加到2000万。

网络保险已成为国际保险市场的新热点。多年前，保险业的操作是手工的，而随着互联网的采用和靠互联网运作的公司的介入，保险业开始掀起巨大的波澜。在英国，保险销售已移师网上，据有关专家估计，英国网上保险市场规模到2005年已突破31亿美元，有20%的一般保险将在互联网上进行。在美国，电子补偿（eCoverage）这家在旧金山的互联网业务运作公司，正试图占领网络保险产业。eCoverage公司是第一家也是唯一一家通过互联网向客户提供从报价到赔偿服务的公司。据统计，美国在网上收取保险费早在1997年已高达3.9亿美元，到2002年有11亿美元的保险费通过网络保险获得。1999年7月，日本出现首家完全通过互联网推销保险业务的保险公司。这家保险公司由总部位于美国的艾夫莱克（AFLAC）公司和日本电信共同投资设立和管理，这域名为aflacdirect.com的网络保险公司利用AFLAC和日本电信的资源来开设一家服务对象定位于40岁以下客户的网站。在网站开通后，网民可以直接通过互联网向网站投保或获取保险信息、利用在线计算器计算保险金。该公司计划在未来5年售出30万份保险。东京海上火灾保险公司通过互联网向用户事先提供海外旅行旅客保险的投保申请单，申请者除了不能通过互联网在投保单上签名盖章外，其他有关事宜均在互联网上完成。法国安盛集团是全球最大的保险及资产管理集团之一，早在1996年就在德国试行了网上直销。目前，这个集团约有8%的新增业务是通过互联网来完成的。国外许多知名保险公司已经开始在保险业务特别是寿险营销中引进电子商务，通过网络媒体，传统的保险销售手段发生变革，保险公司不仅拓展了业务，更完善了服务体系。网络保险会持续热下去。据美国的行业协会分析，在未来10年内，超过三成的商业保险险种和近四成的个人保险险种将在互联网上在线交易。

1.2.2.2 我国网络金融的发展

我国金融业与信息产业的融合始于20世纪70年代末，虽晚于国际发达国家，但发展速度较快，经过短短30多年的历程，一大批新型金融服务产品陆续推出，数据大集中建设基本完成，自动化的业务处理和自动化的办公环境得以实现，并积极尝试金融科学决策的研究工作，有序推进管理工作的信息化建设。金融业与信息产业的融合，使我国金融业的经营环境发生了巨大变化，深刻变革了金融业的管理体制、管理模式、经营理念和经营方式，并成为了我国金融现代化进程的主要支撑力和推动力。以最具代表性的商业银行为例，从计算机技术进入银行业到信息产业与银行业的深入融合，这一发展历程大体上可以分为四个阶段。

第一个阶段是金融信息化的萌芽阶段。揭开我国金融业信息系统发展序幕、成为银行业与信息产业融合发展萌芽的是中国银行于20世纪70年代引进了第一套理光-8型主机系统，软件采用COBOL编程。由于利用了计算机功能丰富、准确性强、处理效率高的特点，大量琐碎、重复性的手工操作被计算机处理所取代，在对公业务、储蓄业务、联行对账业务、编制会计报表等，使前台兑换业务和后台业务实现了自动化处理。这一时期的试点范围虽然并不大，但为以后的发展积累了经验。

第二阶段是信息技术的推广应用阶段。20世纪80年代我国银行业相继引进了美国和日本的一些主机系统，如日本的M-150、美国IBM的4361、4381等主机系统，各类柜面业务处理系统得以进一步推广。各家银行纷纷建立自己的联网系统，各专业行、各营业网点之间的业务基本可以进行联网处理，同城各专业银行自身间实现了活期储蓄的通存通兑。信息技术广泛应用于资金清算、计划统计、信贷管理等业务管理中。同时，1985年中国银行率先加入SWIFT环球金融通讯网络系统，迈出了我国银行业信息系统与国际接轨的坚实步伐，推进了信息技术在我国银行业的应用和发展。

第三阶段是全面网络化建设阶段。为了进一步扩大业务处理范围和增强业务处理能力，各家银行20世纪90年代纷纷利用信息网络技术的发展，升级信息系统主机。1991年人民银行卫星通信系统中电子联行的正式运行，把我国银行信息系统带入了全面网络化阶段。各种形式的自动化同城票据交换系统也陆续建立，原来资金清算可靠性差、时间长的问题得以较好地解决。其他银行紧跟中国银行，相继成为SHFT系统的成员，大大提高了我国银行业的国际结算业务发展水平。伴随信息技术应用水平的不断提高和网络系统的不断完善，银行业推出了能够为客户提供随时、随地、方便、周到服务的工具——自助银行，建立了符合国际经营模式的新型金融服务体系。信用卡、网络保险、电子支票支付、网络银行、网上证券等新型服务和产品纷纷面世，称之为业务集成化，这一阶段信息产业的渗透融合，使我国银行业基本完成了从传统产业向现代化银行业的转变。

第四阶段是金融与信息技术全面融合发展阶段。自20世纪90年代末以来，银行业的竞争格局发生了巨大变化，社会进入了信息技术高速发展的互联网时代，从而掀起了银行业与信息产业融合发展的新波澜。当前市场竞争中所必需的客户关系管理、内部信息化建设、金融产品创新等，都需要依托信息技术手段。同时，为了适应电子商务发展的要求，银行业推出网上支付系统和一系列网上银行产品，实现了银行支付系统与企业、政府、个人网络的对接，使得方便快捷地通过网上银行进行账户查询、转账、支付结算以及网上购物、外汇买卖、网上支付成为现实。目前，信息技术已经广泛渗透到银行业的各个机构、各项业务和各个环节中，成为银行业核心竞争力的重要组成部分。

随着网络银行蓬勃发展，网络金融业务品种日益丰富，且不断创新。除了上述网络银行、网络证券、网络保险和网络期货外，还有一些正在兴起或成长的边缘性网络产业，如网上产权市场、网上技术市场、网上投资中心、网上拍卖中心、网上集邮市场、易货网、供应链金融、Internet金融等。它们建立的网站目前已有几十个，不少也可进行网上交易，有些还具有相当的影响和知名度。这些网上交易市场与网络金融有关。

1.2.3 网络金融优势与业务创新

1.2.3.1 网络金融的优势

网络金融与传统金融的最显著区别在于其技术基础的不同，而计算机网络给金融业带来的不仅仅是技术的改进和发展，更重要的是业务运作方式和行业理念的变化。网络金融从效率、成本、服务、混合经营和创新服务等方面表现出其具有的优势，具体如下。

（1）信息化与虚拟化　从本质上说，金融市场是一个信息市场，也是一个虚拟的市场。在这个市场中，生产和流通的都是信息：货币是财富的信息；资产的价格是资产价值的信息；金融机构所提供的中介服务、金融咨询顾问服务等也是信息。网络技术的引进不但强化了金融业的信息特性，而且虚拟化了金融的实务运作。例如，经营地点虚拟化，金融机构只有虚拟化的网址及其所代表的虚拟化空间；经营业务虚拟化，金融产品和金融业务，大多是电子货币、数字货币和网络服务，全部是理念中的产品和服务；经营过程虚拟化，网络金融业务的全过程全部采用电子数据化的运作方式，由银行账户管理系统、电子货币、信用卡系统和网上服务系统等组成的数字网络处理所有的业务。

（2）高效性与经济性　与传统金融相比，网络技术使得金融信息和业务处理的方式更加先进，系统化和自动化程度大大提高，突破了时间和空间的限制，而且能为客户提供更丰富多样、自主灵活、方便快捷的金融服务，具有很高的效率。网络金融的发展使得金融机构与客户的联系从柜台式"面对面"接触改变为通过网上的交互式联络，这种交流方式不仅缩短了市场信息的获取和反馈时间，而且有助于金融业实现以市场和客户为导向的发展战略，也有助于金融创新的不断深入发展。传统业务处理的票据传递时间长，而网络业务的处理具有实时性。人们可以在网络上运用信用卡进行即时支付，例如通过电子商务网站的服务选择完自己满意的商品后，就可以便利地通过信用卡进行支付、转账等银行服务。这是电子商务给金融带来的机遇之一。此外，还可通过电脑上网或手机上网进行缴费、理财、换汇等服务，可以了解股市行情、智能买卖股票等金融服务。与到营业点排长队的低效服务相比，网上银行能够提供即时、快速、灵活、多样的服务，如果采用手机银行，则可以在任何地点、任何时间完成业务。对于异地客户则可大大节省时间，此外，网上银行的标准化服务，避免了由于个人情绪及业务水平不同带来的服务质量差别。

（3）经济性　从运营成本来看，虚拟化的网络金融在为客户提供更高效的服务的同时，由于无需承担经营场所、员工等费用开支，因而具有显著的经济性。经营的无纸化也大大降低了业务运行成本。此外，随着信息的收集、加工和传播日益迅速，金融市场的信息披露趋于充分和透明，金融市场供求方之间的联系趋于紧密，可以绕过中介机构来直接进行交易，非中介化的趋势明显。网络金融可以减少人工和场地投资，降低营业费用和管理费用。在美国，网络银行的开办费用只有传统银行的1/20，业务成本是传统银行的1/10。对于异地汇兑、转款等银行业务可大大节省过去手工方式的国际或国内长途费用。统计资料表明，网络银行处理一宗交易，网络经营成本仅为传统银行的1/53，为2～3美分。网络银行的经营成本仅占经营收入的15%～20%。而传统银行经营成本占经营收入的60%左右。在我国利用网络转账交易的成本只为电话银行的1/4，网点柜台服务的1/10。经营成本的降低，使网络金融机构有能力通过让利于客户来争取更多的客户和市场。如美国花旗银行一年定期存款利率为4.8%，而安全第一网络银行的利率为6%，花旗银行活期存款只有达到6万美元，才能获得1%的利率。而网络银行活期存款达到100美元，即能得到4%的利息率。由此，在使客户获得额外利息收入的同时银行自己也获得发展壮大的机遇。

（4）运营场所的开放性、便利性　传统金融服务要受到地理环境及营业时间的限制，而网络金融服务是利用开放性的互联网作为业务实施的环境。开放性网络意味着任何人只要能接入互联网，就可以随时随地地接受网络金融服务。

（5）全时空服务　由于Internet的全球化，使得金融服务空间得到极大的扩展，跨境业务也能方便地得到实现。Internet及其信息系统的特点，可以实现7×24（每星期7天，24小时不间断）的服务，使得人们在任何时间都能享受服务，从而避免了过去人工业务那种你有空时银行也下班了的局面。

（6）一体化　网络金融极大地推动了银行、证券、保险等金融业务的混业运作。首先，在金融网络化的过程当中，客观上存在着系统管理客户所有财务金融信息的需求，即客户的银行账户、证券账户、资金资产管理和保险管理等有融合统一管理的趋势。其次，网络技术的发展使得金融机构能够快速有效地处理和传递大规模信息，从而使得金融产品创新能力大大加强，能够向客户提供更多量体裁衣的金融服务，金融机构同质化现象日益明显。第三，网络技术降低了金融市场的运行成本，金融市场透明度和非中介化程度提高，这都使得金融业竞争日趋激烈，百货公司式的全能银行、多元化的金融服务成为大势所趋。

1.2.3.2　网络金融的业务创新

（1）金融业务创新的内容　金融业务创新主要是指20世纪70年代以来西方发达国家在放松金融管制以后，开始涌现出来的一系列新产品、新市场、新技术、新服务、新组织。许多西方金融界人士把这种金融创新热潮的出现称为一场"金融革命"。就具体内容而言，大体上这股金融创新热潮或这场金融革命包括以下4个方面。

① 新的金融市场，如金融期货和期权交易市场的产生、完善和不断扩展；

② 新的金融产品，如浮动利率债券和票据、大额可转让存单（CDS）的发行；

③ 新的交易技术，如票据发行便利（MFs）、货币与利率互换（SwaP）、远期利率协议（FRAs）的产生；

④ 新的组织形式，如银行业管理方式和组织形式的创造性变革及非银行金融机构职能的创新。

所以，金融业务创新是指微观金融组织在外部环境变化的情况下，为规避风险，实现利润最大化目标，对其拥有的各种要素进行的创新性变革和开发活动。它包括金融产品创新、金融技术创新、金融交易方式或服务创新、金融市场创新等与金融业务活动相关的金融创新。

（2）银行业务创新的内容　我国银行业务创新分为银行传统资产负债业务创新、中间业务创新、虚拟化金融服务创新、个性化金融服务创新、其他金融服务创新五大类。

① 资产业务创新。资产业务创新是指商业银行运用自有资本和负债以获取收益的业务创新活动。它主要包括贷款业务创新和投资业务创新。我国商业银行的资产主要包括各种贷款、贴现与投资、库存现金及中央银行存款等。由于贷款在资产业务中占的比重相当高，所以我国商业银行的资产业务创新主要是指信贷业务的创新，包括个人业务和公司业务两个方面。目前商业银行的存款业务新产品主要集中在个人业务方面。各商业银行积极引进市场营销观念，不断加强个人金融产品的创新，推出各具特色的产品，以品牌效应吸收存款、争取客户。目前推出的个人存款业务新产品有存本取息定期储蓄、个人支票活期储蓄、通知储蓄、教育储蓄、定活两便储蓄、活期约定自动转定期储蓄等多项，其中定活两便储蓄和支票活期储蓄在经济较发达地区发展较快。公司存款业务新产品主要是通知存款，以及中国银行的协定存款。目前贷款业务新产品主要集中在个人业务方面。个人贷款新产品几乎涉及了居民的全部热点需求，包括个人消费贷款和个人生产性贷款。个人消费贷款品种有住房抵押贷款、旅游贷款、助学贷款、汽车贷款、耐用消费品贷款、装修贷款、定期存单质押贷款等多

种，目前业务主要集中在个人住房抵押贷款。贷款方式有抵押、担保、信用等。此外，还通过与大商家合作，由大商家代发放耐用消费品贷款、住房抵押贷款和旅游贷款等，为消费者提供了完善、周到、便利的融资服务。广东发展银行还第一个推出了个人投资创业贷款，表明个人信贷业务已从消费领域步入生产领域，有着更为广阔的发展空间。企业贷款新产品有票据贴现、项目融资、福费庭融资、保理业务等。目前各商业银行主要集中在票据贴现方面，其余几项集中在工商银行、中国银行、建设银行、交通银行和招商银行。

我国近年来个人贷款业务创新呈现出以下特点：首先，业务品种日益增多。近几年，随着人们生活水平的提高和银行间市场竞争的加剧，出现了越来越多的新业务品种，如个人汽车贷款、个人助业贷款、个人住房装修贷款、个人消费额度贷款、大件耐用消费品贷款及旅游贷款等。其次，个人贷款业务的创新主要体现在房屋贷款上。由于我国住房需求旺盛，所以各商业银行更加侧重于该业务的创新，如农业银行的个人自助循环贷款、个人住房"气球贷"，建设银行的"房易安"房屋交易资金托管业务、等额递增还款服务以及民生银行的移动按揭贷款等。再次，个人贷款业务收入增幅明显。公司资产业务创新具有以下特点：业务种类增长较快，涉及国内业务、国际业务以及票据业务的方方面面；票据贴现业务发展势头强劲；各商业银行纷纷推出有关票据贴现的新业务。

② 中间业务创新。我国商业银行中间业务包括汇兑、结算、代理、租赁业务以及咨询服务业务等。中间业务创新是指商业银行在资产业务和负债业务的基础上，利用其资金、信息、人才和技术等优势，在不占用或极少占用自身资金的基础上，以中间人的身份为客户提供各种金融服务而进行的创新活动。新开办的中间业务种类繁多，归纳起来主要有代理证券、基金、保险、代理收付款、电子商务、交费易、银证通、咨询、保管箱、企业银行、个人理财、代开存贷款证明等。其中，代理基金目前正由工商银行、建设银行、民生银行三家在积极筹备中。代理证券有代理证券资金清算、证券保证金转账和代理证券买卖等方式。"银证通"可以通过银行存款账户或信用卡账户直接买卖股票，资金直接在银行账户增减，不需要在证券公司开立保证金户。目前开办此项业务的有工商银行、农业银行、中国银行、建设银行、广东发展银行、招商银行。代理保险有兼业代理、代收保费和存款连接保险等。我国商业银行中间业务创新的重点是：一是继续巩固和推广现有的中间业务项目，比如银行承兑汇票和信用证等业务；二是逐步开放担保类业务，比如担保见证业务、保函业务、备用信用证业务、贷款风险担保业务等；三是不断扩大租赁、代理、委托、投资理财、信息咨询等低风险或零风险中介业务的市场份额，积极介入国有大中型企业破产、兼并、重组和公司化改造及上市融资工作，开辟新的利润增长点，不断提高竞争能力，为社会提供规范、优质、安全的金融服务。

③ 虚拟化金融服务创新。虚拟化的金融产品是指在网络、信息与高新技术的推动下，银行的经营打破了传统的柜台概念，通过互联网和电话，以集成电路卡、网络银行、电话银行、手机银行等方式为客户提供了一个无处不在、无时不在的集查询、转账、信贷、买卖股票、买卖外汇等多功能于一体的虚拟银行。目前，多数商业银行都开通了电话银行业务，还有的银行开通了网络银行业务。货币电子化在银行业务中的地位不断提高，银行卡成为发挥其功用最为合适的工具。我国商业银行发行的银行卡有信用卡、借记卡、消费卡、国际卡、集成电路卡等。功能有一卡通、一户多卡、一卡多户、透支贷款、证券买卖、股票买卖、电子商务、异地取款等，几乎覆盖了银行所有的服务类别。

此外，网络的延伸在虚拟化金融服务领域中创造出前所未有的新业务。P2P（peer-to-peer，个人对个人）网络贷款——民间借款的网络版开始兴起。它以网站作为中介平台，为出借人和借款人提供信息匹配和审核，双方能够在网络上确定借款数额、利息、期限等，并实现资金划转。网络可从借贷金额中收取一定的佣金。这在小额借贷手续复杂、渠道较少的情况下，有着快捷、方便、零落的特点。随着网络游戏的火爆流行，Q币等虚拟货币应运而生。还有服务于电子商务的支付宝、财付通等网上交易支付平台纷纷出台，并将掀起传统金融的改革风潮。

④ 个性化金融服务创新。个性化金融产品是指银行为其客户（企业或个人）提供的个性化一揽子综合的金融服务。目前我国商业银行推出的个性化金融产品包括企业银行、个人银行、商人银行、理财宝、外汇宝等。这些产品的推出表明银行与客户的联系越来越紧密。客户是银行利润的重要保证和来源，而客户对银行服务也提出了全新的要求。

⑤ 其他金融服务创新。其他金融服务创新是指在银行经营主营业务时为客户提供的优质便利服务。包括资金汇划清算，实现资金汇划后实时到账，或汇划后2小时到账，以及资金的同城、全省、全国的通存通兑等。工商银行与几家大型企业集团签订了省内、国内网络结算协议。中国银行、深圳发展银行推出了存款免填单业务；交通银行开办了情侣联名账户等。

除了金融业务创新，还会涉及金融组织创新，网络金融由于信息技术特有的颠覆传统的能力，将引发金融组织创新。利用信息网络技术，金融企业可以改善企业的内部管理，促进企业建立更合理科学的组织机构，重组传统的工作流程，从而进一步提高效率，降低经营成本。网络金融还可借助自身的网络优势联合其他实体网络开展金融业之外的相关业务，诸如发布银行信息宣传材料及公共业务信息，发布用户搜索并下载的用户账户信息，收集分析最新金融资讯信息，并传递给网络金融用户，为用户提供个性化的信息服务等。

网络金融的创新还将涉及金融制度创新。商业银行的激烈竞争使得金融业务、机构和制度方面的创新，引发各国金融业出现金融自由化和国际化趋势。西方各国在放松外汇管制的同时，纷纷开放国内资金市场，允许外国银行在本国自由建立分行，放宽外国银行的业务经营范围，放松对本国证券市场的控制，允许外国银行等金融机构持有本国证券投资机构的股份，从而自由进入证券交易市场，取消外国居民在本国金融市场筹集资金的限制。这些措施使得一国银行在和本国银行竞争的同时还必须面对国际金融业的竞争。另一方面，金融创新导致了新金融机构的出现和金融混业经营趋势的加强，各主要发达国家的金融机构开始突破原有的专业化业务的分工，综合经营多种金融业务。银行和非银行金融机构业务领域或资产组合的限制放松，使得银行和非银行金融机构可涉足更广泛的业务领域，实现相互之间的业务融合，减少对传统业务领域的依赖，导致商业银行和其他金融机构的区别缩小，银行业面临的竞争加剧。

1.2.4 网络金融与社会经济

随着互联网的普及和发展，网络金融成为经济活动的核心和中枢。同时，对整个经济系统来说，网络金融发挥着越来越重要的作用和深刻的影响，主要表现在以下5个方面。

1.2.4.1 网络金融是经济运行的加速器

网络金融不受时空限制，因此，网络金融与经济活动结合，使得经济运行大大提速。具体地说，这种加速现象主要表现在：一是投融资决策时间缩短，效率提高；二是资金流通速度提高；三是资金周转速度加快；四是活跃和繁荣了商业；五是便利了消费，刺激和扩大了社会需求；六是网络金融推动了电子商务，以及以网络技术为基础的新经济的快速增长；七是网络金融促进了高新科技和风险投资行业的高速发展；八是网络金融加速了经济活动的国际化和国际贸易的高效化。网络金融的"无国界性"有史以来第一次真正地实现了"经济全球化"或"市场国际化"。有网络金融的支撑，任何商家都可以足不出户即可同全世界做生意、谈项目、搞合作，而且均可以即时成交，全世界受益。

1.2.4.2 网络金融促进了经济结构的优化

网络金融对经济结构产生了积极的作用，带来了积极的变化。这些变化主要表现在以下几个方面：第一，从产业结构面看，网络金融大大促进了商业、服务业等第三产业部门的发展，使第三产业在整个国民经济总量中所占比重越来越大；第二，从技术结构看，网络金融及其相关的电子商务和信息产业不言而喻都是高新技术密集的行业，而且这些高新技术还在不断发展、创新和扩张，由此使得经济系统技术结构中高新技术的比例持续增大，即越来越高新技术化，越来越优化；第三，从社会再生产的各环节看，网络金融还明显改变了商品的交换结构和居民的消费结构。从商品的交换结构角度说，以网络金融为代表的各类现代金融产品（包括服务）及其相关网络产品、通讯产品、娱乐产品、文化产品等，在社会商品零售额中的比重越来越大；与此相联系的就是，在网络金融等多种因素的影响下，人们的消费结构发生了相应改变。食品在总消费中的比重日益缩小，而与网络金融相关的各种提高生活质量、生活水平和生活效率的消费却日益增大。

1.2.4.3 网络金融加快了经济现代化进程

在当前经济活动的现代化进程中，网络金融无疑起到了积极的推动作用。这主要表现在以下几个方面：一是网络金融本身就是网络化、信息化、知识化和数字化的代表。在传统银行业务、证券业务、保险业务和期货业务中需要消耗人力、物力或形成物质流的地方，网络金融大都可以通过网络，以信息流的方式加以解决。二是网络金融加强了经济活动的阳光化和透明化。如前所述，网络金融的重要特点就是金融信息的公开化，这也是网络金融的基础和基本运作条件。三是网络金融推动了经济活动的节能化和环保化。因为网络经济节约了时间，减少了物流，节约了能源。网络金融及其相关产业（如电子商务）没有废气、废水、废渣等破坏环境的副产品，因此，网络金融对环境保护和生态平衡的贡献又是显而易见的。四是网络金融加快了发展中国家追赶发达国家的速度。在传统经济中，发展中国家与发达国家的差距是累积形成的，通常情况下，追赶也是循序渐进的。而网络金融在发展中国家和经济发达国家之间的起步时间差并不大。如中国的网络银行比美国只差一年半，中国的网络证券也只比美国晚两年多。

1.2.4.4 网络金融为宏观调控提供了新的手段和杠杆

传统宏观经济调控主要使用计划、财政和金融等方法或手段，而网络金融作为金融的现代形式，无疑对宏观经济调控具有相当大的作用。这种作用主要表现在：第一，通过网络金融中的网络银行（货币市场）、网络证券（证券市场）、网络期货（期货市场）、网络保险（保险市场），以及网络产权市场、网络技术市场实现对投、融资活动的及时了解和调控；第二，通过网络金融中电子货币流量以及支付形式和支付方式的调节、控制，实现对投、融资和社会需求的调控；第三，通过网络金融中电子货币总供给量的收放控制，实施对居民消费和储蓄的调节；第四，通过网络金融的运作机制，加强对财税资金管理和资金运行的效率化和科学调配；第五，利用网络金融中电子货币流通快、功能强的特点，增加全社会的电子货币持有量，减少传统货币的发行量，发挥对通货膨胀的抑制作用。这一点，在网络金融比较发达的美国有明显的表现。

1.2.4.5 提高了企业的素质和经营效益

网络金融是新技术的产物，它与企业的结合，使企业运作的效率、效益和企业的素质得以明显提高。其主要表现在以下三个方面。

（1）网络金融推动企业的业务创新 阿里集团在支付宝取得惊人发展的基础上，最近又创先推出了借助互联网和基金理财产品融合的余额宝，刺激了整个金融行业并提出了挑战。中国电信联合中国银行、农业银行、交通银行等10多家国内大银行在北京联合发布了"天翼手机钱包"，使用户通过手机付费能够进行公交乘车、汽车加油、饭店就餐、商场购物等交易活动。马云、马化腾、马明哲最近又合资建立了国内首家互联网保险公司——众安在线。上海外滩金融带宣布将建立以互联网金融和民营金融为主体的金融创新试验区，中国人民银行征信中心旗下的上海资信公司在试验区搭建的"网络征信系统（NFCS）"已经正式上线；财富通开通了微信用户通过扫描二维码付款，财富通和京东均开通了通过网络的"小贷"业务；新浪发行了"微博钱包"等，通过网络金融不断推动金融业务的创新。

（2）网络金融促进企业的体制创新和管理创新　网络金融使得企业的资金和财务管理变得相对简便和明晰，企业的产销运作相对机敏和直接。由此，也就促使企业，特别是有一定规模的企业，其管理体制产生相应的变革，使原来官僚化的、繁琐的多层次管理体制变成操控简明、高效的具有现代特色的"扁平化"管理体制，使决策层与操作层的垂直距离大大缩短，从而提高了企业效益。这是从企业内部的促进作用来讲。而从企业外部或企业之间的促进作用来讲，网络金融提高了平面分布的"横向革命"性联系功能，使得企业合并动力增加，其原因之一就在于网络金融能节省人力、物力和财力，减小管理层，在体制创新和管理创新方面最典型的例子就是戴尔公司。美国的戴尔计算机公司利用网络金融及其配套的电子商务手段，创造了"大规模定制"的新型管理模式，实现了"零库存"。结果使戴尔公司在激烈的IT行业竞争中胜出，企业得到了可持续的高速发展。

（3）网络金融能大幅度地降低企业经营成本　这在金融企业尤其明显，譬如，银行业普遍要用一半的管理费来管理现金（清点、运输、保管等）。但如果充分发挥网络金融和电子货币的功能，无疑能大大降低此项成本，又如网络金融业务的直接成本也比传统方式节约得多。再如在工商企业中，网络金融以及电子商务的运用，也可大大减少中间环节，节约可观的中间耗费和管理费用，使网络金融能有效地扩大客户范围，提高经营效益，并具有方便快捷、低成本的优势，不但对迅速扩张金融业务、吸引金融客户起到了巨大的推动作用，就是对制造业、商业、贸易业客户范围的扩大，人数的增加也起到了显著的促进作用。如前面提到的美国通用电气公司和戴尔公司就是很有代表性的例子。概括起来可以这么说，网络金融帮助拓展了企业的产品市场，提高了企业的科技含量，加强了企业的现代化管理，用活了企业的运营资本。

1.3　网络金融的现状与前景

1.3.1　网络金融业务领域

1.3.1.1　网络银行

网络银行又称网上银行、在线银行，是指银行利用Internet技术，通过Internet向客户提供开户、销户、查询、对账、行内转账、跨行转账、信贷、网上证券、投资理财等传统服务项目，使客户可以足不出户就能够安全便捷地管理活期和定期存款、支票、信用卡及个人投资等。可以说，网上银行是在Internet上的虚拟银行柜台。目前，我国网络银行都是依托传统商业银行，利用互联网对传统银行进行业务推进，相当于开设了一个新的电子化窗口和渠道，仍然在传统商业银行体制内运行。所提供的服务主要有以下三大类：

① 第一类是信息服务。主要是宣传银行能够给客户提供的产品和服务，包括存贷款利

率、外汇牌价查询、投资理财咨询等。这是银行通过互联网提供的最基本的服务，一般由银行一个独立的外部服务器提供。这类业务的服务器与银行内部业务网络无链接路径，风险较低。

② 第二类是客户交流服务。包括电子邮件、账户查询、贷款申请、档案资料（如住址、姓名等）定期更新。该类服务使银行内部网络系统与客户之间保持一定的链接，银行必须采取合适的控制手段，监测和防止黑客入侵银行内部网络系统。

③ 第三类是交易服务。包括个人业务和公司业务两类。这是网上银行业务的主体。个人业务包括转账、汇款、代缴费用、按揭贷款、证券买卖和外汇买卖等。公司业务包括结算业务、信贷业务、国际业务和投资银行业务等。银行交易服务系统服务器与银行内部业务网络直接相连，无论从业务本身或是网络系统安全角度，均存在较大风险。

1997年，招商银行推出了"一网通"业务，随即网络银行业务有如星火燎原之势在国内铺开，由此，揭开了网络金融发展的新一页。根据中投顾问（ocn.com.cn）的调查，2011年中国网上银行市场全年交易额达到780.94万亿元，至2011年年底注册用户数达到4.34亿。2012年全年中国网上银行交易规模达995.8万亿元，同比增长27%。其中，工商银行、建设银行、农业银行分别以38.2%、14.9%、13.3%的市场交易规模份额，暂居市场前三。现在已经开设的业务范围十分广泛，目前总数已有50多种，而且还在不断创新。中国内地的网络银行虽然问世时间不长，但与发达国家网络银行的发展进程差距不大。

1.3.1.2 移动金融

移动金融是指基于移动互联网的有关金融服务的总称。它将金融服务与移动互联网技术相结合，具有方便快捷、成本低廉等特点，能够使人们不受时间和地点的限制享受优质的金融服务。相对传统的网点服务和日渐成熟的网上服务，移动金融的触角将会深入到生产生活的每一个角落。

手机银行是移动金融的主要工具。手机银行是利用手机办理银行相关业务的简称，它是继网上银行之后出现的一种新的银行服务方式。手机银行在具备网络银行全网互联和高速数据交换等优势的同时，又突出了手机随时随地的移动性与便携性，因此迅速成为银行业一种更加便利、更具竞争性的服务方式。手机银行利用智能终端和移动互联网，为银行客户提供个性化、综合性的服务，一方面可以减轻银行柜面压力，另一方面可以达到方便客户、提高客户满意度的目的。

国外手机银行起步较早。1996年捷克共和国率先推出手机银行业务，目前手机银行在欧美和日韩已发展得较为成熟。以美国为例，2009年美国手机银行用户占其手机用户的比例为10.8%，到2013年将增长至44.4%。我国手机银行起步相对较晚，但近两年发展速度迅猛。数字显示，截至2010年10月底，中国手机用户规模已达8.42亿用户，覆盖了超过60%的人口。截至2010年6月，中国手机网民的数量达2.77亿，已经接近PC互联网3亿多的用户基础。3G门户的调查结果显示，手机银行业务在手机网民中的使用率有显著提高。2010年7月的调查结果为36.8%，2011年2月已经升至52.2%。同时，手机银行业务开始逐渐向中年人群扩散。人群结构的优化，预示着手机银行业务良好的发展前景。

技术变革是移动金融发展的主要动力。技术的更新换代是推动移动金融用户规模增长的主要驱动力。每一种新技术的出现，移动金融用户规模都会出现爆发式的增长。伴随着中国3G/4G时代的到来，以及移动终端的不断改进，商业银行将围绕移动金融开展更加丰富的增值业务。

（1）手机银行的技术发展路线　随着移动互联网和智能手机的发展，手机银行经历了STK、SMS、USSD、BREW/KJava、WAP及客户端等不同的技术实现形式。目前主流的手机银行技术实现方式为客户端应用App方式。

WAP方式是指客户通过手机内嵌的WAP浏览器访问手机银行网站的一种。相对于其他手机银行技术，WAP具有无需下载软件到手机中的优点，但界面较为简单，表示能力不强，因此逐渐退出人们的视线。

客户端应用App方式因为门槛较低、通用性好、实时交互性强、安全性高等优势，目前已成为我国手机银行的业界技术主流。客户端手机银行是指在手机上下载客户端软件，通过Client方式访问实现手机银行功能。近期，针对使用iPhone、Android用户，建设银行、招商银行等纷纷推出基于iPhone、Android的手机银行客户端以抢占市场。支付宝等第三方App应用也登录手机，并以折扣、免流量费等更优惠的方式，抢占手机市场。

（2）丰富的移动终端是未来的发展趋势　从长期来看，"智能手机"一词将被"智能移动终端"取代。市场将出现更多的产品，带有更丰富的功能，并可以运行在多个不同的网络上。智能移动终端将包含以下功能：运行多种操作系统，可接入互联网和电子邮件服务；为应用开发者提供标准的界面和平台；支持音乐、视频、游戏、照片、互联网浏览和消息发送等高级数据功能。基于智能移动终端的金融服务将进一步拓展，例如，交通银行近期推出基于iPad的客户端软件，是典型的非手机移动金融服务。

（3）信息安全是移动金融最重要的技术要求　对于移动金融来说，转账和支付环节对信息安全技术的要求最高。以手机银行为例，用户在关注手机银行业务给自己带来方便快捷的同时，更关注它的安全性。多数用户担心信息传输不安全，一项调查显示：在受访的民众中，仅有38%的人表示开通了手机银行，53%的人表示计划开通，而另外9%的人明确表示不会开通。不管是否开通了手机银行业务，受访人大多担心手机银行的安全。一个数据足以说明这一情况：担心信息传输不安全的受访用户达到72%。为了保证手机银行的安全性，各家商业银行也纷纷推出相关举措，三大手段捍卫手机银行安全性。

一是手机银行业务都以客户身份信息与手机号码建立唯一绑定关系，只有绑定的手机号码才能登录手机银行。用户每次退出手机银行之后，手机内存中关于卡号、密码等关键信息将会被自动清除，这样避免了手机丢失而影响用户的资金安全。

二是登录手机银行，要进行支付、转账操作时，银行也做了防护。比如，浦东发展银行实行的是动态密码，当用户进行转账、支付等操作时，银行将会发送动态密码到绑定的手机上，每次操作，发送的密码是不一样的。而招商银行实行的是图形验证码机制，防止程序自动试探密码。

保护手机银行安全性的第三种做法是实行"操作超时保护"。工商银行、建设银行、交通银行等都对密码错误次数有限制，登录、转账等设计密码验证的操作中，如果连续输错密码达到一定次数，系统会在当天自动锁定账户。工商银行和建设银行规定错误次数不得超过3次，其他银行规定错误次数不得多于5次。

（4）复杂的产业链是移动金融发展的重要载体　由于采用移动设备作为交易终端，涉及移动通信技术及与移动终端适配的问题。所以移动金融产业链除银行及第三方支付外，电信运营商、移动终端和系统制造商都被纳入其中，产业链更为复杂（见图1-2）。

以产业链前端为例，作为世界第一大移动设备供应商的爱立信，成立了提供移动金融服务的全新业务部门：爱立信金融服务部，旨在推动行业的持续发展，打造全球移动金融生态系统。目前，爱立信已开发出端到端解决方案以及相关业务和运营模式，并与运营商客户和金融界具有创新意识的机构合作，满足了所有必需的监管、法律和安全要求。

移动支付环节是整个产业链的中心。目前国内移动支付市场与业务发展运营相关的主体主要是电信运营商、金融机构（包括银行和银联）以及第三方支付业务提供商。目前这三类业务主体竞争与合作的格局正在形成以下三种主要商业模式。

① 基于电信运营商的移动支付模式。中国移动在2009～2010年推出了手机钱包、世博门票、手机一卡通三大移动支付业务。并在上海、重庆、湖南、北京等10余省市开始了移动支付业务规模化商用的推广。中国电信在2010年正式推出基于天翼3G业务的融合支付业务的"翼支付"，并在此基础上推出了"翼机通"行业版应用，在上海、内蒙古、南京、成都等地实现商用。中国联通在2009年推出基于NFC技术的移动支付业务，并在上海进行试点，主要开展公交、积分兑换等业务。

② 基于金融机构的移动支付模式。目前，招商银行、兴业银行、浦东发展银行、光大银行、农业银行、交通银行等金融机构均推出手机银行类业务。手机银行模式产生的数据流量费用由运营商收取，账户业务费用由银行收取。2009年开始，银联推广新一代采用1356MHz频段的现场支付业务（采用SIMPass技术），并在上海、山东、宁波、湖南、四川、深圳、云南7省市进行了试点。

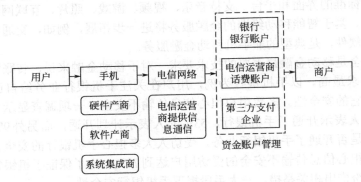

图1-2　移动金融的产业链

③ 基于第三方支付提供商的移动支付模式。第三方支付提供商主要是借助手机的移动上网功能实现随时随地无线支付。目前，支付宝、财付通和快钱等均已推出移动客户端软件，用于推进其移动支付业务的发展。

商业银行与电信运营商展开合作，发力移动金融领域，移动金融产业链的形式将会变得更加丰富。2010年11月25日，浦东发展银行与中国移动签署战略合作协议，中国电信企业和商业银行首次实现股权上的深入合作。中国移动和浦东发展银行的联手成为电信业和金融业的首次战略合作尝试。双方的"联姻"将对通讯行业和金融行业产生深远影响，也将有望推进移动金融、移动电子商务、手机汇款等多项移动通信与金融产品的融合创新业务加快面市。而在2013年11月，中国电信集团公司联合国内中国银行等十多家大银行推出了基于NFC技术的"天翼手机钱包"，已经使用户实现了通过手机付费进行公交乘车、汽车加油、饭店就餐、商场购物等交易活动。

1.3.1.3　网络信贷

信贷（Credit）是货币持有者将约定数额的资金按约定的利率暂时借出，借款者在约定期限内，按约定的条件还本付息的信用活动。信贷可以是以银行为中介，以存贷为主体的信用活动的总称，包括存款、贷款和结算活动。更为狭义的信贷是指银行的贷款。

网络信贷是指建立在网络提供中介服务基础上的，不需要抵押和第三者担保的贷款者与银行或者第三方之间的一种信贷活动。贷款人通过在网上填写贷款需求申请与信息等资料，借助第三方平台或直接向银行提出贷款申请而获得贷款。

目前网络信贷的发展趋势一种是从传统银行信贷业务向网络延伸，另一种是通过网络创新活动，典型的例子是P2P网络借贷。

P2P网络借贷（personal to personal online lending）是个人通过第三方平台在收取一定利息的前提下向其他个人提供小额借贷的金融模式，中文翻译为"人人贷"。在借贷过程中，资料与资金、合同、手续等全部通过网络实现。P2P网络借贷起源于P2P小额借贷，是一种将非常小额度的资金聚集起来，借贷给资金需求者的一种商业模式，其社会价值主要体现在满足个人资金需求、发展个人信用体系和提高社会闲散资金利用率三个方面，由2006年"诺贝尔和平奖"得主尤努斯教授（孟加拉国）首创。P2P网络借贷平台在收取一定利息的前提下向其他个人提供小额借贷。其客户对象包括两类：一类是将资金借出的客户，另一类是需要贷款的客户。通过这种借贷方式，P2P网络借贷平台可以缓解人们因为在不同阶段收入不均匀而导致的消费力不平衡问题，使更多人群享受到了P2P小额信贷服务。目前，P2P网上借贷服务的贷款对象主要是短期、小额借贷者，借款金额在数百元到30万元内，借款期限在1年或1年内。网上贷款用途大致可以分为两大类：一类是用于个人资金周转，比如租房、装修、买电脑、结婚、旅游等；另一类是创业借款，以帮助投资者和创业者更好地应对由于资金不足而引发的各类危机。

美国最大的网络借贷平台是Prosper，欧洲最大的网络借贷平台是Zopa。这两个平台提供C2C的金融服务，实现用户之间资金借入或借出，整个过程无需银行的介入。

Zopa于2005年3月在英国开始运营。在www.Zopa.com网页上，资金出借人在网络上列出金额、利率和想要出借的时间，其中有些人提供的利率相对较低，但对借贷人信用度要求较高；而如果利率较高，出借条件则相对宽松。与此同时，需要资金的人也可以比较各个贷款"产品"，确定适合自己的方案。由于没有中间机构，出借方和借款方都可以找到最符合自身要求的交易。因此，Zopa也考虑到了个人对个人借贷交易可能存在的风险，公司为用户提供了一个配套系统，把出借资金分为50笔，出借人的钱实际上同时借给了50个不同的借贷者，而且同一个人不会获得两笔钱。因此，即使有人拖欠不还，出借人面临的风险也大为降低。除此之外，借贷双方还将获得具有法律约束力的合同。Zopa每月都会整理偿还记录，如果有人没有按时还款，该公司同样会采取类似于商业银行的补救措施。

Prosper在2006年2月上线运营，其功能同Zopa类似，但运营模式有所区别。资金需求者只需在www.Prosper.com网站输入需要借贷的金额，就会自动出现最高利率；资金出借人则可以寻找自己满意的金额与利率，同时参考借款者的信用，再以自己愿意提供的金额和利率竞标，利率最低者将会中标。Prosper将借款者信用等级分为AA、A、B、C、D、E六个等级。信用等级高的借款者的借款利率较低。从理论上讲，借钱者可以以低于银行的利率借到钱，而出借者则可以以高于银行的利率出借，因此能够实现双赢。Prosper需确保安全、公平的交易，在概念上秉持着个人对个人的借贷策略。

一般来说，资金出借者可以通过Prosper或Zopa获得更多回报。Prosper支持的贷款利率为5.55%～30.99%，贷款利率越高、风险越大。Prosper和Zopa主要依靠用户费用获利，借贷双方都需要支付一定的费用。

国内的第一家网络借贷平台是2007年8月创立的拍拍贷（ppdai），之后还有红岭创投（my089）、易贷365（edai365）等网络借贷平台出现。拍拍贷的模式与Prosper非常相似，借款者通过网站公布的不同信用评级的指导利率，设置自己的借款利率。出借人根据借入者的信用评级，结合借入者上传的资料综合判断借入者的风险程度，然后决定是不是把自己的一部分钱投给该借入者。网站会做一个最终的欺诈检测审核，对于那些涉嫌欺诈的借入者，网站出于保护借出者的目的将否决该笔借款交易。

1.3.1.4 网络外汇

外汇（Foreign Exchange，或Forex）是货币行政当局以银行存款、财政部证券、长短期政府证券等形式所持有的国际收支逆差时可以使用的债权。它是国际贸易的产物，是国际贸易清偿的支付手段。外汇具有静态和动态两层含义。外汇的动态含义是指将一国的货币兑换成另一国的货币，借以清偿国际间债务债权关系的专门性货币经营活动，它是国际间汇兑的简称。外汇的静态含义则是指以外国货币表示的，用于国际间结算的支付手段和信用工具。这种支付手段包括以外币表示的信用工具和有价证券，如银行存款、商业汇票、银行汇票、银行支票、外国政府库券及其长短期证券等。人们通常所说的外汇，一般都是就其静态意义而言。

20世纪80年代早期，路透社发起并建立了电子屏幕交易服务系统，外汇交易商通过计算机终端获得交易信息。1989年路透社开发了Dealing 2000-1系统，实现了两个外汇交易商之间的信息沟通。1992年Dealing 2000-2系统投入使用，能够进行复杂的撮合业务。

第一个网上交易商多外汇交易平台Currenex于1994年在纽约州拉奇蒙特始建。Currenex业务的关键是有几个专注于降低延迟和提高执行的技术专利的交易平台。交易商可以选择50对可交易货币进行现货、远期、掉期，以及贷款和存款交易。具有实时流动的报价和全自动下单功能。Currenex提供可执行的流动价格（ESP）、报价请求（RFQ）、标杆管理、算法交易、大宗经纪和完整的功能与集成直通式处理（STP）。

Easy-Forex（easy-forex.com）是目前在国际上受监管最多的外汇交易平台。旗下公司分别受欧盟、澳大利亚、英国监管。Easy-Forex在欧洲、亚洲和澳大利亚等地都设有办事处。公司总部注册地：塞浦路斯。交易品种有外汇现货、期货、期权，以及黄金、白银现货等。Easy-Forex交易平台，由银行、外汇和互联网专家创立，为外汇交易者提供对全球外汇市场的直接访问平台。Easy-Forex交易平台是首家允许客户将外汇作为消费产品交易的网络外汇交易平台，是允许用户进行即时交易的平台。Easy-Forex无需下载专有软件，无需填写冗长的表格，持有国际信用卡的用户无需在银行开户或预先存款。Easy-Forex允许用户能以最少资金进行投资。用户可最低以25美元开始交易，系统会逐步引导用户，以最简单最透明的方式完成交易。Easy-Forex的全方位外汇工具能让进出口商和其他外汇投资者轻松实现资金的套利保值。

中国由中国外汇交易中心作为中国银行间外汇交易市场的中介机构，该机构成立于1994年，实行会员制，包括中资银行、外资银行、其他非银行性金融机构和非金融企业。2007年4月9日，与路透社合作开发的新一代外汇交易系统正式上线运行。企业和个人也可以通过各银行的网络银行进行外汇交易活动。

1.3.1.5 网络证券

网络证券，又称网上证券，是指通过互联网进行的各种证券信息服务和证券交易活动的总称。网上证券包括有偿证券投资资讯（国内外经济信息、政府政策、证券行情）、网上证券投资顾问、股票网上发行、买卖与推广等多种投资理财服务。网络证券交易是指投资者利用互联网资源包括公用互联网、局域网、专用网、无线互联网等各种手段传送交易信息和数据资料并进行与证券交易相关的活动。其中包括获取国内外各交易所的实时报价，查找与证券交易相关的财经信息，分析证券市场行情，进行网上的委托下单等。

网络证券主要从证券经纪网络化开始，自20世纪90年代以来，随着网络技术的飞速发展，网上证券交易已成为全球证券业务发展的主要趋势。新中国证券交易从1990年12月和1991年6月上海证券交易所和深圳证券交易所相继成立，但采纳信息技术的意愿强烈，普及较快。深沪交易所的交易和结算网络覆盖了全中国各地,技术手段处于世界前列。中国网络证券虽然起步比国外稍晚,但发展速度很快。网上证券交易额一直呈攀升的态势。自1997年初推出网上交易业务后,连续3年,平均业务增长率达到了126%。2010年,国内有3500万人利用互联网进行证券交易,目前能进行证券网上交易的公司占证券公司总数的比例也已经超过了90%。

1.3.1.6 网络保险

网络保险是指实现保险信息咨询、保险计划书设计、投保、缴费、核保、承保、保单信息查询、保权变更、续期缴费、理赔和给付等保险全过程的网络化。网络保险的具体程序具备以下几步:保民浏览保险公司的网站,选择适合自己的产品和服务项目,填写投保意向书,确定后提交,通过网络银行转账系统或信用卡方式,保费自动转入公司,保单正式生效。经核保后,保险公司同意承保,并向客户确认,则合同订立;客户则可以利用网上售后服务系统,对整个签订合同、划交保费过程进行查询。

目前,我国保险网站大致分为以下三大类:

① 保险公司自建网站,主要推销自家险种,如平安的PA18、泰康在线等;

② 独立保险网站,不属于任何保险公司,但也提供保险服务,如易保、Orisk等;

③ 中国保险网一类的保险信息网站,往往被视为业内人士的BBS。

1999年6月,由朗络电子商务有限公司与中国太平洋保险公司北京分公司合作开通的网站,真正实现了"网上投保"。2000年8月,国内两家知名保险公司太平洋保险公司和平安几乎同时开通了自己的全国性网站。目前,国内各家保险公司几乎都有了自己的网站,其中,国内网络保险中规模较大、技术较好、质量较高、能对简单险种实现网上全过程交易的保险网站主要有三个,即平安PA18、泰康在线和网上太保。与此同时,由非保险公司(主要是网络公司)搭起的保险网站也风起云涌,目前影响较大的一家是由中国人寿、平安、友邦、太平洋等十几家保险公司协助建立的易保网(ebao.com),它以中立的网上保险商城为定位,打出了"网上保险广场"的旗号,使保险公司、保险中介、保险相关机构都可以在这个平台上设立个性化的专卖区。2013年7月,上海外滩开辟了互联网金融试验田,由马云、马化腾、马明哲合资建立的国内首家互联网保险公司"众安在线"将落户上海外滩。

1.3.1.7 网络基金

基金是机构投资的统称,包括信托投资基金、单位信托基金、公积金、保险基金、退休基金、各种基金会的基金。在现有证券市场上的基金,包括封闭式基金和开放式基金,具有收益性功能和增值潜能的特点。狭义的基金概念是指具有特定目的和用途,并独立核算的资金,政府和事业单位的出资者不要求投资回报和投资收回,但要求按法律规定或出资者的意愿把资金用在指定的用途上,既包括各国共有的养老保险基金、退休基金、救济基金、教育奖励基金等,也包括中国特有的财政专项基金、职工集体福利基金、能源交通重点建设基金、预算调节基金等。

网络基金或电子基金,利用计算机及网络等信息技术对基金进行操作和管理,以提高基金交易的效率。我国网络基金的交易主要在银行进行,主要有银联模式、银基通模式和网络连接模式。银联模式由基金管理公司、银联和银行三个机构构成,投资者通过银联卡在基金公司的网络和银联的网络进行交易。银基通模式由基金公司与代销银行合作,投资者用该银行卡到该银行网站注册成为银基通用户,然后用银行卡购买与该行合作的基金。网络连接模式为基于前两种模式的网络交易模式,体现为网上基金超市和基金团购。

2013年中国展开了金融改革，开始由第三方从事金融业务试验。在网络基金方面，淘宝网开始为基金销售机构提供辅助服务，成为第三方电商正式上线。基金淘宝店自2013年11月1日正式上线以来，已有17家基金公司上线淘宝店，共148只基金产品。华夏基金与百度合作开展的互联网基金销售业务稍早也正式上线。苏宁易购也决定将用易付宝开卖货币基金、债券基金、短期理财基金等中低风险的投资理财产品。华夏基金与腾讯微信合作，在微信5.0版推出了支付功能，能够购买基金。南方基金与腾讯微信合作的官方"微信理财中心"于2013年5月上线，该微信平台能够提供账户查询交易功能以及相关资讯查询功能，同时通过微信提供交易提醒、对账单等信息。未来随着互联网和基金业的合作深入，网民在互联网上买基金将成为常态。

1.3.1.8 网络期货

期货（futures）是包含金融工具或未来交割实物商品销售（一般在商品交易所进行）的金融合约。期货合约是指由期货交易所统一制定的、规定在将来某一特定的时间和地点交割一定数量和质量的实物商品或金融商品的标准化合约。期货是一种跨越时间的交易方式。买卖双方透过签订标准化合约（期货合约），同意按指定的时间、价格与其他交易条件，交收指定数量的现货。通常期货集中在期货交易所进行买卖，但亦有部分期货合约可透过柜台交易（OTC，Over the Counter）进行买卖。期货是一种衍生性金融商品，按现货标的物之种类，期货可分为商品期货与金融期货两大类。参与期货交易者之中，套保者（或称对冲者）透过买卖期货，锁定利润与成本，减低时间带来的价格波动风险。投机者则透过期货交易承担更多风险，伺机在价格波动中牟取利润。

传统期货交易方式是人工喊价，通过交易大堂内的交易代表，透过手势与喊话途径，进行交易。芝加哥CBOT是早期最有代表性的人工交易池，每个品种由交易代表在八角形的梯级范围内，进行频繁的喊话与手势交易。现代电子期货交易是指市场采取中央电脑交易系统，根据交易规则、买卖指令的价格与先后次序，自动撮合买卖合同（或称自动对盘）。交易员在认可的电脑系统前下单即可，无须挤到特定的空间内人工喊价。

网络期货或期货电子化交易（Electronic Futures Trade）是指投资者通过与期货经纪公司自动委托交易系统连接的计算机终端，或者通过互联网，按照期货经纪公司提供的交易系统发出的指示输入期货合约买卖交易指令，以完成期货合约买卖委托和有关信息查询的一种委托交易方式，主要包括交易指令下达、交易结果确认、追加保证金通知等有关交易信息的传递来完成交易。

国内网络期货首先从交易所开始，时间是1996年。当时，由于期货交易量高速增长，为解决场地不足的问题，几个交易所都推出了异地同步交易系统，改善了以往异地交易只能通过电话下单的局面，收到了良好效果。1997年，为配合交易所网络期货业务的开展和本身业务开拓的需要，各期货经纪公司纷纷创建自己的网站。另外，在网络期货交易量方面，目前大部分期货公司已达到本公司期货总交易量的30%以上。

1.3.2 其他网络金融业务

1.3.2.1 企业间网络融资

网络融资是指非金融机构作为中介提供企业的互联网融资服务。它包括债权融资和股权融资。目前，基于电子商务平台提供的多是借贷服务。这些网络融资平台既可以是债权人，即直接审批和向企业发放贷款，如阿里小额贷款；也可以作为银行和企业之间的中介，撮合资金供需双方的交易，如网盛生意宝的贷款通。网络融资，从广义来说是以网络为实现载体的融资行为，包括债权融资、股权融资等多种创新融资形式；从狭义来说，特指2010年以来迅猛发展的提供中介服务的网络借贷平台。

国外的网络借贷业务开展得比国内早，并发展出信用中介、担保信用中介、社交性中介三种模式。

① 美国的Prosper是信用中介的代表。2006年，Prosper成立，它是全美第一家网络借贷企业，通过利率竞标的方式来撮合借贷双方的服务，中标者获得贷款合同。

② 英国的Zopa是担保信用型的网贷企业。Zopa比Prosper早一年成立，因此也是世界范围内的首家网贷平台。Zopa不仅提供担保和信用服务，还对借款者建立信用评级标准，提供综合性服务。

③ Lending Club是美国的网贷平台与社交网站的综合尝试。Lending Club的用户群来源于各大社交网站，有借贷需求的人们能够在常用的社交网站直接进入Lending Club的界面，进行交易。而用户的信息搜集也是来源于社交网站本身，社交网站的好友圈子本身就是一种信用等级标识。Lending Club将熟人借贷网络化，不仅降低了信息成本，也容易提高用户黏性。

国内网络借贷业务按照网络借贷的贷款者性质可以进行如下分类。

① P2P网贷平台。如果贷款者是个人的贷款网站称为P2P网贷平台，其借款者一般也是个人。

② 第三方网贷平台。贷款者是金融机构和非金融机构企业的贷款网站称为第三方网贷平台，贷款方式有B2B和B2C两种模式，B2B的借款者是企业，B2C的借款者是个人，这是网贷平台向个人提供小额贷款的方式。

③ 线上+线下模式。网贷平台的母公司是金融机构，最有名的例子是平安金融系旗下的平安陆金所。

④ 电商+银行模式。网贷平台从属于电商企业，且主要贷款人是银行；其中，敦煌贷款主要充当建设银行的中介，因此单独列出。

1.3.2.2 第三方支付

第三方支付是具备一定实力和信誉保障的独立机构，采用与各大银行签约的方式，提供与银行支付结算系统接口的交易支持平台的网络支付模式。在第三方支付模式中，买方选购商品后，使用第三方平台提供的账户进行货款支付，并由第三方通知卖家货款到账、要求发货；买方收到货物，并检验商品进行确认后，就可以通知第三方付款给卖家，第三方再将款项转至卖家账户上。第三方支付作为目前主要的网络交易手段和信用中介，最重要的是起到了在网上商家和银行之间建立起连接，实现第三方监管和技术保障的作用。

美国的第三方支付产业起源于20世纪70～80年代的独立销售组织制度（International Sales Organization，ISO）。该制度是第三方支付企业的雏形，从事信用中介和端口接入的业务。至20世纪90年代末期，美国的信息技术和互联网、金融服务等行业发展迅速，企业之间、企业与个人、个人与个人之间的网上交易十分频繁，原有的销售组织不再适用。1996年，美国的第一家第三方支付企业诞生，在网上交易充当中间商的角色，建立起独立的信用和结算体系，并凭较低的交易成本优势迅速占领市场。PayPal、亚马逊旗下和雅虎旗下的支付企业等都是业内的代表。其中，PayPal的地位更是举足轻重。

我国的第三方支付行业兴起于十多年前，是金融创新与互联网行业商业模式创新的综合实践。我国的第三方支付最初是为了服务商户对于网络支付的便捷性和安全性的要求。经历了以下四个阶段。

（1）第一阶段是统一网络接口时期　始于1999年的支付网关模式。2000年前后，网上银行得到了迅猛的发展。各大商业银行纷纷推出网上银行业务，但出于排他性的考虑，它们提供的均是各自独有的支付接口。但交易中对异地跨行交易产生了庞大的需求，由于现实的无奈，需要第三方支付来为商户提供统一的跨行线上支付接口，以提高使用的便捷性，并开始培养用户的网络支付习惯。

（2）第二阶段是电商业务的信用中介时期　始于2005年。该年中国网民数量首次超过1亿，宽带网络的入户率达到45%，中国电子商务的技术基础和用户基础已趋向成熟；同年，《电子签名法》出台，为电子交易和支付提供了安全认证的法律支持。为了推动电子商务网购业务的发展，减少买卖双方不诚信事件发生率，第三方支付企业开始提供付款担保，建立网络交易的信用体系。

（3）第三阶段是创造交易的时期　始于2008年。第三方支付企业不再满足于一般的购物业务，而是主动地创造支付需求，渗透到消费者生活的方方面面，如提供公共服务缴费、信用卡还款、电话账单缴费等便民支付功能。第三方支付从被动地为网购交易服务，到主动地创造更多交易和支付机会。第三方支付市场快速增长，行业竞争者日益增多，为规范行业经营秩序，中央银行于2011年开始颁发《非金融机构支付业务许可证》，第三方支付企业需持牌经营并接受监管，这一时期也是第三方支付行业的规范化时期。

（4）第四阶段是电商发力倒逼银行　始于2012年，第三方支付企业凭借着电子商务用户群的优势，开始向银行的传统领域发起攻势，向中小微企业提供贷款、储蓄等业务，如阿里的余额宝等。

1.3.2.3　银行的供应链金融服务

供应链金融（supply chain finance）的实质是一种金融服务方案，该方案由商业银行在充分研究供应链用户、企业（产、销、供及终端用户）资金需求的基础上，通过向供应链用户、企业开展综合性金融（融资）服务的方式实施。它的服务对象覆盖广，涵盖供应链核心企业及其周边企业、产品终端用户，服务内容综合度高，包括融资、理财、结算、信息服务等。

供应链金融脱离了单个企业、项目、贸易的思维范式，将融资问题置于全产业链的背景下加以考察，赋予这项传统金融业务更高的立意、更广的视角。它的操作流程为：商业银行选定某个产业加以分析，以其产业链的核心环节及核心企业为抓手，按研究所得的关联逻辑，通过既有的对核心企业的授信，将融资业务拓展至上下游企业。因此，供应链金融为中小企业融资难问题的解决提供了新的可能性。它从供应链开始突破，强化契合供应链特点的融资产品的开发，为中小企业融资设计高效可行的融资方案。

供应链金融给业界带来了全新的思维冲击，同时也提供了一种跨行业整合的可能性，将金融业与物流业融合起来。它实现了金融资本与商业资本的有机结合，因此供应链金融业务的健康发展直接关系到我国能否实现经济的可持续发展，其在国民经济中发挥着不可替代的作用，它为银行、第三方物流供应商、制造商、经销商带来"多赢"的局面。供应链金融能帮助银行有效降低业务风险、提高营收能力和增强产品创新能力，而且已经有个别银行已成功进行了公司业务的转型，因此是值得国内银行尝试的一条转型道路。此外，供应链金融对解决我国长期以来的中小企业融资难提供了可行的方案，对完善国内金融体系也能起到一定的作用。

深圳发展银行是我国首家推出"供应链金融"服务的金融机构，他们于2006年通过资源整合，为这种新业务构建了本外币、离在岸一体化的链式服务模式。此举使得深圳发展银行贸易融资客户及其业务量获得50%的高速增长，并且不良贷款率控制在1%以下。

本章的导入案例上海春宇供应链管理有限公司实现一站式服务，就是典型的借助基于互联网的供应链金融获得的成功。春宇通过互联网与国内外各大金融机构和保险理赔机构的合作，开展网络金融服务创新，为客户代办网络融资进行采购资金的垫付，并进行出口收汇、汇率锁定、提前收汇、进出口结汇、保险理赔等金融服务的代办业务，卖方实现了采购交易的货到付款，以及有90天的账期，很好地解决了客户采购交易的最后一站即交易资金支付的难题，依托供应链金融跨越了供应链一站式服务的最后一道障碍，真正完成了供应链一站式服务的目标。

1.3.2.4 互联网金融

互联网金融（Internet Finance/Ton line financial）是指借助于互联网技术、移动通信技术实现资金融通、支付和信息中介等业务的新兴金融模式，是既不同于商业银行间接融资，也不同于资本市场直接融资的融资模式。互联网金融包括三种基本的企业组织形式：网络小贷公司、第三方支付公司以及金融中介公司。当前商业银行普遍推广的电子银行、网上银行、手机银行等也属于此类范畴。

互联网金融与传统金融的区别不仅仅在于金融业务所采用的媒介不同，更重要的在于它是传统金融行业与互联网精神相结合的新兴领域，参与者深谙互联网"开放、平等、协作、分享"的精髓，并向传统金融业态渗透。通过互联网、移动互联网等工具，使得传统金融业务具备透明度更强、参与度更高、协作性更好、中间成本更低、操作上更便捷等一系列特征。

数据产生、数据挖掘、数据安全和搜索引擎技术是互联网金融的有力支撑。社交网络、电子商务、第三方支付、搜索引擎等形成了庞大的数据量。云计算和行为分析理论使大数据挖掘成为可能。数据安全技术使隐私保护和交易支付顺利进行。而搜索引擎使个体更加容易获取信息。这些技术的发展极大减小了金融交易的成本和风险，扩大了金融服务的边界。其中技术实现所需的数据，几乎成为了互联网金融的代名词。在这种金融模式下，支付便捷，搜索引擎和社交网络降低信息处理成本，资金供需双方直接交易，可达到与资本市场直接融资和银行间接融资一样的资源配置效率，并在促进经济增长的同时，大幅减少交易成本。

可以通过互联网技术手段，最终可以让金融机构离开资金融通过程中曾经的主导型地位，因为互联网的分享，公开、透明等理念让资金在各个主体之间的游走，会非常直接、自由，而且违约率低，金融中介的作用会不断弱化，从而使得金融机构日益沦落为从属的服务性中介的地位，不再是金融资源调配的核心主导定位。也就是说，互联网金融模式是一种努力尝试摆脱金融中介的行为。

互联网金融在国内的主要模式有如下三种。

① 第一种模式是传统的金融借助互联网渠道为大家提供服务。这是大家熟悉的网银。互联网在其中发挥的作用应该是渠道的作用。

② 第二种模式类似阿里金融。由于电商平台供信贷服务创造的优于其他放贷人的条件，互联网在里边发挥的作用是信用。

③ 第三种模式为人人贷的模式（P2P）。这种模式更多的是提供中介服务，把资金出借方、需求方结合在一起。

我国互联网金融的发展主要表现为以下三个趋势。

① 第一个趋势是移动支付替代传统支付业务。随着移动通讯设备的渗透率超过正规金融机构的网点或自助设备，以及移动通讯、互联网和金融的结合，全球移动支付交易总金额2011年为1059亿美元，预计未来5年将以年均42%的速度增长，2016年将达到6169亿美元。

在肯尼亚，手机支付系统M-Pesa的汇款业务已超过其国内所有金融机构的总和，并延伸到存贷款等基本金融服务，而且不是由商业银行运营。

② 第二个趋势是人人贷替代传统存贷款业务。其发展背景是正规金融机构一直未能有效解决中小企业融资难问题，而现代信息技术大幅降低了信息不对称和交易成本，使人人贷在商业上可行。比如2007年成立的美国Lending Club公司，到2012年年中已经促成会员间贷款6.9亿美元，利息收入约0.6亿美元。

③ 第三个趋势是众筹融资替代传统证券业务。所谓众筹，就是集中大家的资金、能力和渠道，为小企业或个人进行某项活动等提供必要的资金援助，是最近2年国外最热的创业方向之一。以Kickstarter为例，虽然它不是最早以众筹概念出现的网站，但却是最先做成的一家，曾被时代周刊评为最佳发明和最佳网站，进而成为"众筹"模式的代名词。2012年4月，美国通过JOBS（Jumpstart Our Business Startups）法案，允许小企业通过众筹融资获得股权资本，这使得众筹融资替代部分传统证券业务成为可能。

阿里金融

国内互联网金融发展最为典型的案例即为阿里巴巴的小额信贷业务，即阿里金融。

与传统的信贷模式不同，阿里金融通过互联网数据化运营模式，为阿里巴巴、淘宝网、天猫网等电子商务平台上的小微企业、个人创业者提供可持续性的、普惠制的电子商务金融服务。其所开发的新型微贷技术的核心是数据和互联网。

阿里金融利用阿里巴巴B2B、淘宝、支付宝等电子商务平台上客户积累的信用数据及行为数据，引入网络数据模型和在线视频资信调查模式，通过交叉检验技术辅以第三方验证确认客户信息的真实性，将客户在电子商务网络平台上的行为数据映射为企业和个人的信用评价，向这些通常无法在传统金融渠道获得贷款的弱势群体批量发放"金额小、期限短、随借随还"的小额贷款。同时，阿里金融微贷技术也极为重视网络。其中，小微企业大量数据的运算即依赖互联网的云计算技术，不仅保证其安全、效率，也降低阿里金融的运营成本。

网络的应用简化了小微企业融资的环节，更能向小微企业提供365×24的全天候金融服务，并使得同时向大批量的小微企业提供金融服务成为现实。这也符合国内小微企业数量庞大，且融资需求旺盛的特点。阿里金融已经开发出订单贷款、信用贷款等微贷产品。从其微贷产品的运作方式看，带有强烈的互联网特征。类似淘宝信用贷款，客户从申请贷款到贷款审批、获贷、支用以及还贷，整个环节完全在线上完成，零人工参与。

1.3.2.5 P2P网络信贷

伴随互联网金融的风潮，P2P网络信贷（简称网贷）或称为P2P网贷借款，凭借较高的利率和丰富的项目选择，日益受到社会公众的青睐。P2P网贷动辄为15%左右的收益率，比银行的定期存款和货币基金等稳健投资方式更有吸引力。在社会公众的理财中，掀起了一波又一波的热潮。P2P网贷这一新的理财方式，使得近年来涌现出越来越多的P2P网贷平台，十分热闹。但是，P2P既有它的可取之处，也有它的风险所在，截至2013年11月，已有64家P2P网贷平台出现困难或倒闭。而且根据预测，P2P网贷平台的倒闭潮今后仍将蔓延。

那么，P2P网络信贷到底是一个健康的投资和借款方式，还是一个可怕的金融陷阱，众说纷纭。下面将对P2P网络信贷的方方面面作一个比较详细的分析。

（1）什么是P2P　P2P表示"个人对个人"，在国内也称为"人人贷"，特指个人通过网络平台相互借贷。具体的业务流程是以具有资质的第三方网贷平台为中介，借款人在平台上发放借款标的，投资者再通过投标向借款人放贷。与传统的借贷比较，P2P网贷最大的优势是：借款人通过网络，能够实现贷款的便捷高效。

（2）正规的P2P操作流程　在国内P2P平台主要有以下2种工作模式。

① 担保机构担保交易模式。就是以P2P平台为中介，平台在不吸储、不放贷的前提下，提供金融信息服务，并由合适的小贷公司和担保机构提供双重担保。在这种模式下，一笔借贷需求由多个投资人投资，一旦遇到坏账，担保机构会将本金和利息打回给投资人。

② 债权合同转让模式。将借款需求和投资都打散组合。通过个人发放贷款的形式，可获得一年期的债券，债券再进行拆分，就能将金额与期限不断错配、转让。但根据相关法规，这一模式如果操作不当，会容易滑入非法集资的范畴。

（3）正规P2P如何保障投资人的资金安全　目前，正规的P2P网贷平台主要通过如下方式保障投资人的安全。

① 提供担保。一些P2P网贷平台对投资人的资金进行全额担保，或通过与其他担保公司合作，由担保公司为投资人出具风险赔付承诺，保障资金安全。

② 对平台用户信用进行专业审查。P2P网贷平台可以借助征信系统，对用户进行综合资信的评定，尽可能保证用户信息的真实性，并对平台上的资金流向进行及时追溯。

③ 风险提示和本金垫付。一些P2P网贷平台会通过电话、短信等方式提示投资人有关合同的期限。一旦投资人借款逾期30天未还，部分平台会承诺将本金垫付，同时再催促还款。

（4）违规P2P的特征　目前，P2P的风险陷阱主要是自融自用、分标拆标和超高收益三种，现分析如下。

① 自融自用。即P2P平台本身拥有实业背景，旨在通过网贷解决公司本身或关联企业的资金难题。

② 分标拆标。是将借款期长的标的拆分成短期标的，借款金额大的标的拆分成小的金额，从而造成期限和金额的错配。"伪造"之下，投资者得到错误信息，可能因此遭受损失。

③ 超高收益。国内最大的第三方网贷资讯平台"网贷之家"做过总结，目前已暴露问题的P2P平台基本呈现以下两大特征。

a.一是利息较高，且承诺保本保息。问题平台中超过半数给出了40%以上的月息，年化收益达48%之多。

b.二是期限极短。一般P2P平台投资期限在2～24个月之间，不少问题平台不足一周，甚至还有一天内就还款的标的。

（5）对P2P网贷的监管"红线"　在对P2P网贷等互联网金融包容鼓励的前提下，监管部门也划定了以下监管的"红线"。

① 对以P2P网贷为名进行欺诈等违法犯罪活动，在明令禁止之列。

② P2P网贷不能触碰非法融资、非法吸引公众存款两条。

③ P2P平台不可以办资金池，不能集担保、借贷于一体。换言之，P2P网贷平台应该具有中介性质，不能参与借贷行为。

1.3.2.6　电子易货交易

电子易货交易是通过基于Internet上的易货交易平台，利用易货额度（而不是现金）及特殊的易货交易软件，打破时间和空间的限制，实现企业与企业之间B2B甚至是B2C商品或服务的自由交换。

（1）电子易货交易的特征

① 电子商务平台。易货交易凭借国际互联网特有技术与平台优势，解决了信息不对称的问题，突破了传统易货的地域和时间限制，实现贸易渠道全球日夜畅通。

② 创造了新的交易媒介易货币。易货币发挥了等同于货币的交易功能，以易货币代替现金作为交易媒介进入流通领域。易货币是易货交易中虚拟的易货支付单位，是用来记录从事易货交易的会员之间进行交易往来的记账凭证和支付手段，一般都与本国货币等值。易货币的使用，打破了"点对点"简单交易模式，可实现"点对多""多对多"的多边贸易。

③ 交易对象多样化。通过现代易货，不仅实物产品可以交换，旅店客房、机位船位、广告版面等服务，以及商标、专利权等无形资产也可交换，并可在全球范围寻找交换的伙伴。

电子易货作为区别于现金交易的另外一个市场，企业可以在易货市场上"易出"其现金市场所卖不出去的东西，同时又能"易入"原本需要花现金才能买回的东西，从而解决了现金交易中所解决不了的问题。作为现金交易方式的一种补充，现代易货贸易不会取代货币经济，但随着现代经济以及技术的发展，世界经济将进入货币经济和易货经济并行的时代，它将与货币经济一起共同铸造世界经济的繁荣。

（2）现代易货交易的发展　现代易货交易发展的主要因素产生于以下几个方面。

① 多边交易的诞生。传统交易方式是一方以货币换取对方的商品，必须严格遵从货币的价值认定，属于单向交易。而多向交易是在一个共用平台上进行多边交易，不仅发生在生产商和消费者之间，也发生在生产商与生产商之间、消费者与消费者之间，而且许可不同属性的货物、货币和产权参加交易，其中以额度作为虚拟货币进行虚拟交易，并以协议的形式完成其交易环节。现代易货正是利用多边交易这种交易方式，进行多边易货。

② 电子商务技术的发展。电子商务技术的发展，使易货交易不再局限于点对点的交易方式，而是实现了多边的、网络化的自由交易，弥补了传统点对点易货匹配成功率低的缺点，克服了传统易货的结算难题。此外，通过搭建交易平台，并通过专业易货经纪人去组织撮合，可帮助企业有效解决销售不畅、资金短缺、产能过剩和库存积压等难题。

③ 大量库存商品积压。市场状况瞬息万变，所有企业都可能遇到库存积压、天气变化、科技进步、潮流改变，都会造成产品过剩。据国家统计局数据显示：2005年我国生产资料库存1.2万亿元，流通领域有1.8万亿元，总共3万亿元，相当于2005年国民生产总值的16.17%，而且我国库存商品数量还在继续扩大。"十五"期间我国的GDP一直保持9.5%的增长速度，GDP的增长包括国内企业的生产规模扩大、固定资产投入加大、外贸出口增加等，因此，GDP的增加往往导致企业库存增加。尤其自1996年以来买方市场态势已经成为一种常态，在一些区域性市场销售不旺、库存问题严重。近年我国轻工业增加值，平均以15%左右的速度增长，而全国社会消费品零售总额却以平均13%左右的速度增长。这在一定层面上也能反映库存商品增长速度。库存商品的特点就是在一定的时间内不能形成交易，不能兑换成货币，所谓"有货无币"。这样就产生易货额度这个媒介，解决库存问题。

④ 现代企业经营思想的转变。现代易货交易不仅是一种交易方式，更是一种经营思想。首先，现代易货将销售和采购融为一体，通过采购实现销售。参与现代易货交易的产品并非不畅销产品，很多畅销产品也积极参与易货。比如，汇源集团用自己的果汁产品换取澳柯玛公司价值几千万元的冰箱和展示柜等产品，汇源通过易货交易，节省了购买这些必需设备的现金支出、降低了财务成本，而且销售了产品，实现了利润。澳柯玛把易货得到的汇源果汁作为冰柜、冰箱的促销礼品，同样也是一箭双雕。其次，对于中小企业而言，资金紧张通常

都是一大难题,而通过现代易货平台,企业可以凭借企业信誉或者通过现有商品甚至未来生产能力的抵押、预售,获得易货额度,优先采购企业生产所需要的原材料和设备等物资,从而达到融资的效果。

⑤ 经济低迷。在国际上,现代易货的形成、生长、成熟和发展似乎总是与经济低迷相关联,比如美国"9·11"事件、阿根廷经济危机、1997年的亚洲金融危机等。在阿根廷,随着经济陷入似乎永无止境的衰退,失业率上升至约15%,越来越多的阿根廷人退回到古老的以物易物的交易方式。据统计,近20万居民通过以物易物来补充收入,民间调查则说真实的数字接近40万,现在阿根廷全国有800个易货贸易俱乐部(是1年前的2倍),这种交易方式已经成为一个有4亿美元交易额的行业。

⑥ 买方市场的出现。全球经济已从短缺经济时代进入过剩经济时代,生产商制造商品的能力超过人们购买商品的能力。这种生产能力过剩表现在从原材料到高科技产品的广泛领域。技术发展也使产品生命周期越来越短,曾流行的个人计算机款式很快过时。2006年我国600种主要消费品中,供求基本平衡的商品170种,占28.3%;供过于求的商品430种,占71.7%,没有供不应求的商品。2006年下半年600种主要消费品的供求趋势与上半年调查结果相比,供过于求的比重下降4个百分点,供求平衡的比例提高4个百分点,仍然没有供不应求的商品。

⑦ 国际贸易的发展。易货在北美、澳洲、西欧和中东地区,建立了稳固的国际贸易。首先,通过国际易货交易可以更加有效地参与同周边国家和地区的区域性经济开发,形成稳定的周边环境,有助于扩大出口、部分解决国内产品积压和生产能力过剩,进一步解决国内的经济结构问题,这符合我国的长远发展利益。易货交易目前已经成为中国与中亚五国之间主要的贸易形式。中国与俄罗斯、朝鲜、越南、泰国、马来西亚等国的易货交易也有不同程度的发展。其次,发展国际易货交易有利于实施市场多元化战略,改变单纯集中在若干发达国家市场的被动局面。通过国际易货交易可以加强与发达国家及其他发展中国家的联系,大力开发各地市场,使我国在国际分工的格局中居于更有利的位置。另外,利用易货交易的便利,带动我国工业原料、零部件及半成品的出口,通过引资、建立合资企业等形式在进口国市场进行深加工,推进我国"走出去"战略的实施。

⑧ 规避金融风险。在货币经济快速发展的今天,市场也给人们带来越来越难以控制的汇率风险,东南亚金融危机就是很好的例证。而现代易货贸易不涉及现金,可以规避汇率风险,作为现金与信用的替代方式。当出现金融风险时,可以通过易货贸易进口产品,同时为出口企业的过剩产品提供需要的海外市场和分销渠道。易货公司可以为跨国公司的全球广告计划提供媒介,也可以帮助出口企业向软通货国家销售产品而获得硬通货。由于国际金融存在流通风险,这就使在贸易中获得硬通货更为安全,从而给易货交易带来发展的空间。

⑨ 解决资金不足。在一些地区存在资金不足的困难,企业难于获得足够的资金。也有一些地区中小微企业因为信用度不足或者政策原因,难于获得贷款。因此,采用易货交易可以解决资金不足的难题。

易货交易与期货交易的区别:易货交易是以易货额度为交易和支付媒介的非货币性交易,其显著特点是会员群体中流通的每一元易货额度背后都有相同价值的实物或服务支撑;换言之,会员手中的每一元额度,在同一群体中的其他会员手上一定存在等值的可用于易货的商品或服务。从这个角度来看,易货在本质上是使用易货额度为支付媒介的现货交易。在交易方式上,现代易货与普通现货交易一样,一般通过一对一谈判进行,根据合同商定的付款方式易进、易出商品/服务。而期货交易只需支付按金,通过商品交易所买进或卖出期货合同,所以,期货交易具有以小搏大和投机性质,而易货则没有。另外,易货交易规则中也明确限定易货额度与人民币货币保持固定的比率关系，所以会员单位主要是将易货作为有效利用富余产能或存货的渠道，而非像期货交易那样用作套期保值或套期图利。

1.3.2.7 虚拟货币

虚拟货币是指非真实的货币。知名的虚拟货币如百度公司的百度币、腾讯公司的Q币、Q点盛大公司的点券，新浪推出的U币米票（用于iGame游戏），侠义元宝（用于侠义道游戏），纹银（用于碧雪情天游戏），天地银行荣誉出品的冥币，还有近年最火热的互联网虚拟货币比特币。

"虚拟"这种形式及其表现并不是第一位重要的，第一位重要的是内在价值问题。也就是说，虚拟货币代表的价值，与一般货币代表的价值不同。前者代表价值，后者代表效用。虚拟货币不是一般等价物，而是价值相对性的表现形式，或者说是表现符号；也可以说，虚拟货币是个性化货币。在另一种说法中，也可称为信息货币。它们的共性在于都是对不确定性价值、相对价值进行表示的符号。这样说的时候，货币的传统含义已经被突破了。原有含义的货币，只能是新的更广义货币的一个特例。货币既可以作为一般等价物的符号，也可以作为相对化价值集的符号。

一般货币由中央银行决定，虚拟货币由个人决定。一般货币的主权在共和体中心；虚拟货币的主权在分布式的个体节点。

一般货币的价值转换，在货币市场内完成；而虚拟货币的价值转换，在虚拟货币市场内完成。一般货币与虚拟货币的价值交换，通过两个市场的总体交换完成，在特殊条件下存在不成熟的个别市场交换关系。因此可以说，一般货币与虚拟货币处于不同的市场。

 新动态

比特币——一种有争议的金融工具

1. 概念

比特币（BitCoin）是一种P2P形式的虚拟货币，是一串数字代码。它依据特定算法，通过大量的计算产生。比特币不依靠特定货币机构发行，人们以开放、对等、共识、直接参与的理念为基准，结合开源软件和密码学中块密码的工作模式，在P2P对等网络和分布式数据库的平台上，形成比特币发行、交易和账户管理的运作系统。其系统上遍布整个对等网络用户端的各节点，按照其种子文件达成网络协议，从而确保在货币发行、管理、流通等环节中公平、安全、可靠。并承诺比特币将成为类似电子邮件的"电子现金"，实现在不需要审批、人人都有权发行的前提下，避免通货膨胀，并无法伪造；支付完成之后，用户就失去对该比特币的所有权。P2P的去中心化特性与算法本身可以确保无法通过大量制造比特币来人为操控币值。基于密码学的设计可以使比特币只能被真实的拥有者转移或支付。这同样确保了货币所有权与流通交易的匿名性。目前，这种崭新的电子货币不受任何政府、任何银行控制。

比特（Bit），是计算机专业术语，信息量单位。二进制数的一位所包含的信息就是1比特，如二进制数0100就是4比特。比特这个概念和货币联系到一起，不难得出，比特币非现实货币，而是一种计算机电子虚拟货币，存储在电脑上。

2. 比特币的历史

1982年，David Chaum最早提出了不可追踪的密码学网络支付系统。1990年，Chaum将他的想法扩展为最初的密码学匿名现金系统，这个系统就是后来所谓的eCash。1998年，Wei

Dai发表文章阐述了一种匿名的、分布式的电子现金系统，他将其命名为"b-money"。同一时期，Nick Szabo发明了"Bit gold"。和比特币一样，"Bit gold"也设置了类似的机制，用户通过竞争性地解决"工作量证明问题"，然后将解答的结果用加密算法串联在一起公开发布，构建出一个产权认证系统。"Bit gold"的一个变种是"可重复利用的工作量证明"，开发者是Hal Finney。2008年，中本聪在一个密码学网站的邮件组列表中发表了一篇论文，描述了比特币的电子现金系统。2009年1月3日，中本聪开创了比特币P2P开源用户群节点和散列函数系统，从此，其对等网络和它的第一个区块链开始运行，他发行了有史以来的50个比特币。一年后，在比特币论坛上，用户群自发交易中，产生了第一个比特币公允汇率。该交易是一名用户发送10000比特币，购买了一个比萨饼。目前，比特币最为主要的参考汇率是Mtgox交易所内比特币与美元的成交汇率。

随着接受比特币支付的个人、组织、商家和企业的迅速增长，其汇率在4年内上涨了数千倍。截止到2013年3月30日，全部发行比特币按市价换算为美元后，总值突破为10亿美元。虽然比特币是目前使用最为广泛的一种电子货币，除部分国家对虚拟货币有明文规定外，还没有任何国家对比特币的发行作出法律规范和保障。

3.交易方式

比特币可以通过如下方式获得。

（1）通过在bitcoin.org直接下载的P2P软件获得。

（2）通过ClearCoin等代管服务获得。

（3）通过bitcoin货币交易中心获得。

（4）通过在计算机里挖掘（估计只有专门研究计算机的专家、黑客、计算机系高材生才能挖到）获得。需要用计算机依照算法进行大量的运算来"挖出"比特币，这听起来很像是我们的祖先在挖黄金的感觉。而且已经挖出来的比特币越多，挖出新的比特币的时间就会越长，据说如果想再挖出新的比特币，在未来可能要花上数年的时间。到2014年之前，比特币的总量为2100万个，如果有需要，每个比特币还可以切割为10的8次方份，所以不会出现因总量不够通货紧缩的情况。

（5）通过淘宝购买。目前，国内淘宝网上一些卖家也出售比特币，并且还有为买家充值的服务。这些店铺有的位于北京、上海等一线城市，有的位于山东泰安、广西玉林、江苏淮安等二三线城市。

4.比特币的使用

有多种途径使用比特币，通过电子货币交易所、服务商和个人等渠道，就能兑换为当地的现金或金币；也可以直接使用它购买物品和服务。但各国目前对于比特币的使用采取了不同的政策和策略。在我国，2013年12月5日中国人民银行官网上公布了中央银行等五部门此前下发的《关于防范比特币风险的通知》，明确比特币只是一种特定的虚拟商品，不能且不应作为货币在市场上流通使用。虽然国外一些国家不赞同比特币，但是实际上国内外还是有不少使用比特币进行流通交易的情况，值得注意的是，比特币与现实货币的汇率变化较大，在使用时需要十分小心。目前比较现实的使用比特币的例子如下。

● 据科技博客theverge报道，美国银行美林证券的分析师2013年12月发布了有关比特币的第一份研究报告，报告认为这种虚拟货币有可能成为电子商务"主要的支付方式"，以及传统的汇款业务的重要竞争对手。

● 据2013年11月21日国外媒体报道，塞浦路斯尼科西亚大学（University of Nicosia）近期宣布，该校将允许学生使用比特币来支付学费，该校也成为全球首家接受比特币的大学。尼科西亚大学位于塞浦路斯，建立于1980年，是一所私立大学，目前拥有学生5000名。这

也就意味着，这种带有争议性的"数字货币"正朝着更主流的方向发展。

● 在韩国仁川市一家面包店从2013年11月起正式开始接受虚拟货币"比特币"支付。这是韩国首家接受比特币支付的实体店。

● 我国哈尔滨一家实体店2013年11月打出接受比特币支付的招牌，吸引了不少网友和比特币爱好者关注，但服务推出至今还没有顾客用比特币支付。

● 北京一家餐馆也悄然开启了比特币支付，服务员称该店从2013年11月底开始接受比特币支付。消费者在用餐结束时，把一定数量的比特币转入账户，即可完成支付，整个过程类似于银行转账。2013年12月15日该餐厅接到的一笔比特币订单显示，近650元的消费以0.13个比特币的价格进行了结算。

● 上海浦东张江一个房产项目"盛大青春里"在2013年11月18日贴出告示，表示购房者如果需要使用比特币支付房款，那么就将以人民币计价的房价折算成比特币打入到"盛大青春里"的比特币账户里去，而汇率则是按照下订单当天的行情1∶2100。

比特币是类似电子邮件的电子现金，交易双方需要类似电子邮箱的"比特币钱包"和类似电邮地址的"比特币地址"。和收发电子邮件一样，汇款方通过电脑或智能手机，按收款方地址将比特币直接付给对方。表1-1列出了免费下载比特币钱包和地址的部分网站。

表1-1　免费下载比特币钱包和地址的部分网站

用户端名称	网址	许可协议
Multibit（云数据区块功能）	http://multibit.org/	MIT
Bitcoin-Qt（中本聪用户端）	http://sourceforge.net/projects/bitcoin/	MIT
My Wallet（在线钱包，独立式）	https∶//blockchain.info/wallet	专有软件
Coinbase（在线钱包，混合式）	http://coinbase.com	专有软件
Electrum	http://electrum.ecdsa.org/	GPL
Armory（具有离线储存功能）	http://bitcoinarmory.com	AGPL

5. 关于比特币的争议

（1）比特币是什么？参与开发者认为它是类似比特信（Bitmessage）的互联网技术，是去中心化运动的一部分。美国财政部把它定义为虚拟货币。国际知名的互联网法律援助公益组织——电子前哨基金会，在研究美国财政部有关定义后，把比特币和股票一样作为礼物募捐。美国商品期货交易委员会理事Bart Chilton认为它是一种期货。比特币交易者杨硕表示："比特币是天才的设计也好，是无政府主义货币也好，跟我一点关系都没有。对我来说，比特币就是期货，除此之外都是浮云。"在参加上海国际货币会议时，美联储理事会副主席Janet Yellen表示，新型网络货币令银行家们不安，可能成为扰乱金融秩序的工具。美国政府税收征管机构担心有人用比特币逃税。比特币风险投资基金的经理们认为，它是一种崭新型的商业模式。美国联邦调查局（FBI）担心比特币会被用来进行非法活动。布隆伯格基金的董事长Jon Soberg表示，比特币很可能会让信用卡过时，带来一场金融革命。

（2）发行比特币违法吗？如果比特币被用来进行非法交易，发行比特币就违法。有史以来，哪种货币没进行过违法交易？哪个货币发行机构不违法？

（3）比特币是庞氏骗局吗？比特币曾经被指控为"庞氏骗局"，因为比特币的汇率在不断地上涨，而早期的比特币用户挖矿较为容易。经过长期的讨论，现在一般都不认可这一指控。例如欧洲中央银行在对虚拟货币进行研究后做出如下分析："另外一个话题在比特币社区内被反复讨论：比特币是一个庞氏骗局吗？比特币的用户用普通货币买入比特币，而如果想要变现比特币，就必须要有其他的用户愿意购买比特币，也就是说，要有新的比特币需求不断出现。对于很多人而言，这看上去非常像一个庞氏骗局。那么什么是庞氏骗局？美国证监会对庞氏骗局的定义为：'庞氏骗局是指用新进入投资者的资金，为早期投资者支付收益。庞氏骗局的发起者通常都向新投资者承诺高收益、低风险。在很多庞氏骗局中，骗子努力地诱导新投资者进入，以便向早期的投资人支付收益，并用于自身的消费，而这些钱很少进行真实的投资。'比特币与之完全不同，至少理论上如此，比特币没有一个组织者掌握着用户的钱然后消失不见。比特币的用户自发地进行交易，几乎完全没有中介机构的存在，没有任何人可以直接从比特币不断扩大的人群中直接获利，除非汇率上涨（而通过汇率上涨获利，和其他外汇投资没有太大区别）。而矿工获得的比特币，也是为了激励他们处理比特币交易，以维持比特币的安全。虽然很多投资者试图通过比特币价格波动来进行获利，但是这并不是比特币设计的目的，比特币本身只是一种支付系统。而比特币的核心开发人员，也一再明确地强调比特币只是一个"实验性"的项目，并反复提示投资比特币的风险。"

6. 比特币今后的趋向

比特币今后的发展还很难以预测和判定，有消息指出，2013年5月，美国已经叫停了比特币在银行和支付机构的取现，但是比特币的行情不跌反涨，并将比特币的交易推到中国，并导致了2013年6月比特币的暴涨。在2013年12月5日中国人民银行等5部委发布了《关于防范比特币风险的通知》，人民银行已召集10余家主要的个人网络支付公司和有关银行，重审了停止比特币的取现业务，而支付宝、财富通等多家支付公司已停止了比特币与相关业务。但是，由于比特币等虚拟货币的交易转移非常方便，在国内一些虚拟货币的爱好者并没有放弃。因此，不论是在国外或国内，比特币的趋向不明。

1.3.3 网络金融风险与监管

1.3.3.1 网络金融风险分类

网络金融风险作为风险的范畴之一，在本质上也是一种引起损失的可能性，但它与传统意义上的金融风险还有些区别。传统意义上的金融风险是指"经济金融条件的变化给金融参与者造成的收益或损失的不确定性"。风险主要受经济主体行为及经济运行状况的影响。在网络时代，金融风险与技术有着密切的联系，例如，由于网络金融活动是建立在开放的互联网基础之上的，网络金融的业务操作及大量的风险控制工作均由电脑程序和软件系统完成，这使得金融体系对计算机网络系统依赖性增强，从而使得全球电子信息系统的技术性和管理性安全成为网络金融运行最为重要的风险之一。

根据金融参与者范围的大小，网络金融风险有广义和狭义之分。

（1）广义网络金融风险 广义范围的网络金融风险既包括居民家庭、非金融企业部门和金融企业部门从事网络金融活动所产生的风险，也包括以国家部门为主体从事的网络金融活动所产生的风险。

（2）狭义网络金融风险 狭义范围的网络金融风险一般指网络金融机构从事网络金融活动所产生的风险。狭义的网络金融风险又可分为以下三个层次。

① 第一层次的网络金融风险是指某个网络金融机构在营运过程中由于经济金融条件和技术条件变化发生资产损失或收入损失的可能性，这种可能性一旦转化为现实，就可能会使该金融机构无法正常运行，资本金被侵蚀，甚至因资不抵债失去清偿能力而倒闭破产。

② 第二个层次的网络金融风险是指网络金融的行业风险，即网络银行业、网络证券业和网络保险业的风险。它既包括由于全球通信系统的意外破坏或计算机病毒的破坏所导致的整个网络金融系统的瘫痪，又包括网络金融行业内部由于单个网络金融机构的破产倒闭，而引起连锁反应，致使其债权人资产及其收益发生损失，从而影响整个网络金融体系的正常运行。

③ 第三个层次的网络金融风险是指由前两个层次网络金融风险的存在导致严重经济、社会乃至政治危机的可能性。

1.3.3.2 网络金融风险来源

网络金融风险有来自于金融业本身原有的风险，也有金融与网络信息技术结合后产生的新的风险，具体如下。

（1）金融业本身就是高风险的行业 金融业是建立在商品和信用经济基础上的，信用作为一种借贷行为，其活动建立在对未来预期的基础上，其自身便存在金融风险。首先高度发达的信用关系的广泛连锁造成信用脆弱。其次，信用的多变性引发信用风险。信用评估也只能是对信用现状进行评估，而难以预测未来的信用变动。这就使金融机构在业务活动中始终面临着信用风险。金融业具有很高的负债比例和经营不稳定性，其正常运行在很大程度上依赖公众信任。个别机构发生挤兑风潮，从而引发全社会存款人的恐慌，又将影响到其他金融机构的支付，危及整个金融体系的安全，甚至导致社会经济无法正常运行。

（2）网络与金融结合扩大了风险范围

① 网络的虚拟性使网络金融机构面临更高的信用风险，网络金融机构的业务范围从理论上来讲是全球性的，而且其业务是通过远程通讯来实现的，由于业务活动完全摆脱了物理限制，没有了人与人面对面的实际接触，如何分辨客户的善意及确认其真实身份和真实信用状况就成为网络金融机构必须解决的重要问题。

② 网络的快捷性为资金在金融机构间的频繁转移提供了方便，导致银行业务的不稳定性增大，流动性风险及支付、清算风险升高。

③ 网络的联动性容易产生金融风险的扩大效应。

④ 网络的全球性促进了金融市场一体化，这也加速了风险的传播。

1.3.3.3 国内外网络金融监管

（1）为什么要对网络金融进行监管 在网络时代，金融监管的方式和内容也发生了变化。世界联储主席格林斯潘曾说："监督和管理机构应该重新审视自己的监督和管理政策，并对金融机构所出现的新情况和金融市场因电子金融所产生的变化做出适应性的正确调整。"

面临网络金融的挑战，政策制定者应做出相应的调整，这必然会使金融监管的方式和内容发生相应的变化。首先，金融监管将由"机构监管型"体制转向"功能监管型"体制。功能性金融监管概念是由哈佛商学院罗伯特·默顿最先提出的。所谓功能性金融监管，是指依据金融体系基本功能而设计的监管。较之传统金融监管，它能够实现跨产品、跨机构、跨市场的协调，且更具有连续性和一致性。其优点主要是：功能性金融监管关注的是金融产品所实现的基本功能，并以此为依据确定相应的监管机构和监管规则，从而能有效地解决混业经营条件下金融创新产品的监管归属问题，避免监管"真空"和多重监管现象的出现。功能性金融监管针对混业经营下金融业务交叉现象层出不穷的趋势，强调要实现跨产品、跨机构、跨市场的监管，主张设立一个统一的监管机构来对金融业实施整体监管。这样可以使监管机构的注意力不再局限于各行业内部的金融风险。由于金融产品所实现的基本功能具有较强的稳定性，使得据此设计的监管体制和监管规则更具有连续性和一致性，能够更好地适应金融业在今后发展中可能出现的各种新情况。

网络经济的发展引致了金融业务综合化发展趋势的不断加强，金融产品的延伸、金融服务信息化和多元化以及各种新金融产品销售渠道的建立，使得金融业从强调"专业化"向推崇"综合化"转变，传统的按业务标准将金融业划分为银行业、证券业、信托业和保险业的做法已经失去了意义，形成了混业经营的态势，由此也会推动传统的"分业经营、分业监管"制度向"全能经营、统一监管"制度的转换。而且在网络经济条件下，随着科技的加速发展，金融的创新也会层出不穷，这也要求金融监管向功能性监管转化。为了适应混业经营的现状，英国和美国已经进行了金融监管的改革。美国1999年通过的《金融服务现代化法案》在改革分业经营模式实现混业经营模式的同时，对金融监管框架也进行了改革。按该法案规定，由联邦储备委员会（FRS）继续作为综合管制的上级机构，对金融控制公司实行监管，另外由金融监管局（OCC）等银行监管机构、证券交易委员会（SEC）和州保险厅分别对银行、证券公司、保险公司分业监管，因而采取了综合监管与分业监管相结合的模式。这一新的金融监管体制就是依据功能性金融监管的思想而设计的。英国的议会在2000年初表决通过了《金融服务与市场法》（Financial Service and Markets Bill）这对英国长期以来所遵循金融市场自律管理模式是一个具有重大意义的变革。按法案要求所创设的"金融服务局"（Financial Service Authority，FSA）将取代原先的证券与投资委员会，并将继承三个自律组织及九个被承认的职业团体的一系列管理职能；同时，它还将取得英国央行的检查及监管部门对银行业的监管职能，与财政部保险司对保险业的监管职能等一系列功能，从而实施了真正的跨行业监管，几乎囊括了所有金融领域：银行业、投资业、保险业。

（2）网络金融监管的内容和国际合作

① 网络金融监管的内容。网络的安全将成为金融监管的重要内容，由于网络金融是基于计算机网络而存在的金融活动，因而网络的技术安全与管理性安全成为网络金融监管的重要内容之一。网络金融系统的安全包含两方面的内容：一是网络金融交易双方的身份、交易资料和交易过程是安全的，交易双方的身份是真实的，交易过程中的数据和资料不会被非法盗取、删除或修改，交易行为有效；二是为系统提供服务的网络主机系统和数据库是安全的，确保在人为或非人为因素干扰下系统的正常运行。此外，对于未经合法授权交易的安全性的监管也属于金融监管当局关注的重要内容。另外，网络时代金融监管的滞后性增强。网络经济发展加快了金融创新的步伐，层出不穷的金融创新经常使金融监管部门措手不及，难以应对。而且由于科技和网络人才集中于网络金融机构中，这就使得监管当局与被监管者在技术和人才的方面不占有优势，从而使金融监管的法律法规和监管手段落后于网络金融业务的创新与发展。

② 网络金融监管的国际合作。在网络经济时代，金融监管的国际协调与合作将不断加强。随着网络金融的发展，国际金融对各国经济的影响日益加剧。国际金融环境的变化日益成为与各国经济密切相关的因素，从汇率风险防范到难以预料的金融大动荡，从全球性金融系统的风险防范到金融证券市场的规范化、制度化等，都反映了国际金融监管协调是金融网络化发展的必然要求。而且由于网络金融服务的超越国界的特性，使得网络金融机构服务的客户来自不同的国家和地区，而由于各国和地区制度规范的不统一，使得网络金融机构要适应不同的制度规范，同样的服务说明在不同的国家和地区有不同的解释，这种局面使其无法预料开展服务业务可能面临的各种法律后果，而且由于制度规范的不统一也增加了网络金融机构的经营成本。此外，对于发展中国家来说，由于技术水平落后，在发展网络金融的过程中，多采取与外国高科技企业结成战略联盟的形式以获得技术上的支持。在这种跨国合作关

系中存在着一系列的法律问题。如果外国合作者或服务提供商由于政治、经济、宗教和社会原因而不履行合同，就会使网络金融机构陷入复杂的跨国法律诉讼中。在这种情况下，如何帮助网络金融机构寻求国际法律合作和援助，成为金融监管当局的一个重要内容。而且，对于网络经济犯罪行为，特别是跨国性的网络经济犯罪活动，各国的法律规章明显滞后，因此如何加强网络金融监管的国际合作，统一各个国家和地区的金融制度和法规，就成为促进网络金融发展和维护金融秩序的重要条件。

（3）网络金融监管的层次　网络金融的监管当局对网络金融机构的监管分为企业级和行业级两个层次。

① 企业级网络金融监管。企业级网络金融监管针对网络金融机构向企业提供的网络金融服务进行监管，解决网络金融机构提供网络金融服务的行为规范问题。主要体现在7个带有全局性的具体问题上，包括加密技术与制度、电子签名技术及制度、公共钥匙基础设施、税收中立制度、标准化、保护消费者权益以及隐私和知识产权保护。以上7个内容又可以归纳为三个方面。

a.对网络金融机构的安全性能进行监管。包括对网络金融运行风险、操作风险的评估，对产生系统风险的各种环境及技术条件的监管，对公共钥匙、加密技术及制度和电子签名技术及制度的监管，如积极制定关于电子记录和数字签名的法律框架等。

b.向企业和各级政府提供网络金融的国内及国际标准化框架和税收中立制度，对网络金融的标准化水平进行监管。为避免重复投资造成资源浪费，确保实现各金融机构间电子信息的互联互通，对网络银行的标准化水平要进行管理。同时对网上交易采取税收中立政策，促进民族电子商务的发展。

c.对消费者的权益进行监管。保护消费者的权益一直是金融监管的主要目的之一，由于网络金融的虚拟性、匿名性，所以更要注意对消费者权益的监管，避免网络金融机构利用自身的隐蔽行动优势向消费者推销不合格的金融服务或低质量高风险的金融产品，损害消费者利益。对消费者权益的监管不仅包括保护消费者的隐私权及维护知识产权在网络中不受侵犯，同时也广泛地保护网上交易的消费者权益。如针对网络金融机构的网上广告进行监管，以保护网上消费者不会被网上虚假广告欺骗。

② 行业级网络金融监管。主要解决网络金融机构对国家金融安全的影响问题，其中更复杂和艰巨的任务还在于对跨国、跨境的金融数据流的监管问题。行业级网络金融监管针对网络金融机构对国家金融安全和其他管理领域形成的影响进行监管。具体包括以下4方面。

a.网络金融机构对国家金融风险和金融安全，乃至国家经济安全影响的评估与监管。

b.对网络金融机构操作风险的监管，包括对产生操作风险的各种环境及技术条件的监管。

c.对借助网络金融方式进行的犯罪活动进行监管，如非法避税、洗钱、跨国走私、非法贩卖军火武器、非法进行资金划转、对他国金融网站进行的非法攻击等。

d.对利用网络金融方式传输不利于本民族文化和伦理道德观念的信息进行监管。

由于网络金融的应用范围和应用模式的不断扩大和发展，人们在享受网络金融带来的便利和实惠的同时，与此俱来的网络金融风险也在不断以新的面貌出现，因此，对于网络金融监管的内容并不是一成不变的，应当随着网络金融的发展而不断地调整和完善。

1.3.3.4　网络金融法律法规

目前国内外对与网络金融的应用有关的电文合同采用、市场准入、电子签名、电子支付、信息披露、计算机安全等方面，都已经制定了一系列的法律法规予以支撑，随着网络金融应用实践的发展，相应的法律法规会更进一步完善。

（1）数据电文合同形式规定　1999年，我国通过了《中华人民共和国合同法》，其中第11条规定了数据电文为合同的书面形式之一，为电子交易形式确立了法律地位，为网上银行的立法创立了法律空间。2001年6月，中国人民银行根据《中华人民共和国中国人民银行法》《中华人民共和国商业银行法》制定颁布了《网上银行业务管理暂行办法》，这是我国关于网上银行的第一部行政规章，自此，我国终于对网上银行业务有了专门的立法。《网上银行业务管理暂行办法》主要规定了网上银行业务的定义、市场准入条件和程序、网上银行业务风险管理规则以及网上银行的法律责任。2002年4月，中国人民银行又下发了《中国人民银行关于落实〈网上银行业务管理暂行办法〉有关规定的通知》（以下简称《通知》），进一步明确了网上银行业务的准入程序与形式、开办网上银行业务申请的审查要点，以及对网上银行业务的监管。

（2）市场准入的法律法规　目前大多数国家对设立网络金融机构有明确的要求，需要申请批准。例如中国人民银行于2001年6月颁布了《网上银行业务管理暂行办法》，规定银行机构在中国境内开办网上银行业务，应在开办前向中国人民银行提出时刻表，经审查同意后方可开办。中国证券监督管理委员会2000年3月30日发布的《网上证券委托暂行管理办法》中规定，获得中国证监会颁发的《经营证券业务许可证》的证券公司，可向中国证监会提出时刻表开展网上委托业务。未经中国证监会批准，任何机构不得开展网上委托业务。

（3）金融监管国际合作　随着金融网络化发展对金融监管国际合作的要求日益迫切，国际社会也一直致力于构筑一个新的、稳健的国际金融架构，而国际金融监管领域的改革和发展便是这一进程中的重要组成部分。1999年，西方主要发展国家成立了由七国集团国家的财政部、中央银行、监管当局以及国际金融机构，国际监管组织等众多代表组成的"金融稳定论坛"，旨在从全球范围内对各国及全球金融体系的稳定性进行监督。它将负责甄别各国遵循国际标准与行为规则方面的差距，确保国际规则能够适用于所有国家、所有类型的金融机构。针对金融全球化、一体化、网络化的新趋势，巴塞尔委员会于1999年公布了新协议征求意见稿，并得到各国监管当局和银行界、学术界的积极评价和反馈。在征求意见过程完毕并定稿之后，新的巴塞尔协议将全面取代1998年的资本协议，成为国际银行业风险监管的新版"神圣条约"，因此必将对全球银行业产生深远影响。

（4）电子支付的法律法规　在美国，80%以上的美元通过电子支付（EFT，Electronic Fund Transfer）进行，每天约有2万亿美元通过联储电划系统以及清算所银行间支付系统划拨。虽然这种支付方式具有快捷、低价等优点，但由于电子划拨涉及多方当事人，经济责任较难划分确认，若无相应的法律规范作保障，则可能带来始料未及的后果。正是有了美国《1978年电子资金划拨法》和《统一商法典》第4A篇及联合国国际贸易法委员会制定的《国际贷记划拨示范法》等法规的规定，才使得对这些不利后果有了事前防范和事后处理的依据。1996年1月1日生效的《中华人民共和国票据法》确立的是以纸票据为基础的结算支付制度，没有针对电子支付进行立法。因此，金融监管部门应该在"保护竞争、促进效率"的前提下，尽快就网络金融的市场准入、安全认证、技术标准、控制权的法律责任等保护措施和争端解决的适用程序等问题加以立法，制定或完善各类有关网络金融和在线支付的操作标准及法律规范。

（5）信息披露制度　网上银行的诸多特性加大了监管当局对其进行稽核审查的难度，并会导致监管数据不能准确地反映银行的实际经营情况。有效的网上信息市场的信息披露制度能够将各种可能诉诸于法律的事件降低到相当低的水平。它便于银行客户与投资者充分地了解银行的运作状况，从而避免他们可能遭受的损失；它能够使监管部门及时发现问题并采取对策，达到未雨绸缪的目的；它还有利于促进银行在现代法人治理结构的规范下进行审慎经营。目前，各国监管当局和国际监管机构均对信息披露透明度及市场约束给予了极大的重视。比如，巴塞尔银行监管委员会于1998年9月公布了题为"提高银行透明度"的指导性文件，建议银行披露6大类信息：经营绩效、财务状况（包括资本金）、风险管理政策与做法、会计政策、风险敞口、管理层与内部治理结构。

（6）计算机安全法律法规　计算机安全方面的法律法规相对较细。已经颁布的与网络金融相关的国家和部门的法律法规有：国家行政法规，如《中华人民共和国计算机信息系统安全保护条例》《中华人民共和国计算机信息网络国际联网管理暂行规定》《商用密码管理条例》《中华人民共和国电信条例》《互联网信息服务管理办法》《互联网上网服务营业场所管理条例》《信息网络传播权保护条例》；部门规章和规范性文件，如公安部的《计算机信息系统安全专用产品检测和销售许可证管理办法》《计算机信息网络国际联网安全保护管理办法》《金融机构计算机信息系统安全保护工作暂行规定》《计算机病毒防治管理办法》《互联网安全保护技术措施规定》，信息产业部的《计算机信息系统集成资质管理办法（试行）》《信息系统工程监理暂行规定》《电子认证服务管理办法》，国家密码管理局的《电子认证服务密码管理办法》《商用密码科研管理规定》《商用密码产品销售管理规定》，中国银监会的《电子银行业务管理办法》《电子银行安全评估指引》《银行业金融机构信息系统风险管理指引》，中国证监会的《网上证券委托暂行管理办法》《证券期货业信息安全保障管理暂行办法》《证券公司集中交易安全管理技术指引》。

2004年8月发布《中华人民共和国电子签名法》，该法律的出台有利于确定电子签名的法律地位。此外，对于网上金融活动还需要一定的契约约束机制，在没有相应法律法规的情况下可以通过签订《网上金融服务协议》，对网上金融活动可能产生的一系列权利义务事先予以明确规定。

1.3.4　网络金融发展前景

国内外网络金融的发展将可以从业务创新、经营模式创新和盈利模式创新、技术创新四个方面进行分析和预测。

1.3.4.1　网络金融的业务创新

网络时代的金融业务不同于以往任何时代的发展规律，由于信息技术的应用，很多传统金融业中并不存在的业务开始显现。而通过技术应用探索和挖掘这些潜在的业务可以说是目前业务创新的一个趋势。

最初的网络金融业务只是应用网络信息技术在虚拟的网络空间模拟传统金融业务的流程，如网上银行、网上证券、网上保险等。但信息技术的应用并不仅限于此，网络金融服务中存在大量的交易和结算，由此滋生了网上支付结算业务。网络中存在着大量的金融信息，对此进行整合和筛选，推出网络金融信息服务平台。随着网络技术的不断发展，对于网络金融业务新领域的探索将是各个金融服务提供商的长期课题之一。网络金融业务的创新具体将表现在以下几个方面。

（1）重视个人金融信息服务　随着网络使用者与日俱增，其中大部分用户属于个人用户。今后网络金融的发展中，个人网络金融业务将会更加丰富、多样化，同时更加细化、更加贴近日常生活。

（2）加强关联业务发展　网站提供公共事业服务这类贴近生活的服务在未来将得到更好的发展。

（3）业务流程更加人性化　网络金融服务网页能一目了然地表现所有业务，具体业务处理步骤明确，需要填的资料提示清楚，操作十分方便。这种人性化的流程能带来很好的用户体验，有利于提高客户忠诚度。

1.3.4.2　网络金融的经营模式创新

网络金融的经营模式创新离不开网络时代信息技术的不断进步，同时也和金融业务的变化密不可分，但是真正决定其经营模式发展方向的是金融业的经营导向。最初国外很多国家都是以金融机构的盈利及便利为经营导向，实行金融业混业经营模式。商业银行从事多种业务，如投资银行业务。在追求利润的过程中容易导致内幕交易、股市操纵，最终不可避免地引发金融危机，难以收拾残局。一些国家通过分业经营的模式作为过渡并最终转变为以消费者需求和便利为经营导向的混业经营模式。这对于网络金融时代的金融服务提供商尤其重要，因为在网络时代，网络金融服务提供商的成本大大降低，导致行业进入门槛下降，竞争更加激烈，客户的可选择性大大增加，所以只有更好地满足消费者个性化需求，为消费者谋求便利才能给金融服务提供商带来盈利和发展。以消费者需求和便利为经营导向的混业经营模式是我国网络金融经营模式未来可行的发展方向。

1.3.4.3　网络金融的盈利模式创新

网络金融盈利模式的发展与各国传统金融盈利模式的发展息息相关却又迥然不同。传统金融业务大致可以分成对公业务、对私业务，盈利模式又有利息收入、保险金，以及各种中介费、代理费等。国外采用混业经营模式，经营多种互相渗透的业务，商业银行存贷利差收入在盈利中的比例逐渐下降，个人金融服务盈利增加。这也正是国外网络金融盈利模式的发展方向，由于网络金融面向的是所有人群，其主要服务对象是个人，导致了个人服务费和中介费为主的盈利模式成为主流。可以预见，在今后的发展中将会出现各种形式的中介费用。

我国与国外的传统金融盈利模式有很大的差别。首先，我国传统的银行业盈利来源主要靠存贷利差，利息收入占总收入的比例很大，中介费和代理费的盈利比重很少。这主要是由于我国存贷款利率差较大、储蓄规模大、实行严格的分业经营制度导致的。网络金融向个人金融服务发展，以服务费和中介费为主的盈利模式也是国内网站的发展趋势。

1.3.4.4　网络金融的技术创新

网络金融是运行在包括计算机技术、网络技术及媒体技术等IT技术之上的。IT技术的发展对网络金融必将产生影响。下面就目前兴起的对网络金融将产生影响的重要IT技术作一介绍。

（1）云计算　云计算是一种资源交付和使用模式，指通过网络获得应用所需的资源（硬件、平台、软件）。提供资源的网络被称为"云"。"云"中的资源在使用者看来是可以无限扩展的，并且可以随时获取。这种特性经常被比喻为像水电一样使用硬件资源，按需购买和使用。

云计算对金融业能带来如下好处。

①用户端负载降低，可以使用价格低廉的"瘦"客户端设备。

②降低总体拥有成本。

③可能将应用的开发与基础设施维护相对分离，便于更快速地开发新产品，并能方便地投入运用。

④可能将程序代码与物理资源分离，提高系统的安全性。

⑤不需要为一次性任务或罕见的负载状况准备大量设备，节约成本，也能应付突发事件。

⑥按需扩展资源，能够自适应地满足业务的变化。

⑦ 快速部署应用，新应用能够快速投入。

（2）金融大数据　大数据是指无法在一定时间内用常规软件工具对其内容进行抓取、管理和处理的数据集合。大数据技术，是指从各种各样类型的数据中，快速获得有价值信息的能力。

在以网络化和数字化为特征的新经济时代，金融产业大数据已由传统的数据交换、存储、使用，转变为对数据的深入分析和决策参谋的战略指导需要。金融大数据的意义在于从海量的数据中即时识别和获取信息价值，从而得到理性判断和合理选择，使得决策实现有效推动经济和理性发展金融，以金融为经济保驾护航的准确定义驱动和促进我国经济转型与升级换代。创新金融大数据的高科技掌控力和高智慧人才富集度方面较之其他产业更具优势，具备了深度"掘金"的潜力，是当今经济发展与改革不可忽略的重要因素与智能。

在网络金融中大数据的影响主要有以下几个方面。

① 加强风险管控、精细化管理。大数据能够加强风险的可审性和管理力度，支持业务的精细化管理。中国银行业利率市场化改革已经起步，利率市场化必然会对银行业提出精细化管理的新要求。通过对客户消费行为模式进行分析（比如事件关联性分析），可以提高客户转化率，开发出不同的产品以满足不同客户的市场需求，实现差异化竞争。

② 高频金融交易、小额信贷。目前大数据应用已经在金融业逐步推开，并取得了良好的效果，形成了一些较为典型的业务类型，如高频金融交易、小额信贷、精准营销等。高频金融交易的主要特点是实时性要求高和数据规模大。目前沪深两市每天4小时的交易时间会产生3亿条以上逐笔成交数据，随着时间的积累数据规模非常可观。与一般日志数据不同的是，这些数据在金融工程领域有较高的分析价值，金融投资研究机构需要对历史和实时数据进行挖掘创新，以创造和改进数量化交易模型，并将之应用在基于计算机模型的实时证券交易过程中。小额信贷是另一个大数据应用领域，阿里巴巴和建设银行在2007年推出一个专注于小企业的贷款计划——e贷通，阿里巴巴拥有大量用户信息，并汇集了他们详细的信用记录，利用淘宝等交易平台掌握企业交易数据，通过大数据技术自动分析判定是否给予企业贷款；而建设银行坐拥巨额资金，希望贷款给无信用记录但发展势头良好的小企业。到2012年年底，阿里巴巴累计服务小微企业已经超过20万家，放贷300多亿元，坏账率仅为0.3%左右，低于商业银行水平。

③ 精准营销。招商银行通过数据分析识别出招商银行信用卡高价值客户经常出现在星巴克、DQ、麦当劳等场所后，通过"多倍积分累计""积分店面兑换"等活动吸引优质客户；通过构建客户流失预警模型，对流失率等级前20%的客户发售高收益理财产品予以挽留，使得金卡和金葵花卡客户流失率分别降低了15个百分点和7个百分点；通过对客户交易记录进行分析，有效识别出潜在的小微企业客户，并利用远程银行和云转介平台实施交叉销售，取得了良好成效。

（3）社交网络　社交网络即社交网络服务（SNS，Social Networking Services），是指以一定社会关系或共同兴趣为纽带、以各种形式为在线聚合的用户提供沟通、交互服务的互联网应用。这种以人与人关系为核心的方式建立的社会关系网络映射在互联网上就形成了以用户为中心、以人为本的互联网应用。社交服务网站的用户是一群志趣相同或者相互熟悉的人，这为企业的定向营销活动提供了便利。企业可以在这类网站中对指定的用户群体展示其广告，这些广告相对于其他的网络广告而言更具有针对性。

对网络金融有借鉴意义的典型SNS应用有社会化电子商务和社会化媒体营销，分别介绍如下。

① 社会化电子商务是电子商务一种新的衍生模式。它是借助社交网站、SNS、微博、社

交媒介、网络媒介的传播途径，通过社交互动、口碑影响力、用户提供内容等手段对商品进行展示、分享和互动，达到有效推广商品的目的，是电子商务一个有效的推广渠道。

社交化电子商务平台具体可分为以下几种。

a.依托现有的电子商务服务构建社区。这种模式主要被发展成熟的电子商务企业所采用，特别是B2C、C2C、B2B企业。其中运作得比较成功的有：凡客的凡客达人、淘宝的淘江湖，以及阿里巴巴的人脉通等。上述几种电子社区平台都是基于自身的电子商务，一方面，通过社会化平台的个性化服务，如买家秀、购物相关话题的分享和交流，加强用户与用户之间、用户与网站之间的联系，增加用户的黏度；另一方面，通过稳定的电子社区关系促进用户的购买行为，从而加速电子商务发展。

b.第三方社会化电子商务平台。这种平台本身并不提供产品或服务，而是构建于现有电商企业的产品或服务。平台通过自身的个性化服务吸引并汇集稳定的用户群，拥有一套自己的关系圈，关系圈的建立是独立于电商企业之外的。在中国，比较有代表性的网站有美丽说、蘑菇街等，这类电商平台为众多的网购用户提供了一个交流彼此购物心得乐趣、分享相关购物资讯，以及结识更多具有相同购物爱好朋友的场所。

c.基于社区的社会化电子商务。现在互联网上形成了非常多的具有相当影响力的社交平台，比如FaceBook、Twitter、新浪微博等。如果能够将这些具有庞大用户群体的社交平台与电子商务进行整合，实施精准营销，不论对于平台本身，还是对于个人与企业用户，都是极具吸引力的。比如，新浪微博的一款第三方应用微跳蚤，其本质是二手商品的交易应用，为微博用户提供发布、查询、评价信息的服务。

② 社会化媒体营销是利用社会化网络、在线社区、博客、百科或者其他互联网协作平台媒体来进行营销、公共关系和客户服务维护开拓的一种方式。一般社会化媒体营销工具包括Twitter、博客、Linkedin、Facebook、Flickr和Youtube等。在网络营销中，社会化媒体主要是指一个具有网络性质的综合站点，而它们的内容都是由用户自愿提供的，而不是直接的雇佣关系。社会化媒体营销有如下好处。

a.为站点带来流量。利用现有社会化媒体工具，用户推荐别人发布的内容。一旦社会新闻站点的积极用户或影响者发现并传播内容，口碑传播就开始了。这种传播是一种病毒式传播，在线社区和其他社会化媒体站点的交叉传播进一步增强了这种病毒式传播。

b.建立更多指向自己网站的链接。构建链接是搜索引擎营销的一个主要部分，而社会化媒体营销省去了寻找这方面专家的需要（这部分开支相当高昂），而且能够帮助构建有机链接。当博主或站点所有者发现相关内容时，他们的自然反应通常是通过直接链接到这些内容从而在站点或博客上共享它们。这些链接进而又向搜索引擎传递了这样一条信息：博主或网管已经决定推荐该网页，因为他们认为网页内容是值得推荐的。正如许多搜索引擎营销者所证明的，指向你的站点的链接越多，读者、访问者以及通过搜索引擎查找相关内容的用户发现你的站点的机会就越大，链接提高了发现机会。社会化媒体站点只是一个起点，但有了正确的内容后，这些有吸引力的社会化媒体内容有可能为内容创建者提供20倍或更高的回报。

c.让消费者认识你的品牌。显然，有利的市场地位有助于吸引那些需要你的产品或服务的客户，而且建立品牌知名度还有利于未来的发展。知道你的品牌的客户即使现在不需要这些产品或服务也会记住它们，并且当需要的时候购买你的产品。尽早将产品展示给各类用户并给他们留下良好的第一印象，就有可能从中获益，因为社会化媒体营销的关键思想之一就是推荐，即人们会将链接、网站和产品推荐给他们的朋友。

d.增加客户。有了吸引人的营销策略之后，再借助于有创造力的产品展示，社会化媒体营销就能够引导人们购买他们所需的产品或服务。反之，差的营销展示可能导致消费者远离产品。考虑这样一个逻辑：如果你正在出售一个软件产品，并且决定用一个质量很差的视频来宣传，视频中充满了错误和单调的配音，那么它对增加销售能有什么贡献呢？展示和规划在社会化媒体营销中具有至关重要的意义。

e.促进传播。如果你的社会化媒体策略吸引了外部链接，这说明人们正在谈论你。重要的是要注意到社会化媒体用户正在寻找同伴的声音，他们已经不再听企业自己的宣传。

社交网络服务强大的功能已经被社会大众所公认和喜欢，并得到了广泛的应用和推广。因此，对网络金融今后的发展必定也会有强大的推动作用，前景不容小窥。

本章小结

网络金融是在因特网上开展的一切金融活动和金融业务的总称，它是现代信息技术、网络技术和各种金融业务有机结合的产物，是一种在网络虚拟空间进行的金融活动和金融的创新形式，具有高度交互性和广阔的发展前景。

本章首先介绍了网络金融的起源、内涵和发展背景，阐述了网络金融与传统金融的异同以及网络金融的优势、网络金融对全球经济一体化和提升现代企业竞争力的重要性。其次详细介绍了目前网络金融能够开展的网络银行、移动金融、网络信贷、网络外汇、网络证券、网络保险、网络基金、网络期货以及其他具体的网络金融业务。本章的第二部分对网络金融可能带来的问题和风险进行了比较详细的分析，并对网络金融风险的防范和监管方法及对策作了相应的介绍。本章最后对网络金融及其应用在今后的发展方向和前景，分别在业务范围、经营模式和赢利模式等层面上进行了探索和讨论。

复习思考

1.什么是网络金融？网络金融与传统金融有何异同？

2.为什么说网络金融促进了全球经济一体化的进程？

3.我国网络金融的发展具有什么特点？

4.为什么说开展网络金融有利于提升企业经营竞争力？

5.网络金融目前具体包含哪些业务？

6.网络金融面临哪些风险？如何对网络金融的风险进行监管？

7.网络金融今后的发展前景主要表现在哪些方面？

银行电子化与网络银行

2

本章学习目的

- 掌握银行电子化的概念及内涵
- 了解自助银行、电话银行、移动银行的概念及作用
- 掌握网络银行的概念
- 了解网络银行的发展与现状
- 了解网络银行的业务特点与功能
- 了解网络银行面临的风险及监管

导入案例 --

美国富国银行的成功之路

富国银行（Wells Fargo）是一家提供全能服务的银行，业务范围包括社区银行、投资和保险、抵押贷款、专门借款、公司贷款、个人贷款和房地产贷款等。截至2009年年底，富国银行拥有1.3万亿美元总资产规模，是美国第四大市值的银行，也是美国第一的抵押贷款发放者、第一的小企业贷款发放者，并拥有全美第一的网上银行服务体系。富国银行也是美国唯——家获得穆迪"Aaa"评级和标准普尔"AAA"评级两项最高信用评级的银行。

富国银行于1989年开始提供网上银行服务，到1995年5月正式发展成为网上银行。目前，富国银行已拥有全美第一的网上银行服务体系，是网上银行的领导品牌。在富国银行网上银行的建设进程中，在以下几个方面取得了突出的成绩。

1. 重视技术构建

1993年富国银行采用TCP/IP作为各分行网间的通讯协议，并且建立了防火墙。随着家庭使用电脑的用户比例急速上升，越来越多的顾客开始进入互联网并使用网络服务。因此，富国银行开始以个人电脑作为电子商务的解决方案。1994年建立了富国银行资讯网站，1995年，富国银行通过互联网提供线上银行的服务。

在网上银行交易安全方面，富国银行首先与网景合作，保障网上银行交易的安全性，并保证客户离线之后，硬盘里不会保有任何的交易记录。当微软推出IE浏览器时，富国银行又与微软合作，进一步确保顾客的隐私权及安全性，所有顾客资讯都经过编码的处理，只要系统闲置10分钟以上，交易就会自动终止，以便在顾客临时有事离开电脑时，确保他们的隐私权。此外，富国银行还通过强大的防火墙功能随时监控网上交易，预防不正常交易的发生。

2. 产品功能升级

富国银行十分重视网上银行新架构的基础建设，以便顾客通过网上银行进行各式各样的交易。1996年，实现了顾客可以在不同的账户间转账、线上支付信用卡账单等功能，并开始提供线上规划各项缴款方式的服务，如顾客可以自行安排从账户里扣款的时间及方式、一次付清或循环缴款。1998年，富国银行开通自动账单明细功能，当顾客对账单上的任何一项明细有问题的时候，可以直接寄发电子邮件提出疑问。这种新方式的成本也远低于从前的纸上作业。同年，富国银行也推出了线上申请贷款的服务。

此外，富国银行将传统的信用卡逐步升级至智慧卡，智慧卡可以提供更多样的信用服务，例如，可以结合密码或指纹等其他认证方式通过网络进行更加安全的金融交易。此外，用户可以在智慧卡上储值，用于电话、公车与地铁等小额支付。

3. 重视用户体验

富国银行重视在入口网站上增加友情链接，让客户在入口网站上可以方便地跳转到想要去的地方。例如，富国银行与美国花艺公司合作，提供线上顾客母亲节买花送花的服务等，使富国银行带给顾客更多便利性。

同时，富国银行网站的顾客都有一些共同点：重视财务管理，所以银行提供给顾客一些关于理财规划、财务管理以及投资等资讯和服务，通过这些共同性就能形成一个有意义的社区。富国银行会通过创建客户需要的社区，加强客户的这种共同兴趣，持续地增加网站的价值。

总之，富国银行网上银行体系的发展过程有以下经验值得借鉴：首先，富国银行在技术上重视客户关系管理系统的搭建，并完善相关必备架构，重视网站建设以及保证网上银行安全性。第二，产品功能持续升级，如不断增强网站功能、实现自动账单明细功能、将信用卡升级到智慧卡等。最后，富国银行重视客户忠诚度培养，与其他商户合作提供便利性服务，打造互动社区。

资料来源：www.iresearch.com.cn，作者略有删改。

随着经济的发展，金融业已经成为一个国家的经济命脉，而金融业又以银行为主体。在国民经济整体信息化的进程中，银行电子化是其中的关键。因为只有银行实现电子化，才能够为其他行业的生产和交换提供高效的支付手段，才可能有商业与服务业的真正信息化和现代化，才能够促进社会方式的进步。

2.1　信息化环境下的银行电子化

随着我国金融体制改革的不断深入，信息技术在银行经营管理中的作用日益显现，并成为各家银行市场竞争及持续发展的关键因素。现在电话、互联网等现代化通信工具日益渗透到社会生产生活之中，极大地改变了人们的生活、工作方式。银行作为整个经济活动的传导者和协调者，也必然要应对而动，变革旧的经营方法和模式，依靠信息技术实现银行业务的电子化、数字化和现代化。

2.1.1　银行信息化发展现状

银行信息化的发展与计算机技术的发展有着密切的联系。金融业是世界上除了军事部门之外应用计算机的第二大户，这首先体现在它是使用高性能计算机的最早客户，其次它也是计算机拥有量最大的客户。从应用领域来看，银行信息化几乎覆盖了银行业经营、管理的所有应用以及部分决策支持及金融产品的创新功能。

2.1.1.1　银行信息化发展概况

银行信息化是指采用计算机技术、通信技术、网络技术等现代化技术手段，彻底改造银行业传统的工作方式，实现银行业务处理的自动化、银行服务电子化、银行管理信息化和银行决策科学化，为国民经济各部门提供及时、准确的金融信息的全部活动的过程。

近40年来，我国的银行信息化建设经历了如下重要的、具有历史意义的4个发展阶段。

第一阶段：大约从20世纪70年代末到80年代，银行的储蓄、对公等业务开始以计算机处理代替手工操作，以实现银行业务的办公自动化，银行的信息化应用还处在分散的、局部的、较低层次的应用阶段。

第二阶段：大约从20世纪80年代到90年代中期，逐步完成了银行业务的联网处理。

第三阶段：大约从20世纪90年代中期到90年代末，银行实现了全国范围的计算机处理联网，互联互通。

第四阶段：从2000年开始至今，各大银行开始业务的集中处理，利用因特网技术与环境，加快金融创新，逐步开拓了包括网上银行、网上支付等网上的金融服务。

经历了以上四个阶段的发展，我国银行信息化建设发生了质的变化，取得了很多成果和创新。从"十五"初期开始，我国银行信息化经过战略性调整，充分利用现代化科技手段和信息技术，顺应国际银行业的发展趋势，向数据集中化、管理信息化方向发展。

（1）形成了现代化支付清算体系　以现代化支付系统为核心，我国银行基本形成了现代化支付清算体系。现代化支付系统首先在北京、武汉开通运行大额支付系统，后来推广到了上海、天津、重庆、广州、深圳等大型城市。以网络传输为媒介的同城清算系统在全国部分城市推广运行，国内经济较发达的大中型城市基本上已经建立了同城票据自动清分系统，扩大了票据处理范围，减少了资金在途的时间，取得了显著的经济效益。我国银行充分利用电脑网络等先进的信息技术，先后完成了以客户为核心的综合柜员业务处理系统及涵盖对公、储蓄、银行卡等业务的新一代综合业务处理系统，实现了本、外币通存通兑和多种新型中间代理业务的自动化处理，为客户提供了更加方便、多样的银行服务。银行开通并运行了资金清算系统，行内汇划资金可以及时到账，实现了实存资金、即时划拨、头寸控制、集中监督的功能，提高了资金的使用效率，增强了银行防范，提高了化解风险的能力。为拓展海外业务，增强国际金融市场竞争能力，各行国际业务实现了集中处理，部分商业银行建立了海外数据处理中心，进一步提高了外汇资金的结算效率。我国银行为了满足业务发展和经营管理的需要，加快了集中式数据中心的工程建设，逐步将全行主要业务集中到区域中心以至总中心进行处理，实现集约化规模效益。

目前，中国人民银行已经建成了包括金融卫星网、内联网、支付系统专网的人民银行计算机通信网络，较好地满足了所有业务应用系统运行需求与开展电子政务的需要，逐步建立了6大系统。

①业务应用信息系统。包括人民银行会计核算系统、国库综合业务系统、货币发行系统和监管信息系统。

②跨行交易系统和信息系统。包括中国外汇交易系统、国债交易登记系统、银行信贷登记咨询系统。

③支付体系。中国人民银行作为支付体系的组织者、推动者和监管者，以构建安全、高效的支付清算体系为目标，大力推动中央银行支付清算系统建设，先后建成了包括第一代人民币跨行大额实时支付系统、小额批量支付系统、支票影像交换系统和境内外币支付系统、电子商业汇票系统以及中央银行会计集中核算系统，形成了比较完整的跨行支付清算服务体系，为各银行业金融机构及金融市场提供了安全高效的支付清算平台。2009年12月，启动第二代支付系统即中央银行会计核算数据集中系统（Accounting Data Centralized System，以下简称ACS系统）建设，该系统已于2010年8月30日在网上银行系统先行上线运行，第二代支付系统的其他应用系统和ACS系统也已于2011年6月底上线运行。

④政务信息化系统。包括电子邮件系统、公文传输系统、电视会议系统、办公自动化系统、信息服务体系和人民银行外部网站。

⑤征信系统。中国人民银行于1997年立项建设银行信贷登记咨询系统。2004年2月，人民银行又启动了个人征信系统建设，同年4月成立银行信贷征信服务中心。2006年1月，全国集中统一的个人信用信息基础数据库建成并正式运行。同年7月底，银行信贷登记咨询系统升级成为全国集中统一的企业信用信息基础数据库。

⑥技术保障体系。包括中国人民银行内部计算机网络系统，由覆盖央行全部城市中心支行以上机构的内联网、金融卫星通信网、支付地面网3大部分组成，还包括标准化建设和计算机信息安全管理等。

（2）金融创新产品不断推出　我国银行采用了现代通信与电脑网络应用等技术，先后在市场上推出电话银行、网上银行、企业银行、自助银行、客户服务中心等多种金融服务系统，同时推出了网上查询、银行转账、自助缴费等个人理财服务，向每个用户提供了多种新型、快捷的金融服务。我国银行统一建设的金融安全认证中心和支付网关的建成投产，为网上银行和电子商务网上支付结算等网络金融服务提供了安全保障。

（3）管理信息系统和办公自动化系统发展迅速 我国银行在统一规划、开发、推广应用原则的指导下，先后开发并推广了金融监管信息系统、银行信贷登记咨询系统、货币发行系统、国库综合业务系统、会计核算系统等业务应用系统，提高了国家银行的金融监管水平，增强了防范和提高化解金融风险的能力。我国银行建立了查询系统、人力资源管理系统、公文传输系统、统计分析系统、电子邮件系统、电视会议系统及办公自动化系统，提高了办公效率和经营管理水平。

2.1.1.2 银行电子化

金融信息化发展水平是衡量一个国家国民经济发展水平的重要标志。因此，许多发达国家都将银行信息化建设作为一项关系到国民经济全局的基础性建设，积极使用最新科学技术成就来装备自己的银行业。

银行电子化是狭义的金融电子化，它反映了银行内部业务处理的自动化、业务监督的电子化和信息管理的自动化。具体地说，银行电子化是指采用计算机技术、通信技术、网络技术等现代化技术手段，彻底改造银行业传统的工作方式，实现银行业务处理自动化、银行服务电子化、银行管理信息化和银行决策科学化，为国民经济各部门提供及时、准确的金融信息的全部活动过程。

银行电子化的最终目标是建立集银行业务处理、银行信息管理和银行决策为一体的银行信息系统。所以，银行电子化会使银行业务、银行管理与决策融为一体，使IT技术（特别是计算机技术）渗透到银行的业务、管理和决策的全过程。到目前为止，银行业务电子化发展经历了以下四个阶段。

（1）银行业务处理电子化阶段 20世纪60年代中期，尽管当时计算机价格昂贵，但是其显著的商业应用价值使得银行开始将计算机引入业务领域。一些银行类应用软件的成功开发和使用，使得银行业务在数据输入、数据输出和账务处理方面的效率大大提高，计算机应用进入了实际业务应用阶段。该阶段中，柜员联机系统被广泛应用，它将银行包括对私、对公和往来银行的交易进行了电子化处理，很大程度上减少了银行工作人员的手工操作，提高了劳动生产率，改善了客户服务水平并降低了银行的运营成本。

（2）自助银行服务阶段 20世纪80年代，网络信息技术的快速发展与成本的大幅降低，为银行业广泛推广应用网络信息技术提供了有利的条件，银行内部网络业务开始兴起，银行客户可以利用专线将个人电脑与其开户银行的专用内部网络连接，银行则向其重要客户提供专用软件和接口，从而使客户可以利用家中或公司里的PC机进行相关数据的传输和交换，例如，在线银行服务、家庭银行系统（HB）、企业银行系统（FB）等。同时，随着银行将网络接线延伸到商业公司内部的财会部门和超级市场，自动柜员机（ATM）、销售终端系统（POS）也开始普及使用。自助银行服务项目主要包括ATM服务、POS服务、HB家庭银行服务等，自助银行交易一般无需银行柜员干预，是完全依赖于计算机、网络通信和信息技术等现代科技发展起来的全新项目。客户可以利用电子终端机，进行账户余额查询、存取款、付账和转账交易或持卡消费等。通常，自助银行都可以提供24小时的全天候服务，自助银行服务不但能改善对客户的服务质量，还能够降低银行的运行成本，提高银行的竞争力。

（3）金融管理信息系统阶段 20世纪90年代，互联网技术显示出了巨大的发展潜力，各主要金融机构开始上网建立自己的网站，除了向客户提供传统的金融业务服务，以及前述的新的自助银行劳务服务外，还能从各种金融交易中提取各种有用的信息，向客户提供各种能增值的金融信息服务。同时，银行也逐渐向信息化的高级阶段——智能化方向发展。

智能化银行能向客户提供个性化的金融信息增值服务，其核心技术是商务智能（Business Intelligence，BI）。BI是20世纪90年代开始发展起来的一种新技术，它建立在包括数据仓库在内的各种数据库和信息提炼技术基础之上，能实时地对各种金融交易信息和企业资源规划（ERP）、客户关系管理（CRM）、供货渠道管理（SCM）等管理工具生成的企业数据进行分析，并将各种数据及时地转化为企业者和客户感兴趣的信息或知识。

（4）网络银行阶段　早期的银行网站着重于业务广告宣传，并不涉及实质性的银行业务，其主要原因是浏览技术和网络传输安全性问题。1994年，马克·安德里森设计开发的navigator浏览器和RAS加密算法开始普遍采用，较有效地解决了这些问题。银行网站进入在线业务信息查询阶段，不仅提供其金融活动信息，也为用户提供账务信息查询等服务，随后出现的安全电子交易协议（Secure Electronic Transaction，SET）和安全套接层（Secure Sockets Layer，SSL）技术则使网络银行开始浮出水面，银行在网上进行的企业和个人结算业务迅速开展，形成了企业网络银行和个人网络银行。1995年10月18日，安全第一网络银行在美国亚特兰大开业，这是银行服务从传统到现代的一次重大变革，也标志着网络银行阶段的真正开始。

2.1.2　银行电子化业务

2.1.2.1　自助银行

（1）自助银行的概念与特点　自助银行可定义为：能让银行以自动形式去处理传统银行网点的柜面业务，它通过电子自动化设备来提供金融服务，使银行客户在24小时中在没有银行人员协助的情况下，随时以自助的方式来完成某些柜面业务。

自助银行可以全天候为客户提供自动化服务，利用计算机网络技术及银行业务自动化设备向客户提供自助式服务，实现银行服务的开放化、自助化、无纸化、网络化，以满足不断变化的市场及客户需求。自助银行的所有金融交易均采用联机实时交易方式，以保证系统交易的安全性与完整性。自助银行系统内及与分行主机之间的数据流与信息流既包括金融交易信息，也包括大量非金融交易信息，如系统监控信息、统计信息、管理信息。

1972年3月在美国俄亥俄州哥伦布市开设的亨奇顿国民银行总行标志着世界上真正的无人服务银行的出现。这种银行自动服务的诞生，为客户提供了方便、快捷的多功能银行服务，也为客户创造了一个良好的自助服务环境。

目前，国外各大银行都已推出了不同规模层次的自助银行，客户通过自助银行可完成基本的存现和提现、申请自动保管箱、转账、对账单打印、利率汇率查询、账户余额查询、公共服务缴费、个人支票、旅行支票、代付账款等。通过自助银行还可以实现客户理财咨询、贷款咨询及试算、视讯金融咨询服务等功能。自助银行已成为衡量商业银行现代化水平的重要标志之一。

1997年初，中国第一家高科技、现代化水准的无人银行（中国银行上海市分行）在上海市虹桥开发区的启用，标志着我国自助银行从理论研究和技术准备阶段逐步转向实现阶段。图2-1是中国农业银行的自助银行大厅。

（2）自助银行的构成与服务

①自助银行的基本配置。通常，一个功能较为齐全的自助银行应该具备以下基本配置。

a.自动柜员机（ATM）：ATM提供最基本的银行服务，即出钞交易。还可以通过ATM对账户进行查询、改密、转账、存款等业务，作为自助式金融服务终端，除了提供金融业务功能之外，ATM还具有维护、测试、事件报告、监控和管理等多种功能。

图2-1 中国农业银行自助银行大厅

b.现金存款机（Cash Deposit Machine）：CDM是银行为个人用户提供的一种能存入人民币的自助银行设备，特点是能提供实时小额存款交易，存款功能可提供一次15张钞票清点和真伪识别，未被认可或被拒绝的钞票退回客户，认可部分存款金额实时入账。存取款速度比柜台快，能够减轻柜台小额存款的压力。全部过程均由持卡人自己在CDM上完成，操作安全，方便快捷，并可提供24小时全天候服务。

c.外币汇兑机（Foreign Exchange Machine）：外币兑换机适用于机场、旅游区、闹市区等地，它能识别多种不同的货币，在兑换过程中自动累计总数，然后按照汇率进行兑换。

d.自动存折补登机（Automatic Passbook Utility Machine）：自动存折补登机是一种方便客户存折更新需要的自助服务终端设备，通过存折感受器和页码读取设备的配合，实现自动打印及向前、向后自动翻页。客户将存折放入补登机后，设备自动从存折上的条码和磁条中读取客户的账户信息，然后将业务主机中的客户信息打印到存折上，打印结束后设备发出声音提示客户取走存折。整个过程自动完成，操作简便、打印迅速。

e.账户查询服务终端（Account Inquiry Terminal）：通过该系统，客户可以查询到自己的账户基本信息，如账户余额等。

f.公共事务缴费服务机（Public Utility Terminal）：公共事务包括缴纳水费、电费、煤气费、电话费等，通过公共事务缴费服务机扫描缴费单据上的条形码确认缴费金额，使用银行卡就可以方便地在线缴费，免去在银行柜面排队等候的麻烦。

g.夜间金库（Night Deposit）：夜间金库可以进行大额现金、贵重物品的寄存，它是自动柜员机的一种延伸产品，解决了普通存款机巨额存款的烦琐和银行营业柜台网点夜间无法进行交易的矛盾，还增加了夜间贵重物品保管的功能，减少用户在夜间携带现金和贵重物品所造成的风险，积极推进了银行的业务扩展。该系统适于安放在繁华商业旺地，也可单独面向大额存款的企事业单位，如收费站、加油站、超市等。

h.多媒体查询系统（Multi-media Service Inquiry）：多媒体查询机利用触摸屏技术提供设备说明、操作指导、金融信息、业务查询等多种服务。精心设计的简洁、直观的画面以及语音提示都可以引导客户轻松操作，进行账户余额、近期交易查询、对账单打印、密码修改，还可以获得业务咨询、客户理财设计等多种信息服务。

i. IC卡圈存圈提机：帮助客户实现储蓄账户、IC卡账户（电子存折）、电子钱包间的相互转账。

② 自助银行可提供的服务。自助银行的服务种类繁多，可以按照服务性质分为以下四类。

a. 交易服务：包括银行各种金融卡的提现、存款、更改密码等；各类转账、账户资料查询；补登存折；对账单打印；夜间金库等。

b. 销售交易：包括信用卡贷款、信用卡购物消费、新开户申请、支票申请、信用卡申请、银行业务介绍及查询等。

c. 客户服务：包括公用事业缴费、理财试算服务、自动保管箱服务、金融顾问服务及信用卡缴费等。

d. 资讯服务：包括为客户提供金融信息、让客户享受高质量的金融附加服务，如金融市场行情、汇率、利率、股票行情、房产销售情报及热点购物信息等。

（3）自助银行的发展趋势　随着计算机技术、通信技术与网络技术的发展，自助银行逐渐与电子银行自助服务终端融合起来。除了常规的存款、取款、付账、打印交易流水、IC卡业务、补登折业务、兑换货币等，自助银行也会逐渐提供购买彩券、邮票、电话充值等业务。同时，还有可能引入生物识别功能来确认客户身份，如通过指纹识别和视网膜信息取代常规的密码输入，用更安全的方式确认客户的身份。此外，随着银行业务的发展，业务数据的分析对提高银行服务效率是非常重要的，自助银行随着交易活动的增多、数据量的增大，为银行提供了大量的数据，因此，如何有效利用这些客户交易数据进行分析，为银行提供服务的决策支持也是未来自助银行关注的发展趋势。

2.1.2.2 电话银行

电话银行是20世纪80年代末推出的一种新型银行服务系统，它采用先进的计算机技术、通信技术和数字与语言转换技术，采用预先分配用户编号和个人密码控制，充分利用电话在时间上的及时性和空间上的无限性，为客户提供诸如查询、密码修改、挂失、转账等金融服务，是当今最先进的金融服务工具之一。

以电话为介质开发的电话银行综合服务系统，集成了信用卡、储蓄、对公存款和商户四大模块，电话银行的客户只要拨通专线电话，就可以在电话语音的提示下，通过"对话"方式获得所需的金融信息，完成所需的金融服务，具有快捷、简便、高效、安全等特点。并且只要在客户的计算机内安装FAX/MODEM，通过电话线即可模拟成银行主机的终端，在权限允许的范围内，查阅其账务数据。

（1）电话银行的系统构成　电话银行是利用计算机与电话集成技术（Computer Telephone Integration，CTI），通过电话自动语音应答和人工服务等方式为客户提供金融服务的一种业务，它涉及多种技术和设备。通常，电话银行系统主要由以下三部分构成。

① 处理银行业务的计算机主机处理系统；

② 前置机和城市公用电话网；

③ 客户电话。

电话银行系统中的银行业务处理系统与通常的电子银行业务处理系统并没有很大的变化，只是增加了一台语音机，完成数字和语音的转换。因此，电话银行中最关键的设备是前置机。电话银行系统的结构如图2-2所示。

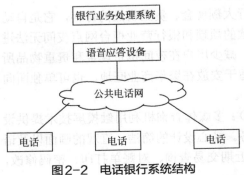

图2-2　电话银行系统结构

　　前置机由计算机、以太网卡、语音卡和传真卡组成，主要完成电话用户的电话接入、主叫识别、按键识别、语音播放、传真处理等功能，目前，通常采用交互式语音回应设备（Interactive Voice Response，IVR）作前置机。IVR作为银行主机和客户用电话机之间的一道桥梁，一端接银行主机，另一端接电话线，客户利用按键/音频电话接通银行主机，就可进行数据查询和财务处理。

　　电话银行性能好坏的关键在于语音，而语音质量的好坏依赖于IVR，作为电话与计算机通讯连接的中介，它一方面扮演"电话接线生"，接受客户通过电话键入的各种请求，另一方面把客户程序的执行结果以人类语言的方式回送给客户。客户用电话接通电话银行系统后，IVR用语音引导客户，然后自动到银行主机系统数据库中去找相关的数据，并将该数据转变成人的声音告诉客户，或依据客户按键输入的指令输入主机，进行指定的作业。另外，电话终端上要求的各种银行服务直接由银行主机系统完成，无需银行柜员操作，提高了效率，安全也有保障。

　　（2）普通电话银行系统　普通的电话银行系统（Telephone Banking System）是一个实时查询和转账交易系统，它采用先进的计算机技术、通讯网络技术和数字语音转换技术，利用现实生活中广泛使用的普通音频电话同银行计算机相连接，客户通过电话机拨号发出服务请求，银行计算机系统将银行的客户数据信息转换成声音信息传给客户，满足客户的服务需要。因此，只要有电话机，客户就能方便地进行自我服务。普通电话银行系统一般有硬件和软件两大部分组成。

　　① 硬件。一般包括多媒体计算机（包含有声卡、录像采集卡、麦克风、扫描仪等）、电话信息处理机和系统业务服务器。

　　② 软件。通常由两个部分组成：语音应答系统和数据管理系统。

　　目前，这种电话银行系统主要提供包括对公业务、储蓄业务、国际业务、信用卡业务、商户业务、利率查询、外汇牌价查询、汇价查询、公共语音信箱、个人外汇买卖、其他业务查询以及代收费、银行金融信息发布、投诉留言和证券转账等多项银行业务。实现对公业务的余额、发生额查询，修改密码，传真对账单，转账、支票挂失和到款通知；实现储蓄业务的余额、发生额查询，修改密码，代收费、转账和口头挂失；实现信用卡的卡卡转账、信用卡转储蓄账户和储蓄各储种转信用卡；实现银行、证券资金的转入、转出和转账明细查询；实现各种代缴费业务和查询各种代缴费业务；还能实现各类查询，如银行业务介绍、银行存贷款利率、外汇利率、各种费率、营业网点分布、特约商户分布、银行业务申办程序等。

　　（3）电话银行呼叫中心　传统的呼叫中心是指有几个人工座席代表集中处理呼叫业务的场所。随着分布式技术的引入、自动语音应答设备的出现以及Internet的迅速发展，呼叫中心有了新的发展，既包括人工座席代表，又包括自动语音设备和网络设备，通过通信网络共享资源，为客户提供交互式服务。这种呼叫中心通常由程控交换机（PBX）、号码识别系统、自动来电分配、交互式语音应答系统、计算机电话集成设备、应用服务器、应用系统网关、传真服务器、E-mail服务器、人工座席代表、通信线路、电话终端等硬件设备和应用软件共同组成。

　　新一代的集中式电话银行——呼叫中心（Call Center）则赋予了电话银行新的含义。它利用先进的计算机网络技术、数字语音技术和通信技术，如自动来电分配、交互式语音应答、计算机电话集成等完成语音与客户数据资料的同时转接和协同运作，由银行座席代表依托庞大的后台系统向客户提供交互服务。呼叫中心将银行为客户服务的时空延伸，使服务提供的范畴不再受制于银行网点的地理分布和办公时间的限制。

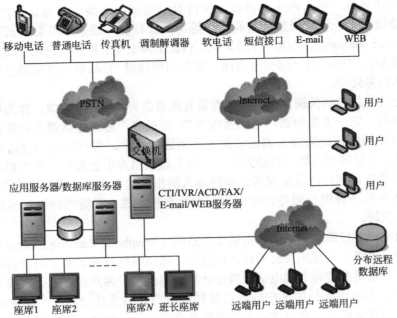

图2-3　呼叫中心

电话银行呼叫中心的架构如图2-3所示，一般应该具有以下功能。

① 自动来电分配。自动来电分配（Automatic Call Distributor，ACD）是一个分配客户来电的软件系统，一般安装在交换机上并与其协同工作。它运用智能排队技术，为客户提供满意的服务。如先来先处理，重点客户优先服务，等待时间预测和提示，按技能特长分组安排座席代表，等待时间新业务介绍或音乐播放。

② 交互式语音应答系统。交互式语音应答（Interactive Voice Response，IVR）系统可以实现业务处理过程的自动化，可自动播放预先设计、录制好的语音信息，并提示来电者通过音频键或语音应答（配语音识别软件）选择并执行有关业务，它还能提供语音信箱、传真收发等功能，为客户提供快速、优化的服务。

③ 计算机电话集成。计算机电话集成技术（Computer Telephone Integration，CTI）提供计算机系统与电话系统之间的智能连接，达到语音与数据的协同传送。通过这个中间件能自动将语音资料纳入客户信息库，并集合和整理与客户来电相关的信息提供给银行座席代表，使其能有针对性地为客户提供所需的服务，实现主动营销。

④ 人工座席代表。人工座席代表的工作设备包括数字或专用模拟话机、耳机、话筒及运行CTI应用程序的PC机或计算机终端，对于电话接听、挂断、转移和外拨等工作，座席代表只需通过鼠标和键盘就可以轻松完成。当客户拨打电话银行时，首先听到由IVR系统根据设定程序播送的问候词，同时进行号码识别与自动分配。服务器根据识别出的号码调出数据库中有关该客户的信息，自动送到值班座席代表的终端屏幕上，同时呼叫被转到该座席代表。如果数据库中没有该客户的资料，就自动记录当前可以获得的资料。如果暂时没有空闲，座席代表则把呼叫送去排队，或者请客户暂时挂断，对于重要客户可以优先处理。

呼叫中心不仅能提供传统的银行服务，如查询、咨询、转账、代缴费、挂失、催缴等，而且还可以通过呼叫中心产生的客户信息进行深入、有效的分析，了解客户行为，掌握目标市场的客户群体，以便对不同客户推出不同的营销服务品种和方式。随着呼叫中心技术的发展，银行还可以进一步利用呼叫中心的前沿技术，为客户提供诸如银行语音通知、客户留言录音和回拨、主叫号码记录和呼叫历史记录、三方会议、传真接收和自动生成发送等服务。

2.1.2.3 移动银行

移动银行（Mobile Banking Service）也可称为手机银行，是指银行按照客户通过手机发送的短信指令，为客户办理账务查询、存款账户间转账、银证转账、证券买卖、个人实盘外汇买卖、代缴费、金融信息查询、捐款等业务，并将交易结果以短信方式通知客户的金融服务方式。

市场研究公司 BI Intelligence 日前发布分析报告称，除了移动游戏，移动商务将是未来移动互联网最有前景的用户行为。移动商务在智能手机时代增长迅猛，已占到电子商务总量的20%。报告显示，人们越来越多地使用智能手机来支付购物款，目前29%的美国手机用户利用智能手机购物；预计，2015年，欧美购物者通过智能手机和平板电脑购物的支出将达670亿美元。移动支付的爆炸性增长将对消费者的行为产生深远影响。移动商务的迅猛发展带动了移动支付的发展，因而移动银行也将成为银行业务发展的一个利润增长点。

（1）移动银行系统的构成　移动银行作为一个实时在线、交互便捷的交易渠道，与单纯的手机业务不同，它是基于银行账户的交易，因此，客户需要将手机与其银行账户对应绑定。同时，银行需要将金融产品以移动银行渠道的方式发布到客户手机上，但由于手机界面表达能力的限制，在手机上不可能把所有的功能一次性全部展示给客户，需要为不同客户提供不同的定制服务。此外，移动银行系统需要支持多通讯服务提供商和多接入技术，图2-4为移动银行系统网络拓扑结构示意图。

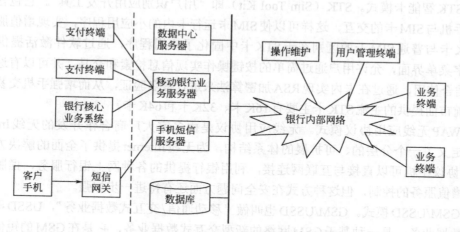

图2-4　移动银行系统网络拓扑结构图

移动银行系统主要由以下3个部分组成。

① 集中签约（个性化设置）系统。通过集中签约系统，实现客户信息的集中共享，为以客户为中心的服务模式提供基础，方便客户完成签约过程，降低营销成本。目前，移动银行的集中签约系统主要实现以下功能：客户信息集中管理；提供客户定制的个性化信息；产品管理功能；统一的渠道属性管理；统一的产品计费管理。

② 业务集成系统。业务集成系统主要包含两个方面的功能：对于可单独提供产品能力的服务将其通过配置进行发布；对于需要组合使用的服务提供封装服务，以达到通过配置使其

以新的产品服务形态表现的目的。同时，业务集成系统根据客户预先定制签约系统中的定制信息，自动组织并完成核心产品需要的交易信息，以满足不同客户对相同金融服务的个性化需求。

③ 交互流程控制。交互流程控制包括两个部分：一是对具体渠道的协议转换；二是对签约系统中制定的产品要素流程的具体交互控制。由于USSD接入模式的特性（面向实时连接）和手机终端表达能力的限制，客户在手机上对每个产品的每个交互步骤的控制均由SP前置系统控制。在设计和实施中除去与移动USSD平台的SMPP协议转换部分，SP前置实际上是一个通用的交易交互流程控制系统，能够保持客户在具体渠道终端上的交易流程状态，并交互式再向渠道终端提供交易序列。SP前置的交互流程控制通过与不同渠道的内容管理组件的配合，可以提供基于文本、语音、图形、图像等不同表现形式的业务流程，可以方便地将业务集成系统包装的产品实现在多媒体终端、电话银行、电视银行等渠道上。

（2）移动银行的服务模式　移动银行以互联网为网络支持，以手机为接口设备，以IC卡为安全控制工具和交易手段，为客户提供更为方便、快捷的服务。移动银行一般可以分为以下几种基本服务模式。

① SMS应用模式。SMS即"信息无线应用"。短信服务是一种在移动网络上传送简短信息的无线应用，是信息在移动网络上储存和转寄的过程。通过SMS技术开展的移动银行服务，客户和银行使用手机短信进行业务的交互，该种方式技术基础比较成熟，但是会产生电信商的费用，业务服务方式单一，只能实现请求-响应的非实时业务，单次交互的信息量有限，响应时间也存在一定不确定性。

② STK智能卡模式。STK（Sim Tool Kit）即"用户识别应用开发工具"。它包含一组指令用于手机与SIM卡的交互，这样可以使SIM卡运行卡内的小应用程序，实现增值服务的目的。STK卡与普通SIM卡的区别在于STK卡中固化了应用程序，通过软件激活提供给用户一个文字菜单界面，允许用户通过简单的按键操作实现信息检索和交易，并可以有选择性地和PKI结合使用，通过在卡内实现RSA加密算法来进行签名验证，从而增强手机交易的安全性。目前市面提供的主流STK卡主要有16K卡、32K卡和64K卡。

③ WAP无线应用协议模式。无线应用协议是由多家大厂商合作开发的无线Internet标准，它定义了一个分层的、可扩展的体系结构，为无线Internet提供了全面的解决方案。使用WAP协议手机可以直接与互联网连接，利用银行提供的各种网上银行服务，摆脱电信商对银行增值服务的控制，但这种方式在安全问题方面还有待进一步加强。

④ GSM/USSD模式。GSM/USSD也叫做"移动通信/交互式数据业务"，USSD即非结构化补充数据业务，是一种基于GSM网络的新型交互式数据业务，它是在GSM的短信系统技术基础上推出的新业务。USSD业务主要包括结构补充业务（如呼叫禁止、呼叫转移）和非结构补充业务（如证券交易、信息查询、移动银行业务）两类。

⑤ 无线Java业务模式。无线Java业务是一种新的移动数据业务的增值服务，能更好地为用户提供图形化、动态化的移动增值服务。无线Java业务使得手机终端的功能类似于可移动上网的个人计算机，可以充分利用用户的固定互联网使用习惯及固定互联网应用资源，提供高性能多方位的移动互联网使用体验。用户使用支持Java功能的手机，通过GPRS接入中国移动无线Java服务平台，能方便地享受类似于Internet上的各种服务，如联网游戏、收发邮件、证券炒股、网上银行、信息查询等。

⑥ IC卡上网交易模式。通过双卡手机，使用符合ISO国际标准的银行IC卡，银行可以开发更加广泛的业务，客户不仅可以使用不同银行的IC卡上网交易，而且使用成本降低，安全性提高。

（3）移动银行的应用　目前，移动银行常用的主要服务模式是SMS和WAP两种形式，SMS是按条计费，WAP则是按流量计费。SMS类的手机银行业务由手机、GSM短信中心和银行业务系统构成。手机与GSM短信中心通过GSM网络连接，而GSM短信中心与银行系统之间的通信可以通过有线网络来完成。某些情况下，短信中心还可能通过一个业务增值平台与银行前置机相连，以减轻短信中心的负担。WAP类手机银行产品的主要特征则是执行无线连接协议，是目前欧美市场上公认的主流产品。

国内的运营商和各商业银行也都开始进入这一市场，主要由各商业银行与中国移动、中国联通等电信运营商合作向社会推出移动银行业务。2005年2月，我国首家真正意义上的手机银行——交通银行手机银行业务正式启动。交通银行的手机银行采用WAP通信方式，实现了办理业务最齐全和不限制机型网络两项突破，这使得手机银行的普及性大大增强。

"e动交行"是交通银行推出的手机客户端，在这个客户端上，客户可以对自己的交行银行卡、信用卡进行查询，可以进行转账、支付、挂失等服务。如图2-5是显示在iPhone上的手机银行软件"e动交行"客户登录界面。

图2-5　"e动交行"手机软件界面

客户通过在软件系统中输入银行卡账号、密码、身份证号后，经过系统确认才能够进行操作，有较高的安全保障。图2-6是客户在"e动交行"上成功登录后系统显示的服务。

图2-6 "e动交行"提供的生活门户及金融服务

除了能够对自己的银行卡进行管理外，"e动交行"还提供了非常丰富的理财服务，包括最新的理财产品、基金产品、黄金、外汇信息。只要登录这款软件，所有的财经方面的资讯和相关金融产品都能够通过该软件查询，同时，软件还提供各种优惠促销活动信息，服务非常方便和全面。图2-7为"e动交行"提供的供客户进行账户管理及金融行情查询功能界面。

图2-7 "e动交行"提供的账户管理及金融行情功能

手机银行采用WAP通信方式在移动电话上为客户提供金融服务，客户只需手持手机，可以在任何地方遥控自己的银行账户。利用目前开通的功能，客户可以在手机上查询账户余额、交易明细、外汇汇率、进行转账、挂失信用卡、缴纳水电费，甚至可以认购、赎回基金等。使用方法也十分简单，不必更换手机SIM卡，不必改变手机设置，不必去银行柜面办理任何手续，只需要客户用手机登录银行网站即可。手机银行的交易采用多重高强度加密技术，确保客户资料和资金安全。客户每次退出交易网站后，系统会自动清除手机内存中关于卡号、密码等关键信息，客户即使丢失手机，也不会影响账户安全。图2-8是"e动交行"提供给客户的指数报告界面。

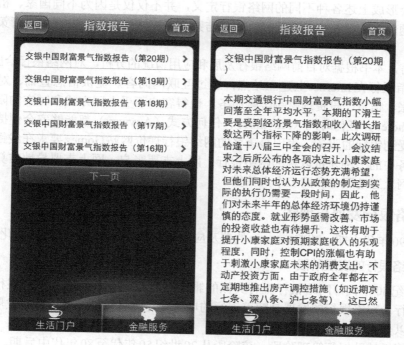

图2-8　"e动交行"提供的指数报告

2.2　网络银行

从20世纪90年代中期开始，Internet和其他数据网络的爆炸性增长，引发了一场全球性的商务革命和经营革命。电子商务的出现使得各行各业面临着与传统经营模式完全不同的基于计算机技术、通讯技术和网络技术的全新商务模式。在此基础之上，网络银行应运而生，为电子交易过程中的资金支付与结算业务提供了支持，也为商业银行的发展降低了运营成本、提升了核心竞争力。

网络银行是依托信息技术、网络技术的发展而兴起的一种新型银行服务手段，由于发展速度很快，其行业相关标准、发展模式都还处于演变之中，目前还很难对网络银行的系统构成和业务范围有一个统一的确切和规范的理论定义，以下是世界上不同的国际机构对网络银行给出的定义。

① 巴塞尔银行监管委员会对网络银行的定义为：网络银行是指那些通过电子渠道，提供零售与小额产品和服务的银行。这些产品和服务包括：存贷、账户管理、金融顾问、电子账

务支付，以及其他一些诸如电子货币等电子支付的产品与服务（BCBS，1998）。

② 欧洲银行标准委员会将网络银行定义为：利用网络为通过使用计算机、网络电视、机顶盒及其他一些个人数字设备连接上网的消费者和中小企业提供银行产品和服务的银行（ECBS，1999）。

③ 美联储对网络银行的定义为：网络银行是指利用互联网作为其产品、服务和信息的业务渠道，向其零售和公司客户提供服务的银行（FRS，2000）。

④ 英国金融服务局对网络银行的定义是：网络银行是指通过网络设备和其他电子手段为客户提供产品和服务的银行。

之所以会形成上述各种不同的网络银行定义，并不仅仅是因为不同国家、机构和个人对网络银行问题的看法存在一定的差异，而是与某一国家网络银行的发展和监管策略有着密切的关系。

总体而言，本书根据对目前网络银行发展和应用情况的分析，对网络银行给出如下定义：网络银行是指银行在Internet上建立站点，通过互联网向客户提供信息查询、对账、网上支付、资金转账、信贷、投资理财等金融服务，使得客户不受上网方式和时空的限制，在任何地点（Anywhere）、任何时间（Anytime）、任何方式（Anyway）都能够安全便捷地管理自己的资产和享受到银行的服务。美国最著名的网络银行评价网站Gomez要求在线银行至少提供以下五种业务中的一种才可以称为网络银行：网上支票账户、网上支票异地结算、网上货币数据传输、网上互动服务和网上个人信贷。

2.2.1 网络银行发展与现状

20世纪90年代中期，随着Internet的普及应用，银行的经营方式呈现网络化趋势。

2.2.1.1 网络银行的发展阶段

在20世纪50年代，网络银行就有类似的雏形，但当时并没有Internet，银行业务在专用的网络上进行。网络银行的发展是随着银行的电子化与信息化的发展进程而发展的，网络银行的发展可以分为以下三个阶段。

（1）计算机辅助银行管理阶段　该阶段从20世纪50年代至80年代中后期。20世纪50年代末，计算机逐渐在美国和日本等国家的银行业务中得到应用。早期的计算机应用主要目的在于解决手工记账速度慢、财务处理效率低等问题，因此，当时的金融电子化基本技术是简单的计算机银行数据处理和事务处理，主要用于分支机构及各营业网点的记账和结算。商业银行主要的电子化设备是管理存款、计算本息的一般计算机，财务统计和财务运算的卡片式编目分类打孔机，由计算机控制的货币包装、清点机，鉴别假钞和劣钞的鉴别机，以及电脑打印机等。

20世纪60年代末兴起的电子资金转账技术（EFT）及应用，为网络银行的发展奠定了技术基础。EFT改变了传统手工处理票据模式，可以快速有效地处理支付信息，保证了款项及时转账，提高了现金管理质量和支付效率，降低处理成本及票据纸张费用等交易成本。

20世纪70年代末在北欧国家兴起的电话银行，主要依靠语音识别、记录系统提供金融服务，在80年代中后期得到迅速发展。但是由于电话银行在语音识别方面还存在一些规范及技术问题，因此电话银行在进行重大金融服务交易时容易存在差错、误解或矛盾等隐患。

（2）银行电子化或金融信息化阶段　随着个人计算机（PC）的普及，商业银行逐渐将发展重点从电话银行转向以PC为基础的电子银行业务。20世纪80年代中后期，在世界各国的国内银行之间的网络化金融服务系统基础上，形成了不同国家银行之间的电子信息网络，进而形成了全球金融通信网络。在此基础上，出现了各种新型的电子网络服务，如在线银行服务（PC银行）、自动柜员机系统（ATM）、销售终端系统（POS）、家庭银行系统（HB）和企业银行系统（FB）等。

（3）网络银行阶段　20世纪90年代中期以来，伴随Internet在各行各业中的广泛应用，银行为满足电子商务发展和金融行业竞争的需要，纷纷借助Internet及其他网络开展各种金融业务，以达到拓展业务规模、降低运营成本、满足客户个性化需要的目的，基于Internet的网络银行应运而生。1995年10月18日世界上第一家网络银行——安全第一网络银行在美国的开业，标志着网络银行阶段真正开始。

尽管网络银行与计算机辅助银行管理和银行电子化都是在计算机及通信系统上进行操作的，但是，网络银行的软件系统不是在终端上运行的，而是在银行服务器上运行，因而使网络银行提供的各种金融服务不会受到终端设备及软件的限制，具有更加积极的开放性和灵活性。网络银行发展到今天，只有短短十几年时间，但是，它已经表现出了传统银行所无法比拟的全天候、个性化的竞争优势，因此，网络银行必然成为银行业发展的主要趋势。

2.2.1.2　网络银行的发展模式

网络银行服务有两种发展模式：一种是完全依赖于Internet发展起来的全新的电子银行，是虚拟的网络银行，即纯网络银行，一般都没有物理的店面柜台，也没有分支机构，其所有的银行服务都通过Internet来进行，如世界上第一家网络银行SFNB就是一家典型的虚拟网络银行；另一种是传统银行通过Internet开展原有的银行业务服务，即所谓的分支机构网络银行，这种模式的主要目的是进一步巩固银行现有的客户基础，降低服务成本，提高经营效率，因此，它可以充分延伸银行原有的品牌优势，并利用网络渠道优化自身形象，改善客户关系，扩大产品的市场占有率，最终实现传统业务与网络银行的协调发展。

（1）纯网络银行　纯网络银行以低成本、高效率、广泛的市场信息和个性化的用户产品对传统银行业构成了很大的威胁。但是，因为纯网络银行与客户的交流仅仅通过电话和网络，因此在营销策略和技术投资方面成本并不低。同时，由于纯网络银行不能提供方便存取款和现金的业务网点，在纸币仍然流行的时代，缺乏物理网点是纯网络银行大规模发展的主要障碍之一。

对于纯网络银行的发展模式而言，也有两种不同的理念：一种是以印第安纳州第一网络银行（First Internet Bank of Indiana，FIBI）为代表的全方位发展模式；另一种是以休斯敦的康普银行（CompuBank）为代表的特色化发展模式。

采用全方位发展模式的网络银行认为随着科技的发展和网络的进一步完善，纯网络银行完全可以取代传统银行。因此，这些纯网络银行一直致力于开发新的电子金融服务，以满足用户多样化的需要。为了吸引用户和中小企业，纯网络银行必须能够提供传统银行所能提供的一切金融服务。

采用特色化发展模式的网络银行则承认纯网络银行具有一定的局限性，与传统银行相比，由于缺乏分支机构，它们无法为小企业提供现金管理服务，也不能为用户提供安全保管箱。因此，该类纯网络银行专注于发展具有核心竞争力的业务，认为其他的业务可以让用户在别的银行获得。

（2）分支机构网络银行　分支机构网络银行是传统银行网上业务的延伸，通过原有传统银行的资金来源和客户基础，网络分支机构可以极大地拓展客户群、业务种类以及处理业务的渠道，进而降低成本，提高效益。美国的国民银行（Nations Bank）、富国银行（Wells Fargo）和中国的招商银行、建设银行、中国银行等都采用了这种模式。

分支机构网络银行的优势在于可以充分利用原有银行的客户源和在客户中的良好口碑来开展业务，同时，由于原有银行规模较大，涉及的业务范围较广，因此在网络银行阶段也能够有能力不断推出适合客户需要的金融产品，对潜在消费者具有很大的吸引力。

但是，这种模式的网络银行也会受到传统银行原有的体制框架、技术框架的束缚，影响其灵活性和响应效率，因此，如何整合传统银行和分支机构网络银行业务，如何协调两者的业务关系是该类纯网络银行发展的关键问题。

2.2.1.3　网络银行的发展现状

（1）国外网络银行发展现状　1985年，英国出现了第一个全自动化银行，苏格兰格拉斯哥银行的TSB分行。1989年10月，英国米兰银行开创了电话银行业务，出现了世界上第一家电话银行。其后，英国又出现了全自动化银行，如巴克莱银行和西敏寺银行。英国的劳合银行还在伦敦的牛津大街创办了未来银行。

1995年10月18日，全球第一家真正意义上的网络银行美国安全第一网络银行在美国诞生。同年，美国花旗银行也在互联网上设置了资金站点。1999年年底，使用网络银行的美国家庭已有大约600万户，占美国家庭总数的5%以上。

网络银行发展十分迅速，以美国为例，其发展数量相当迅猛，而且提供的服务品种十分丰富且具有特色。例如，美洲银行在网上提供了个人金融服务、企业银行业务、商业银行、社区银行、今日美洲银行、特殊服务六大项目服务；花旗银行用网络主动营销，只要客户在网络上约定时间、地点，花旗银行都会派人当面进行投资理财分析；此外，部分银行还推出网上投资服务，包括股票买卖、债券经营、互助基金管理等业务。根据艾瑞咨询对eMarketer的资料整理显示，美国不同渠道的零售银行业务中，网络银行业务交易量的增长速度最快，2006年交易量为118亿美元，在各种渠道的交易量中是最少的，2008年交易量迅速超过其他渠道占据首要位置，2010年交易量已超过预计的310亿美元。

在欧洲，包括德意志银行、巴克莱银行、国民西敏寺银行等巨头在内的各知名银行纷纷推出网络银行服务，希望凭此与那些新兴的网络银行一争高下。据不完全统计，到1999年年底，全欧洲超过2000家金融机构开办了网络银行业务，数量比此前6个月的数量翻了一番还多。以德国为例，德国国内有两种不同形式的网络银行，分别是传统银行下设的网络银行与完全独立的纯网络银行。前者在提供传统银行服务的同时推出网络银行系统，形成营业网点、ATM、POS机、电话银行、网络银行的综合服务体系的特点；后者有机构少、人员精，采用电话、Internet等高科技服务手段与客户建立密切的关系，提供全方位的金融服务的特点。纯网络银行以费用低廉、使用便捷等优势，成为德国个人理财的"网上直通车"。如德国的Entrium银行，控制德国纯网络银行30%的存款和39%的消费贷款，却没有分支机构，员工共计370人，依靠电话和Internet开拓市场、提供服务。370人服务77万客户，人均资产达1000万美元，大大高于亚洲的领先银行水平。而德国最大的网络银行国际集团旗下的ING-DiBa则没有分支机构，完全依靠网络和电话开展业务，在德国数千家银行的排名中，ING-DiBa名列27位，规模超过了大多数传统银行。随着对网络银行监管的加强，德国的用卡环境也趋于完善。2008年1月1日起，德国所有的网络银行执行统一的技术标准EBICS，保障所有网络传输交易信号的安全。德国联邦内务部专门设有一个特种工作组，直接介入针对网络银行的犯罪监控，联邦刑警局全天候监控可疑线索，对罪犯进行严厉的刑事惩罚。

　　此外，在美国及欧洲，还有一些不具任何传统商业银行背景的小型公司，也在互联网上推出了虚拟银行，如CompuBank、TeleBank等，都在为争夺未来的网络金融市场而努力。

　　（2）国内网络银行发展现状　　与发达国家和地区相比，我国网络银行起步较晚，但发展较快。目前国内主要商业银行都已经推出网络银行业务，如招商银行、中国工商银行、中国银行、中国建设银行、中国农业银行以及其他一些股份制银行都在开发自己的网上金融服务，绝大多数银行都具备了网上支付、账户信息查询、转账等基本网络银行功能。

　　中国银行1996年2月在网上建立了自己的网站，成为国内第一家上网的银行（www.boc.cn）。其后，各大商业银行纷纷投入到网络中，建设银行、招商银行等相继推出网络银行业务。目前中国已有20多家银行的200多个分支机构拥有自己的网址和主页，随着网络银行业务的大范围推广，中国网络银行用户规模发展迅速。图2-9就是中国银行网上银行的界面。

图2-9　中国银行网上银行界面

　　2012年7月19日下午，中国互联网信息中心（CNNIC）发布《第30次中国互联网络发展状况统计报告》。据报告显示，2012年上半年，网上银行和网上支付用户规模的增速分别达到14.8%和12.3%，截至2012年6月底两者用户规模分别为1.91亿人和1.87亿人。手机在线支付发展速度突出，截至2012年上半年使用该服务的用户规模为4440万人，较2011年底增长约1400万人。76.9%的用户在过去一年中使用网银业务，排名第一，图2-10显示了2012年中国用户使用电子银行服务的情况。另外，ATM机和手机银行分列第二、第三位，占比为57.5%和28.9%。自助终端设备、电话银行排名靠后。没有使用过非柜台类服务的客户仅占7.9%。

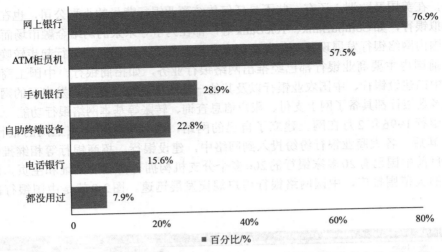

图2-10　2012年中国用户使用电子银行服务的情况

样本：N=8990；于2012年12月～2013年1月通过iUserSurvey

在43家网站及艾瑞iclick社区联机调研获得

2.2.2　网络银行业务特点与功能

2.2.2.1　网络银行的业务特点

相对于公众熟悉的传统银行业务，网络银行提供的业务是一种全新的服务模式，因此网络银行的业务具有如下不同的特点。

（1）促使银行业全新的竞争格局形成　网络银行的全球化服务，使得金融业和金融市场面向全球开放，银行业的竞争不再是传统的同业竞争、国内竞争、服务质量和价格竞争，银行业的竞争将步入金融业与非金融业、国内与国外、网络银行与传统银行等多元竞争格局。

网络银行还将为中小银行提供可以和大银行在相对平等的条件下进行竞争的机会。因为借助互联网提供银行服务，只要能提供足够的技术支持，不论银行大小与否，都处在同一起跑线上。网络银行的发展将促使传统银行对原有的竞争手段进行改革与调整，树立新型竞争观念，更新金融业竞争策略。

（2）全面实现无纸化交易　传统银行使用的票据和单据大部分被电子支票、电子汇票和电子收据所代替；原有的纸币被电子货币，即电子现金、电子钱包、电子信用卡等方式所代替；原有纸质文件的邮寄变为通过数据通讯网进行传送。电子货币不仅能够给商业银行节约使用现金的业务成本，而且大大缩短了资金的周转时间，提高了资金的利用率和整个社会的经济效益。

（3）服务方便、快捷、高效　通过网络银行，用户可以享受到方便、快捷、高效和可靠的全方位服务。用户使用计算机通过网络登录银行站点，就可以获得银行提供的金融服务。网络银行实行全天24小时、全年无休的不间断营业，方便客户在任何地方、任何时间、任何方式使用网络银行提供的服务。而且相对于传统银行，网络银行可以向用户同时提供多种银行服务，在客户差异化、个性化服务方面具有显著的竞争优势。

（4）经营成本较低廉　据美国网上银行运作的报告表明，网络银行经营成本只相当于经营收入的15%～20%，而普通银行的经营成本占收入的60%；开办一个网络银行所需要的成本只有100万美元。在Internet上进行金融清算每笔成本不超过13美分，而在银行自由的个人电脑软件上处理一笔交易的成本则达到26美分，电话银行服务的每笔交易成本为54美分，而传统银行分理机构的处理成本更高达108美元。而且，网络银行通过利用电子邮件、讨论组等技术，还可以提供一种全新的、真正的双向交流方式。由于采用了虚拟现实信息处理技术，网络银行可以在保证原有业务量不降低的前提下，减少营业点的数量。

（5）物理网络转向虚拟数字网络，技术要求提高　网络银行从物理网络转向虚拟数字网络，演变成虚拟化的金融服务机构。银行和客户之间通过互联网进行业务联系，双方因为不是面对面的沟通，因此存在身份确认的问题；此外，金融交易信息在互联网上传输，必须保护其机密性和完整性；网上交易不能像传统柜面业务那样通过客户签名来完成支付指令的确认。所以，网络银行的业务沟通必须依赖诸如加密、认证、数字签名等技术手段来提供支持。

2.2.2.2　网络银行的业务功能与分类

网络银行提供的业务可以分为以下三大块的内容。

一是传统商业银行服务，如转账结算、汇兑、代理收费、发放工资、账户查询等，还包括证券清算、外币业务、信息咨询、消费信贷等新型商业银行服务。

二是在线支付，既包括B2C模式下的购物、订票、证券买卖等零售交易，也包括B2B商务模式下的网上采购等批发交易，以及金融机构间的资金融通与清算。

三是新的业务领域，比如集团客户通过网络银行查询子公司的账户余额和交易信息，在签订多边协议的基础上实现集团公司内部的资金调度与划拨，提供财务信息咨询、账户管理等理财服务。还可以进行国际收支申报、发放电子信用证、开展数据统计等业务。

而根据网络银行客户类型的不同，网络银行业务又可分为公共信息服务、个人网上银行基本业务和企业网上银行基本业务三类，各类业务的具体介绍如下。

（1）公共信息服务　网络银行公共信息服务包括银行的广告、宣传资料、业务种类和特点、操作规程、最新通知、年报等综合信息，面向网上所有的访问用户开放。具体包括：公用信息发布；银行简介；银行业务、服务项目介绍；银行网点分布情况；ATM分布情况；银行特约商户介绍；存、贷款利率查询；外汇牌价、利率查询；国债行情查询；各类申请资料（贷款、信用卡申请）；投资、理财咨询使用说明；最新经济快递；客户信箱服务等。

（2）个人网上银行基本业务　在使用网络银行之前，银行用户必须在某家银行开设账户。我国目前还没有纯粹意义上的网络银行，所以用户必须到营业网点持有效身份证办理开户手续。一旦用户成功办理了银行账户开户手续之后就可以登录该银行的网上银行网站，进行网上银行的具体操作。

个人网上银行包括以下基本业务。

① 登录网上银行。根据不同银行网上银行的要求，用户可以采用银行卡号、存折账号、身份证号码，甚至昵称、注册名等不同的方式进行登录操作。

② 查询账户信息。网上银行为个人用户提供一些基础的查询功能，包括账户余额、账户交易明细、信用卡消费积分、交易流水查询、账户基本信息等。

③ 转账。用户可以通过网上银行方便地将资金转到本人的其他账户或者其他人的账户上，也可以随时将本人活期账户资金转成定期，或者将定期账户资金转成活期或卡折互转。

④ 汇款。用户可以直接将活期账户的资金汇入外地账户，由于网上银行拥有优惠于柜台

的费率，因此在汇款过程中能为用户节约相关手续费，并能即时到账，免去了用户在银行柜台排队填单汇款所花费的时间和精力。

⑤ 代理缴费。用户通过网上银行代理缴费功能，足不出户地随时交付各项日常费用，如水费、电费、煤气费、电话费、交通罚款、学费、各种考试报名费等，操作简单快捷。

⑥ 个人投资、理财业务。网络银行为个人提供的投资理财业务丰富多样，有外汇买卖、银证业务、基金业务等。外汇买卖包括外汇牌价和实时交易、赢利委托、止损委托、组合委托、追加挂单等。银证业务即通过"银证转账"，用户可以在银行账户与证券资金账户之间实时划转资金，进行股票实时查询、交易买卖等操作。基金业务即用户可以在基金公司或证券公司的营业时间内随时认购、申购、买卖、查询债券或基金。

⑦ 信用卡相关业务。用户可以通过信用卡网上银行对本人信用卡进行未出账单查询、本月应缴款查询、本月信用卡账单查询、信用卡自动还款设置、网上支付最低额度设置等。

⑧ 网上投资和投保业务。网络银行除了提供传统意义上的金融产品和服务外，还为用户推出了扩展的产品和服务，包括网上投资和网上投保等业务。

值得注意的是，大多数银行出于对个人用户在网上进行资金管理时的安全考虑，将个人网上银行业务分为大众版和专业版，大众版的用户只需凭身份证、账号和密码在网上自助开通网上银行，专业版则必须由用户本人到银行网点申请办理数字证书，数字证书是网银用户使用的一种将个人信息与电子签名唯一绑定的电子文件，通过它可以对用户的网上交易进行身份确认，确保了交易的唯一性、完整性和不可否认性。从业务范围来看，个人银行大众版只具备查询、小额支付等基本功能，受单笔支付金额和单日支付总额的限制，而拥有数字证书的个人银行专业版可以享受无限额转账支付等服务，安全性也较大众版更高。

（3）企业网上银行基本业务　企业网上银行业务仅面向在网络银行系统开户注册用户，所有数据均经过加密后才在网上传输，企业网上银行系统在用户进入网上银行时，设置了登录密码和附加密码，每次进入企业网上银行时系统会自动产生一个附加密码，供下次登录时使用。另外，企业网上银行自动记载系统日志，用户的每一个操作都被记载下来，便于稽核和发现异常，保障系统安全。

企业网上银行提供的基本业务有以下几种。

① 账户管理。账户管理是指客户通过网上银行进行账户信息查询、下载等服务。无论是集团企业还是中小企业，都可以随时查看总公司及分公司的各类账户余额及明细，实时掌握和监控企业内部资金情况。

② 网上汇款转账。集团企业总公司可通过电子付款指令从其账户中把资金转出，实现与其他单位之间的同城或异地资金结算，达到足不出户即可轻松完成企业日常结算业务的目的。

③ 贷款业务。贷款业务向企业网上银行注册用户提供贷款查询功能，包括主账户、利随本清和借据查询等子功能。通过该业务，企业人员可以随时随地准确、及时、全面地了解企业总的贷款情况，并提供贷款金额、贷款余额、起息日期、到期日期、利息等详细的贷款信息，为企业财务预测和决策提供相应的数据。

④ 网上外汇汇款业务。该业务面向以外汇汇款作为结算手段的跨国公司、工贸企业、外贸企业等。用户在网上企业银行制作、审批外汇汇款申请，通过互联网发送至开户行，从而实现业务申请在银企间快速、安全传递。基本功能包括：单笔境内/境外汇款申请、批量境内/境外汇款申请、集团汇款管理、企业内多级审批、常用资料维护、脱机制单、模板制单等。

⑤ 信用证业务。信用证是指银行有条件的付款承诺，即开证银行依照开证申请人的要求和指示，承诺在符合信用证条款情况下，凭规定的单据向第三方（受益人）或其指定人进行付款或承兑，或授权另一银行进行该项付款或承兑，或再授权另一银行议付。

2.2.3 网络银行系统及应用

2.2.3.1 网络银行系统的功能结构

网络银行系统一般由多个子系统组成，包括CA子系统、安全认证子系统、支付网关子系统、交易子系统、业务管理子系统、后台连接子系统等。网络银行系统作为银行后台核心业务系统，它并不是孤立存在的，而是与其他业务系统（如零售系统、信贷系统、会计系统）紧密联系、相互配合，提供在线的金融服务。

典型的网络银行系统的逻辑结构图如图2-11所示。网络银行系统各子系统功能如下。

① CA子系统：完成CA证书的申请和发放、证书的管理、已撤销证书列表的维护等。

② 安全认证子系统：对网络银行的用户身份进行确认，对客户发起的交易进行授权。

③ 支付网关子系统：与商户的电脑系统连接，提供网上购物、电子商城等业务的在线支付接口，以及交易清算、对账等功能。

④ 交易子系统：完成网络银行交易逻辑的处理，如交易数据检查、交易流水记录、数据签名核对、账户检查等一系列检查。

⑤ 业务管理子系统：完成网络银行业务设置、交易处理、系统监控、后台处理等银行端的业务功能。

⑥ 后台连接子系统：是与后台的核心业务系统连接的模块。它将网络银行校验、初步处理过的交易资料、服务信息转发至后台系统和办公自动化处理系统。

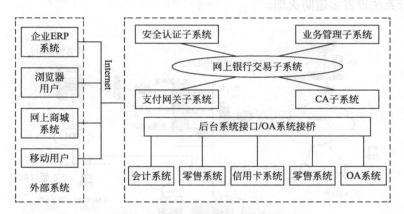

图2-11 典型网络银行系统逻辑结构图

2.2.3.2 网络银行系统的硬件架构

网络银行系统作为银行传统核心业务与客户的电子联系渠道，在Internet上提供在线的金融服务，必须与银行的核心业务系统有直接通路，必须有通过Internet与客户连接、建立通讯通道的网络设备，有处理用户请求的服务器，还有为保证网络安全而设置的网络防火墙。网络银行系统的硬件架构中主要包括Web服务器、应用服务器、数据库服务器、网络银行管理工作站、通讯服务器、后台核心业务系统等组成部分，典型网络银行系统的硬件物理结构如图2-12所示，系统各部分完成的作用和功能如下。

（1）Web服务器 存放发布性静态服务页面，接受用户请求，并将大部分业务请求转交给应用服务器处理，由于基本不涉及复杂的商业逻辑运算，机器负载较轻。该服务器处理与用户的网络连接并形成加密信道，同时为存放高度敏感数据及运行核心应用的其他服务器与

Internet之间提供隔离缓冲作用。在负荷较重的情况下，可以通过多台Web服务器的并行服务器集群来扩充系统处理能力，通过负载均衡软件来分流单台服务器的工作压力。

（2）应用服务器　是网络银行系统的核心服务器之一，包含网络银行所有的业务逻辑和应用程序，包括处理用户请求、会话管理、提交后台处理以及产生应答页面等，是网络银行服务压力最重的服务器之一。在负荷较重的情况下，可以通过多台应用服务器的并行服务，形成应用服务器集群来扩充系统处理能力。

（3）数据库服务器　数据库服务器上存储所有网络银行系统本地数据，包括客户信息、控制信息、管理信息、运行日志等，这些数据高度敏感，对安全要求非常严格。

（4）网络银行管理工作站　用来对Web服务器、应用服务器和数据库服务器进行管理，对发布信息进行更新和维护，处理网络银行后台业务等。

（5）通讯服务器　是网络银行的应用程序与银行后台主机的通讯中间件，银行后台主机所使用的通讯协议一般采用SNA协议，而网络银行系统一般采用Internet通用的TCP/IP协议，该服务器处理网络银行服务器与后台业务系统应用程序之间的通讯协议转换。

（6）后台核心业务系统　指银行支撑银行运作的原有业务系统，包括零售业务、批发业务（对公业务）、会计业务、信贷业务、国际结算业务等业务支撑系统，是网络银行的后端支持系统，提供网络银行联机业务支持功能。

（7）防火墙　将网络银行与Internet之间、网络银行与银行内部网络之间进行有效隔离，提供网络安全保障，防止系统遭受外来及内部的攻击。为了保护银行电脑系统的不同区域，一般网络银行系统设置多道防火墙。

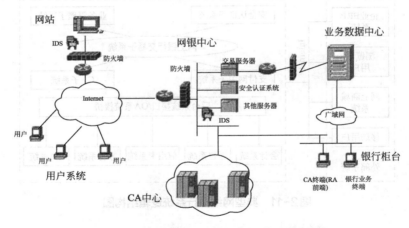

图2-12　典型网络银行系统的硬件物理结构

2.2.4　网络银行监管

网络银行作为在Internet上进行的一种全新模式的经营活动，势必对我国中央银行现行监管制度带来冲击。一方面，Internet的使用使得网络银行跨地区、跨国境经营变得更加便捷，任何一个地方的用户都可以方便地通过银行网站选择不同的银行业务；另一方面，网络公司、商贸集团等非金融机构借助自身的技术优势或业务与客户优势，为其客户提供银行服务。这些将直接改变一个国家或地区金融体系结构的内容，对一些地区或小国家来说，存在着不需要拥有自己的金融体系的可能性，完全可以依靠选择大型国际性金融机构跨境提供服务。因此，对网上银行的监管就成为较为重要的问题。

2.2.4.1 网络银行面临的风险

传统银行所面临的风险有信用风险、流动性风险、利率风险和市场风险等，这些风险在网络银行的经营中仍然存在，但是在表现形式上有所变化。网络银行作为新生事物，它天生存在着法律风险，它的服务方式使它更易于受到攻击，受攻击的范围更大，受攻击的方法也更加隐蔽。网络银行的风险和安全问题成为阻碍其自身发展的重要因素，也给网络银行的监管带来了难度。

在世界范围内，众多发达国家及联合国有关机构都在对网络银行的风险问题做出自己的界定，出台了众多的法律规范，诸如联合国国际贸易委员会《电子商业示范法》、巴塞尔委员会《电子银行风险管理原则》、美国《电子资金划拨法》、《统一商法典》等，其中以1999年10月负责对全国性银行和外国银行执行央行监管职能的美国财政部货币总监署（简称OCC）出版的题为《总监手册——互联网银行业务》较为全面。

（1）美国财政部对网络银行界定的风险　在美国《总监手册——互联网银行业务》中，将网络银行可能面临的风险分为信用风险、利率风险、流动性风险、价格风险、外汇风险、交易风险、合规性风险、战略风险和声誉风险九大类。

① 信用风险。信用风险是指由于债务人未能按照与银行所签的合同条款履行约定契约中的义务而造成经济损失的风险，即受信人不能履行还本付息的责任而使授信人的预期收益与实际收益发生偏离的可能性，它是金融风险的主要类型。在网络银行业务中通过互联网与客户交易，没有人与人之间的实际接触，对银行来说无法核实客户是否善意，核保和核押不便，也会带来风险的产生。

② 利率风险。利率风险是指市场利率变化使商业银行的实际收益与预期收益或实际成本与预期成本发生背离，使其实际收益低于预期收益，或实际成本高于预期成本，从而使商业银行遭受损失的风险。网上银行业务同其他形式的业务相比，能从更多的潜在客户群中吸引存款、贷款和其他业务关系，更需要银行管理者维持恰当的资产负债管理体系，包括能对变化的市场情况做出快速反应。

③ 流动性风险。流动性风险是指银行在其所作承诺到期时，不承担难以接受的损失就无法履行这些承诺，从而对银行收益或资本造成的风险。网络银行的流动性风险是银行在某一时刻无法以合理的方式变现资产，以获得足够的资金来满足市场支付结算的资金需要，导致资金头寸紧张而不能兑付的风险，极端情况下，流动性风险会造成银行的清偿问题，该风险属于经营类的风险。

④ 价格风险。价格风险是指因交易完毕的金融票据价值发生了变化而对银行收益或资本造成的风险。这种风险来自于在利率、外汇、资本和期货市场上进行买卖、交易和补入头寸等行为。因网上银行业务活动而推出或扩展存款代理、贷款销售或证券化计划时，银行会受价格风险的影响。

⑤ 外汇风险。当一笔贷款或贷款组合以外汇计价，或以借入外汇作为资金来源，外汇风险就会产生。外汇风险会随着政治、社会或者经济的发展而增大。如果其中某一种货币受到严格的外汇管制，或者其汇率剧烈波动，后果对银行十分不利。

⑥ 交易风险。交易风险是指因欺诈、差错、无力提供产品或服务，或在保持竞争态势以及管理信息当中，对银行收益和资本造成的现实和长远的风险。网上银行产品会伴随较大的交易风险，尤其当这些产品没有经过足够的计划、实施和监控。

⑦ 合规性风险。合规性风险是指银行因为违反或没有执行法律、法则、法规、订明的做法或行业标准而对收益或资本形成的风险。合规性风险会使银行面临被判罚款、民事罚金、

赔偿损失以及合约无效的结果。其后果会使银行名誉受损、特许价值降低、业务受限、扩展机会减少以及履约能力不足。

⑧ 战略风险。战略风险是指经营决策错误，或决策执行不当，或对行业变化束手无策，对银行的收益或资本形成现实和长远的影响。在推出一项网上银行产品之前，管理层应该考虑该产品和技术是否同银行战略规划中的有形业务目标相一致，还应考虑是否具备足够的专家和资源来对网上银行业务的风险进行识别、监督和控制。

⑨ 声誉风险。声誉风险是指负面的公众观点对银行收益和资本所产生的现实和长远的影响。这种风险影响着银行建立新客户关系或服务渠道，以及继续为现有客户服务的能力，会使银行面临诉讼、金融损失或者客户流失的局面。

（2）我国金融监管当局对网络银行界定的风险 以上是美国法律中对网络银行风险所做的界定，在我国问题则有所不同。虽然对于中国目前的状况而言，网络银行开展的时间不是很长，国家金融监管当局对于网络银行的了解、研究也不够充分，然而与传统银行及其客户的法律关系相比较，网络银行使其和客户之间的法律关系出现了许多未知的新领域，网络银行的发展形势如风生水起，网络银行安全近年来已经受到我国政府与金融界的高度重视，业内对网络银行风险也有了一些认识，总的来说普遍认为有以下几种风险。

① 安全系统方面的风险。高度发达的信息技术和全方位、全天候开放的特点使各种伪造、篡改、非法侵入等行为严重威胁网络银行安全。网络银行的安全性风险成为银行经营者、用户和监管者一致关心的焦点问题。据调查，那些不愿意使用网络银行服务的用户中，有80%是担心网络安全。在美国，每年因信息与网络安全问题所造成的经济损失高达75亿美元，企业电脑安全受到侵犯的比例为50%。我国网络银行正处于起步阶段，银行的网络技术参差不齐，存在很多需要完善的地方。如何确保网络银行的安全问题就变得更加重要。

网络银行安全系统造成的风险主要包括两个方面：一是由于安全认证系统出现故障而形成风险。因为网络的虚拟性，交易双方都无法确保对方身份的真实性，尤其是当当事人仅仅通过互联网交流时。在这种情况下，要建立交易双方的信用感和安全感非常困难。于是，人们在实践中发展出一种切实有效的方法来解决这个问题，电子认证应运而生。简而言之，电子认证是以特定的机构对电子签名及其签署者的真实性进行验证的具有法律意义的服务。在电子认证过程中，有一个把电子签名和特定的人或者实体加以联系的管理机构，即认证机构（CA）。如果安全认证系统出现故障，商业银行将与提供认证服务的一方一起承担风险后果。因为银行负有维护网络安全的义务。二是黑客、病毒的侵袭而造成的风险。电脑黑客也是网络银行的一大危害。据统计，全球的黑客入侵事件有40%针对金融系统，所以这对金融安全的潜在风险是极大的。

② 科学技术方面的风险。网络银行最大的特点和优点在于虚拟性，它无须考虑银行的营业网点设置，只需设置虚拟的互联网站点，突破了时间和地域的限制。但是，这种虚拟性的达成依赖于自动化程度较高的技术和设备，而这些复杂的技术和设备又肯定面临诸多问题。因此，和传统的银行相比较，技术风险成为网络银行所面临的最大、最特殊的风险，在具体的网络银行业务中，还常常会转化为法律风险。具体包括以下几点。

a. 网络银行硬件系统出现问题。如果银行由于硬件系统出现技术故障而可能对客户的利益造成损失，这就要求商业银行在采购硬件系统时应对硬件系统的质量给予充分的注意。

b. 因网络银行的技术软件原因出现问题。如果网络技术能力不足以支持网络银行的运作，导致支付、结算等业务出现过错而给客户造成损失或影响到服务质量的。

c. 因客户操作上的失误产生风险。如果商业银行未向客户详细说明有关软件、硬件的操作方法，或者客户操作上失误并带来损失，将影响到网上银行的信誉和客户的信心。

③ 经营管理方面的风险。中国的网络银行是传统银行与高新电子技术结合的产物，面对复杂的网络技术，网络银行存在着对复杂技术、复杂系统的管理风险，商业银行在计算机系统的日常维护管理及客户商业资料的保密方面应尽到认真和谨慎义务，此外，还存在着网络银行管理人员和操作人员的道德风险，对银行业务人员和技术人员的管理和约束也提出了更高的要求。

④ 投资战略风险。网络银行的投资时机、投资规模、投资方式等选择的不确定性，构成了银行业发展的总体投资战略性风险。过早的大规模投资，投资项目形式太相似，或者投资技术选择不当，业务缺乏深化，都会引发网络银行业本身的阶段性调整和整合，从而增加后期金融体系总体风险的累积。相反，投资过迟或者规模过小不能形成一个网络银行的相对业务优势，又可能导致银行业在国际竞争中处于劣势。

⑤ 法律风险。法律风险是指网络银行面临的许多法律法规上的空白和不确定，即网络银行在开展业务时可能存在没有任何法律调整，或者适用现有法律不明确造成的风险。常见的网络银行法律问题有：网上银行的电脑犯罪；网上银行的电子资金划拨风险问题；客户隐私信息泄露问题；网上银行的电子签名问题；税收问题；管辖权与法律逃避问题等。

2.2.4.2　网络银行的监管

通过对网络银行面临的诸多风险的分析，可以看出网络银行的发展使对银行业的监管难度大幅提升，对网络银行风险的监管与控制更趋复杂化。目前，我国的网上银行受到两个部门的管理。

① 银行业务的主管部门：中国人民银行。

② 银行信息的主管部门：信息产业部（现工业和信息化部）。

此外，对于提供新闻资讯的网上银行，2000年11月开始还要接受公安部门和新闻出版总署（现国家新闻出版广电总局）的管理。总之，要有效地控制网络银行带来的风险，必须针对各种风险的特征建立起国家、行业两个层次的网络银行监管系统，互相支持，互为补充，起到对风险强有力的预测、控制、化解作用。

（1）国家层面对网络银行的监管　国家层面的网络银行监管旨在为网络银行的健康发展提供良好的环境和平台，已经推出的具体监管措施如下。

① 发展信息技术。目前我国在金融电子化业务中使用的计算机、路由器等软、硬件系统大部分是从国外引进的，但从长远来看，我国的科研单位、计算机软、硬件生产厂商和金融机构的技术部门要加快开发国产系统软件和功能强大的加密算法，发展有自主知识产权的信息技术，早日自主生产关键计算机设备、通信设备和核心软件等，提高交易安全水平。

② 加强相关立法建设。我国目前已初步制定了关于网上证券交易、计算机使用安全保障等方面的法规，但还远不能适应网络发展的要求。要加快网络银行的立法，完善现有的法律法规制度。我国政府有关部门应就网络银行的通信安全、控制权的法制责任、存款保证、保护措施和争端的适应条文等问题加以立法，并制定有关数字化、电子货币的制度以及网络银行业务结算、电子设备使用等的标准。

③ 加强国际协调与合作。网络金融业务环境的开放性、交易信息传递的快捷性强化了国际金融风险的传染性。对网络银行的监管需要不同国家金融监管当局的密切合作和配合，形成全球范围内的网络银行监管体系。对网络银行的监管包括：对使用网络银行方式进行非法避税、洗黑钱等行为的监管；对利用网络银行方式进行跨国走私、非法贩卖军火武器及毒品、进行黑市交易等涉及的非法资金转移活动进行监管；对利用网络方式非法攻击其他国家

网络银行的电脑黑客网站，以及其他国际犯罪活动进行监管；对利用网络银行方式传输不利于本民族文化和伦理道德观念的信息进行监管等。

④ 建立社会信用体系。运用法律、经济、道德等各种手段来提升整个社会的信用水平，建立完善的信用体系。目前应尽快设立社会资信咨询机构CRA为金融和银行机构提供相关咨询。

（2）行业层面对网络银行的监管　行业层面的网络银行监管主要是指银监会、中央银行对网上银行的各种风险进行监管，已经推出的具体监管措施如下。

① 加快信息管理系统的建设。根据《网上银行业务管理暂行办法》的要求，商业银行应该建立网上银行业务信息管理系统，中国人民银行可开发与商业银行对接的信息管理系统，中国人民银行应对商业银行的网络业务有"重点"地监管，即对商业银行的网络批发业务予以跟踪监督，对于零售业务则注重其发展方向的变化。

② 建立统一监管模式。从国外金融业发展情况来看，混业经营是趋势，特别是网上银行将大大加快我国混业经营的进程。网上银行货币流通形式以电子货币为主，它替代了传统的现金和支票等支付手段，加快了银行资金的周转速度，降低了交易成本，提高了资本运营效率，但金融风险也因电子货币流通环节的复杂性、转移速度的快捷性和交易对象的广泛性等因素而上升，使得监管当局管制难度与风险增加。

③ 创新监管手段。传统的监管手段可能导致对网上银行业务无法实施高效、全面的监管，作为金融监管当局，除了制定具有针对性的管理办法，还应加快自身电子化建设进程，依托先进的科技手段，实施非现场监测，实时跟踪，以不断适应金融监管中出现的新情况和新问题。

④ 严格市场机制。对网上银行的公示、信息披露、内部控制和系统设计等制度性安排，必须严格审批。同时，网上银行还要重视风险防范，必须具备完善的风险识别、鉴定、管理、风险弥补和处置方案的计划。

2.2.5　国内外典型网络银行

2.2.5.1　国外典型网络银行

网络银行发源于美国，1995年10月18日，全世界第一家网络银行——安全第一网络银行（SFNB）在美国开始营业，这是世界上第一家将其所有银行业务都通过Internet处理的开放式银行。

安全第一网络银行是一家纯网络银行，由美国几家金融机构合资成立，资产4000万美元。从该行的网站上就可以看到"营业大厅"，分别提供账户设立、客户服务以及个人理财三个主要服务"柜台"，此外还有提供客户查询的咨询台、行长台等。美国安全第一网络银行的主界面如图2-13所示。

SFNB建立后业务不断得到提升和发展，其主要的营销策略如下。

（1）向客户提供不间断的服务　利用客户服务代表弥补缺乏分支机构支持的缺陷。客户服务代表提供每周7天、每天24小时的客户支持，从而使客户感受到真实的服务。

（2）向客户提供免费基本支票　通过为客户提供免费的基本支票账户吸引客户。在网络银行业务开展之初，SFNB向客户提供免费的基本支票账户，使客户能够在毫无风险的情况下尝试网络银行的服务，消除了客户对其安全性的顾虑，越来越多的客户开始主动尝试SFNB提供的其他业务。

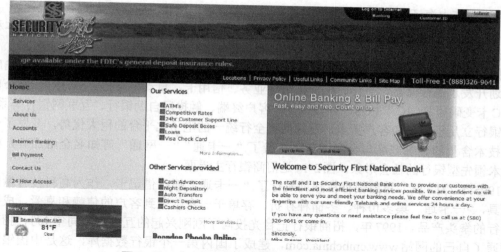

图2-13 安全第一网络银行（SFNB）的主界面

（3）向客户提供个性化服务 通过技术手段与客户保持密切联系、为客户提供个性化的服务。SFNB通过网站信息发布向客户提供有关个人财务管理的咨询服务，此外，还通过电子邮件向客户发送有关网络银行新功能和新产品的邮件，这一营销策略使得网络银行与客户保持着良好的联系，客户的反馈和建议也为网络银行完善服务质量，为客户提供更具个性化的服务提供了参照。

（4）客户参与服务定价 与传统银行相比，网络银行能以更低的运营成本为客户提供更好的服务。SFNB可以借助网络对潜在客户进行调查，以确定客户可能接受的服务收费，使网络银行可以更好地为客户量身定做满足其需求的服务。

SFNB最初取得成功的关键在于充分利用了网络低成本（当时该银行的员工只有19人）、高速度和跨越时空的优势。4个月时间内客户达到4000名，遍布50个州。每个账户平均交易额达到25000美元。但由于电子商务低谷的到来，1998年SFNB因巨额亏损被加拿大皇家银行收购。

加拿大皇家银行（Royal Bank of Canada，RBC）是加拿大规模最大、盈利能力最好的银行之一。1998年，该银行以2000万美元收购了安全第一网络银行除技术部门以外的所有部分，此时，SFNB的客户已经超过1万人，其存款余额在1997年就已超过4亿美元。加拿大皇家银行的战略目的在于：一是扩大其在美国金融市场的业务和份额；二是利用这次收购，加拿大皇家银行将业务拓展至一个新兴的、飞速发展的领域——网络银行。

在收购之后，为了吸引更多的客户，加拿大皇家银行利用自身雄厚的资金实力，在市场营销方面采取了两种策略：首先，提高了支票账户的存款利息。银行许诺最先申请网络银行账户的10000名客户可以在年底之前享受6%的优惠利率，该信息发布后的前6个星期，账户的申请者已经达到6500人。其次，银行购买了超级服务器，使客户可以在瞬时传输电子数据和检查账户当前以及历史情况。加拿大皇家银行的这些策略为其日后的盈利打下了基础。

2.2.5.2 国内典型网络银行

招商银行成立于1987年4月8日，总行设在深圳，是我国第一家完全由企业法人持股的股份制商业银行。经过20多年的发展，招商银行现在成为了一家具有一定规模与实力的全国性商业银行。目前在境内30多个大中城市设有分行，网点总数近400家，并已获准在美国设立代表处，同时与世界70多个国家和地区的900多家银行建立了代理行关系。招商银行于

2002年4月在上海证券交易所挂牌，是国内总股本、筹资额和流通盘最大的上市银行。

近年来，招商银行连续被《银行家》等国际权威金融杂志授予"世界25家最佳资本利润率银行""亚洲最佳股本回报率银行""中国本土最佳商业银行"等殊荣。

招商银行在1992年引入IBM AS/400主机后，电子化建设进入了新的发展时期，先后成功策划开发了银行储蓄、会计、信贷、国际业务、信用卡、自动柜员机、SWIFT、办公自动化、IC卡变码印鉴、IC卡POS、电话银行、客户终端、触摸屏自助银行、互联网银行等系统。招商银行立足于市场和客户需求，发挥拥有全行统一的电子化平台的巨大优势，开发了一系列高技术含量的金融产品与金融服务，打造了"一卡通""一网通"等知名金融品牌，树立了技术领先型银行的社会形象。图2-14是招商银行主界面。

1995年7月3日，招商银行在深圳发行了"一卡通"银行借记卡，作为高科技含量的理财工具，"一卡通"集多币种、多储种存折、存单于一身，受到客户的信赖和喜爱，成为招商银行的拳头产品。1997年，招商银行把目光投向了刚刚兴起的互联网，同年4月，招商银行开通了自己的网站www.cmbchina.com，建成了国内第一个银行数据库，这是中国银行业最早的域名之一，招商银行的金融电子服务从此进入"一网通"时代。

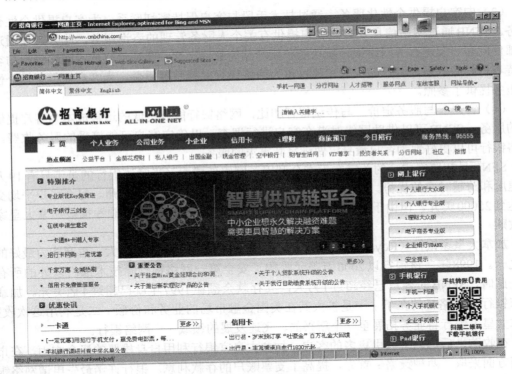

图2-14 招商银行主界面

1998年4月，"一网通"推出"网上企业银行"为互联网时代银企关系进一步向纵深发展构筑了全新的高科技平台。1999年9月，招商银行率先在国内全面启动网上银行服务，建立了由网上企业银行、网上个人银行、网上证券、网上商城、网上支付组成的较为完善的网络银行服务体系，被业界公认为是当时国内最先进、最完善的网上银行体系。2001年1月，国内95%以上的电子商务网站都采用了招行的网络银行——"一网通"为电子支付工具，招商银行在B2C方面有20多万个客户，共完成交易金额366万元；B2B方面，招商银行网上企业银行安装数为1.6万户，交易金额达6789亿元，交易笔数48万多笔；45%的对私业务和

15%的对公结算业务已经成为非柜台业务。2003年6月，"一网通"作为中国电子商务和网上银行的代表，登上了被誉为国际信息技术应用领域奥斯卡的CHP大奖的领奖台，这是中国企业首次获此殊荣。

"一网通"是招商银行推出的网上即时付款服务。通过"一网通"网上支付，客户可以在网上任意选购与招商银行签约的特约商户所提供的商品，足不出户即可进行网上消费。2007年，"一网通"推出"网盾"安全软件。这一软件能识别绝大部分的假网站和伪冒邮件，能对客户进行风险提示或阻止客户提交和访问不可信网站，同时还能防范钓鱼网站、钓鱼邮件对客户账户的欺骗和攻击。

网上企业银行是招商银行网上银行"一网通"的重要组成部分，其核心内容是使企业客户在线完成许多传统银行的柜面业务，享受突破时空限制的银行服务。1998年4月，"一网通"推出"网上企业银行"1.0版，为互联网时代银企关系进一步向纵深发展构筑了全新的高科技平台。2005年11月招商银行又推出网上企业银行5.0版，网上企业银行用户达4.2万多家，累计交易笔数1500万笔，累计交易金额超过7万亿元。2006年10月，招商银行推出网上企业银行点金成长版。2008年5月，招商银行发布网上企业银行全新品牌"U-BANK"，并推出U-BANK6.0。U-BANK是全面的、综合化的网上业务平台，新推出的U-BANK6.0继承了网上企业银行稳定、安全、高效等诸多优点，整合了结算、融资、现金管理、投资理财、供应链金融五大业务平台，全新推出网上保理、网上透支、网上公司卡、网上商务卡、贸易融资、网上公司理财、第三方存管、期货交易、网上外汇买卖、手机银行十项新产品，全面升级网上票据、网上离岸业务、网上国际业务三项服务，并推出针对同业金融机构的专署版本，同时优化系统操作，提供个性化、高自由度的用户体验。

目前网上企业银行业务提供的功能有：集团公司全国"网上结算中心"和"财务管理中心"、网上自助贷款、网上委托贷款、网上全国代理收付、个性化财务授权管理、网上安全账户管理、全流程透视与交易追踪服务、智能化操作向导、度身定制银行信息主动通知、商务信息海量传递、网上票据、网上信用证、网上外汇汇款业务、网上国际信用证业务等。

"一网通"网上个人银行分为个人银行大众版和个人银行专业版。个人银行大众版只要在招商银行开立了普通存折或一卡通账户，即可通过互联网查询账户余额、当天交易和历史交易、转账、缴费和修改密码、计算按揭贷款月供等个人业务的处理。个人银行专业版则是建立在严格的客户身份认证基础上，为参与交易的客户发放数字证书，交易时需要验证数字证书。具有定活互转、自助贷款、按揭、外汇买卖、国债买卖、基金买卖、电子商务支付等具体功能。

在网上支付安全性保障方面，招商银行在开发"一网通"网上银行系统时参考了专用协议方式，综合采用了业务和技术双重安全机制确保安全网上支付，因此，在安全方面主要表现在以下几方面的特点。

（1）客户使用专用账户进行支付交易　个人网上银行支付专用账户是"一卡通"的一个子账户，有独立的支付账号和支付密码，上网消费时客户只需输入其账号和密码，就可以实现在线付款。客户可以把"一卡通"中的资金转入专用账户，而资金只有转入这个专用账户才能用于消费，这就保证了"一卡通"账户中其他资金的安全。

（2）设置网上消费金额限制　招商银行对不同类型的客户设定不同的每日累计交易最高限额，设定后还可根据客户的要求加以调整，如对个人网上银行客户设定的最高限额为5000元人民币。

（3）支付卡信息直接传送到银行　个人网上银行客户在招商银行网页中输入网上支付卡信息，加密后直接传送到银行，不经过商家转发，商家无从得到客户支付信息。商家只从银行接收客户的订货信息，避免了客户篡改已被银行确认的订单信息。

（4）错误登录次数限制　个人网上银行客户如果在一天内登录错误次数达到5次，银行当天就会锁定该银行账户以确保安全。

（5）数据传输和交易安全可靠　在网上企业银行的客户端和银行服务器之间传输的所有数据都经过了两层加密。第一层加密采用标准SSL协议，有效地防破译、防篡改、防重发；第二层加密采用不公开的私有加密协议，具有非常高的加密强度。两层加密确保了网上企业银行的数据传输安全。对于支付和发工资这类涉及资金交易的敏感业务，企业必须按照业务管理要求经过相应的经办和授权步骤后系统才会接收。另外，这类业务还必须使用变码印鉴对每一笔交易签上一串数字（变码）加押。由于采用业务和技术双重安全机制，招商银行"一网通"网上银行系统运行以来，鲜有发生安全问题，其安全性得到国际权威的VeriSign公司的安全认证。

:::::::::::::::::::::::::: **本章小结** ::::::::::::::::::::::::::

　　银行电子化是狭义的金融电子化，是指采用计算机技术、通信技术、网络技术等现代化技术手段，彻底改造银行业传统的工作方式，实现银行业务处理自动化、银行服务电子化、银行管理信息化和银行决策科学化，为国民经济各部门提供及时、准确的金融信息的全部活动过程。本章介绍了银行电子化的背景，重点介绍了三种常见的银行电子化业务，即自助银行、电话银行和移动银行。

　　网络银行是指金融机构利用网络通信技术，在Internet上提供银行业务的银行，它提供了一种全新的银行与用户的交互方式。本章第二部分介绍了网络银行的概念、发展与现状及发展模式；网络银行的业务特点与具体功能；最后讨论了网络银行面临的风险及监管问题。

:::::::::::::::::::::::::: **复习思考** ::::::::::::::::::::::::::

　　1.什么是银行电子化？银行电子化有哪几个阶段？

　　2.一个功能较为齐全的自助银行应具备哪些基本配置？

　　3.什么是移动银行？分别具有哪几种模式？

　　4.移动银行和电话银行有何异同？

　　5.什么是网络银行？

　　6.与传统银行相比，网络银行的业务特点是什么？

　　7.与传统银行相比，网络银行面临哪些风险？

　　8.如何看待网络银行的监管问题？

　　9.网络银行的发展前景如何？

　　10.招商银行在确保业务安全采取了哪些有效措施？

电子商务的支付与结算

本章学习目的

■ 了解电子商务交易方式的发展

■ 掌握电子货币的概念及特点

■ 掌握电子支付的特征与类型

■ 掌握银行卡、电子现金、电子支票、第三方支付平台及移动
  支付的概念及原理

■ 了解B2B网络交易结算的概念及主要形式

■ 了解B2B网络融资的概念和应用现状

导入案例

腾讯拍拍网——"财付通"

腾讯拍拍网（www.paipai.com）是腾讯旗下电子商务交易平台，它于2005年9月12日上线发布，2006年3月13日宣布正式运营。得益于腾讯QQ庞大的用户资源，拍拍网目前拥有注册卖家总数超过100万、在线商品数超过200万、用户总数超过900万以及增长速度高达1285%的不俗表现。有资料显示，腾讯目前已拥有超过5.9亿注册用户以及2.5亿活跃用户资源。

另据Alexa的数据显示，目前全球排名419位的拍拍网已经成为继淘宝、eBay易趣后的中国第三大购物网站。在运营满百天就跻身"全球网站流量排名"前500强，拍拍网也创下了电子商务网站进入全球网站500强的最短时间纪录。

拍拍网主要有虚拟（网游点卡、Q币直充、话费直充）、数码、家电、女人、男人、家居、兴趣、母婴八大分类，其中的腾讯QQ专区还包括QQ增值服务、Q币/Q点/QQ卡、QQ宠物/QQ宠物蛋、QQ秀、QQ公仔、QQ空间等腾讯特色产品及服务。在经历2011年积极的投资并购和内部架构调整之后，腾讯公司于2012年年初宣布新的电商策略，即以"QQ网购"为核心，整合拍拍网、QQ商城、QQ票务、QQ旅游等腾讯电商旗下全部业务，并开放包括用户、流量、技术能力在内的所有资源，建设一个集"低价优质的商品、决策简单的购买流程、专业的售后服务、优质快速的物流体系"于一身的差异化、创新型电子商务平台，满足人们多样化的消费需求。

拍拍网还拥有功能强大的在线支付平台——财付通，它是腾讯集团旗下中国领先的第三方支付平台，一直致力于为互联网用户和企业提供安全、便捷、专业的在线支付服务。自2005年成立伊始，财付通就以"安全便捷"作为产品和服务的核心，不仅为个人用户创造200多种便民服务和应用场景，还为40多万大中型企业提供专业的资金结算解决方案。经过多年的发展，财付通服务的个人用户已超过2亿，服务的企业客户也超过40万，覆盖的行业包括游戏、航旅、电商、保险、电信、物流、钢铁、基金等。结合这些行业特性，财付通提供了快捷支付、财付通余额支付、分期支付、委托代扣、epos支付、微支付等多种支付产品。2009年财付通启用全新的品牌主张"会支付，会生活"，强调"生活化"为财付通独特的品牌内涵。这一主张发布后受到业界的极大关注，支付业内流行起一场"生活风"。

通过分析，得知拍拍与其他商业网站的区别在于以下几点。

（1）拍拍的支付方式　拍拍除提供银行卡外又推出了"财付通"服务。在卖家和买家交易过程中，买家可以先将钱打入拍拍特设的一个账户中，一旦钱到位，拍拍会马上通知卖家发货；买家收到货并对货物的数量和质量没有疑义，拍拍才会将钱支付给卖家。

"财付通"作为在线支付工具，在拍拍网在线交易中，起到了信用中介的作用。同时为CP、SP提供了在线支付通道以及统一的计费平台，解除了个人用户和广大商家的安全顾虑，保证了在线交易的资金和商品安全。同时，"财付通"极大地推动了中国电子商务的发展，而且为用户在线消费创造了更大的价值需求。

（2）拍拍的信用评定体系　拍拍建立了一套独特的个人信用评定体系。买家和卖家可以对双方交易的过程和结果在网上发表意见；拍拍会以此意见为参考，通过自己的数据库进行分析测评，得出卖家交易诚信度的得分。奖杯级用户诚信度高，交易笔数大，在交易中获得的收益就更多。拍拍通过技术手段将传统商业固化到网络上，形成了独特的电子商务氛围。拍拍从一个网络交易的信息发布平台转变为交易中介平台。

资料来源：中华管理学习网，作者略有删改。

20世纪90年代以来，随着电子技术和计算机网络技术日新月异的发展，电子商务作为一种以网络为依托的商务模式成为了网络经济的代表。其中，电子商务的支付环节与传统的支付结算有很大的区别，目前日趋成熟的电子支付技术是促进网上电子交易迅速发展的重要因素。

3.1 电子商务的支付方式

20世纪90年代以来，随着计算机网络技术与通讯技术的飞速发展，网络化和全球化成为不可抗拒的世界潮流。与传统的计算机技术不同，计算机网络技术一直在寻求除文字处理和信息传递领域外的更大、更直接的利润空间，商业领域自然成为其首选的对象，而迅速膨胀的网络用户也逐渐引起了商家的关注。从单纯的网上发布信息、传递信息到在网上完成供、产、销全部业务流程的电子商务虚拟市场，从封闭的银行金融系统到开放的网络电子银行，电子商务作为商业贸易领域中一种高效、先进的交易方式，对该领域中传统的观念和行为方式产生了巨大的冲击和影响。

电子商务环境下，买卖双方的交易都在网络这个虚拟市场中进行，而一笔交易的完成必须经过支付才能最终实现，因此，网上电子支付是电子商务最重要的环节之一，也是电子商务得以顺利发展的基础与平台，电子商务环境下的支付通常包含买卖双方支付信息的传输与交易支付资金的划拨。

3.1.1 交易支付方式的发展

随着电子商务的发展和广泛应用，人们的交易方式逐渐从传统以现金和实物为主的方式转变为以Internet为基础的交易方式，这时，传统意义上的现金、支票等都将以电子现金和电子支票等电子货币的形态参与到整个电子商务交易流程之中。

3.1.1.1 从传统货币到电子货币

货币的产生是生产力发展的必然结果。当生产力发展到一定阶段，人类有了剩余产品，就产生了产品交换。起初的产品交换是以物易物，但是，这种方式受主观意识的影响很大，如果交易双方在产品价值上没有达到一致性的认可，那么交易双方就很难达成最终的交易。人们需要一种可以交换任何商品的媒介物，于是货币就产生了。此后，随着人类社会经济和科学技术的发展，货币的表现形式经历了几次大的变革。

（1）商品货币　商品货币以普通商品的形式出现，如贝壳、兽皮、牲畜等都充当过一般等价物，但是这种货币难保存、易损耗，不便于携带和流通。

（2）贵金属货币　随着交易范围的扩大，逐渐出现了以金银等贵重金属铸造的货币，这种货币具有质地均匀、不易腐烂、体积小、价值大、便于携带等优点。后来，国家以政治强权铸造和推行贵金属货币，由此，产生了具有一定重量和成色以及形状的金属货币，称金属铸币。典型的金属货币的特点是，它实际价值与名义价值相等，它是以自身所包含的实际价值同商品世界的其他一切商品相交换，一般具有自发调节货币流通的功能。

（3）纸币　典型意义上的纸币是指国家发行并强制流通的货币符号。由于流通中不足值铸币仍然可以充当流通手段，国家便利用这种货币名义价值与实际价值相分离的现象，有意识地铸造不足值铸币，以致最后发行没有内在价值的纸币。纸币是金属货币的代表，相对它代表的价值来说，它本身只是一个符号，因而纸币的流通有着特殊的规律。一个国家无论发行多少纸币，它只能代表商品流通中所需要的金属货币量，纸币发行数量与金属货币必要量是相一致的。发行纸币过多，会引起纸币贬值、通货膨胀；发行纸币过少，则不能保证正常的商品流通需要。

（4）信用货币　从形式上来看，信用货币也是一种纸制货币。信用货币本身已脱离了金属货币成为纯粹的货币价值符号，它本身不能与金属货币相兑换，因而信用货币是一种债务型的货币。20世纪30年代，世界各国因经济危机与金融危机先后脱离金本位，纸币成为不可兑换的信用货币，目前已是世界上绝大多数国家采用的货币形态。

信用货币的主要形式有纸币、辅币和银行存款货币。

（5）电子货币　电子货币是计算机介入货币流通领域后产生的，是现代商品经济高度发展要求资金快速流通的产物。电子货币利用银行的电子存款系统和各种电子清算系统记录来转移资金，它使纸币和金属货币在整个货币供应量中所占的比例越来越小。电子货币使用方便、流通快速，而且成本较低。电子货币的出现彻底改变了银行传统的手工记账、手工算账、邮寄凭证等操作方式。同时，电子货币的广泛使用也给普通消费者在购物、饮食、旅游和娱乐等方面的付款带来了更多的便利。

3.1.1.2　电子货币的功能特点

电子货币是以计算机技术和通信技术为手段，以金融电子化网络为基础，以商用电子化设备和各类交易卡为媒介，以电子数据（二进制数据）形式存储在银行的计算机系统中，并通过计算机网络系统以电子信息传递形式实现流通和支付功能的货币。

电子货币作为现代金融业务与现代科学技术相结合的产物，具有以下特点。

（1）是一种电子符号　电子货币是一种电子符号，其存在形式随处理媒介的变化而变化，如在磁盘上存储时是磁介质，在网络中传播时是电磁波或光波。

（2）依赖相关设备正常运行　电子货币的流通以相关的设备正常运行为前提，新的技术和设备也引发了电子货币新的业务形式的出现。

（3）安全保护要求高　电子货币的安全性不是依靠普通的防伪技术，而是通过用户密码、软硬件加密、解密系统及网络设备的安全保护功能来实现的。

（4）应用领域广　电子货币集储蓄、信贷和非现金结算等功能于一体，可广泛应用于生产、交换、分配和消费领域。

（5）使用方便成本低廉　电子货币无须实体交换，从而简化异地支付手续，节省流通费用，特别是节省了处理现金、支票的人力和物力。

电子货币作为计算机技术、信息技术与金融产业相结合的产物，与纸质等传统货币相比具有以下几种功能。

①转账结算功能：直接消费结算，代替现金转账。

②储蓄功能：使用电子货币存款和取款。

③兑现功能：异地使用货币时，进行货币汇兑。

④消费信贷功能：先向银行贷款，提前使用货币，这是传统货币所不具备的。

从货币理论的角度来看，货币是商品经济发展到一定阶段的必然产物，它是由国家法律确定、被广泛接受、固定地充当一般等价物的金融资产。有些学者把电子货币视为一般等价物，即真实货币，也具有交换媒介、价值尺度和储藏手段等货币职能。然而，从目前电子货币的应用现状来看，电子货币只是蕴涵着可以执行货币职能的某种可能性，还不能完全视为硬通货。就交换媒介而言，首先，现在大多数电子货币还没有被广泛地用于支付，只能在愿意接受这种电子货币的场所使用，而且在向特约商户支付时，特约商户并没有完成款项的收回，他们还需从电子货币的发行机构收取实体货币之后才真正完成款项的收回。其次，电子货币是以现金、存款的既有价值为前提，通过发行主体将货币的价值信息化之后制造出来的，人们愿意接受电子货币，并不是基于电子货币本身，而是其所代表的等额法定货币。从这个意义上说，电子货币是以既有通货为基础的二次货币。就价值尺度和储藏手段而言，单凭电子货币本身也不能满足，只有当电子货币能随时兑换成等值的实体货币时才能充分地发挥这两种货币职能。而实际上，有些电子货币是由非国家的经济主体发行的，当发行主体出现财务危机时，就难以保证电子货币兑换成等值的实体货币，甚至变得一文不值。因此，现阶段的电子货币还不能作为一种独立的货币形式完全地取代信用货币。

3.1.1.3 电子货币的形式及其应用

电子货币根据不同的标准可以进行不同的类型划分，不同类型的电子货币具有不同的特征。按照电子货币价值的存储媒介，可以将其分为卡基型电子货币和网基型电子货币；按照在流通和支付过程中，是否需要同中央数据库进行联机授权，可以将其分为联机型电子货币和脱机型电子货币；按照电子货币与银行账户的关系，可以将其分为存款型电子货币和现钞型电子货币；按照电子货币的发行人的行业性质，可以分为金融型电子货币和商业型电子货币；按照电子货币的使用范围，可以分为单一型电子货币和复合型电子货币。

（1）卡基型电子货币与网基型电子货币 卡基型电子货币是以各种类型的含有计算机芯片的塑料卡为货币价值的存储媒介的电子货币。该种电子货币内嵌集成电路芯片，利用芯片的计算、存储等功能来实现货币价值的转移。

网基型电子货币是以计算机为基础的电子货币，它是将特殊的软件装在用户的计算机上，通过计算机网络同银行和商户相连，并通过计算机网络传输货币的一种支付手段。

（2）联机型电子货币与脱机型电子货币 联机型电子货币通常存在一个中央数据库，这个数据库可以是电子货币的发行人设立的，也可以委托第三人设立的，它的主要作用是对电子货币使用者的电子货币进行确认。在使用者使用电子货币进行交易时，特约商户需要通过其终端将电子货币使用者传来的电子货币传送给中央数据库，由中央数据库进行确认，如果确认该电子货币是真实的，就向特约商户发出接受该电子货币的指令。

脱机型电子货币是在使用这种电子货币进行交易时不需要提前联机授权，在这种电子货币系统中没有中央数据库，鉴别电子货币的真伪主要依靠货币卡、交易终端本身的技术措施，主要是利用加密技术和数字签名技术来保证电子货币的真实性。许多电子货币都允许使用者与使用者之间以及商户与商户之间进行直接的货币价值转移，在此过程中不需要向发行人进行联机授权，只要这种转移符合加密技术和数字签名的要求，这种转移就为发行人所承认，具有转让效力。

（3）存款型电子货币与现钞型电子货币 存款型电子货币是指以特定账户为载体，只能在不同账户中流动的电子货币。这种电子货币不能脱离账户而独立存在，只能在账户之间实现货币价值的转移，不能像现钞货币一样由其拥有主体直接掌握和支配并完全独立地进行各种直接支付。

现钞型电子货币是指具有电子货币的独立载体，并且该载体可以直接由电子货币拥有主体控制和支配的电子货币。它由使用者直接持有，在实际使用中也可以像现钞货币一样直接用于支付，货币流通和支付行为可以在交易双方直接完成，不需要委托第三方代理其支付活动。

（4）金融型电子货币与商业型电子货币　电子货币的发行主体并不完全局限于金融机构，它既可以由金融机构发行，也可以由非金融机构发行。金融型电子货币是指以金融机构为发行主体而发行的电子货币，金融机构作为社会法律体系中的特殊主体，有着严格的设立制度、经营制度、挽救制度和破产保护制度，同时也受到法律的严格规范和监督，因此，在正常情况下，不会出现用户的财产权利经常受到威胁的情况。

商业型电子货币是指以非金融机构为主体而发行的电子货币，商业组织作为社会法律体系中的普通主体，其设立制度、经营制度和破产制度都是一般性的，这就使得商业组织在法律上和实际上都难以达到和金融机构相同的信用水平，从而使其发行的电子货币难以有像金融机构发行的电子货币一样具有比较完善的法律体系保护。

（5）单一型电子货币与复合型电子货币　单一型电子货币和复合型电子货币的区别主要在于流通与支付领域的不同。单一型电子货币是指只能用于某一特定领域或特定类型的流通与支付的电子货币。复合型电子货币则是可以用于两个以上特定领域或特定类型的流通与支付的电子货币，使用者可以根据其需要选择其中最满意的方式进行电子货币的支付。

3.1.2　常用电子商务的支付形式

电子商务出现至今，针对不同的用户需求，常用的支付形式按照交易中的货币形态可分为两种：传统货币支付和电子方式支付。

3.1.2.1　传统货币支付

传统货币支付的主要形式为货到付款、邮局汇款和银行转账。

（1）货到付款　消费者在网站上购买商品以后，在"付款方式"中选择"货到付款"，当商品配送人员送货上门的时候，双方当场验收商品，确认无误之后消费者将全额货款以现金的方式支付给配送人员。由于"货到付款"的环节比较简单，又必须通过当面验货来确保商品的正常与否，所以这种方式至今在电子商务领域还是很多客户经常选择的交易支付模式。

（2）邮局汇款　邮局汇款也属于传统货币支付方式。消费者在网站上购买商品以后，在"付款方式"中选择"邮局汇款"。同时，消费者必须携带身份证和现金前往邮局汇款，汇款时必须填写"邮局汇款单"，在汇款单中注明：客户真实姓名、汇款金额、客户编号、详细地址、详细电话，邮政编码以及网上购物的订单号。通常，款项自消费者银行汇款2～7天到达商家账户，商家收到货款后进行商品配送。

这种方式到款时间长，而且货款要事先汇给商家，一旦商家出现诚信问题，则会造成交易风险。同时，邮局汇款会收取一定的手续费，产生一定的交易成本。

（3）银行转账　银行转账需要消费者到全国任何一家的银行柜台去办理，同样也要携带身份证和现金，根据商家提供的银行账号进行转账电汇单的填写，汇款人要填写自己的真实姓名、汇出地点和汇出行名称，同时也要填写商家收款人的姓名全称或者公司全称、转账账号、汇入地点和汇入行名称等，到款时间在1～5天之间。

但是，和邮局汇款一样，银行转账也是将货款事先汇给商家，如果商家出现诚信问题，也会造成交易风险。而且，银行转账也会产生一定的转账手续费用，交易成本较高。

3.1.2.2　电子方式支付

（1）电子支付的特征　电子支付是电子商务的基础与平台，指交易双方通过电子终端，直接或间接地向金融机构发出支付指令，实现货币支付与资金转移的一种支付方式，它是以电子方式处理交易的各种支付方式的总称。与传统的支付方式相比，电子支付具有以下几个方面的特征。

① 通过数字信息传输。电子支付通过数字流转完成信息传输，各种款项的支付都采用数字化的方式进行，货币形态为电子货币形式；而传统支付则通过现金的流转、票据的转让及以后的汇兑等物理实体的流转方式完成。

② 操作基于开放的系统平台。电子支付的工作环境基于一个开放的系统平台（如Internet），而传统的支付则是在较为封闭的系统中运作。

③ 支付过程对安全有较高要求。电子支付对软、硬件设施的要求很高，需要相关的安全技术及安全协议支持。

④ 支付操作优势明显。电子支付具有方便、快捷、高效、经济的优势。

随着通讯技术、计算机网络技术日渐成熟，加上消费者消费意识的改变，目前，"网上支付"成为越来越多电子商务环境下消费者的首要选择。

（2）常用的网上支付工具　在网络交易中，目前比较常用的典型的网上支付工具主要有银行卡、电子现金、电子支票网上支付工具、第三方支付和移动支付5种类型。

在上述各种网上支付工具中，由于银行卡（包括信用卡和借记卡）在世界上使用比较广泛，在我国民众中也已经得到普及，因此用银行卡进行网络交易特别是B2C交易目前比较流行。

电子支票一般用于较大金额的结算支付，因此在企业间的B2B电子商务中使用较多。

电子现金在电子商务发展的早期使用较多，但由于操作过程比较烦琐，同时与设备（电脑硬盘）相关密切，目前在我国实际中使用较少。

借助第三方支付平台完成网络交易的电子支付，由于第三方的缓冲，给网上购物的买方带来了交易的安全，因此近年来发展速度非常快，实际上已经成为网上支付的主流。例如2013年双十一的网络购物狂欢节，作为第三方支付平台的支付宝，在这一天的流动资金竟然达到了惊人的350亿元人民币。

手机的使用在全球已经到了普及阶段，根据中国互联网信息中心截至2013年6月底的统计，我国的手机用户通过手机上网的网民规模已达4.64亿人。使用手机随时和方便地上网消费和购物已经受到越来越多网民的青睐和喜好，因此，以手机为主的移动设备进行移动支付发展迅速，其应用前景十分辉煌。

下面将对上述各种网上支付工具分别作比较详细的介绍。

3.1.2.3　银行卡在线转账支付

付款人可以使用申请了在线转账功能的银行卡（包括借记卡和信用卡）转移小额资金到收款人的银行账户中以完成支付，这是目前我国应用非常普遍的电子支付模式。具体使用时，付款人可以到银行柜台办理一张银行卡并开通网上银行功能，然后就可以利用网上银行提供的转账功能进行商品的支付。

下面以交通银行（http://www.bankcomm.com）的银行卡进行网上支付为例进行介绍，图3-1是交通银行的首页，图3-2是交通银行的个人网上银行界面，图3-3是交通银行个人网上银行的转账支付业务界面。

图3-1　交通银行的首页

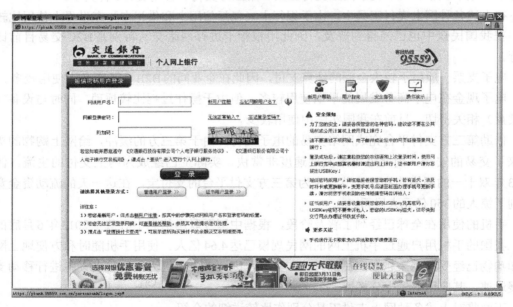

图3-2　交通银行的个人网上银行界面

如果需要同行转账，可以选择菜单"转交通银行"，其中有卡转账、卡折互转等，相关费率可以在转账业务中查询得知；如果需要跨行转账，则选择菜单"转其他银行"，就可以通过银行间跨行平台，实现向其他银行企业、个人账户的汇款功能。

此外，通过银行的ATM也可以方便地进行转账支付功能，一般可以在ATM上进行同行间的卡卡转账业务。

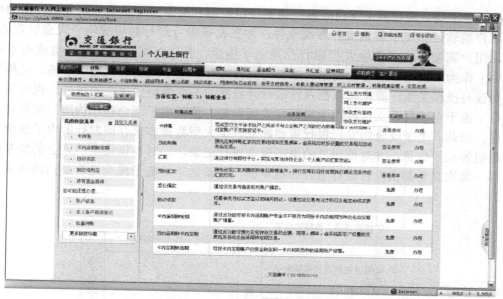

图3-3　交通银行个人网上银行的转账支付业务界面

3.1.2.4　电子现金

电子现金（Electronic Cash），又称数字现金，是纸币现金的电子化，广义上说是指那些以数字（电子）的形式储存的货币，它可以直接用于电子购物。狭义上通常是指一种以数字（电子）形式存储并流通的货币，它通过把用户银行账户中的资金转换为一系列的加密序列数，通过这些序列数来表示现实中各种金额的币值。用户在开展电子现金业务的银行开设账户，并在账户内存钱后，就可以在Internet上在允许接受电子现金的商店购物了。电子现金不同于银行卡，它具有手持现金的基本特点。目前，在我国电子现金方面的开发和应用与国外相比还有很大差距，实际网络交易中使用电子现金的交易也不多。

（1）电子现金的特点和使用　电子现金兼有纸质现金和数字化的优势，具有安全性、匿名性、不可伪造性、方便性、成本低等特点，具体表现如下。

① 安全性。电子现金是高科技发展的产物，它融合了现代密码技术，提供了加密、认证、授权等机制，只限于合法人使用，能够避免重复使用，因此，防伪能力强；纸币有遗失、被偷窃的风险，而电子现金不用携带，没有遗失、被偷窃的风险。

② 匿名性。电子现金由于运用了数字签名、认证等技术，也确保了它实现支付交易时的匿名性和不可跟踪性，维护了交易双方的隐私权。

③ 不可伪造性。用户不能造假币，包括两种情况：一是用户不能凭空制造有效的电子现金；二是用户从银行提取N个有效的电子现金后，也不能根据提取和支付这N个电子现金的信息制造出有效的电子现金。

④ 方便性。纸币支付必须定时、定点，而电子现金完全脱离实物载体，既不用纸张、磁带，也不用智能卡，使得用户在支付过程不受时间、地点的限制，也不需要像电子信用卡那样的认证处理，使用起来更加方便。

⑤ 成本低。纸币的交易费用与交易金额成正比，随着交易量的不断增加，纸币的发行成本、运输成本、交易成本越来越高，而电子现金的发行成本、交易成本都比较低，而且不需要运输成本。

使用电子现金进行网上支付之前，需要在用户端和商家服务器端分别安装专门的电子现金用户端软件和电子现金服务器端软件，并在发行银行运行对应的电子现金管理软件。然后，用户需要从电子现金发行银行兑换电子现金，存储在用户计算机硬盘或电子钱包软件中；作为接收电子现金的商家，需要与发行银行在电子现金的使用、审核、兑换等方面有协议与授权关系，商家可以在发行银行开设接收与兑换电子现金的账号，也可另有收单银行；由于电子现金支付过程无需银行直接参与，使得电子现金存在伪造与重复使用的可能性，因此，电子现金的发行银行需要建立一个大型数据库来存储发行的电子现金序列号、币值等相关信息，并对使用过的电子现金进行记录，同时与接收电子现金的商家进行约定——每次交易都由发行银行进行在线审核，检验送来的电子现金是否是伪造或重复使用的。

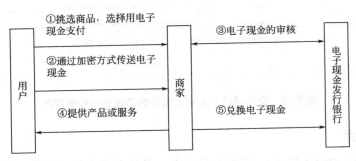

图3-4　电子现金网上支付流程

图3-4显示了使用电子现金进行网上支付的流程，具体操作步骤如下。

① 用户在进行网上购物前，首先确认该商家是否能够接收电子现金，然后在商家的网站上挑选商品，选择使用电子现金进行支付。

② 用户利用电子现金进行支付时，可以通过加密的方式将电子现金传送给商家，以保证交易安全。

③ 商家收到电子现金后，可以直接用银行的公共密钥检验电子现金的数字签名，或将电子现金发送给电子现金的发行银行，由发行银行审核其真伪性及是否被重复使用过。

④ 商家确认用户的电子现金真实有效性后，向用户提供相应的商品或服务。

⑤ 商家兑换数字现金，即接收电子现金的商家与电子现金的发行银行进行结算，也可以通过商家的开户行与发行银行进行结算。

（2）电子现金的种类　目前，电子现金的类型有多种，不同类型的电子现金都有自己的协议，用于消费者、销售商和发行者之间交换支付信息。每个协议均由后端服务器软件即电子现金支付系统和客户端的"电子钱包"软件来执行。E-Cash、NetCash、CyberCoin、Mondex、Micropayments等都是典型的电子现金支付系统，下面对这些电子现金支付系统分别进行介绍。

① E-Cash电子现金支付系统。E-Cash是由Digicash公司开发的在线交易用的无条件匿名的电子货币系统，它通过数字形式记录现金，集中控制和管理现金，是一种安全性很强的电子交易系统。Digicash公司的创始人David Chaum发明了一种盲签名技术，当用户获取电子现金时，计算机为该现金运算出序列的编号，再生成一个随机数。该随机数就是用来使编号不可见的致盲系数，致盲系数乘序列编号得到电子现金匿名后的编号。图3-5是E-Cash电子现金支付模式运作过程。

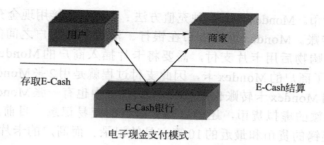

存取E-Cash

E-Cash结算

电子现金支付模式

图3-5 E-Cash电子现金支付模式

用E-Cash电子现金支付系统作为电子现金来进行网上支付，其实际操作流程如下。

a.客户需要先在其电子钱包软件中储存E-Cash硬币，即一定数量的电子现金。

b.客户浏览商户的站点，确定欲购物品的品类、数量及价格等。

c.客户通过商户的站点递交一份购物表格。

d.商家收到订单后，即向客户电子钱包发送支付请求，请求内容包括订单金额、可用币种、当前时间、商户银行、商户的银行账户ID及订单描述等。

e.客户钱包将上述信息呈现给客户，请求是否付款。

f.客户同意付款，则将从电子钱包中采集与请求金额值相等的硬币。

g.在将所要支付给商户的硬币值送给商户之前，须用银行的公用密钥加密。

h.商户将接收的硬币值送给银行存入自己的账户。在先送往商户、后送给银行的支付信息中包含有关支付和加密的硬币值的信息；在商户存款期间，支付信息与加密硬币一起被送往银行。

i.在收到支付信息后，作为存入请求的一部分，商户将其送往银行。客户可以用类似的存入信息格式向银行返回专用硬币。

j.在收到有效支付后，商户给用户发送所购商品或收据。

② NetCash电子现金支付系统。NetCash是一种可记录的匿名电子现金支付系统，它利用设置分级货币服务器来验证和管理电子现金，以确保电子交易的安全。NetCash是由南加州大学于1995年开发的，NetCash提供Internet上的匿名支付，是一种支持实时电子支付的货币。为了从货币服务器那里获得电子现金，用户需要在在线支付系统NetCheque服务器上设立一个账户，NetCash和NetCheque的结合使用户可以选择他们的匿名级别。然而，由于NetCash所要求的基础设施过于复杂，现在已不再使用。

③ CyberCoin电子现金支付系统。CyberCoin系统应用于微支付，CyberCoin的面值从0.25～10美元不等，主要是那些对于使用信用卡购买来说太小的交易金额。利用CyberCash钱包，可以将钱转移到CyberCoin账户中，该指令要求用户接受支付，一旦用户同意支付，钱就从用户账户过户到商家账户，该过程通过加密加强通讯安全。

④ Mondex电子现金支付系统。Mondex是由英国西敏寺（National-Westminster）银行开发的以智能卡为电子钱包的电子现金支付系统，于1995年7月首先在有"英国的硅谷"之称的斯温顿（Swindon）市试用。Mondex智能卡将电子货币储存在卡上的芯片内，使用时通过特殊设计的Mondex设备将货币币值从一张卡转存到另一张。Mondex卡内的电子货币也可以通过电话线或Internet从一处传送到另一处。使用Mondex电子钱包，只要3～5秒就可以完成交易，使用密码锁定方式，安全性比较高。而且支持转账结算和资金划拨功能。

Mondex系统可以在卡上同时支持5种不同的货币，一种货币可以在任何一家银行兑换成任何其他一种货币。Mondex电子现金的循环开始于Mondex Originator，只有Originator才有权发行 Mondex 的货币。Mondex 卡有三种充值方法：去银行直接用现金充值、用 Mondex 电话充值或用 ATM 转账。Mondex 虚拟货币在银行、消费者和商户之间的流动都依靠转账来完成。消费者在购物后用卡片支付，需要将卡片插入商户的 Mondex 卡终端机，而在终端机中已经预置了商户的 Mondex 卡，因此支付过程就是用 2 张 Mondex 卡转账的过程。消费者通过 ATM 向 Mondex 卡转账也是如此，即 ATM 中也有一张 Mondex 卡。Mondex 卡不仅能储存一定限额的虚拟货币，还可以储存最近的交易记录。目前，消费者的卡片可以储存最高 2000 英镑的货币和最近的 10 笔交易的记录。而商户的卡片可储存最近 300 笔交易记录。

⑤ Micropayments 电子现金支付系统。Micropayments 是由 IBM 公司研制开发的一个专门用于 Internet 处理任意小额的交易，适合在 Internet 上进行小额商品的支付交易。这种支付需要在 Internet 上通过微支付传输协议（Micropayment Transport Protocol，MPTP）进行。

3.1.2.5　电子支票

电子支票是网络银行常用的一种电子支付工具。支票一直是银行大量采用的支付工具之一。将支票改变为带有数字签名的电子报文，或利用其他数字电文代替传统支付的全部信息，就是所谓的电子支票。电子支票借鉴了纸张支票转移支付的特点，利用数字传递将钱款从一个账户转移到另一个账户中。电子支票不仅事务处理费用较低，而且银行也能为参与电子商务的商户提供标准化的资金信息，因此电子支票是最有效率的支付手段之一。

电子支票模式的主要代表是由美国加州理工学院开发的 NetCheque 系统（www.netcheque.com）。1998 年，CheckFree 公司处理了 8500 万宗电子交易，总额达 150 亿美元。向因特网点提供后端付款和处理服务的 PaymentNet 采用 SSL 标准保证交易安全。美国最大的支票验证公司 Telecheck 通过对储存在数据库中的购物者个人信息及风险可靠度进行交叉检验来确认其身份。

电子支票系统包含三个实体——客户、商家及金融中介。在客户和商家达成一笔交易后，商家要求客户付款。客户从金融中介那里获得一个唯一凭证（相当于一张支票），这个电子形式的付款证明表示客户账户欠金融中介的钱。客户在购买时把这个付款证明交给商家，商家再交给金融中介。整个事务处理过程与传统支票查证过程一致。但作为电子方式，付款证明是一个由金融中介出文证明的电子流，而且付款证明的传输及账户的负债和信用几乎是同步发生的，如果客户和商家没有使用同一家金融中介，将会使用金融中介之间的标准化票据交换系统，这通常由国家中央银行（国内贸易）或国际金融机构（国际事务）协同控制。

在电子商务交易过程中，客户通过 Internet 访问网上的商城，当商品选择完毕进行电子支票支付时，由以下三个阶段完成整个支付过程。

（1）第一阶段（购买商品）　客户访问商家的网站，进行商品的选购，当商品选购完毕以后，客户向商家发出电子支票；商家通过开户银行对支付进行认证，验证客户支票的有效性；如果支票有效，商家将认可该笔交易生效。

（2）第二阶段（支票存入商家开户行）　商家根据自己的需要，将收到的电子支票发送到商家开户行。

（3）第三阶段（银行之间交换支票）　商家开户行把电子支票发送给票据交易所，以兑换现金；票据交易所向客户的开户行兑换支票，并把现金发送给商家的开户银行，同时，客户的开户行将客户账户变动情况进行明细记录。

电子支票支付目前一般通过专用网络、设备、软件及一套完整的用户识别、标准报文数据验证等规范化协议完成数据传输，从而控制安全性。电子支票支付现在发展的主要方向是逐步过渡至在公共因特网络上进行传输。目前的电子资金转账EFT或网络银行服务方式是将传统的银行转账应用到公共网络上进行的资金转账。一般在专用网络上的应用具有成熟的模式（例如SWIFT系统），目前大约80%的电子商务仍属于贸易上的转账业务。图3-6是使用电子支票在线支付模式的界面。

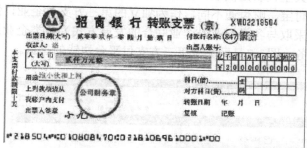

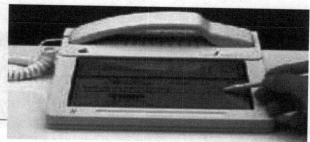

图3-6　电子支票在线支付模式

但是，目前国内由于大多普通消费者对票据的使用了解不多，再加上我国网上支付的相关法规还不是很健全及金融电子化的发展程度和市场需求等问题，使得在网上交易中电子支票的应用还比较少。

3.1.2.6　第三方支付平台结算支付

第三方支付平台结算支付指第三方支付服务商通过采用规范的连接器，在网上商家与商业银行之间建立结算连接关系，实现从消费者到金融机构、商家之间的在线货币支付、现金流转、资金清算、查询统计等业务流程。在通过第三方支付平台的电子商务交易中，买方选购商品后，使用第三方支付平台提供的账户进行货款支付，由第三方支付平台通知卖家货款到达、进行发货；买方检验商品后，就可以通知付款给卖家，第三方支付平台再将货款转至卖家账户。

从中国目前的发展情况来看，支付服务商主要包括商业银行、电信运营商和其他机构。商业银行的网络银行仍然是在线支付的主要渠道，电信运营商在在线支付中也占有相当的比例，其他还有第三方支付机构。

目前，第三方支付平台大致可以分为以下两类。

（1）网关型第三方支付平台　网关型第三方支付平台以快钱为代表。网关型第三方支付平台没有内部交易功能，以守信为代表，只是银行网关代理的第三方支付平台。所谓的支付网关，是指连接银行内部的金融专用网络与互联网公用网络的一组服务器，其主要作用是完成两者之间的通信、协议转换和对数据进行加密、解密，以保护银行内部数据安全。在这种模式下，支付平台之作用支付通道将客户发出的支付指令传递给银行，银行完成转账后再将信息传递给支付平台，支付平台将此信息通知商户并与商户进行账户结算。网上消费者的付款直接进入支付平台的银行账户，然后由支付平台与商户的银行进行结算，中间没有经过虚拟账户，而是由银行完成转账。在支付过程中，交易双方不能看到对方银行卡号码等支付信息，商品种类、规格等交易中的信息也不能让交易双方以外的人获取。

我国网关型第三方支付平台的典型代表是快钱。快钱于2005年1月正式推出，是基于互联网网上交易的收付费平台，与支付宝、财付通不同，作为独立的第三方支付企业，快钱并不提供商品交易的公共平台，而是采取与各类行业、企业联合的发展方式为各类企业及个人提供安全、便捷的综合电子支付服务。图3-7是网关型第三方支付平台快钱的首页。

图3-7　快钱首页

通过快钱，用户可以建立自己的快钱账户，用银行卡、汇款等多种方式为快钱账户充值资金。快钱的网上支付结算业务涉及信用卡还款、手机充值、游戏充值、水电煤交付、通信账单付款、房租房贷、保险续费、跨行转账等。

央行公布2013年第一季度支付体系运行总体情况，其中电子支付延续快速发展态势：第一季度，全国共发生电子支付业务56.12亿笔，金额217.59万亿元，同比分别增长29.99%和26.20%。其中，网上支付52.50亿笔，金额215.04万亿元，同比分别增长126.85%和25.92%；移动支付1.98亿笔，金额1.10万亿元，同比分别增长139.30%和206.46%。

快钱以其差异化的竞争策略为其在第三方支付平台市场占据了一席之地。快钱与行业结合，曾为东航量身订制了人民币支付、信用卡无卡支付、畅行e卡、大客户账户E等全面的流动资金管理解决方案，通过支付、清结算、信用管理等专业化的服务搭建起高效的资金流通和管理通道，助力东航在B2B、B2C网销、B2C电销、企业大客户直销等航空蓝海市场突飞猛进。截至目前，快钱已经服务于包括南方航空、东方航空、厦门航空等在内的国内近20家航空公司，成为国内航空公司发力直销业务的有力推手，同时成为国内航空公司合作最多、产品最全面、市场占有率最高的第三方支付企业。

（2）信用担保型第三方支付平台　信用担保型第三方支付平台以支付宝为代表。为了建立网上交易双方的信任关系，保证资金流和货物流的顺利对流，实行"代收代付"和"信用担保"的第三方支付平台应运而生，通过改造支付流程，起到交易保证和货物安全保障的作用。在该种第三方支付平台中，买卖双方必须在第三方支付平台开设虚拟账户（通常可以运用客户的E-mail作为账户），消费者需要将实体资金转移到支付平台的支付账户中（可以使用开通了网上银行功能的银行卡进行账户充值）。当消费者发出支付请求时，第三方支付平台将消费者账户中相应的资金转移到自己的平台上，然后通知商家已经收到货款，可以发货。通过物流，消费者收到商品并检查是否存在缺损等问题，如果没有问题则确认收货，第三方平台收到收货确认信息之后将临时保管的商品资金划拨到商家账户中。最后商家可以将账户中的款项通过第三方支付平台和实际支付层的支付平台兑换到银行的账户中保管。信用担保型第三方支付平台为电子支付提供了信用保障，不仅保证了资金的安全转让，还可担任货物的信用中介，从而约束交易双方的行为，并在一定程度上缓解彼此对双方信用的猜疑，增加对网上购物的可信度，大大减少了网络交易欺诈。而且安全措施也更为严密，普遍实现了通过电子签名等手段来保障账户安全。

我国信用担保型第三方支付平台的典型代表是阿里巴巴的支付宝。目前，支付宝免费提供代收代付、信用担保和异地汇款等业务，这对于广大网络用户是极大的优惠。同时，支付宝还推出一项重大举措，即"全额赔付"和交易安全基金制度，即在使用支付宝的过程中因受骗遭受损失的用户将获得阿里巴巴和淘宝网的全额赔偿。图3-8是淘宝网首页。

图3-8　淘宝网首页

但是，第三方支付模式在为用户提供便利之余仍然存在一些问题，比如，第三方支付平台在提供支付服务后，就聚集了大量的用户资金或者发行了大量的电子货币，从某种程度上说已经具备了银行的一些特征，甚至被当作不受管制的银行，但至今在法律概念上它仍然是非金融机构。另外，还存在一定的金融风险问题，比如容易形成资金沉淀；有可能出现不受有关部门的监管，而越权调用交易资金的风险；其可能成为某些人通过制造虚假交易来实现资金非法转移套现，以及洗钱等违法犯罪活动的工具。图3-9是信用担保型第三方支付平台支付宝的首页。

图3-9 支付宝首页

3.1.2.7 移动支付

移动支付，是指交易双方通过移动设备，采用无线方式所进行的银行转账、缴费和购物等商业交易活动。通常移动支付所使用的移动终端是手机、掌上电脑、个人商务助理PDA和笔记本电脑。作为新兴的电子支付方式，移动支付具有随时随地以及方便、快捷、安全等诸多特点，消费者只要通过便携的手机等就可以完成理财或交易等金融业务，享受移动支付带来的便利。移动支付的应用领域包括充值、缴费、小商品买卖、银证业务、商场购物和网上服务等。

常见的移动支付业务运作方式主要有以下2种。

（1）通过短信平台完成交易确认 一种是将手机捆绑银行卡，即从银行账户里扣除（借记卡或信用卡），在这一过程中，手机是一个简单的信息工具，把手机号码和银行卡（借记卡或信用卡）捆绑起来；另一种是由通信服务提供商以话费的形式代收，即费用通过手机话费账单收取，用户在支付其手机账单的同时支付了这一费用，在这一过程中，移动运营商充当用户信用的延伸，其运作模式与信用卡很类似。

（2）手机内嵌入智能卡 采用预存等方式将虚拟货币值存储在手机内的智能卡中，通过预付费充值系统进行结算。这种支付与电子钱包相同，因为手机卡也可以认为是一种卡基型工具，所以可归于卡基型支付工具，只不过利用了移动通信网络作为交易信息的传输载体。

移动运营商和金融机构是移动支付最主要的服务提供商。对于银行和移动运营商来说，进入移动支付市场而没有对方的支持是非常困难的，移动运营商与银行都有各自的优势和劣势：移动运营商拥有账单支付的基础环境与移动通信网络，但是缺乏像银行一样管理合作支付风险的能力；同样，银行拥有客户支付消费的信任，而缺乏移动支付所需的介入通信网络和未经移动运营商同意接入的移动用户。

3.1.2.8　微信支付

（1）微信支付的来源　在移动支付的以上2种主流移动支付业务模式以外，一种新的移动支付方式即微信支付发展很快，效果也很好，因此，微信支付目前也已经成为应用的热点，在此对其专门进行分析和介绍。

互联网利器微信的应用一经腾讯公司推出，其丰富的功能性和使用的方便性，立即受到广大手机用户的喜爱和热捧，在短短的几年中，腾讯在国内已经手握5亿微信用户，发展速度惊人。

微信支付是由腾讯公司知名移动社交通讯软件微信及第三方支付平台财付通联合推出的移动支付创新产品，旨在为广大微信用户及商户提供更优质的支付服务，微信支付的支付和安全系统由腾讯财付通提供支持。用户只需在微信中关联一张银行卡，并完成身份认证，即可将装有微信App的智能手机变成一个全能钱包，之后即可购买合作商户的商品及服务，用户在支付时只需在自己的智能手机上输入密码，无需任何刷卡步骤即可完成支付，整个过程简便流畅。微信支付因其快捷性和方便性，在短短的时间里已经受到了广大手机网民的关注和喜爱，将有十分好的发展前景。

（2）微信支付的使用　使用微信支付实际上也是比较方便和简单的，具体的操作步骤如下。

① 首次使用，需用微信"扫一扫"扫描商品二维码或直接点击微信官方认证公众号的购买链接。屏幕将显示微信支付扫一扫及商品购买链接信息（见图3-10）。

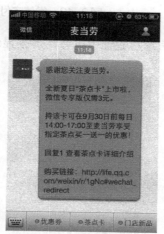

图3-10　微信支付扫一扫及商品购买链接信息

② 点击立即购买，首次使用会有微信安全支付信息弹出，屏幕显示微信支付购买及安全支付页面（见图3-11）。

图3-11 微信支付购买及安全支付页面

③ 点击立即支付，提示添加银行卡，屏幕显示微信支付添加银行卡页面信息（见图3-12）。

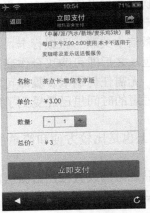

图3-12 微信支付添加银行卡页面信息

④ 填写相关信息，验证手机号，屏幕显示微信支付填写银行卡及手机验证页面（见图3-13）。

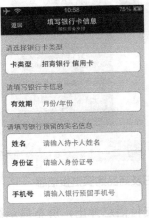

图3-13 微信支付填写银行卡及手机验证页面

⑤ 两次填写输入后，完成设置支付密码，屏幕显示购买成功信息，如图3-14微信支付密码输入及支付成功页面。

图3-14 微信支付密码输入及支付成功页面

3.2 B2B网络交易的结算

3.2.1 B2B网络交易

B2B网络交易即Business to Business（企业对企业），是电子商务的基本模式之一。具体是指企业与企业之间通过互联网进行产品、服务及信息的交换。

3.2.1.1 B2B网络交易特点

B2B网络交易从其交易量和交易成本来看，业务量大、操作量小，对于降低疏通成本、提高市场效率、改善国民经济运行质量有着明显的作用。通常，企业间单笔成交额是个人的上百倍乃至上万倍。它所涉及的交易金额、交互信息的规模与参与企业的主体数量巨大，先进信息技术介入企业间交易，可以提高速度，节省传统业务中人员往返、住宿、交易设施投入等费用。其次，B2B网络交易可以分阶段进行，线上线下结合便于操作。相对B2C业务而言，B2B交易的及时性特点，对于支付和配送体系的配套性要求相对较低，在起步和操作两个阶段可以分步实施。我国B2B网络交易从1996年开始起步，经过2000～2003年的调整，2004年起部分主流B2B电子商务网站开始盈利，发展尤其迅速，2008年受全球金融危机的负面影响，发展速度减缓，近几年随着经济复苏，B2B网络交易发展再次加速。互联网数据中心（IDC）中国研究分析认为2009年电子商务交易总额在25100亿元人民币的数量级，2010年是32200亿元人民币，电子商务服务业未来5年仍将处于高速增长周期。

3.2.1.2 B2B网络交易的模式

目前国内B2B领域按照行业类型具体可以分为行业垂直类B2B和水平型的B2B网络交易两种模式。

（1）行业垂直类B2B 这是某一个行业范围的垂直类B2B网络交易网站，针对一个行业做深入、做透，比如中国化工网、全球五金网等。此类网站无疑在专业上更权威和精确，针对性更强。

这类模式可以分为两个方向，即上游和下游。生产商或商业零售商可以与上游的供应商之间形成供货关系，生产商与下游的经销商可以形成销货关系。垂直类的网站服务和专化网站服务因其易出奇、出新、灵活而将成为各个B2B公司和大型企业争夺的焦点，也是未来B2B市场另一新的发展方向。虽然现在垂直类B2B模式中的企业占中国B2B份额小，但却是许多风险投资家所看好的模式。比如海尔推出的B2B网站，面向的对象就是同行业的垂直类公司，通过在海尔的B2B网站注册，利用采购平台和定制平台与供应商和销售终端建立紧密的互联网关系，建立起动态企业联盟，最终达到双赢的目标，提高双方的市场竞争力。

（2）水平型的B2B　这是一种面向中间交易市场的B2B模式，这类水平型的B2B网络交易网站，将各个行业中相近的交易过程集中到一个场所，为企业的采购方和供应方提供了一个交易的机会，比如阿里巴巴、环球资源网等。此模式相较垂直类B2B模式更加成熟、风险低，但模式单一、陈旧，包括以"供求商机信息服务"为主的、以"行业咨询服务"为主的、以"招商加盟服务"为主的、以"项目外包服务"为主的、以"在线服务"为主的、以"技术社区服务"为主的模式，比如香格里拉、中企动力等。

3.2.1.3　B2B网站的盈利方式

行业垂直类和水平型两种基本模式的B2B网络交易采取的盈利方式各不相同。对行业垂直类的B2B企业来说，通过引入网络交易，可以更及时、准确地获取供或求信息，大大提高企业的供货、库存、运输、信息流通等方面的效率，降低成本，从而获取更大的利益。而对面向中间交易市场的B2B网络交易平台来说，可以通过会员费、广告费、企业网络服务、展会举办、自主营销、贸易撮合、短信服务等方式进行盈利，通过搜索引擎、网站导航站、网络实名、媒体报道、网站联盟、网络广告、E-mail订阅等进行业务推广来获得利润。

3.2.1.4　我国B2B网络交易现状和发展

（1）我国B2B网络交易的现状　目前，我国B2B网络交易的发展呈现出以下几个方面的特点。

① 大型企业电子商务建设快速发展，但还处于内部流程整合阶段，向企业外部延伸（上下游和行业的横向扩张）比较少，这与我国大型企业IT建设起步相对较晚有关。

② 中小型企业电子商务发展迅速，尤其是定位于满足中小企业需求的B2B网络交易平台发展迅猛，第三方B2B网络交易平台行业竞争加剧。如2006年阿里巴巴与中国邮政的合作，期望借助中国邮政遍布全国的经脉，进一步延长阿里巴巴旗下产品的覆盖率；同年5月环球资源购买了慧聪10%的已发行股本，希望从阿里巴巴手中夺取外贸B2B的市场份额。

③ 市场细分趋势更加明显，市场发展由初级阶段的重视信息宽度向深度演进。垂直类行业网站的网络交易与产业融合程度较深，深入理解行业需求，提供精细化服务在专一领域具有一定发展优势。

④ 第三方网络交易平台不断升级优化，交易平台由早期的信息发布型向交易撮合型升级，在满足商家搜索用户信息的前提下，围绕客户需求提供增值服务以延伸产品生命周期，注重网站在搜索引擎中的排名，通过对网站进行相关优化提高其搜索引擎排名，从而提高网站访问量，并最终提升网站的销售能力或宣传能力。

（2）我国B2B网络交易的发展前景　根据我国目前B2B电子商务的现状分析，今后的发展显示出以下趋势。

① 我国B2B平台呈现寡头垄断的行业格局。2009年中国B2B电子商务运营商经营收规模达到65.8亿元，其中阿里巴巴所占市场份额为58.9%，垄断优势明显。随着中国电子商务

的飞速发展，B2B电子商务市场规模将会以几何级数扩大，综合类的B2B网络交易平台将得到更好的发展，阿里巴巴仍将处于寡头垄断地位。

② 垂直类B2B平台迎来发展机遇。垂直专业的B2B平台终将会成为未来国内B2B市场的后发力量，具有巨大的发展空间，并且开始受到更多投资商青睐。

③ B2B平台功能开发走向深入。随着B2B平台的不断成熟，B2B平台将更加重视企业用户的实际应用。大量中小企业的B2B电子商务意识的增长，促使B2B平台功能开发向纵深发展，需要更加专业更加细化的功能模块，未来B2B平台功能开发将围绕企业用户实际应用需求展开，最直接的应用包括SaaS服务的推出、网络时代客户关系管理、即时聊天系统等。

④ 行业B2B平台将会被重新定义或优化。随着越来越多的中国企业运用B2B平台，由于企业类型的不同、行业类型的不同，将促使现有的行业B2B平台在服务内容等方面做出革新，逐渐渗透B2C等内容，B2B平台模式将会被重新定义或优化。

总之，B2B网络交易作为电子商务的一种最主要的应用模式，市场潜力巨大，蕴涵着无限的商机。虽然，相较国外B2B网络交易的发展而言，我国的B2B电子商务还处在起步阶段，但随着B2B电子商务环境（网络基础建设等运行环境、法律环境、市场环境、信息安全、认证中心建设等条件）的逐步完善，国家有关电子商务网络交易的各项政策、法规日益健全，政府机构、商业银行、认证服务等更加完备，多方条件为我国B2B网络交易的规范和高速前行提供了推力。B2B网络交易必将为我国企业提供更广阔的发展空间，我国的B2B网络交易也将发展得日趋成熟。

3.2.2 B2B网络交易结算的主要形式

3.2.2.1 从网下支付到在线支付

B2B电子商务的交易模式与传统的交易类似，企业间交易金额数目较大，但由于网络安全尚未能普及，交易风险较大，而相关法律法规也还没有健全，因此企业们更倾向于采取网上交易、网下支付的方式来进行，因此，国内B2B电子商务还需要经过一个较长的市场培育期形成流行的结算方式。

2000年6月，中国工商银行率先推出B2B在线支付业务，即利用企业与企业之间电子商务活动产生的订单信息通过因特网实时办理资金转账结算。工商银行B2B在线支付业务的开办手续简便，只要企业是工商银行网上银行的客户，均可使用工商银行在线支付功能。在线支付业务不仅适用于撮合型网站（为买卖双方提供交易平台的资金结算），也适用于网上采购及分销型网站（由卖方搭建的网上商城的资金结算）。企业可以通过电子商城或直接在工商银行支付平台提交加密的电子支付指令，工商银行将在接到指令并解密后即时向交易双方及中间网站反馈处理信息，企业随时可以上网追踪查询支付信息，掌握交易进度。

3.2.2.2 中国银行的"直付通"和"保付通"

中国银行2010年3月推出了B2B电子商务服务，并与商户开展了业务合作。此次推出的B2B服务包括"直付通"和"保付通"两类支付产品。"B2B直付通"是指中国银行网上支付系统根据买方企业授权指令，直接向卖方企业或第三方平台收款账户划转交易资金的支付方式；"B2B保付通"则是引入银行信用，在买卖双方交易过程中，买方企业通过中国银行网上支付系统将资金先行支付至商户在中国银行开立的中间过渡账户，待双方确认收货信息后，再将交易资金实付至卖方企业收款账户的支付方式。"保付通"资金交易流程包括"支付"和"实付"，更加契合B2B大资金交易对安全性的要求，保障了买卖企业双方电子交易的信用安全，并大大提高了交易成功率。

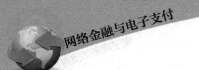

3.2.2.3 第三方支付平台

第三方支付平台财付通、支付宝、首信易支付等也在积极开展B2B网上支付业务。财付通相继与中国南方航空股份有限公司（简称"南航"）、中国东方航空股份有限公司（简称"东航"）成为战略伙伴之后，2010年11月9日起，全面支持中国国际航空股份有限公司（简称"国航"）的B2B网站的在线支付业务，为机票代理商提供余额支付、网上银行支付和快速支付等多种支付手段，大大提高了代理商在B2B网站的出票效率。截至2010年11月，财付通已经支持全国12家航空公司的B2B和B2C在线支付业务，成为业内支持航空公司最多、覆盖范围最广的第三方支付公司。2010年，阿里集团突破了支付宝账户内即时到账单笔交易金额2000元的限制，提供大金额交易款项一次性到账的支付服务，使用实名制认证手段的支付宝成为B2B企业交易的方式之一。

3.2.2.4 企业网站与银行合作建设支付平台

部分B2B电子商务网站如海尔、上海石化、宝钢、盛大网络等，与银行合作自建支付平台。例如盛大网络建设银行U盾支付的金额不超过200万元，目前系统B2B支付方式的限额为2万～200万元，系统支持的工商银行U盾用户进行在线B2B支付，是没有最高限额限制的。使用B2B成功支付后，订单将及时流转到工厂。

3.2.2.5 网络交易的预存款支付

交易金额限制的存在，不能满足传统企业间交易模式的特点，如赊账、预付款等的使用。为了更好地促进B2B电子商务的发展，作为中国B2B电子商务的领头羊和全球较为成熟的B2B网站阿里巴巴推出了预存款方式。预存款交易是一种新的在线交易方式，是从现有的线下预存款交易模式演变而来的。总的来说，就是买家向供应商缴纳预存款，专项用于购买此供应商的产品。预存款方式操作流程图3-15所示。

根据供应商设置的"首次预存款充值金额"和"可用余额退还比例"，买家可预先充值一定额度的款项到供应商的预存款账户中。买家充入的预存款金额将成为其绑定的支付宝账户中的不可用金额，仅限用于该买家在阿里巴巴中国站与该供应商达成的预存款交易订单，以后购买时可直接使用该预存款进行付款。

交易状态为"等待卖家发货"的预存款订单总额，将作为买家的预存款冻结余额。当供应商声明发货后，无需买家确认，该笔订单金额将会在24小时后转入供应商绑定的支付宝账户中。当买家希望与某个预存款供应商结束预存款交易关系时，买家可以根据充值时所确认的"可用余额退还比例"，主动退还预存款可用余额。

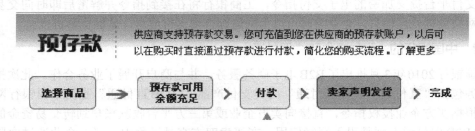

图3-15 预存款方式操作流程

3.2.3 B2B交易的网络融资

近年来，"网络融资"的概念开始从国外引入中国，一时间成为银行界与电子商务圈内颇为时髦的词汇，网络融资这种服务在美国急剧成长，而能否在中国大规模应用，受到了业内的普遍关注。对此，中国电子商务研究中心分析师张周平指出，基于垂直行业发展的第三方专业电子商务商，此举不但顺利实现了由基于B2B信息流的服务向资金流服务的有机扩张，而且拓展了自身服务领域，丰富了商业模式，通过"网络贷款"增值服务，来增加其客户黏性，更好地提升用户体验。

3.2.3.1　B2B网络交易中网络融资的形式

目前在B2B网络交易中的网络融资形式主要有第三方提供网络融资服务、网络联保贷款和供应链融资三种形式。

（1）第三方提供网络融资服务　通过第三方电子商务企业提供的网络融资服务实现B2B网络交易中的融资，不同于银行自身提供的网络融资服务。银行融资主要是借助自己的网络为客户提供融资需求，主体是银行自身，不涉及第三方机构。但是B2B网络贷款融资是贷款人在网上填写贷款需求申请与企业信息等资料，通过第三方平台或直接向银行提出贷款申请而获得的一种新型贷款方式，是通过网络进行企业与银行之间互相借贷的中介服务。

（2）网络联保贷款　这种贷款形式是阿里巴巴与合作银行共同研发的针对中小企业的贷款产品。它是不需要任何抵押的贷款产品，由三家或三家以上企业组成一个联合体，共同向银行申请贷款，同时企业之间实现风险共担。当联合体中有一家企业无法归还贷款，联合体其他企业需要共同替他偿还所有贷款本息。

（3）供应链融资　把供应链上的核心企业及其相关的上下游配套企业作为一个整体，根据供应链中企业的交易关系和行业特点制定基于货权及现金流控制的金融解决方案的一种融资模式。在本书第一章中的引入案例"网络金融是春宇供应链一站式服务成功的关键"对供应链融资作了比较详细的介绍，在此不再赘述。

3.2.3.2　第三方电子商务企业提供的网络融资服务

当前国内提供"网络融资"服务的第三方电子商务企业有多家，以阿里巴巴、网盛生意宝、一达通、敦煌网和金银岛这五家最为典型，其服务比较如表3-1所示。

表3-1　第三方电子商务企业"网络融资"服务对比表

项目	阿里贷款	生意宝贷款通	敦煌e保通	一达通外贸融资服务	金银岛e单通
服务群体	限诚信通、中国供应商会员	不限会员含个体	外贸会员企业	外贸会员企业	大宗商品交易商
合作银行	工商银行、建设银行	工商银行、泰隆银行等6家	建设银行	中国银行	建设银行
贷款额度	20万～200万元	1万～500万元	小额	1万～400万元	50万～200万元
电子商务平台特点	最大的综合电子商务平台	"小门户"的行业网站联盟	小额外贸交易平台	外贸交易平台	大宗商品交易平台
黏合度	中	中	高	较高	高

注：数据来源于b2b.toocle.com。

（1）阿里贷款　阿里贷款引入了其平台上的"网商网上行为参数"加入授信审核体系，同时"资金风险池"的设立有助于提高贷款成功率。阿里贷款无需提供任何抵押，即可获贷；每家企业最高可获得200万元贷款；贷款利率远远低于其他无抵押民间借贷；普通会员、诚信通会员及中国供应商会员都可以申请贷款，通过门槛设置有助于提高贷款需求信息的准确性和有效性。客户在阿里贷款的操作步骤如下。

① 通过网络填写报名表，然后组建合适的贷款联合体；也可以组建好贷款联合体后通过网络填写报名表。

② 成功填写报名表后，在报名成功页面下载《联合体协议书》，或点此下载（http://i02.c.aliimg.com/news/upload/rain/lhtx_1207186383757.doc）。填写完毕后传真至阿里巴巴，号码：0571-88158046。

③ 银行审核的结果以邮件的方式通知申贷企业。

（2）生意宝贷款通　网盛生意宝的"贷款通"是针对初创期和成长初期的小企业、微小企业，甚至个体户的开放式融资平台，作为"开放式"的银企第三方服务平台，可接受多家银行合作，帮助银行了解行业特性，实现达成小额贷款的去人工化操作。生意宝平台尚缺乏信用评价体系，初期发展是参照自身电子商务平台的供需对接模式，其放贷对象群体不限于会员企业，与电子商务结合度较低，但在处理小额贷款零售业务时显现出灵活机动等亮点。客户要在生意宝贷款通贷款的操作步骤如下。

① 用户在贷款通首页填写贷款需求信息表并提交。

② 贷款通工作人员第一时间将按客户填写的电话、手机等方式联系客户确认贷款需求。

③ 客户的贷款信息被确认后，将派发相应银行进行初审。

④ 通过初审的企业将进行贷款调查，未通过初审企业信息将再次派往别家银行。

⑤ 银行对调查合格企业在3个工作日内放款。

（3）一达通外贸融资服务　深圳市一达通企业服务有限公司成立于2001年，为中国第一家面向中小企业外贸综合服务平台，通过互联网一站式为中小企业和个人提供金融、通关、物流、退税、外汇等所有外贸交易所需的进出口环节服务，改变传统外贸经营模式，集约分散的外贸交易服务资源，为广大中小企业和个人减轻外贸经营压力、降低外贸交易成本、解决贸易融资难题。

由中国银行对"一达通"进行综合授信，然后由"一达通"的企业客户进行无抵押、无担保的贷款，信贷风险由中国银行和"一达通"共同承担，包含进口综合贷款、出口信用贷款、出口退税贷款三项服务。

"一达通"于2010年11月加入阿里巴巴后，形成了从"外贸资讯"到"外贸交易"的中小企业外贸综合服务平台，为广大中小企业和个人从事对外贸易提供了更为全面的外贸服务，是典型的中小企业外贸综合服务平台。

"一达通"进入了进出口交易环节，为企业代办报关、收付外汇、物流等进出口服务，根据客户提供的产品发票和装箱信息，以及出口环节需求，预计各项环节效果包括时间和开支，办理通关和物流手续，向海外买家交付货物，办理收汇、退税、融资手续，并支付客户。并利用进出口管理软件，将贸易融资所需的调查、跟进、资金使用监管等全部执行，掌握对外贸易的货权以及应收应付账款，增强了融资贷款归还的保障性。

截止到2012年年底，一达通服务中客户突破10000家，2012年进出口总额突破20亿美元，在全国一般贸易出口企业百强榜中排名第九。

（4）敦煌网"e保通"　"e保通"降低了传统贷款业务对于小企业的准入门槛，无需实物抵押、无需第三方担保，只要在敦煌网诚实经营的卖家，都有望依靠在敦煌网积累的信誉而向建设银行申请贷款，根据申请人在平台的交易情况和资信记录，通过建设银行线上信贷审核，便可以获取资金。在"e保通"申请贷款的操作流程如下。

① 报名。可以按以下方式提供敦煌网ID、联系人、联系电话、联系邮箱、企业名称（如有）：可以发邮件到microloan@dhgate.com；拨打信贷专线010-82028680/82015086；添加

信贷专用QQ，即1571610175、1571596944。

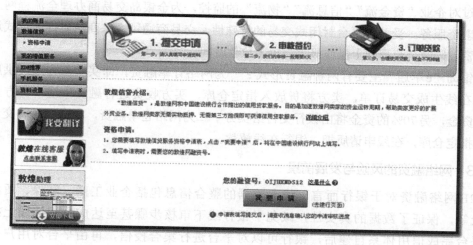

图3-16 "e保通"申请流程

② 申请"e保通"服务资格。在敦煌网seller后台，会看到左侧导航上有"e保通"栏目。栏目内部有申请入口，如图3-16 "e保通"申请流程所示。在获得融资号后，点击"我要申请"，客户点击"我要申请"后，系统将跳转到中国建设银行的页面，卖家在线填写申请表。

③ 建设银行敦煌"e保通"申请审核签约。

④ 订单贷款。建设银行敦煌"e保通"订单贷款流程如图3-17所示。

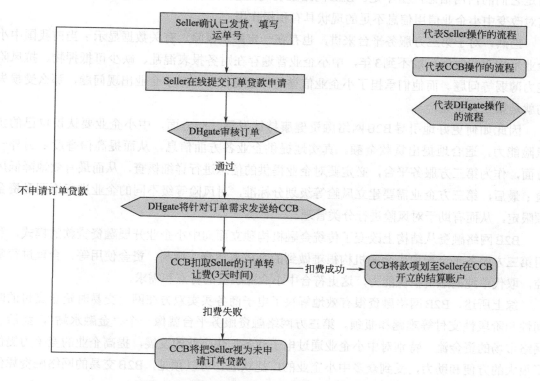

图3-17 建设银行敦煌"e保通"订单贷款流程图

（5）金银岛e单通　金银岛"e单通"业务是金银岛与建设银行、中远物流三方系统对接，通过对企业"资金流""信息流""物流"的监控，为金银岛交易商办理全流程网上操作的短期融资服务。受益于平台封闭式交易的特殊性，交易商通过大宗商品质押的形式达成供应链融资，同时全流程网上操作极大缩短了放款时间。

金银岛"e单通"主要有两种融资形式：一为网络订单融资，即买卖双方通过供应链融资系统在线生成交易订单，卖方将货放入指定仓库，买方收货进行融资申请，买方只需要30%的资金，另70%的资金将由银行支付给卖方；二为网络仓单融资，即金银岛将交易商货物放在指定仓库，在线申请质押，银行在线放款。

3.2.3.3　网络融资的风险与发展前景

B2B网络融资对于银行而言，线上数据的整合信息包括企业工商、环保、质检、法律记录等，保证了数据的真实性，减免了银行线下审核步骤甚至达成全程的线上授信审核。平台完成信用体系自建后，银行可以对平台进行集合授信，再由平台对用户分别授信。通过这种方式，银行可以对风险进行批量管理，平台则掌控贷款流程，完全把握用户体验。

对于企业而言，在当前情况下，企业用生产设备、半成品、原材料向银行进行抵押融资，往往抵押率过低甚至不予受理，通过电子商务平台发布进行评估或者是反担保处理，将有效提高抵押率。中国社科院金融研究所金融市场研究室主任曹红辉认为，此前银行之所以不愿意贷款给中小企业，主要原因在于中小企业"没有信用"。这不是说中小企业不诚信，而是它们的信用信息严重不足。B2B网络融资将是破解我国中小企业融资难的重要突破口。这对改变中小企业信用信息不足的现状具有积极作用。

当然，对于第三方服务平台来讲，也存在一定融资风险。有关数据显示：当前我国中小企业平均存货时间一般不到3年，中小企业普遍存在财务报表混乱、缺少可抵押物、抗风险能力薄弱等问题。而他们承担了小企业信誉的保证责任，一旦小企业出现问题，那么受损失的就是第三方企业。

因此如何更好地引导B2B网络融资健康持续发展，一方面，中小企业要认识自己的抗风险能力，适合地提出贷款金额。真实地提供企业各方面信息，从而提高信誉度；另外一方面，作为第三方服务平台，必定要对企业提供的信息进行详细核查，从而最有效地降低风险；最后，第三方企业需要建立风险等级划分标准，对风险等级不同的企业进行不同融资金额限定，从而有助于对风险进行分类管理。

B2B网络融资从结构上改变了传统金融机构独立面向中小企业开展融资贷款的模式，利用第三方服务平台把原先金融机构很难做到的高成本调查、控制、资金使用等，合理进行掌控，取代单纯的融资担保能力，这更符合中小企业融资的特点和需求。

综上所述，B2B网络融资很有效地解决了电子商务买卖双方在网上交易时资金支付的时间性和阶段性支付等难题和瓶颈。第三方网络融资服务平台就像一个"金融水站"，盘活了网络市场的资金流，特别对中小企业通过电子商务加快企业的发展，提高企业的竞争力提供了很大的方便和助力，受到众多中小企业的广泛欢迎。可以预见，B2B交易的网络融资凭借其服务功能、社会需求和强大的活力，将会有十分广泛的发展前景。

:::::::::::::::::::::::::::: **本章小结** ::::::::::::::::::::::::::::

随着电子商务的发展和广泛应用，人们的交易方式逐渐从传统以现金和实物为主的方式转变为以 Internet 为基础的交易方式，这时，传统意义上的现金、支票等都将以电子现金和电子支票等电子货币的形态参与到整个电子商务交易流程之中。

电子货币是以计算机技术和通讯技术为手段，以金融电子化网络为基础，以商用电子化设备和各类交易卡为媒介，以电子数据（二进制数据）形式存储在银行的计算机系统中，并通过计算机网络系统以电子信息传递形式实现流通和支付功能的货币。按照电子货币价值的存储媒介，可以将其分为卡基型电子货币和网基型电子货币；按照在流通和支付过程中，是否需要同中央数据库进行联机授权，可以将其分为联机型电子货币和脱机型电子货币；按照电子货币与银行账户的关系，可以将其分为存款型电子货币和现钞型电子货币；按照电子货币的发行人的行业性质，可以分为金融型电子货币和商业型电子货币；按照电子货币的使用范围，可以分为单一型电子货币和复合型电子货币。

B2B 网络交易即 Business to Business（企业对企业），是电子商务的基本模式之一。具体是指企业与企业之间通过互联网进行产品、服务及信息的交换。

B2B 网络交易从其交易量和交易成本来看，业务量大、操作量小，对于降低疏通成本、提高市场效率、改善国民经济运行质量有着明显的作用。

B2B 电子商务的交易模式与传统的交易类似，企业间交易金额数目较大，但由于网络安全尚未能普及，交易风险较大，而相关法律法规也还没有健全，因此企业们更倾向于采取网上交易、网下支付的方式来进行，因此，国内 B2B 电子商务还需要经过一个较长的市场培育期形成流行的结算方式。

近年来随着电子商务的发展，"网络融资"逐渐在该领域得以应用和发展，它实现了由基于 B2B 信息流的服务向资金流服务的有机扩张，而且拓展了自身服务领域，丰富了商业模式，通过"网络贷款"增值服务，来增加其客户黏性，更好地提升用户体验。

:::::::::::::::::::::::::::: **复习思考** ::::::::::::::::::::::::::::

1.什么是电子支付？如何理解电子商务环境下的电子支付？

2.什么是电子货币？其功能和特点是什么？

3.常见的电子货币有哪些形式？请分别说明。

4.什么是电子现金？它具有哪些特点？

5.请简述电子现金在网上支付的具体流程。

6.什么是电子支票？在电子商务交易中，如何利用电子支票进行支付？

7.什么是第三方支付平台？如何理解基于第三方支付平台的结算与支付？

8.国内 B2B 领域按照行业类型具体可以分为哪两种模式？

9.常见的 B2B 网络交易结算的主要形式是什么？

10.什么是"网络融资"？B2B 网络交易中的网络融资形式主要有哪些形式？

4

电子支付系统及其应用

本章学习目的

- 掌握电子支付的概念及内涵
- 了解主要的电子支付系统及其构成
- 了解电子支付系统安全需求与安全协议
- 了解主要的B2C电子支付系统的构成与业务流程
- 了解主要的B2B电子支付系统的构成与业务流程
- 掌握使用信用卡、电子支票和电子现金完成电子支付的操作流程
- 了解网络结算和清算的内涵和功能
- 了解国内外主要银行清算系统的服务内容
- 了解基于网络的电子支付的风险与发展前景

第三方担保交易模式的首创者——支付宝

1. 支付宝的起源与发展现状

支付宝（alipay.com）最初是阿里巴巴为了解决淘宝网络交易安全所设的一个功能。该功能首先使用"第三方担保交易模式"，由买家将货款打到支付宝账户，由支付宝向卖家通知发货，买家收到商品确认后指令支付宝将货款放于卖家，至此完成一笔网络交易。支付宝于2004年12月独立成为浙江支付宝网络技术有限公司，2008年1月1起日更名为支付宝（中国）网络技术有限公司。截至2012年12月，支付宝注册用户数突破8亿，日交易额峰值超过200亿元人民币，日交易笔数峰值达到1.058亿笔。

图4-1　截至2013年11月12日零时整的天猫数据直播室的监控屏

令人惊异又在意料之中的是2013年11月11日的"光棍节"，截至11月12日零时，网民在淘宝网疯狂网上购物的交易额达到350亿元人民币，一天的交易笔数为1.71亿笔，而这些网上交易均是通过支付宝完成购物后的支付（见图4-1）。

除淘宝和阿里巴巴外，支持使用支付宝交易服务的商家已经超过33万家；涵盖了虚拟游戏、数码通讯、商业服务、机票等行业。这些商家在享受支付宝服务的同时，更是拥有了一个极具潜力的消费市场。

支付宝早期在中国以外无法充值，后来推出固定面值的支付宝卡用于充值。目前在海外的中国银行和建设银行分部，已经实现信用卡快捷支付，功能与中国的借记卡或信用卡快捷支付相同。在淘宝网上购物交易的买卖双方交易过程如图4-2所示。

客户在淘宝网付款的具体操作流程如下。

① 拍下宝贝：通过淘宝或天猫下订单。

② 付款到支付宝：由买家将货款打到支付宝账户。

③ 卖家发货：由支付宝向卖家通知发货。

④ 确认收货：买家签收物流商品，支付宝将货款放于卖家。

⑤ 最后客户可以对商品进行评价。

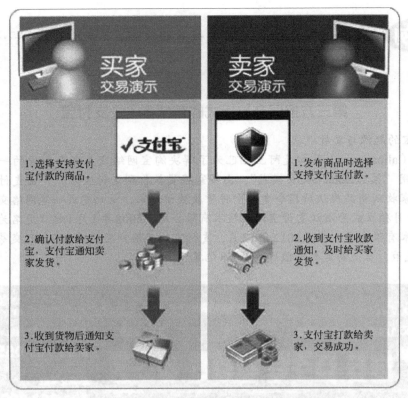

图4-2　淘宝网交易的买卖双方交易过程

2.支付宝的支付方式

客户在淘宝网上购物结束后要进行货款支付时，通过淘宝的支付宝完成支付的方式可以是多种多样，非常方便，操作十分简单，而且相当安全可靠，很受网络购物者的欢迎。支付宝提供的具体支付方式如下。

①支付宝余额支付：客户可以预先向支付宝账户充值，也可以通过网上银行、邮政网汇e充值，或找朋友帮您代充，然后使用账户中的余额付款。

②网上银行卡支付：使用支付宝付款时，客户可以自由选择和支付宝公司合作的14家银行中的任一银行已开通"网上银行"的银行卡进行支付。

③直接透支消费：2013年8月8日，支付宝推出信用支付。客户使用支付宝付款不用再捆绑信用卡或者储蓄卡，能够直接透支消费。额度根据用户的工作性质、产品类型等综合评定，一个账户最高可透支5000元。

④支付宝卡通：将银行卡与支付宝账户合二而一，无需在付款时再登录网银，只需输入支付密码，即可轻松用银行卡上的余额完成支付，同时避免网银密码外泄风险，就像刷卡一样安全、方便，其支持全国37家银行。具有的附加功能：实现实时提现功能，真正零等待，自动帮客户完成支付宝认证，收款、开店两不误。

⑤快捷支付：通过信用卡快捷支付，客户不需要事先开通网银，只要根据提示输入卡号等必要信息就可以非常简单、安全地完成网上支付，并且额度以信用卡本身的额度为准，不受网银额度下调等限制。在方便用户的同时，手机号码与信用卡卡号匹配、信用卡校验码验证、手机动态口令确认等安全措施会保障用户的安全，快捷支付可以真正做到用户拿起信用卡就能网上付款，95%的支付成功率意味着信用卡网上支付的便利程度首次达到线下刷卡的标准。

⑥ 国际卡支付：支付宝支持中国香港地区发行的带有VISA/MasterCard标志、开通3D认证的信用卡，只需在付款时登录相应网银，即可享受购物乐趣！

⑦ 邮政付款：中国邮政和支付宝共同推出的支付方式，无须开通网上银行，用户只需到邮政柜台办理"邮政网汇e业务"就可以给支付宝账户充值。或者办理"邮政代收业务"直接完成支付宝交易付款。

⑧ 转账服务：支付宝转账产品包括我要付款、我要收款、找人代付、代充、代扣、送礼金、交房租、AA收款8项产品，力求为用户提供一个安全快捷的转账平台。

⑨ 转账费用：从2013年12月3日起，支付宝对转账收费，费率从原来的0.5%降低为0.1%，0.5元起收，10元封顶，按每笔交易收取，期间产生的费用将统一由转账人支付。此前，在金账户用户、认证用户、非认证用户优惠期内，免费额度分别为2万元/月、1万元/月、1000元/月，只有当月超出额度，才会按照超出额度的0.5%收取，1元起收，25元封顶。

⑩ 我要付款：是支付宝提供的付款产品，基于客户对交易对方的信任，自愿付款给对方，当客户点击"我要付款"，款项就马上到达对方支付宝账户。每个支付宝认证账户有10000元的免费转账额度，每日可转账2000元，同时，若安装了数字证书，可将每日转账额度免费提升至20000元。

⑪ 我要收款：是通过支付宝向另一位用户发起的收款产品，只要对方有邮箱就可以向他（她）发起收款，对方付款后，款项将直接到用户的支付宝账户中。每个账户每日可发起21笔收款，每笔金额不超过2000元。

⑫ 找人代付：是指当用户在网上购买商品后，可以找别人帮助完成网上付款。"找人代付"已支持82家商户，包括淘宝网、苹果官网等购物网站。

⑬ 代充：是用户可以帮其他支付宝账号充值的产品。为保证用户的资金安全，每日只可以为同一个账户充值3次，每笔不超过500元。

⑭ 现金及刷卡：到支付宝合作的营业网点，用现金或者刷银联卡，为网上购物的交易付款。

3. 支付宝合作的金融机构

与支付宝合作的金融机构有多种，包括国有商业银行、全国性股份制商业银行、区域性银行和其他金融机构，详细如下。

① 国有商业银行：中国工商银行、中国农业银行、中国建设银行、中国邮政储蓄银行、交通银行、中国银行。

② 全国性股份制商业银行：招商银行、浦东发展银行、兴业银行、华夏银行、广东发展银行、深圳发展银行、中国民生银行、中信银行、中国光大银行、恒丰银行、浙商银行。

③ 区域性银行：上海银行、宁波银行、杭州银行、南京银行、武汉市商业银行、北京农村商业银行、上海农村商业银行、重庆银行、温州银行、徽商银行、大庆市商业银行、长沙市商业银行、青岛银行、荆州市商业银行、济南市商业银行、焦作市商业银行、台州市商业银行、嘉兴农村信用社、常熟农村商业银行、吴江农村商业银行、宜昌市商业银行、南海信用社、常州农村信用社、贵阳市商业银行、绍兴商业银行、呼和浩特市商业银行、遵义市商业银行、顺德信用社、富滇银行、淄博市商业银行、乌鲁木齐市商业银行、潮州市商业银行。

④ 其他机构：VISA、东亚银行。

4.1 电子支付系统介绍

4.1.1 支付方式的变革

目前，对于货币一般公认的定义是："货币可以由得到社会成员一致认可的任何物体充当。"货币的发展历史大致经历了以下几个阶段：公元前10世纪以前，贝壳常常在物品交换中充当货币的角色；公元前10世纪到公元前6世纪之间在希腊和印度出现了金属货币，从此金属货币主宰了物品交易达2000年之久；中世纪的时候，支票被意大利商人引入市场；在美国，纸币是1690年时在马萨诸塞州首次发行的；1950年，大莱俱乐部（Diners Club）的大莱卡又在美国发行了第一张信用卡。目前，现金在支付中应用最多，特别是在有形商店中消费一般都是用现金。在非现金支付方式中，应用最广的要数支票了。

如今，支付方式正处于变革当中，其主要特征是信用卡和电子支付方式正逐步替代现金及支票。2003年，美国的信用卡和借记卡在商店中的支付额首次超过了现金和支票（Gerdes等，2005）。2005年，信用卡和借记卡的支付额总共占商店总销售额的55%，而剩余45%则是以现金和支票方式支付的。信用卡用量的大量增加是由于借记卡用量的增加和现金用量的减少而造成的。从1999～2003年，借记卡的支付额占总销售额的比例从21%上升到了33%，上升幅度将近10个百分点，而现金支付额却从39%降低到了32%，下降了6个百分点之多。

在经常性账单的非现金类支付方式中仍然有上述发展趋势。2001年，78%经常性账单通过纸质货币结算（纸质支票等），其余的22%则采用电子方式。2005年，经常性账单的电子支付比例已经达到45%（Dove Consulting，2006）。这种支付方式混合化的转变仍在继续。

几十年以来，非纸币化交易广受关注。虽然说现金及支票的支付方式不会马上消失，但是现代社会许多人的生活中已经可以摆脱支票甚至是现金了，比如在网上的B2C电子商务中就是如此。在北美，90%的网上消费都是用多功能的信用卡来完成的。在英国、法国和西班牙等国，绝大多数网上消费的情况同样如此。比如Visa和Master Card这两种品牌的信用卡在世界很多地区是通用的，即便是在它们不能覆盖的地区，人们也会选择其他的网上支付方式，如德国、荷兰以及日本的消费者，他们会选择直接的借记卡或银行卡支付。

对B2C的电子商务经营者来说，采用信用卡支付方式是十分普遍的。在美国和西欧等地区，电子商务经营者如果不支持信用卡支付是很难经营下去的。另外，值得注意的是，用借记卡支付也越来越普遍。在当前的发展趋势下，无论是在线还是非在线交易，借记卡的使用人数不久将会超过信用卡。对关注国际市场的商家来说，他们更需要一套能够支持多种电子支付方式的机制，包括银行转账、COD（Cash On Delivery，货到付款）、电子支票、私人标记卡、赠送卡、即时信用，以及其他类型的非卡类支付方式，如PayPal。据CyberSource 2005年数据显示，如果商家能够支持多种支付方式，消费者由于其支付方式不被接受而放弃购买的概率便会减少，因此能够给商家提高平均20%的销售量，从而提高收益。

任何一种支付方式的应用及推广都不是一蹴而就的，需要长时间才能被人们普遍接受。拿信用卡来说，它是在1950年出现的，但直到1980年才被广泛使用，历时30年之久。任何一种电子支付方式的应用成功就好比"鸡和鸡蛋"的问题，关键在于如何才能使商家开始采用一种很少有人使用的新型支付方式，又如何能使人们开始接受一种很少有商家支持的新型支付方式。

4.1.2　电子支付的概念

　　电子支付是指从事电子商务交易的当事人，包括消费者、厂商和金融机构，通过信息网络，使用安全的信息传输手段，利用银行所支持的某种数字金融工具[电子现金（e-Cash）、信用卡（Credit Card）、借记卡（Debit Card）、智能卡（Smart Card）等）]，以数字化方式进行从买者到金融机构、商家之间的在线货币支付、资金流转、资金清算、查询统计等的过程。电子支付系统的操作流程如图4-3所示。

　　电子支付系统是融购物流程、支付工具、安全技术、认证体系、信用体系和金融体系为一体的实现电子支付的综合业务系统。包含金融业务规则、相关法律法规、计算机系统、网络安全系统、平台软件和应用软件等。

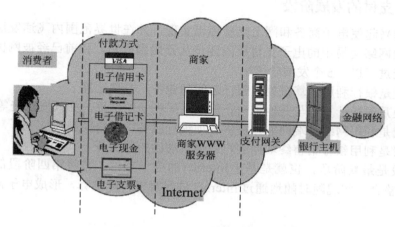

图4-3　电子支付系统的操作流程示意图

4.1.3　电子支付系统的特征

　　电子支付系统（Electronic Payment Systems）是指由提供支付服务的中介机构、管理货币转移的法规以及实现支付的电子信息技术手段共同组成的，用来清偿经济活动参加者在获取实物资产或金融资产时所承担债务的一种综合系统。即把新型支付手段（包括电子现金、信用卡、借记卡、智能卡等）的支付信息通过网络安全传送到银行或相应的处理机构，来实现电子支付。因此，电子支付系统是电子交易顺利进行的重要的社会基础设施之一，它也是社会经济良好运行的基础和催化剂。

　　电子支付系统与传统支付系统相比，具有如下特点。

4.1.3.1　数字化的支付方式

　　电子支付系统是采用先进的信息技术的数字流转来完成信息传输，其各种支付方式都是采用数字化的方式进行款项支付；而传统的支付方式则是通过现金的流转、票据的转让及银行的汇兑等物理实体的流转来完成款项支付。

4.1.3.2　开放的系统平台

　　电子支付系统的工作环境是基于标准开放的计算机网络系统平台，即因特网之中。这样能够充分应用各种基于标准的设备，降低成本，并可以利用快速发展的最新技术不断更新、完善系统；而传统支付则是在较为封闭的系统中运作，成本高，应变慢。

4.1.3.3 先进的通信手段

电子支付使用的是最先进的计算机网络通信手段，如因特网、Extranet、无线网等。同时不断更新的计算机系统、网络通信设施、相关的软件及其他一些配套设施可以满足电子支付对软、硬件设施的高要求，而传统支付使用的则是传统媒介。

4.1.3.4 明显的支付优势

电子支付具有方便、快捷、高效、经济的优势。用户只要拥有一台上网的PC机、手机，便可足不出户或在任何地点、任何时间迅速完成整个支付过程。支付费用仅相当于传统支付的几十分之一、几百分之一，甚至免费。

4.1.4 电子支付的发展阶段

互联网的兴起使电子商务和网上交易得以实现，并在世界范围内飞速发展，带动通过互联网进行的网络交易中的电子支付手段逐步从开始到成熟，目前已经被网民广泛承认和使用，期间经过了以下5个发展阶段：

第一阶段是银行利用计算机处理银行之间的业务，办理结算；

第二阶段是银行计算机与其他机构计算机之间资金的结算，如代发工资等业务；

第三阶段是利用网络终端向客户提供各项银行服务，如自助银行；

第四阶段是利用银行销售终端向客户提供自动的扣款服务；

第五阶段是最新阶段，也就是基于Internet的电子支付，它将第四阶段的电子支付系统与Internet整合，实现随时随地通过Internet进行直接转账结算，形成电子商务交易支付平台。

4.1.5 电子支付系统的分类

目前在实际广泛应用中的电子支付系统可以分为四类，即大额支付系统、联机小额支付系统、脱机小额支付系统和电子货币，具体如下。

4.1.5.1 大额支付系统

大额支付系统是一个国家支付体系的核心应用系统，它通常由中央银行运行，采用RTGS（实时全额支付系统，Real Time Gross Settlement）模式，按照国际标准建立的跨银行电子转账系统，专门处理付款人开户银行主动发起的跨银行转账业务。系统具有逐笔处理业务、全额清算资金、实时到账的特点。该系统主要处理银行间大额资金转账，通常支付的发起方和接收方都是商业银行或在中央银行开设账户的金融机构。当然也有由私营部门运行的大额支付系统，这类系统对支付交易虽然可做实时处理，但要在当日进行净额资金清算。大额系统处理的支付业务量很少，但资金额却很大。

4.1.5.2 联机小额支付系统

联机小额支付系统指POS机系统和ATM系统，其支付工具为银行卡（信用卡、借记卡或ATM卡等）。它的主要特点是金额小、业务量大，交易资金采用净额结算。

4.1.5.3 脱机小额支付系统

脱机小额支付系统也被称为批量电子支付系统，它主要通过自动清算所（ACH, Automatic Clearing House）主要处理预先授权的定期借记（如公共设施缴费）或定期贷记（如发放工资）。支付数据以磁介质或数据通讯方式提交清算所。

4.1.5.4　电子货币

　　银行应用计算机网络技术已经能够利用计算机网络将"现金流动""票据流动"进一步转变成计算机中的"数据流动"。资金在银行计算机网络系统中以人类肉眼看不见的方式进行转账和划拨，是银行业推出的一种现代化支付方式。这种以电子数据形式存储在计算机中或各种卡中，并能通过计算机网络而使用的资金被人们越来越广泛地应用于电子交易中，这就是电子货币。

4.1.6　主要电子支付系统

　　在实际使用中的电子支付系统根据需求和客户的习惯不同，可以采用多种不同的应用系统，目前得到公认和比较常用的电子支付系统大致有8种，简单介绍如下。

4.1.6.1　应用电子邮件的E-mail etc系统

　　不同的在线购物区和小的零售商使用了基于Internet的基本机制。为了进行在线购物，顾客使用Web主页或E-mail提供信用卡明细账。许多Web网点在信用卡明细账被消费者发送到零售商之前，使用安全套接层协议（SSL）来加密信用卡明细账；许多商家也提供另一种可选方式（通过电话或传真）发送信用卡明细账。

4.1.6.2　在线信息服务的First Virtual（FV）系统

　　该服务仅用于在线信息服务。用户在FV上注册为一个购者或卖者，他们通过邮寄而不是Internet来传送银行信用卡的明细账。注册过的用户被分配给一个账号ID和口令。购者使用其FV账号ID和口令进行购物，卖者与FV进行在线验证，并提供被购的信息给购者，购者最后通过E-mail或者传真来确认交易。小额交易累计到适当的数额，然后现金从购者信用卡上收集起来。因为口令在Internet上传输时保护不足，容易被窃取。FV通过请求支付方通过E-mail或传真进行确认，来达到一定的保护作用。

　　现在，它们仅被应用到Visa和MasterCard账号和美元上。卖者在指定的银行账号接收资金。

4.1.6.3　银行间转账的CyberCash系统

　　CyberCash给用户和商家免费提供客户端软件，以实现它们使用专用加密技术的安全Internet支付服务（Secure Internet Payment Service）。这使用户可提交付款信息给零售商，零售商再传送给美国银行专用网络的CyberCash服务器。零售商不能看到加密支付中的任何信用卡明细账。CyberCash也决定引进他们自己的货币支付服务和微支付，以允许在银行账号间进行在线支付。

4.1.6.4　第三方支付的Visa系统

　　Microsoft和Visa结成联盟，以提供给人们"在Microsoft网络上从第三方直接通过信用卡号进行购物"。为使安全金融交易能在不安全的网络上进行，他们提供了专用协议STT（Secure Transaction Technology，安全事务技术）的规范。在信用明细账传送给零售商之前，明细账被消费者的浏览器上加密。零售商不能访问任何信用卡明细账，而只能在发卡行或代理行系统上解密一次。

4.1.6.5　应用开放协议的SEPP系统

　　它是Netscape、MasterCard、IBM、GTE和CyberCash联合制定的一个安全金融交易的开放协议SEPP（Secure Electronic Payments Protocol，安全电子支付协议）。它是与Microsoft的

STT技术的竞争产品。在信用卡明细账被传送给卖方之前，明细账被购方的浏览器上加密。卖方不能访问任何信用卡明细账，而只能在发卡行或代理行系统上解密一次。它使用了高级别的安全加密和数字签名技术嵌于支付进程（使用784比特长的密钥，很快将扩展到1024比特）。Netscape已宣布支持Verisign认证中心的证书，并且在其产品中实现了SEPP协议。

4.1.6.6　网络银行BankNet系统

BankNet是MarketNet和SecureTrust银行联合推出的。他们建立了一个Internet银行，提供顾客在线查询账号和提交支付定额的功能。他们提供电子支付定额，称做Echeaque，作为账号所有者在Internet上购物和服务的支付手段。用户的浏览器允许他们使用一个在BankNet注册过的私钥、数字地签名Echeaque，并允许在BankNet顾客之间进行支付行为。他们打算扩展此系统，以通过E-mail使得Echeaque可被其他一般的银行确认并接收。

4.1.6.7　电子货币Digicash系统

Digicash系统引入了"电子货币"的概念，用户银行账号上的货币数值被数字签名。与接受这种货币的服务提供者进行交易时，每个货币仅使用一次。当货币使用时，在给付款人返回确认之前，立即被收款人传送给银行进行在线验证和记录（确保不再次使用），之后付款人弃掉已使用的货币。相应数量的现金被记入受款人的银行账号。系统使用了盲签名技术，它保证货币能被验证，而不会向零售商或银行泄露顾客的身份。然而，所有的交易都要进行集中处理，所有接受到的付款都被存到受款人的银行。所以获得唯一匿名的方法只有通过每次交易中的付款人来实现。

4.1.6.8　电子钱包Mondex系统

Mondex系统是基于防窜改智能卡上的离线电子现金系统。智能卡保存着现金金额（多种货币单位）及用于产生和接受支付行为的软件。系统由NatWest银行开发，用于作为现实世界中现金的替代。用户在商店、餐馆和咖啡厅等进行现场使用，以及从现场的ATM机中下载现金金额。

使用手持"电子钱包"设备，Mondex允许支付行为在用户之间进行。使用特别改造的电话作为ATM，可从银行账号远程下载现金金额。

Mondex具有离线可转让性的系统：受款人可以使用接受到的现金进行新的支付行为，而无需中间的转存。因为软件存储在智能卡上，并且使用了认证技术，通信线路的（非）安全性是无关紧要的。没有中心处理过程，在交易中只有双方智能卡的介入，故没有中心记录被保存或查询，这样现金的匿名性被维持。

4.1.7　电子支付系统的构成

在实际应用中，无论在网络交易中采用上述哪一种系统，基于互联网的电子交易支付系统都是由客户、商家、认证中心、支付网关、客户银行、商家银行和金融专用网络这七个部分组成的。组成电子交易支付系统的每一部分也都与交易的成功完成相关，具体如下。

4.1.7.1　客户

一般是指利用电子交易手段与企业或商家进行电子交易活动的单位或个人。它们通过电子交易平台与商家交流信息，签订交易合同，用自己拥有的网络支付工具进行支付。

4.1.7.2　商家

商家是指向客户提供商品或服务的单位或个人。在电子支付系统中，它必须能够根据客户发出的支付指令向金融机构请求结算，这一过程一般是由商家设置的一台专门的服务器来处理的。

4.1.7.3　认证中心

认证中心是交易各方都信任的公正的第三方中介机构，它主要负责为参与电子交易活动的各方发放和维护数字证书，以确认各方的真实身份，保证电子交易整个过程安全稳定地进行。

4.1.7.4　支付网关

支付网关是完成银行网络和因特网之间的通讯、协议转换和进行数据加、解密，保护银行内部网络安全的一组服务器。它是互联网公用网络平台和银行内部的金融专用网络平台之间的安全接口，电子支付的信息必须通过支付网关进行处理后才能进入银行内部的支付结算系统。

4.1.7.5　客户银行

客户银行是指为客户提供资金账户和网络支付工具的银行。在利用银行卡作为支付工具的网络支付体系中，客户银行又被称为发卡行。客户银行根据不同的政策和规定，保证支付工具的真实性，并保证对每一笔认证交易付款。

4.1.7.6　商家银行

商家银行是为商家提供资金账户的银行，因为商家银行是依据商家提供的合法账单来工作的，所以又被称为收单行。客户向商家发送订单和支付指令，商家将收到的订单留下，将客户的支付指令提交给商家银行，然后商家银行向客户银行发出支付授权请求，并进行它们之间的清算工作。

4.1.7.7　金融专用网络

金融专用网络是银行内部及各银行之间交流信息的封闭的专用网络。金融专用网络要求信息传输安全，通常具有较高的稳定性和安全性。

4.1.8　电子支付系统的工作模式

电子支付不是新概念，从1998年招商银行率先推出网上银行业务之后，人们便开始接触到网上缴费、网上交易和移动银行业务。这个阶段，银行的电子支付系统无疑是主导力量，但银行自身没有足够的动力也没有足够的精力去扩展不同行业的中小型商家参与电子支付。于是非银行类的企业开始进入支付领域，它们通常被称为第三方电子支付公司。目前，我国主要存在四种网络系统的工作模式，即支付网关型模式、自建支付平台模式、第三方支付模式和多种支付手段结合模式。

4.1.8.1　支付网关型模式

（1）支付网关系统的概念　支付网关型模式是指一些具有较强银行接口技术的第三方支付公司以中介的形式分别连接商家和银行，从而完成商家的电子支付的模式。这样的第三方支付公司如网银在线、上海环讯、北京首信等，它们只是商家到银行的通道而不是真正的支付平台，它们的收入主要是与银行的二次结算获得的分成，一旦商家和银行直接相连，这种模式就会因为附加值低而最容易被抛弃。

支付网关（Payment Gateway）是银行金融网络系统和Internet网络之间的接口，是由银行操作的将Internet上传输的数据转换为金融机构内部数据，或由指派的第三方处理商家支付信息和顾客的支付指令的一组服务器设备。支付网关可确保交易在 Internet 用户和交易处理商之间安全、无缝地传递，并且无需对原有主机系统进行修改。它可以处理所有 Internet 支付协议、Internet 安全协议、交易交换信息及协议的转换以及本地授权和结算处理。另外，它还可以通过配置来满足特定交易处理系统的要求。离开了支付网关，网络银行的电子支付功能也就无法实现。

（2）支付网关系统的作用和功能　支付网关的主要作用是将 Internet 传来的数据包解密，并按照银行系统内部通信协议将数据重新打包；接收银行系统内部传回来的响应消息，将数据转换为 Internet 传送的数据格式，并对其进行加密。即支付网关主要完成通信、协议转换和数据加解密功能，以保护银行内部网络。

具体地说，银行使用支付网关可以实现以下功能：

① 配置和安装 Internet 支付能力；

② 避免对现有主机系统的修改；

③ 采用直观的用户图形接口进行系统管理；

④ 适应诸如扣账卡、电子支票、电子现金以及微电子支付等电子支付手段；

⑤ 提供完整的商户支付处理功能，包括授权、数据捕获和结算及对账等；

⑥ 通过对 Internet 上交易的报告和跟踪，对网上活动进行监视；

⑦ 通过采用 RSA 公共密钥加密和 SET 协议，可以确保网络交易的安全性；

⑧ 使 Internet 的支付处理过程与当前支付处理商的业务模式相符，确保商户信息管理上的一致性，并为支付处理商进入 Internet 交易处理提供机会。

（3）支付网关系统的组成　支付网关系统一般由如下 9 个部分组成：

① 主控模块；

② 通信模块；

③ 数据处理模块；

④ 数据库模块；

⑤ 统计清算模块；

⑥ 查询打印模块；

⑦ 系统管理功能设计模块；

⑧ 异常处理模块；

⑨ 安全模块。

（4）支付网关系统的业务流程　基于银行网络系统网关的网络支付模式的业务流程如图 4-4 所示，具体步骤如下：

① 买方浏览卖方网页，在电子商务平台上提交订单；

② 订单完成后，电子商务平台通过银行网关连接到银行网银支付系统，买方通过银行支付平台发送支付请求；

③ 银行处理支付信息；

④ 通过银行间或银行内部的结算系统进行转账；

⑤ 卖方获得支付结果；

⑥ 卖方向买方发货或提供服务。

支付网关这种支付方式能够实现买方向卖方的支付，但在支付过程中不能有效监督和控制买卖双方的行为，需要高度的信用。这种支付的效率完全受控于银行，其便捷性有限。

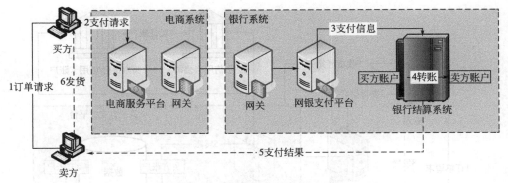

图4-4　基于银行网关的网络支付模式

4.1.8.2　自建支付平台模式

自建支付平台模式是指由拥有庞大用户群体的大型公有电子市场（Public Electronic Marketplace）的电子商务公司为主创建，或电子商务公司自己独立创建支付平台的模式。公有电子市场是指第三方公司或机构建立的电子市场，不受某买方或卖方的控制。这种模式的实质便是以所创建的支付平台作为信用中介，在买家确认收到商品前，代替买卖双方暂时保管货款。这种担保使得买卖双方的交易风险得到控制，主要解决了交易中的安全问题，容易保证消费者的忠诚度。采用自建支付平台模式的企业有亚马逊（Amazon）、eBay、百思买（Best buy）等。这种支付平台主要服务于母公司的主营业务，其发展也取决于母公司平台的大小。

4.1.8.3　第三方支付模式

（1）第三方支付的概念与应用　第三方支付模式是指由第三方支付公司为买方保管资金，待卖方商品送达或服务完成后支付卖方的模式。它通过买卖双方在支付平台开立账号，以资金保付的方式完成网上交易款项支付。随着网络购物的普及，目前我国能进行第三方支付业务的第三方网络支付平台有好多，主要有易趣公司的PayPal、阿里巴巴的支付宝、腾讯的财付通、易宝支付、快钱、钱柜、百付宝（百度C2C）、网易的网易宝、环讯支付、汇付天下等，其中用户数量最大的是PayPal和支付宝，前者在欧美国家非常流行，后者的用户市场主要在中国国内。

（2）第三方支付的业务流程　基于第三方支付平台的网络支付模式的业务流程如图4-5所示，具体步骤如下：

① 买方浏览卖方网页，在电子商务平台上提交订单；

② 电子商务平台连接到第三方支付平台系统，发送支付信息；

③ 第三方支付平台获取买方支付信息，向相关银行或信用卡公司发送支付请求；

④ 银行或信用卡公司验证买方账户；

⑤ 买方银行或信用卡公司进行转账；

⑥ 资金从买方银行账户转到第三方平台账户；

⑦ 第三方将转账信息专递给卖方，让其发货；

⑧ 卖方向买方发货或提供服务；

⑨ 买方收货并满意后将收货通知发送给第三方；

⑩ 第三方平台将资金转入卖方账户。

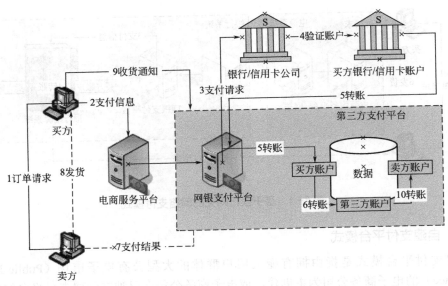

图4-5 基于第三方支付平台的网络支付模式

4.1.8.4 多种支付手段结合模式

多种支付手段结合模式是指第三方电子支付公司利用电话支付、移动支付和网上支付等多种方式提供支付平台的模式。在这种模式中，客户可以通过拨打电话、手机短信或者银行卡等形式进行电子支付。

4.1.9 电子支付系统的安全

由于互联网本身的开放性，网上信息存在被非法截取和非法利用的可能，存在一定的安全隐患。消费者在网上商店进行网上购物时，面对的是虚拟商店，对产品的了解只能通过网上介绍完成，交易时消费者需要将个人重要信息如信用卡号、密码和身份信息等通过网上传送，使网上交易面临种种危险。另外，在网络购物时消费者将个人身份信息传送给商家，可能被商家掌握消费者的个人隐私，这些隐私信息有可能被商家非法利用，因此网上交易存在个人隐私被侵犯的危险。例如，消费者害怕自己的信用卡号码被盗，而企业则害怕拿到的信用卡号码是盗用的引起收款发生问题。如果没有妥善的安全体系，电子支付的发展终究会受到限制。

4.1.9.1 电子支付系统对安全的具体要求

因为上述众所周知的原因，电子支付系统所传输的信息对安全有极高的要求。从技术上讲，依托网络完成的电子支付发展的核心和关键问题是信息传输的安全性。电子支付系统信息传输的具体的安全要求包括保密性、交易者身份的确定性、不可否认性、不可修改性等。

（1）信息保密性 交易中的商务信息均有保密的要求。如信用卡的账号和用户信息被人知悉，就可能被盗用；订货和付款的信息被竞争对手获悉，就可能丧失商机。因此在网上交易的信息传播中一般均有加密的要求。

（2）交易者身份的确定性 网上交易的双方很可能素昧平生，相隔千里。要使交易成功，首先要能确认对方的身份，对商家要考虑客户端不能是骗子，而客户也会担心网上商店是否是黑店。因此能方便而可靠地确认对方身份是交易的前提。

（3）不可否认性 由于商情的千变万化，交易一旦达成是不能被否认的，否则必然会损害一方的利益。例如订购的黄金，订货时金价较低，但收到订单后，金价上涨了，如收单方能否认收到了订单的实际时间，甚至否认收到订单的事实，则订单方就会蒙受损失。因此网上交易通讯过程的各个环节都必须是不可否认的。

（4）不可修改性　交易的文件是不可被修改的，如上例所举的订购黄金，供货单位在收到订单后，发现金价大幅上涨了，如其能改动文件内容，将订购数1千克改为1克，则可大幅受益，那么订货单位可能会因此而蒙受巨大损失。因此网上交易文件也要能做到不可修改，以保障交易的严肃和公正。

4.1.9.2　电子支付系统的安全协议标准

实用的电子支付系统信息传输的安全是由标准的安全协议来保证的。目前，国内外使用的保障电子支付系统安全的协议主要有SSL和SET两种安全协议标准。

（1）安全套接层协议　安全套接层（SSL，Secure Socket Layer）协议在网络上普遍使用，它能保证双方通讯时数据的完整性、保密性和互操作性。在网络交易应用电子支付的初期，特别是在欧美国家使用较多，在我国也曾有过使用。SSL协议的工作流程包括以下两点。

① 握手协议。即在传送信息之前，先发送握手信息以相互确认对方的身份。确认身份后，双方共同持有一个共享密钥。

② 消息加密协议。即双方握手后，用对方证书（RSA公钥）加密一随机密钥，再用随机密钥加密双方的信息流，实现保密性。SSL使用加密的办法建立一个安全的通讯通道以便将客户的信用卡号传送给商家。它等价于使用一个安全电话连接将用户的信用卡通过电话读给商家。

（2）安全电子交易协议（SET）　由于SSL协议在实际使用时缺少对于买卖双方以及相关银行的认证步骤，在支付的安全性方面会存在一定的漏洞。因此，目前在安全性保障方面更严密的SSL协议得到了广泛的应用。

安全电子交易协议（SET，Secure Electronic Transaction）是在开放的网络（Internet或公众多媒体网）上使用付款卡（信用卡、借记卡和取款卡等）支付的安全事务处理协议。它的实现不需要对现有的银行支付网络进行大改造。SET安全电子交易协议使用了加密（公开密钥加密、秘密密钥加密）、数字信封、数字签名、双重数字签名、数字认证等安全技术。SET协议每次交易都需要经过多次加密、HASH及数字签名，并须在客户端安装专门的交易软件。SET协议通过加密保证了数据的安全性，通过数字签名保证交易各方的身份认证和数据的完整性，通过使用明确的交互协议和消息格式保证了互操作性。SET协议规定了电子商务支付系统各方（持卡人、商家和支付网关）购买和支付消息传送的流程，图4-6为SET协议的流程结构图，SET协议的具体交易流程如下：

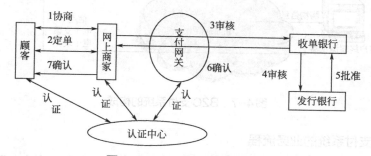

图4-6　SET协议流程结构图

① 持卡人决定购买，向商家发出购买请求；

② 商家返回同意支付等信息；

③ 持卡人验证商家身份，将订购信息和支付信息安全传送给商家，但支付信息对商家来

说是不可见的（用银行公钥加密）；

④ 商家验证支付网关身份，把支付信息传给支付网关，要求验证持卡人的支付信息是否有效；

⑤ 支付网关验证商家身份，通过传统的银行网络到发卡行验证持卡人的支付信息是否有效，并把结果返回商家；

⑥ 商家返回信息给持卡人，送货；

⑦ 商家定期向支付网关发送要求支付信息，支付网关通知卡行划账，并把结果返回商家，交易结束。

在上述 SET 协议的工作流程中，从第 3 步到第 7 步 SET 协议开始起作用，每操作一步都通过认证中心 CA 来验证通讯主体的身份，确保合法性和不被冒名顶替，但 SET 协议没有保证消费者在收到不符合要求产品后，要求终止支付的权利。

4.2 电子支付系统的应用

4.2.1 B2C电子支付系统的构成及运行

4.2.1.1 B2C支付系统的构成

典型的 B2C 支付系统由银行的业务服务器、数据库服务器，商家业务服务器、数据库，银行和商家两端的支付网关，银行和商家的局域网及安全设备，广域网（或 Internet），客户的终端设备（如台式电脑、手机等）等 IT 设备，以及各种应用软件、平台软件和系统软件，再加上专业人员的集成和优化构成，是一个复杂系统，如图 4-7 所示。

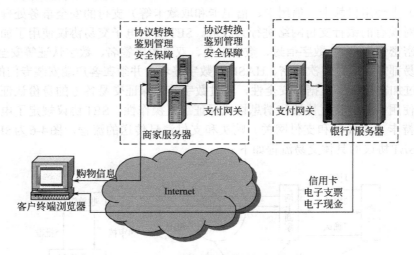

图4-7　B2C支付系统的构成

4.2.1.2 B2C支付系统的业务流程

B2C 支付系统的典型应用从客户发起购买请求到客户收到商品、商家收到资金，完成整个网上交易需要经过如下的业务流程：

① 用户浏览电子商务网站，选择中意的商品，向商家提出购买请求；

② 商家将经用户核对后的订单进行数字签名，提交到支付系统；

③ 支付网关调用支付界面，要求用户填写账户信息；

④ 用户用支付系统的支付网关的公开密钥对账户信息进行加密，传递给支付系统的支付网关；

⑤ 支付系统支付网关核对用户提供的账户信息进行数据转换，通过金融专网或者专线发给金融机构，要求核对用户账户信息；

⑥ 金融机构将核对的结果和用户用于支付确认的信息传递给支付系统；

⑦ 支付系统将金融机构传递来的用户支付确认信息传递给支付确认系统，要求进行支付确认；

⑧ 支付确认系统接收到要求确认的信息后，进行支付确认预处理，然后按事先选择好的确认方式通知用户（实时确认、分时确认）进行确认；

⑨ 用户根据选择的确认方式，进行相应的确认资料的填写，填写好后提交给支付确认系统；

⑩ 支付确认系统比较金融机构和用户提交的支付确认信息，如果一致则进行下一步的确认，否则返回错误，最后支付确认系统将确认结果返回给支付系统支付网关；

⑪ 确认成功，以E-mail的方式告知用户他的支付请求被认可，资金已经从他的账户上划出，否则以E-mail的方式告知用户，他的支付请求不被认可；

⑫ 确认成功，数字签名金融机构的返回结果发送给商家，并通知商家发货，否则通知商家交易失败；

⑬ 确认成功，要求金融机构划款；

⑭ 金融机构返回数字签名的划款信息，完成交易。

4.2.1.3　第三方支付平台

第三方支付就是具备一定实力和信誉保障的第三方独立机构提供的网络交易支持平台，从事第三方支付的非银行金融机构被称为第三方支付商，它独立于电子商务的商户和银行，为商户和消费者在交易过程中提供网上支付服务的机构。

中小型B2C网站如果需要通过银行网关进行支付，有时很难获得银行的审批通过并为其设立银行网关。于是这些中小B2C网站纷纷与第三方支付平台合作，来解决网上支付的问题。目前，在网络交易过程中通过第三方平台进行网上支付已经成为主流。我国已涌现越来越多的能进行第三方支付的公司，最具代表性的当属阿里巴巴旗下的支付宝。

典型的与第三方支付合作的B2C电子商务系统的构成如图4-8所示。

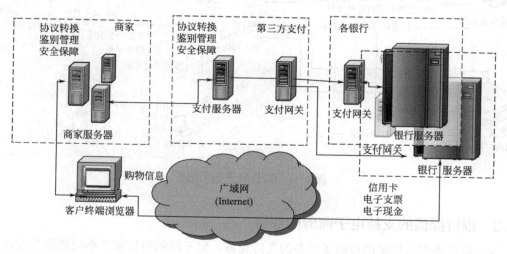

图4-8　与第三方支付合作的B2C电子商务系统

4.2.2　B2B电子支付系统的构成及运行

B2B交易是企业间的电子商务，其支付额度较大，同时传统银行对这种形式的电子商务采用对公业务服务，所以在电子支付的处理上有了更多的审验和认证，一般比较安全。

B2B电子商务系统的支付流程如图4-9所示，具体操作流程可分为如下15个步骤：

① 企业采购员在B2B商户处选中商品后，提交订单；

② 商户生成订单，签名后，通过客户浏览器重定向，发送支付请求到银行支付平台；

③ 支付平台验证商户身份，验证订单签名；

④ 返回订单信息等到客户浏览器登录页面；

⑤ 企业采购员登录支付平台；

⑥ 支付平台验证采购员身份；

⑦ 返回订单确认到客户浏览器；

⑧ 企业采购员确认订单；

⑨ 支付平台保存订单；

⑩ 企业财务员登录企业网银，查询待支付订单；

⑪ 支付平台返回待支付订单列表；

⑫ 企业财务员选择待支付订单，进入支付授权流程，完成授权后，进行订单支付；企业网银更改支付状态，并将订单支付结果更新到数据库；

⑬ 支付平台将支付结果通知商户，并返回订单支付结果到客户浏览器；

⑭ 企业采购员及企业财务员登录企业网银，查询订单支付状态；

⑮ 企业网银返回订单支付状态到客户浏览器。

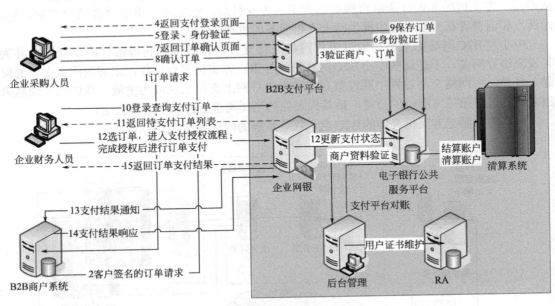

图4-9　B2B电子支付流程

4.2.3　银行提供的支持电子商务的业务

现在银行界都纷纷提供对电子商务的支持业务，但不同的银行有其不同的服务方式。目前国内银行提供的电子商务业务有B2B直付、B2B保付、B2B协议支付、B2C商户服务等不同类型的支持业务。下面对中国银行、华夏银行等部分银行提供的支持电子商务服务业务作简单介绍。

4.2.3.1 B2B直付业务

B2B直付服务为进行B2B电子商务交易的企业双方提供在线支付、资金结算、订单查询、交易对账、订单退货等功能。B2B电子商务平台企业（或第三方支付公司）签约成为中国银行B2B网上支付商户后，中国银行对基于商户电子商务平台（或第三方支付公司支付服务）进行B2B交易的买方企业客户和商户之间提供交易资金结算服务。它适合于面向通过自有B2B电子商务平台直接向买方企业客户提供商品及服务的电子商务企业，也面向为B2B电子商务平台企业提供支付服务的第三方支付公司。

（1）B2B直付服务的功能　B2B直付服务有如下具体的功能。

① 订单采购。买方企业操作员可使用中国银行网上银行在B2B商户网站上完成订单的确定和采购工作。

② 订单复核。买方企业操作员可使用中国银行网上银行对已采购订单进行复核，并选定企业支付账户。

③ 订单授权。买方企业操作员可使用中国银行网上银行对复核通过的订单进行授权，并确认支付。

④ 订单查询。买方企业操作员及商户操作员可使用中国银行网上银行对订单信息进行查询，查询方式包括单笔订单查询和多笔订单查询。

⑤ 文件下载。商户操作员可使用中国银行网上银行下载财务对账文件、业务对账文件和退货反馈文件，满足商户多种对账需求。

⑥ 订单批量退货。买方企业提出退货请求且商户同意后，商户操作员可登录中国银行网上银行，编制并上传退货文件，进行批量退货，批量退货可实现实时到账。

⑦ 订单联机退货。买方企业提出退货请求且商户同意后，商户操作员可使用中国银行网上银行进行订单联机退货。联机退货是通过商户系统与中国银行网上银行系统直连的方式实现的。

⑧ 订单时效控制。可根据商户需求设置"订单失效时间"，实现在途订单支付时效控制。

（2）B2B直付服务操作　B2B直付服务的具体操作流程如下。

① 买方企业采购人员在商户网站上选购商品，选择"中国银行网上银行"作为支付方式，并下订单。

② 买方企业财务人员登录企业网银对订单进行复核、授权，确定支付。

③ 支付成功后，资金会从买方账户直接划转至商户账户。

4.2.3.2 B2B保付业务

B2B保付服务为进行B2B电子商务交易的企业双方提供在线支付、资金结算、订单查询、订单实付、交易对账等功能。B2B保付通产品不仅能够保证买方企业资金的安全性，同时也能对卖方企业提供商品或服务后的货款回收提供保障。提供B2B保付服务的企业是通过自有B2B电子商务平台面向买方和卖方企业客户提供电子交易渠道，但自身不直接面向客户提供商品及服务的独立第三方B2B电子商务平台企业。

（1）B2B保付业务的功能　B2B保付业务提供的具体功能如下。

① 订单采购。买方企业操作员可使用中国银行网上银行在B2B商户网站上完成订单的确定和采购工作。

②订单复核。买方企业操作员可使用中国银行网上银行对已采购订单进行复核，并选定企业支付账户。

③订单授权。买方企业操作员可使用中国银行网上银行对复核通过的订单进行授权，并确认支付。

④订单查询。买方企业操作员及商户操作员可使用中国银行网上银行对订单信息进行查询，查询方式包括单笔订单查询和多笔订单查询。

⑤文件下载。商户操作员可使用中国银行网上银行下载财务对账文件、业务对账文件和跨行付款退回文件，满足商户多种对账需求。

⑥订单实付。买方企业客户在商户平台上进行确认付款操作，商户系统根据买方企业客户的操作向中国银行系统发送实付指令，实付指令中包括付款金额和返款金额。系统根据实付指令向卖方企业进行付款，向买方企业进行返款。订单实付功能通过商户系统与中国银行网上银行系统直连的方式实现。

⑦订单时效控制。可根据商户需求设置"订单失效时间"，实现在途订单支付时效控制。

（2）B2B保付业务流程　B2B保付业务的具体操作流程如下。

①买方企业采购人员在商户网站上选购商品，选择"中国银行网上银行"作为支付方式，并下订单。

②买方企业财务人员登录企业网银对订单进行复核、授权，确定支付；支付成功后，资金会从买方账户划转至银行监管账户。

③待买方验货完毕并通知商户、商户向中国银行发送实付指令后，中国银行根据商户的指令，再将款项从监管账户实付至卖方账户，完成整个支付过程。

4.2.3.3　B2B协议支付业务

B2B协议支付服务可支持国际贸易进出口交易中海运费等费用支付，支付币种支持人民币和各种外币（如英镑、美元、瑞士法郎、新加坡元、瑞典克朗、丹麦克朗、挪威克朗、日元、加元、澳大利亚元、欧元等）。

B2B协议支付服务目前主要为进出口企业及货代公司提供多币种支付业务，用于支付海运费等进出口费用。客户在中国银行进行企业信息维护并通过中国银行合作的支付平台完成账户备案后，可通过电子化的处理流程完成支付交易（其中人民币业务全自动处理，外币业务需到柜台进行单据审核），提升企业的进出口业务效率。

4.2.3.4　B2C商户服务

B2C商户服务是中国银行特别针对B2C网上支付行业客户开发的网上银行产品，为商户提供订单查询、批量退货以及业务对账文件、清算对账文件和退货反馈文件的查询及下载等多种功能，具体如下。

①订单查询。商户可使用中国银行企业网上银行，进行单笔或多笔网上支付订单的查询。"多笔订单查询"可以根据商户号和订单日期、订单时间批量查询今日或前一日的多笔订单信息；"单笔订单查询"可以根据商户号和订单号查询该商户一年内的单笔订单信息。

②订单批量退货。个人客户提出退货请求且商户同意后，商户可登录中国银行企业网上银行，编制并上传退货文件，进行批量退货。

③文件下载。商户操作员可使用中国银行网上银行下载财务对账文件、业务对账文件和退货反馈文件，满足商户多种对账需求。主要适用于开办B2C网上支付业务的各类公司，包括第三方网上支付公司、在线商品或服务销售公司等。

B2C商户服务的具体操作流程包括开办B2C网上支付业务的各类公司签约成为中国银行网上支付商户，并申请开通"B2C商户服务"后，即可进行单笔或多笔订单查询、批量退货，以及业务对账文件、清算对账文件和退货反馈文件的查询和下载功能。

4.2.3.5 直接支付模式

直接支付模式是企业在商户网站下订单，在线将资金支付给商户的支付方式。这种交易的具体业务流程为：

① 客户在商户网站购买商品并下订单；

② 客户登录华夏银行B2B网上支付系统，对订单确认后进行支付；

③ 资金结算，银行将客户的资金划转到商户的结算账户；

④ 商户根据银行支付成功指令向客户发送货物。

4.2.3.6 冻结支付模式

该模式下企业在商户网站下订单，在线将资金冻结，待交易结束后，再由商户将原冻结资金支付到卖家的支付方式。这种模式的特点是：先冻结，再发货，最后付款以解决买卖家互不信任问题，冻结资金可随时解冻。冻结支付模式的具体交易流程是：

① 买家在商户网站购买商品并下订单；

② 买家登录华夏银行B2B网上支付系统，对订单确认后进行资金冻结；

③ 银行向商户通知买家的资金冻结成功；

④ 商户通知卖家向买家发货；

⑤ 卖家向买家发货；

⑥ 商户通知银行将买家资金解冻并支付给卖家；

⑦ 银行将资金解冻后支付给卖家。

4.2.3.7 商户保证金模式

在商户保证金模式下，企业在商户网站下订单，在线将资金支付给商户，待交易结束后，再由商户将资金支付给卖家的支付方式。特点：可先预付部分资金进行全额交易；如预付资金不足，则可补充资金；交易结束，完成最终付款；预付资金剩余，可原路退回；资金根据订单定向出入。这种模式的具体交易流程如下：

① 买家在商户网站购买商品并下订单；

② 买家登录华夏银行B2B网上支付系统，对订单确认后进行网上支付，将资金支付给商户；

③ 银行向商户通知买家的资金支付成功；

④ 商户通知卖家向买家发货；

⑤ 卖家向买家发货；

⑥ 商户通知银行将商户账户的买家资金支付给卖家；

⑦ 银行将资金支付给卖家。

4.2.3.8 银行保证金模式

在银行保证金模式下，企业在商户网站下订单，在线将资金支付给华夏银行，由华夏银行保管资金，待交易结束后，再由华夏银行将资金支付给卖家的支付方式。特点是：交易资金由银行存管，商户无法动用；商户管理交易，流程由商户控制；资金根据订单定向出入；交易全面：预付、补充预付、取消预付、实付。这种模式的具体交易流程如下：

① 买家在商户网站购买商品并下订单；

② 网上支付，买家登录华夏银行B2B网上支付系统，对订单确认后进行网上支付，将资金划转到银行中间账户，由银行进行存管；

③ 银行向商户通知买家的资金支付成功；

④ 商户通知卖家向买家发货；

⑤ 卖家向买家发货；

⑥ 商户通知银行将银行中间账户的买家资金支付给卖家；

⑦ 银行将资金支付给卖家。

4.2.3.9 批量支付模式

在批量支付模式下，企业在商户网站下订单，在线将资金支付给商户，待交易结束后，再由商户将资金批量支付给卖家的支付方式。在该模式中，买家和卖家没有任何关联，买家资金最终支付给哪个卖家由商户确定。特点：该模式为直接支付和商户保证金模式的结合；买卖无关联：买家向商户购物，商户寻卖家；订单无关联：订单买卖家账户无关联，由商户批量将资金支付给卖家；交易全面：预付、补充预付、取消预付、实付。这种模式的具体交易流程如下：

① 买家在商户网站购买商品并下订单；

② 买家登录华夏银行B2B网上支付系统，对订单确认后进行网上支付，将资金支付给商户（买家不知道卖家是谁）；

③ 银行向商户通知买家的资金支付成功；

④ 商户通知卖家向买家发货；

⑤ 卖家向买家发货；

⑥ 商户通知银行将商户账户的买家资金支付给卖家；

⑦ 银行将资金支付给卖家。

4.2.3.10 资金清算模式

在资金清算模式下，银行为大宗商品交易市场或交易所等商户会员进行入金、出金、资金清算等服务。特点：系统无需对接，快速上线；交易商可通过各种渠道将资金划转到交易市场专用结算账户；交易商向交易市场申请出金，将资金转出到绑定的出金账户；交易商可随时查询子账户余额。这种模式的具体交易流程如下：

① 入金，即客户通过各种渠道将资金汇入到商户专用资金账户中，银行和商户进行入金登记；

② 客户在商户交易平台进行交易；

③ 出金，即商户申请将资金转入到客户出金收款账户，银行核对后执行出金操作；

④ 总账出入账核对，即商户交易平台交易结束并日结后，执行总账户（商户专用资金账户）余额与所有子账户余额之和平衡核对；

⑤ 清算，即商户将客户当天发生的资金变动明细同步到华夏银行；

⑥ 商户将客户当天日结后各子账户的余额同步到华夏银行对账。

4.2.3.11 三方存管模式

这种业务模式是在资金清算服务模式的基础上，与商户交易平台直接对接，实行自动出入金，客户的交易资金存放在银行存管账户中，由商户、客户和银行共同对客户交易资金实行三方存管。三方存管模式具有以下特点。

① 资金三方存管。交易资金存放在银行存管账户，由银行、商户和客户共同进行管理，商户无法随意动用，充分保证资金安全。

② 出入金实时同步。银行与商户系统对接，出入金实时同步，由数字证书签名加密，操作安全简便，有效提高资金管理效率。

③ 资金定向出入，子账号、席位号（摊位号）、出入金银行账号一一绑定，锁定资金流向；账户实时监控，子账户余额变动实时短信提示，网上、电话随时查询子账户余额。

电子商务三方存管模式的具体交易流程如下：

① 入金，即客户通过各种渠道将资金汇入到商户入金专用结算账户中；

② 交易，即客户在商户交易平台进行交易；

③ 出金，即通过商户申请出金或者直接登录华夏银行B2B网上支付系统申请出金，将资金转入到客户出金收款账户；

④ 总账出入账核对，即商户交易平台交易结束并日结后，执行总账户余额与所有子账户余额之和平衡核对；

⑤ 清算，即商户将客户当天发生的资金变动明细同步到华夏银行；

⑥ 对账，即商户将客户当天日结后各子账户的余额同步到华夏银行对账。

4.2.3.12　华夏银行的B2B网上支付业务

华夏银行的B2B网上支付业务包含在线支付、订单管理、资金结算、三方存管等综合性金融服务，包括直接支付、冻结支付、商户保证金、银行保证金、批量支付、资金清算、大宗三方存管、产权交易8种模式。

4.2.3.13　产权交易模式

产权交易模式通过华夏银行的B2B网上支付系统与各类产权交易所的交易系统对接，协助其对保证金/交易价款等交易资金进行在线收付、存管、对账、查询、差错处理等功能。产权交易模式具有以下特点。

① 三方存管。保证金或交易价款存放在监管账户里，由银行、商户、客户三方共同管理，商户无法随意挪用，保证资金安全。

② 锁定出入金渠道。客户账号与会员号绑定，锁定资金流向。

③ 快捷高效，通过专线对接，商户直接从交易会员账户中划扣资金。

④ 服务便捷。支持跨行出入金，不限制客户在他行开户，方便快捷。

产权交易模式的交易流程如下：

① 入金，即客户通过各种渠道将资金汇入到监管账户中，实现保证金或交易价款的交付；

② 交易，即客户在商户进行竞拍、招投标等交易；

③ 出金，即结束后，商户可发起出金将资金转入相应的收款账户中，实现保证金的退回或交易价款的划转；

④ 对账，即商户可直接通过与华夏银行的接口进行对账，核对交易明细。

4.2.4　使用信用卡网上支付

4.2.4.1　信用卡及其功能

信用卡（或贷记卡）是指银行发行的，并给予持卡人一定信用额度，持卡人可在信用额度内先消费后还款的银行卡。

信用卡系统是集计算机、网络通信、金融与商业电子化设备及其信用卡业务的处理软件构成的电子货币流通体系。信用卡系统一般由事务管理、通讯授权、交易清算、表格处理等子系统组成。在事务处理子系统中设账户管理、卡户管理、商户管理、授权管理、支付名单管理、联机检索等功能；在通讯授权子系统中设POS授权和电话授权功能；在交易清算子系统中设卡户存款、取款、消费、贷款、还贷款、利息计算、内部结账、账户查询等功能；表格处理子系统中设打印交易清单、科目日结单、清户通知单、贷款凭证、利息传票等联机打印功能。人们在商家的POS机上刷卡消费。

传统信用卡支付系统是运行在商家、持卡人及其各自的开户银行之间的，支付过程是在银行内部网络中完成。银行自建网络的成本、性能、覆盖面和使用范围远没有互联网带来的优势强，于是逐渐运行到开放的互联网上，并由安全技术提供保障。在网上使用信用卡时需要先到购物的网站挑选商品，然后向商家进行购买行为的确认，最后通过银行系统登记信用卡号码和口令，银行从信用卡上向商家划走货款，同时商家按合同规定把货物送到用户手中。

4.2.4.2　信用卡进行网上支付的业务流程

使用信用卡进行网上支付的具体业务流程如图4-10所示。眼下最安全的信用卡系统是通过SET协议来进行网络支付，即加密发送信用卡号和密码到银行，由银行进行最终支付。当然相关单位和机构对买卖双方的合法性验证是相当严密的。银行卡的跨行支付在发卡行内银行卡支付系统中接入由中国银联建设和运营的银行卡跨行支付系统，完成信息转接和交易清算业务。2004年银行卡跨行支付系统成功接入中国人民银行大额实时支付系统，实现了银行卡跨行支付的实时清算。

使用信用卡进行网上支付十分适合B2C电子商务模式，目前在国内已经得到普及，其特别适用于小额、快捷的网上支付，也可以进行跨国使用。其缺点是匿名性不够好。

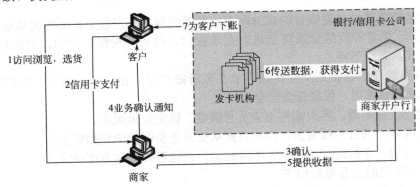

图4-10　信用卡支付流程图

4.2.5　使用电子支票网上支付

4.2.5.1　支票与电子支票

支票是指发票人签发的委托银行等金融机构见票时支付指定金额给收款人或其他指定人的一种票据。支票是转账结算的一种方式，所谓转账结算，是指不使用现金，通过银行将款项从付款单位（或个人）的银行账户直接划转到收款单位（或个人）的银行账户的货币资金结算方式。

电子支票是一种借鉴纸张支票转移支付的优点，将纸质支票的全部信息改变为带有数字签名的电子报文，通过数字传递将钱款从一个账户转移到另一个账户的电子付款形式。电子支票的支付是在与客户及银行相连的网络上以密码方式传递的，多数使用公约关键字加密签名或个人身份证号码（PIN）代替手写签名。用电子支票支付，事务处理费用较低，而且银行也能为参与电子商务的商户提供标准化的资金信息，故而是最有效率的支付手段。

4.2.5.2 电子支票进行网上支付的业务流程

电子支票的一般使用方式如图4-11所示，具体的操作步骤如下：

① 消费者和商家达成选用电子支票支付的协议；

② 消费者通过网络向商家发出电子支票，同时向银行发出付款通知单；

③ 商家通过验证中心对消费者提供的电子支票进行验证，验证无误后将电子支票送交银行索付；

④ 银行在商家索付时通过验证中心对消费者提供的电子支票进行验证，验证无误后即向商家兑付或转账。

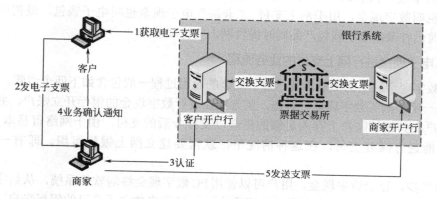

图4-11　电子支票的支付流程

下面以美国卡内基·梅隆大学开发出的"NetBill"电子支票系统为例，详细介绍使用电子支票进行网上购物并完成网上支付的业务流程。NetBill电子支票涉及客户、商家和NetBill服务器。把客户使用的软件称为"支票簿"，把中心服务器使用的软件称为"钱柜"。商家从钱柜收到客户想买什么的公报，客户持有的NetBill账号等价于一个虚拟电子信用卡账号。

NetBill电子支票具体的业务流程如下：

① 客户向商户请求正式的报价单，启动NetBill交易，支票簿向钱柜发出报价要求，钱柜将要求发送给商家；

② 在收到报价单请求后，商户定出价格，并返回报价单给钱柜；

③ 如果客户接受所报价格，决定购买，则告知钱柜接受该报价，并对其购买要求数字化签字；

④ 钱柜得到客户购买信息的要求后，向商家用一随机私钥对以上要求加密，并把加密的结果发送给钱柜，钱柜对加密结果计算一个安全的校验码，并把加密结果发送给客户；

⑤ 客户收到加密信息后，对加密结果计算一个校验码，把校验码、时间戳、购买描述以及最终所接受的价格打包在一起，形成电子购买订单（EPO，Electronic Purchase Order）。再把电子购买订单返回给钱柜；

⑥ 钱柜受到EPO后检验其数据的完整性，然后安全地转账，钱柜对账目进行核对，并通知商家已完成转账；

⑦ 商家向钱柜发出一张发票，发票经商家数字化签名，其中含有价格及用于解密的私钥；

⑧ NetBill服务器验证EPO签名和回签，然后检查客户的账号，保证有足够的资金以便批准该交易，同时检查EPO上的超时值判断是否过期，确认没有问题时，NetBill服务器及时从客户的账号上将相当于商品价格的资金划往商家的账号，并存储密钥K和加密商品的密码

单据，然后准备一份包含K值的签好的收据，将该收据发给商家；

⑨ 钱柜将发票传给客户；

⑩ 客户对商家的加密结果解密。

4.2.6 使用电子现金网上支付

4.2.6.1 电子现金的种类和功能

电子现金是一种在网上被当作现金使用的电子货币，它用一组加密系列数来表示现实中各种金额的币值。按照载体不同，电子现金可分为"卡基"和"软件基"两类。"软件基"电子现金也叫数字现金，用于网上支付；"卡基"电子现金也叫电子钱包，最初用于面对面支付，目前已有很多电子钱包产品同时提供网上支付功能。

4.2.6.2 电子现金进行网上支付的业务流程

（1）数字现金应用的一般步骤　数字现金的应用过程一般包含如下四个步骤。

① 第一步，购买数字现金。首先，买方要在发行数字现金的银行开立账户，并购买数字现金。用户在其银行账户上存入足够的资金以支持今后的支付。由于网络贸易本身的特点，买方有可能进行国外支付，在这种情况下，就需要建立网上银行组织，即有一个票据交换所。

② 第二步，存储数字现金。用户可以使用PC数字现金终端软件系统，从数字现金银行取出一定数量的数字现金存在硬盘上。事实上，一旦用户建立了自己的银行账户，就可以使用数字现金软件产生一个随机数，这个随机数经过银行使用私钥进行加密就可以作为数字现金来使用。

③ 第三步，用数字现金购买商品和服务。买方在同意接受数字现金的卖方订货，用卖方的公钥加密电子现金后，传送给卖方。

④ 第四步，资金清算。卖方接收数字现金后，与买方的数字现金发行银行之间要进行清算，数字现金银行将买方购买商品的钱支付给卖方。这种支付方式有两种：双方支付方式和三方支付方式。双方支付方式涉及买卖双方。在交易中卖方用银行的公共密钥检验数字现金的数字签名，确定后，把数字现金存入本人的机器，随后再通过数字现金银行将相应面值的金额转入自己的账户。在三方支付方式中，数字现金先是发给卖方，卖方再把它直接发给发行数字现金的银行，银行检验货币合法性后，将数字现金转入卖方账户。由于在双方交易的方式下，不能有效地检验数字现金的合法性，卖方会有一定的风险，因此，一般都采用三方支付方式。

（2）Mondex电子现金系统　下面以Mondex电子现金系统的具体应用为例来说明电子现金的使用。

Mondex是英国西敏寺（National-Westminster）银行开发的一种智能卡式电子现金系统。于1995年7月首先在有"英国的硅谷"之称的斯温顿（Swindon）市试用，很快就打开了局面，被广泛应用于超级市场、酒吧、珠宝店、宠物商店、餐饮店、食品店、停车场、电话间和公共交通车辆之中。然后在英国、法国、挪威、澳大利亚、新西兰、哥斯达黎加、菲律宾、以色列、加拿大、美国等地多有使用。

Mondex的使用方法是，预先在智能卡芯片内写入币值，然后再零售场所花费。使用时通过特殊设计的Mondex设备，利用芯片中的微处理器和存储器，执行支付控制程序和芯片间的传输协议，将货币币值从一张卡向另一张芯片转移支付。

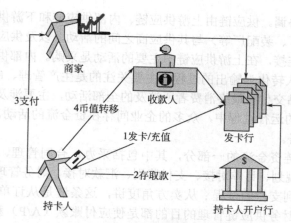

图4-12 Mondex电子现金支付系统结构

Mondex电子现金系统的结构参见图4-12，其具体的使用步骤如下：

① 客户申请兑换Mondex电子现金，发卡行受理后向客户发放相应币值的智能卡，或者向卡中充值；

② 持卡人向自己开户行中的银行账户进行存款或取款服务；

③ 持卡人向商家付款，商家利用"币值转移终端"的设备与持卡人的Mondex卡建立通讯，并造成币值转移，其间不用银行的参与，由Mondex卡的读写设备自行检验卡的真伪；

④ 持卡人可持卡与另一持卡人进行币值转移（网上/网下），通过"Mondex钱包"设备完成。若在网下，付款人可将Mondex卡插入"钱包"设备中，将卡内一定数额的币值移入电子钱包的存储器芯片中，然后再由收款人插入自己的Mondex卡，将电子钱包中保存的值再移入自己的Mondex卡中。若为网上支付，则通过双方专用的读卡写卡器直接在双方的卡之间建立通信，将付款人卡中一定数额的币值转移到收款人的卡中。

接收到Mondex电子现金的任何一方，包括持卡人的开户行、商家以及持卡人自己都可向发卡行兑换Mondex卡中的余额，将数字现金兑换为传统的物理现金。

4.3 B2B网络交易的结算

4.3.1 B2B网络交易

B2B（Business to Business）电子商务是企业（企业与供应链成员或者是企业与企业）之间通过互联网、外部网（Extranet）、内部网（Intranet）或者企业私有网络以电子方式实现业务。B2B的主要特点是企业希望通过电子自动交易或沟通和协作过程来提高它们自身的效率。与B2C电子商务的显著不同是B2B交易的交易次数不如B2C多，但是其交易的金额大，据统计，全球电子商务交易总额的70% ～ 80%是B2B电子商务创造的，因此B2B电子商务交易的重要性也就不言而喻了。

B2B电子商务的一个显著特点就是企业需要与其他企业一道协同完成业务活动。从原材料供应商经由制造商和仓库运输直接到最终消费者的物料流、资金流和服务流形成一条供应链（Supply Chain）。供应链包括生产制造以及将产品、信息和服务交付给最终消费者的组织和过程。在不同的B2B业务活动中，通常是顺着企业的供应链进行。以往，诸多供应链流程和环节都是依靠书面单证进行的（如订单、发票等）。供应链的管理包括发单、接单、填写和发送订单等过程的协调。供应链由上游供应链、内部供应链和下游供应链构成。上游供应链包括制造商（制造厂、装配厂等）与其供应商之间的活动，以及供应商与上级供应商（第二级供应商）之间的连接，在上游供应链中主要的活动是采购。内部供应链包括组织内部将从供应商处获得的输入转化为输出的过程，主要关注的是生产管理、制造过程与库存控制。下游供应链包括将产品交付给最终消费者所涉及的全部活动，主要涉及分销、仓储、运输和售后服务。在供应链的运行过程中，众多的企业间存在资金流的活动，更加需要电子化的、多样性的电子支付服务。

　　B2B 支付是供应链资金流的一部分，其中包括采办、合同管理、网上实现、交付、保险、信用评价、运输规划、订单对接、支付鉴别、汇款对接、财务管理等工作。从买方角度讲，这条链是从采办到支付的过程；从卖方角度讲，这条链是从订单到现金的过程。但不管是从哪方角度讲，财务供应链管理的目的都是使应付账款（A/P）和应收账款（A/R）管理、现金管理、营运资产管理、交易成本管理、财务风险以及财务行政管理得到优化。与较大的（实体）供应链不同，目前大多公司的财务供应链仍然处于低效状态，主要有以下几方面原因：

　　① 生成、传送、处理纸介质文件浪费时间；

　　② 人工处理文件缺乏准确性且需人工成本；

　　③ 供应链中的产品库存状况和现金流状况缺乏透明度；

　　④ 由于错误和不精确的数据在交易中产生分歧；

　　⑤ 贸易循环缺乏端对端处理的连续性。

　　这些低效操作在应收账款和应付账款的纸上管理时期尤为明显，因此，电子化运作成为供应链资金流的必然发展趋势。

4.3.2　B2B 网络交易结算的主要形式

4.3.2.1　结算的内涵和分类

　　结算是在商品经济条件下，各单位、个人等经济单位间由于商品交易、劳务供应和资金调拨等经济活动而引起的货币（包括使用现金、票据、信用卡和结算凭证等）收付及其资金清算的行为。结算按支付方式的不同分为现金结算、票据转让和转账结算，简称结算。

　　结算方式是指用一定的形式和条件来实现企业间或企业与其他单位或个人间货币收付的程序和方法，分现金结算和转账结算两种。现金结算是以直接收付现金的方式，结清因商品交易、劳务供应等业务的往来款项。而转账结算是指收付款双方通过银行以划拨清算的方式，把款项从付款单位存款户转入收款单位存款户。企业除按照规定的现金使用范围可用现金进行结算外，其余都必须通过银行进行转账结算。银行结算又可分为广义支付结算和狭义支付结算。

　　（1）广义支付结算　是经济单位在社会经济活动中，采用银行汇票、商业汇票、银行本票、支票、汇兑、委托收款、异地托收承付等结算方式进行货币给付及其资金清算的行为，以完成资金从一方当事人向另一方当事人的转移。

　　（2）狭义支付结算　仅为银行转账结算。资金清算是金融机构之间办理资金调拨、划拨支付结算款项，并对由此引起的资金存欠进行的清偿。对资金清算可以从实现支付结算的工具和由划拨支付结算款项而形成的行与行之间的资金存欠进行清偿两个层面上分为系统内资金清算与跨系统资金清算。

　　① 系统内资金清算。传统资金清算做法是通过联行往来实现资金划拨，联行往来是同

一银行系统内行与行之间由于办理结算业务等款项划拨，相互代收代付而引起的资金账务往来。计算机在资金清算中的运用，使得联行往来已经脱离原本意义，但很多专用的术语仍然保留。

②跨系统资金清算。跨系统资金往来通常称为金融机构往来，其资金清算的方法：一是通过金融机构在中央银行开立准备金账户逐笔或轧差清算；二是通过在往来的对方行开立清算账户清算。

4.3.2.2 电子支付结算系统

电子支付结算系统可以分为支付服务系统和清算业务系统两个层次，如图4-13所示。

支付服务系统是商业银行为客户提供金融服务时产生的支付与结算，它负责银行与客户的支付与结算。其特点是账户多、业务数量多，是网络金融的信息源。通常是分布式的综合业务系统。可通过银行柜台完成，或者通过ATM系统、家庭银行（HB）、POS系统、自动清算所（ACH）、企业银行（EB）、网上支付系统等自助系统完成。

清算业务系统是中央银行为商业银行提供支付资金清算业务，完成银行与金融机构之间、中央银行与商业银行之间的支付与清算业务。该系统一般由政府授权的中央银行组织建设、运营和管理，各商业银行和金融机构共同参与，系统庞大而复杂，包含电子汇兑系统及外汇交易结算系统等。

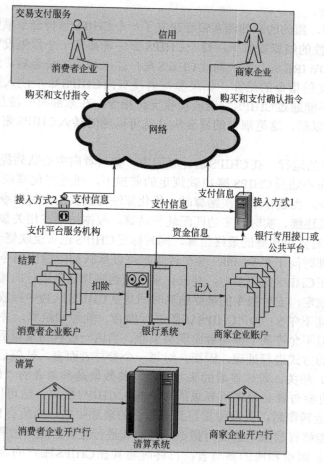

图4-13 电子支付与清算系统结构

4.3.3 国内外主要银行清算系统

4.3.3.1 纽约清算所银行同业支付系统（CHIPS）

（1）CHIPS系统概述　纽约清算所银行同业支付系统（the Clearing House Interbank Payment Systems，CHIPS）于1970年建立，由纽约清算所协会（NYCHA）经营。CHIPS是全球最大的私营支付清算系统之一，主要进行跨国美元交易的清算。纽约清算所成立于1853年，是美国最早的清算机构，创立的目的是解决纽约市银行间混乱的交易情况，建立秩序。在美联储于1913年成立之前，纽约清算所一直致力于稳定货币市场的流通波动。在美联储成立以后，清算所则开始运用自己的技术和组织能力来满足银行系统内部日益分化和交易量不断扩大的要求。

从2001年1月起，CHIPS已成为一个实时的、终结性清算系统。系统对支付指令连续进行撮合、轧差和结算。CHIPS的营业时间是从纽约时间早上7时至下午4时30分，资金转移的最终完成时间为下午6时，遇到节假日则营业时间适时延长。对支付指令的处理通常只需几秒，85%的指令可在12：30以前完成清算，这极大地提高了流动性。系统为从CHIPS队列中释放的支付指令提供实时的最终清算，支付指令的结算可以有以下三种方式：

① 用CHIPS簿记账户上正的资金头寸进行支付；

② 由反方向的支付来对冲；

③ 以上两者结合。

为实现这一处理，纽约的联邦储备银行建立了一个CHIPS预付金余额账户（即CHIPS账户）。在实时、终结性的结算安排下，每个CHIPS参与者都有一个预先设定的起始资金头寸要求，一旦通过FEDWIRE资金账户向此CHIPS账户注入相应的资金后，就可以在这一天当中利用该账户进行支付指令的结算。如果参与者没有向CHIPS账户注入这笔资金，未达到初始头寸要求，则不能通过CHIPS发送或接收支付指令。在东部时间凌晨0：30，CHIPS和FEDWIRE开始运行以后，这笔规定的资金头寸就可以随时转入CHIPS账户，但不能晚于东部时间上午9：00。

（2）CHIPS系统的运行　在CHIPS运行时间内，参与者向中心队列提交支付指令，该队列由CHIPS维护。在不违反CHIPS第12款规定的前提下，通过优化算法从中心队列中寻找将要处理的支付指令。当进行某一次结算时，优化算法将相关的支付指令从中心队列中释放出来，对支付指令做连续、实时、多边匹配轧差结算，根据结果在相关参与者余额账户上用借记/贷记方式完成对支付指令的最终结算，同时标记CHIPS记录反映资金头寸的增减变化。在系统关闭前，东部时间下午5：00，参与者随时可以从队列中撤出指令。对当前头寸的借记、贷记只是反映在CHIPS的记录中，并未记录在纽约联邦储备银行的簿记账户中。按照纽约法律和CHIPS的规定，支付指令的最终结算时间是从CHIPS队列中释放的时间。

每天的东部时间下午5：00，CHIPS试图进行撮合、轧差和结算，并尽可能多地释放尚在队列中的指令，但不允许某个参与者出现负头寸。当这一过程结束以后，任何未释放的指令将通过多边轧差的方式进行处理。因而，对每一个参与者而言，轧差后的净头寸与其当前头寸（为零或为正）相关，若轧差后的头寸为负，其数值是参与者的"最终头寸要求"。有"最终头寸要求"的参与者必须将所要求的资金转入CHIPS账户，这可以通过FEDWIRE完成。当所要求的资金转账后，资金将贷记到参与者的余额中去。当所有FEDWIRE资金转账收到后，CHIPS就能够释放余下的支付指令，并对其进行结算。这一过程完成后，CHIPS将账户中尚存的余额转账给相应的参与者，日终时将其在CHIPS账户的金额减为零。由于预付资金数量相对较少，并且对支付指令的清算和结算是在多边匹配轧差的基础上进行的，所以预付资金240万美元，就可以进行超过12亿美元的支付，一美元资金的平均效率乘数达到500以上。这加速了资金再循环，减少了流动性需求和日末流动性短缺的风险。

2003年11月4日，CHIPS对系统接入方式做了基于Internet的新服务的调整，提供基于Internet的管理报告和更高效的清算处理，参与者和其他用户可以利用Internet更加方便地使用该系统。

首先推出的网上服务是追加资金（Supplemental Funding），它允许参与者追加资金并指定某些支付指令优先处理，立即清算。CHIPS作为具备终结性的多边净额结算系统，对多个参与者的支付指令进行匹配，然后进行实时的清算和结算。大部分指令的清算在15秒内完成，但有时银行会希望某些指令具有更高的优先级，能够立即清算。通过这项服务，银行就可以在网页上控制这一过程，根据需要更改支付指令的处理顺序。

此外，CHIPS提供在线的管理报告，而以前该报告只能在客户端生成。现在，金融机构在登录后就可以看到自己与交易对象的相对头寸，查询支付状况，进行与CHIPS相关的管理。追加资金和管理报告这类网上服务为CHIPS的参与者提供了更大的便利。以前，CHIPS提供新服务后，参与者必须调整自身的系统才能享受到新的服务。而现在CHIPS则调整了自身的系统，并通过网络提供这些服务，这样参与者的维护费用下降，而且很快就可以利用上这些服务。

4.3.3.2 国际环球同业银行金融电信系统（SWIFT）

（1）SWIFT概述 环球同业银行金融电讯协会或译为环球银行金融电信协会（Society for Worldwide Interbank Financial Telecommunication，SWIFT），是一个国际银行间非盈利的国际合作组织，总部设在比利时的布鲁塞尔，并在荷兰阿姆斯特丹和美国纽约分别设立交换中心（Swifting Center），以及为各参加国开设集线中心（National Concentration），为国际金融业务提供快捷、准确、优良的服务。SWIFT运营着世界级的金融电文网络，银行和其他金融机构通过它与同业交换电文，从而完成金融交易。除此之外，SWIFT还向金融机构销售软件和服务，其中大部分的用户都在使用SWIFT网络。

SWIFT组织成立于1973年5月，其全球计算机数据通讯网在荷兰和美国设有运行中心，在各会员国设有地区处理站。1977年时SWIFT在全世界就拥有会员国150多个，会员银行5000多家，SWIFT系统日处理SWIFT电讯300万笔，高峰达330万笔。到2007年6月为止，SWIFT的服务已经遍及207个国家，接入的金融机构超过8100家。

中国是SWIFT会员国，中国银行、中国工商银行、中国农业银行、中国建设银行、中国交通银行等均加入了SWIFT组织，开通了SWIFT网络系统。

SWIFT用户除相关银行外，也允许其他机构访问各项服务。当前，用户可被分为以下几类：

① 银行（Banks）；
② 贸易机构（Trading Institutions）；
③ 短期信贷经纪人（Money Brokers）；
④ 债券经纪人（Security Broker Dealers）；
⑤ 投资管理机构（Investment Management Institutions）；
⑥ 清算系统与中央储备局（Clearing Systems and Central Depositories）；
⑦ 许可交易所（Recognised Exchanges）；
⑧ 信托服务公司（Trust and Fiduciary Service Companies）；
⑨ 保管和提名的子商（Subsidiary Providers of Custody and Nominees）；

⑩ 金库对等者（Treasury Counterparties）；

⑪ 财政部等服务提供商（Treasury ETC Service Providers）。

会员银行在使用"环球银行间金融电讯网络"汇付时使用各银行的代码（BIC）。SWIFT电文根据银行的实际业务运作分为十大类，其中第一类格式代码为MT1××，用于客户汇款与支票业务，如MT199通常用于电汇业务；第七类格式代码为MT7××，用于跟单信用证及保函业务，如开立跟单信用证的格式代码为MT700/MT701，MT710是通知由第三家银行开立的跟单信用证报文格式。

（2）SWIFT提供的服务　SWIFT可以向客户提供信息接入、金融信息传送、交易处理和分析服务与分析工具4个方面的服务，具体介绍如下：

① 接入服务。SWIFT的接入服务通过SWIFTAlliance的系列产品完成，包括以下几点。

a. SWIFTAlliance Access and Entry：传送FIN信息的接口软件。

b. SWIFTAlliance Gateway：接入SWIFTNet的窗口软件。

c. SWIFTAlliance Webstation：接入SWIFTNet的桌面接入软件。

d. File Transfer Interface：文件传输接口软件，通过SWIFTNet FileAct使得用户方便地访问其后台办公系统。

e. SWIFTNET Link软件：内嵌在SWIFTAlliance Gateway和SWIFTAlliance Webstation中，提供传输、标准化、安全和管理服务。连接后，它确保用户可以用同一窗口多次访问SWIFTNet，获得不同服务。

② 金融信息传送服务。SWIFTNet启用以后，传统的FIN服务转而在新的网络SWIFTNet FIN上提供。SWIFT把传统的FIN服务与新开发的、交互性的服务进行了整合，开发出SWIFTNet信息传送服务以满足现代金融机构不断发展的需要，包括以下4种服务。

a. 金融信息传送。

b. SWIFTNet InterAct：提供交互（实时）和存储与转发两种信息传送方式，适合要求实时应答的金融业务。

c. SWIFT FileAct：提供交互和存储与转发两种文件自动传输方式，适合大批量数据的传输。

d. SWIFTNeBrowse：以浏览为基础，使用标准的Internet浏览器和SWIFT Alliance Web Station访问Browse服务，其安全由SSL和SIPN保证。

③ 交易处理服务。交易处理服务也是通过SWIFTNet向外汇交易所、货币市场和金融衍生工具认证机构提供交易处理服务，具体包括如下3种服务。

a. 交易处理匹配服务（Accord Matching）。

b. 实时报告的双边净额清算服务（According Netting）。

c. 支持B2B商务中的端对端电子支付（E-Payments Plus）。

④ 分析服务与分析工具。SWIFT也向金融机构提供一些辅助性的服务，即分析服务与分析工具，SWIFT包括以下分析工具。

a. BIC Online和BIC Directory Update broadcast：向金融机构提供最新的、世界范围内的金融机构的代码（BIC）。

b. Traffic Watch：可以监视SWIFT当前传送信息的数量。

c. Transaction Watch：可以监视信息从发出到接收所经历的过程，获得各种参数，为提高证券系统和支付系统的效率提供分析数据。

d. STP Review：金融机构为提高自身竞争力，直达处理（Straight Through Processing, STP）能力变得愈加重要。SWIFT可以向用户提供独立、客观的STP评估。

4.3.3.3 联邦储备通信系统（Fedwire）

（1）Fedwire系统概述　联邦储备通信系统（Fedwire，Federal Reserve Communication System）又称为美联储转移大额付款系统，是美国金融基础设施的重要组成部分。Fedwire和相关支付系统的运作经常将大额短期信用暴露给系统的参与者（反映为通常所说的日间透支）。美联储还通过贴现窗口将隔夜信贷业务提供给存款机构。美联储对各种形式短期贷款的"信用风险管理"很大程度上依赖信息监管。

Fedwire系统自1914年11月开始运行，1918年起开始通过自己专用的摩尔斯电码通讯网络提供支付服务，从每周结算逐渐发展到每日结算，联邦储备银行安装了一套专供其使用的电报系统来处理资金转账。20世纪20年代，政府债券也开始用电报系统进行转让。直到70年代早期，美国国内资金、债券的转移仍然主要依赖于此电报系统。1970年美国开始建立自动化的电子通信系统。1980年，联储的成员银行开始使用Fedwire提供服务，收费标准仍未明确，成员行不缴纳或很少缴纳费用。但是，随着对储蓄机构监管的放松，以及1980年的货币控制法案的出台，Fedwire服务收费被确定下来，并且非联储的成员银行业也允许使用该转账系统。为鼓励私营部门的竞争，法律规定Fedwire服务的收费必须反映提供此项服务的全部成本，以及因资金占用所带来的潜在成本和应有的赢利。

（2）Fedwire系统的服务功能　Fedwire的功能齐全，它不仅提供资金调拨处理，还具有清算功能。因此，Fedwire不仅提供大额资金支付功能，还使跨行转汇得以最终清算。此外，Fedwire还提供金融信息服务，通过Fedwire系统传输和处理的信息主要有以下6种。

① 资金转账（Funds Transfer）信息。即将储备账户余额从一个金融机构划拨到另一个金融机构的户头上。这些资金几乎全是大额资金。Fedwire资金转账的主要功能是：通过各商业银行在联邦储备体系中的储备账户余额，实现商业银行间的同业清算，完成资金调拨。Fedwire真正建立自动化的电子通讯系统是在1970年，此后Fedwire便获得了飞速的发展，但其处理的各类支付业务逐年增加。Fedwire将全美划分为12个联邦储备区、25个分行和11个专门的支付处理中心，它将美国联储总部、所有的联储银行、美国财政部及其他联邦政府机构连接在一起，提供实时全额结算服务。Fedwire主要用于金融机构之间的隔夜拆借、行间清算、公司之间的大额交易结算以及美国政府与国际组织的记账债务转移业务等。该系统成员主要有：美国财政部、美国联邦储备委员会、12家联邦储备银行、25家联邦储备分行及全国1万多家商业银行和近2万家其他金融机构。Fedwire的资金转账能为用户提供有限的透支便利，它根据各商业银行的一级资本来匡算其最大透支额。只有出现超过透支额的支付业务时，该支付命令才处于等待或拒绝状态。如果商业银行的账户余额不足，只要支付金额在透支额度内，美联储自动提供贷款，使支付命令得以执行。Fedwire的这一措施解决了商业银行资金流动性的问题，提高了支付系统的效率，能实现及时的资金转移，但同时也给中央银行带来了一定的支付风险，当某支付方发生清偿危机时，中央银行将承担全部风险，从1994年4月起，联邦储备银行开始对在其账户上的透支收取一定的费用，开始时年利率为24%，至1996年已提高到年利率60%，用于控制商业银行的日间信贷。Fedwire资金转账系统，是一个高速的电子支付系统，归联邦储备银行所有，并处于其操作与控制之下。

② 传输美国政府和联邦机构的各种证券（Securities Transfer）交易信息。

③ 传输联邦储备体系的管理信息和调查研究信息。

④ 自动清算（ACH）业务。在美国，大量采用支票作支付工具，通过ACH系统，就可使支票支付处理实现电子化。ACH系统通过自动票据清分机，实现支票和其他纸凭证的自动阅读和清分，再进行传输和处理，以使支票支付的处理过程实现电子化。现在，所有的美国

联邦储备银行都提供对支票的电子支付服务，大多数的金融机构可接收电子形式的支票。图像处理和条码技术是支票电子支付系统的两大关键技术。图像处理包括获得物理支票的图像和存储其中的数据信息，然后将图像信息传送到支付机构。条码技术使支付机构能对拒付支票自动进行背书，并可识别背书，以加快退票处理。

⑤ 批量数据传送（Bulk Data）。通过Fedwire进行的资金转账过程，是通过联邦储备成员的联邦储备账户实现的。因此，资金转账的结果将直接影响成员行持有的联邦储备账户的储备余额水平。这样，通过Fedwire结算的资金立即有效并立即可用。这也使Fedwire成为可使用在美国的任何资金转账（包括来自CHIPS和其他支付网络的资金转账）实现最终清算的唯一网络系统。通过Fedwire的资金清算是双向的，即联邦储备银行借记寄出方账户，并以相同信息贷记接收方账户。Fedwire允许白天透支。在转账时，如果寄出方在联邦储备账户中的资金不足，无法在其账户中对可用资金进行借记，即寄出方不能立即和联邦储备银行清算其资金余额，此时，Fedwire则向其发出一笔贷款，并仍然贷记接收方储备账户。因此，不管寄出方能否同联邦储备银行清算其资金余额，对接收方来说，支付总是最终的。通过Fedwire进行的资金转账，从寄出方发出，到接收方收到，几秒钟、最多几分钟就可完成。

⑥ 风险控制。通过Fedwire进行资金转账时所引起的金融风险，主要是由于寄出行弥补日间透支失败而产生的。允许白天透支，是美国联邦储备体系为了提高国家支付系统的有效性和可靠性而采取的一项合理措施，联邦体系也因此要承担一定的风险。为了进行有效的风险控制，联邦体系为Fedwire制定了相应的规章和作业通告，并以此来保护自己。联邦的风险控制方法是针对资金寄出银行的。如果寄出银行不能弥补日间透支，则联邦储备银行对寄出银行在联邦的所有资产有扣押权。

4.3.3.4 我国的银行清算系统

目前，我国基本上建立了八大支付系统：同城清算所、全国手工联行系统、电子邮政储蓄和汇兑系统、电子联行系统、电子资金汇兑系统、银行卡支付系统、网络银行系统及中国现代化支付系统等。这些支付系统都在电子商务的促进下得到了飞快的发展。下面对国内的上述银行清算系统分别进行介绍。

（1）我国目前的银行清算系统分类

① 同城清算所。它是由中央银行拥有和运行的，主要职责是同城支付交易的资金结算。全部同城跨行支付和大部分同城行内支付，都是通过同城结算所进行票据交换，并完成交易的。目前中国已经有300多家城市清算所和2000多个县城票据交换点。为了提高同城清算所的电子化程度，我国已经有15个业务量大的同城清算所采用了票据清分机；130多个城市采用了数据通讯网传递支付数据，建立了电子资金转账系统；160多个城市采用了磁介质交换支付数据。从1990年广州建立了我国第一个票据清分系统，到1998年投入运行的北京同城票据自动清分系统，仅仅用了8年的时间，使得北京清算所成为我国最大规模的票据清分中心之一。该系统处理范围覆盖北京和北京周边的部分河北城市，总共1000多个交换点，可以完成30万张的日交换量。该系统的建成，加快了北京地区的支票清分工作，加速了北京以及周边地区的社会资金周转。目前，同城清算所正在向自动化程度更高的纵深拓展。

② 全国手工联行系统。1996年年底，四大国有商业银行全部用各自的电子汇兑系统取代了原先的手工联行系统。不过，中国人民银行仍然运行着全国手工联行系统，对跨行纸质票据支付提供清算和结算服务，并办理中央银行各分行之间的资金调拨。由于手工联行传递和处理速度都比较慢，会造成大量的在途资金，所以终究会被电子联行系统取代。

③ 全国电子联行系统。为解决手工联行存在的效率低下、在途资金多和安全性差等问

题，中国人民银行于1989年开始建设全国电子联行系统，于1991年正式投入运营。该系统对加快我国资金周转、提高社会资金的利用效率、促进国民经济的快速发展，发挥了重要的作用。

④ 银行卡支付系统。为促进银行卡的跨行信息交换网络的建立，推动跨行和跨地区的ATM交易和POS交易，从1993年开始，全国"金卡工程"12个试点城市建立了跨行银行卡信息交换中心，并且于1997年9月全部开通运行。全国银行卡信息交换中心也于1998年投入运行。从此推动了我国自动银行系统的发展。银行卡支付系统正在实现中国人"一卡在手，走遍全球"的梦想。进入21世纪以后，随着电子商务的深入发展，银行电子化建设进入一个全新的发展阶段。网络银行系统的建立和完善将为全体居民和企业提供优质的服务。

⑤ 电子邮政储蓄和汇兑系统。在信息时代的感召下，我国传统的邮政储蓄汇兑系统也焕发了青春。邮政系统建立了自己的电子邮政储蓄和汇兑系统，为客户提供快速优质的金融服务，各个邮政局之间的资金结算是通过开设在中国人民银行的特殊账户中实现的。

⑥ 中国现代化支付系统。为了提高商业银行之间资金往来业务的效率，避免金融风暴、金融欺诈等金融风险，提高我国商业银行的现代化管理水平，也是为了促进网络支付的现代化程度，中国人民银行组织各个商业银行建立了中国现代化支付系统（China National Automatic Payment System，简称为CNAPS）。这个系统的大额资金转账系统是支付系统的核心。它的安全正常运行为我们的网络支付系统提供了最大的保证。

⑦ 网络银行系统。随着电子商务的发展，我国各个银行都建立了网络银行系统，并已经为客户提供网上支付服务和网络银行服务。进入21世纪以后，电子商务在我国有了飞速的发展，网上银行服务更加普遍，将为银行电子化建设进入全新的时代做出贡献。

⑧ 电子资金汇兑系统。该系统具有多级结构，包括全国处理中心、几十个省级处理中心、数百个城市处理中心和上千个县级处理中心。支付清算的高速与便捷，为中国电子商务的正常运行提供了基本保证。

（2）超级网银和中国现代化支付系统（CNAPS） 2010年10月，中国人民银行网上支付跨行清算系统建成并开始运行，该系统一直被外界称为"超级网银"，即各商业银行网上银行的互联平台。用户登录任何一家网银，都可查询其他行的自身账户信息，操作包括其他银行网银业务在内的大多数业务，不会再因为使用不同的银行卡而使业务范围受限。网银账户的"一对多"将大大刺激用户使用网银的积极性和活跃度，尤其是高速发展的个人网银用户。此外，这也给业务实力相对较弱的中小银行、地方性银行和快速发展的网络支付行业带来新的机会。而资源共享、安全保障、简化操作和更贴近市场需求的创新，也将成为未来几年各网络支付企业的业务重点。

中国现代化支付系统（CNAPS）在支付清算系统中处于中心枢纽的地位。CNAPS系统在结构上，它由国家处理中心（NPC）和全国省会（首府）及深圳城市处理中心（CCPC）组成，如图4-14所示。国家处理中心分别与各城市处理中心连接，其通讯网络采用专用网络，以地面通讯为主，卫星通讯备份。各政策性银行、商业银行可利用行内系统通过省会（首府）城市的分支行与所在地的支付系统CCPC连接，也可由其总行与所在地的支付系统CCPC连接。同时，为解决中小金融机构结算和通汇难问题，允许农村信用合作社自建通汇系统，比照商业银行与支付系统的连接方式处理；城市商业银行银行汇票业务的处理，由其按照支付系统的要求自行开发城市商业银行汇票处理中心，依托支付系统办理其银行汇票资金的移存和兑付的资金清算。

CNAPS系统在业务上由大额支付系统（HVPS）和小额批量支付系统（BEPS）、全国支票影像交换系统、全国电子商业汇票系统、网上支付跨行清算系统和境内外币支付系统六大业务系统构成。

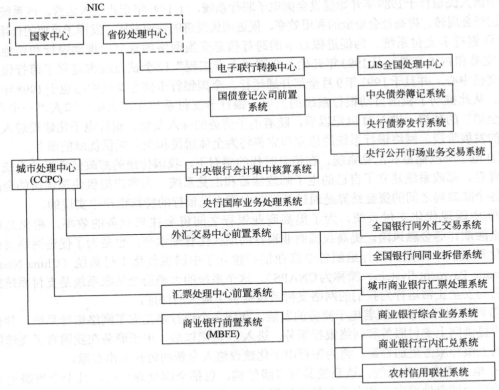

图4-14　CNAPS系统结构图

① 大额支付系统（High Value Payment System，HVPS）：于2002年10月8日投产试运行，2005年6月24日完成全国推广。系统采取逐笔实时方式处理支付业务，全额清算资金。建设大额实时支付系统的目的，就是为了给各银行和广大企业单位以及金融市场提供快速、高效、安全、可靠的支付清算服务，防范支付风险，它对中央银行更加灵活、有效地实施货币政策和实施货币市场交易的及时清算具有重要作用。该系统处理同城和异地、商业银行跨行之间和行内的各种大额贷记及紧急的小额贷记支付业务，处理人民银行系统的各种贷记支付业务，处理债券交易的即时转账业务。

大额支付系统（HVPS）处理下列支付业务：

a. 规定金额起点以上的跨行贷记支付业务；

b. 规定金额起点以下的紧急跨行贷记支付业务；

c. 各银行行内需要通过大额支付系统处理的贷记支付业务；

d. 特许参与者发起的即时转账业务；

e. 城市商业银行银行汇票资金的移存和兑付资金的汇划业务；

f. 中国人民银行会计营业部门和国库部门发起的贷记业务及内部转账业务；

g. 中国人民银行规定的其他支付清算业务。

② 小额批量支付系统（BEPS，Bulk Electronic Payment System）：于2005年11月28日投产试运行，2006年6月26日完成全国推广。系统在一定时间内对多笔支付业务进行轧差处理，净额清算资金。建设小额批量支付系统的目的，是为社会提供低成本、大业务量的支付清算服务，支撑各种支付业务的使用，满足社会各种经济活动的需要。该系统主要处理同城和异

地纸凭证截留的商业银行跨行之间的定期借记和定期贷记支付业务，中央银行会计和国库部门办理的借记支付业务，以及每笔金额在规定起点以下的小额贷记支付业务。小额批量支付系统采取批量发送支付指令，轧差净额清算资金。

小额支付系统BEP有如下特点。

a.全时无缝运行。小额批量支付系统采取了"连续运行、逐笔发起、批量发送、实时传输、双边轧差、定时清算"的处理流程，实行7×24小时连续运行，为客户通过"网上银行""电话银行"纳税等服务提供支持，同时满足法定节假日的支付活动需要，实行的是"全时"服务。

b.交易成本低。与大额支付系统相比，小额批量支付系统批量组包发送支付指令，每包最多可达2000笔，根据业务品种、发送业务时间段不同，每笔收费在0.1～0.5元（各银行还要向客户收取一定金额的手续费）。

c.能够支撑各种支付工具的应用。小额批量支付系统除传统的款项汇划业务外，还能办理财税库横向联网业务、跨行通存通兑业务、支票圈存和截留业务、银行本票，以及公用事业收费、工资、养老金和保险金的发放等业务。

d.小额贷记业务金额有限制。目前小额贷记业务金额上限为5万元，借记业务不设金额上限。

e.借贷记业务都能处理。大额支付系统只处理贷记支付业务，主要是汇款业务，而小额批量支付系统主要面向消费性支付（借贷记）业务，既支持汇款等贷记业务，又支持收款等借记业务。

小额批量支付系统BEP的业务种类包括普通贷记、普通借记、定期贷记、定期借记、实时贷记、实时借记、支票截留、支票圈存、通存通兑、清算组织发起的代收付业务、国库业务、同城轧差净额清算业务、信息服务业务13种类型。在这13种业务种类中除国库业务、同城轧差净额清算业务、信息服务业务以及普通借记业务主要是由银行使用外，其他业务种类与社会公众息息相关，为人民群众的日常生活和支付活动带来了极大的便利。其主要业务内容如下。

a.普通借记支付业务指收款行向付款行主动发起的收款业务，包括银行机构间的借记业务。

b.普通贷记支付业务指付款行向收款行主动发起的付款业务，包括汇兑、委托收款（划回）、托收承付（划回）、网银贷记支付业务等。

c.定期借记支付业务指收款行依据当事各方事先签订的协议，定期向指定付款行发起的批量收款业务，包括代收水、电、煤气等公用事业费业务、国库批量扣税业务等。

d.定期贷记支付业务指付款行依据当事各方事先签订的协议，定期向指定收款行发起的批量付款业务，包括代付工资、代付养老金等。

e.实时借记支付业务指收款行接受收款人委托发起的、将确定款项实时借记指定付款人账户的业务，包括通兑业务、国库实时扣税业务等。

f.实时贷记支付业务指付款行接受付款人委托发起的、将确定款项实时贷记有收款人账户的业务，包括个人储蓄通存业务等。

③ 全国支票影像交换系统：运用影像技术将实物支票转换为支票影像信息，通过计算机及网络将影像信息传递至出票人开户行提示付款，打破支票使用的地域限制，实现"一票在手，走遍神州"。

④ 电子商业汇票系统：依托网络和计算机技术，接收、登记、转发电子商业汇票数据电文，实现商业汇票的签发和流转电子化，解决纸质商业汇票交易方式效率低下、易遗失、克隆等风险。

⑤ 网上支付跨行清算系统：支持5万元以下的小额资金汇划、跨行账户信息查询等网上跨行零售业务，系统7×24小时不间断运行，满足网银用户全天候支付需求。

⑥ 境内外币支付系统：支持美元、日元、欧元、澳大利亚元、加元、英镑和瑞士法郎等币种的支付与结算，实现商业银行间外币支付的实时清算。

4.3.4 B2B网络交易短期和临时融资

4.3.4.1 短期融资的内涵与分类

短期融资是指筹集企业生产经营过程中短期内所需要的资金。短期融资的使用期限一般规定在1年以内，它主要用于满足企业流动资产周转中对资金的需求。传统短期融资的方式主要有商业信贷、短期借款、商业票据和短期融资券4种，分别介绍如下。

（1）商业信贷 在资产负债表中表现为应付账款，在西方国家是短期信贷中最大的一类，对较小的企业特别重要。商业信贷是融资的一种自发来源，它来自于企业的日常商业赊销活动，随销售额的增加，从应付账款中产生的融资供应量也就得到了增加。商业信贷的特点是方便但不正规，没有资格从金融机构中取得信贷的企业有可能得到商业信贷。

（2）短期借款 是指企业向银行或非金融机构借入的，期限在1年以内的借款。短期借款按照目的和用途可分为生产周转借款、临时借款和结算借款；按偿还方式可分为一次偿还借款和分期偿还借款；按有无担保可分为抵押贷款和信用贷款。银行在发放短期贷款时，为降低贷款风险，需要企业提供担保，企业只有提供必要的担保才能取得贷款。由于短期借款的期限短，因此作为短期借款的担保品，一般是流动性强的资产，如应收账款、存货、应收票据等。应收账款担保借款，即借款企业以其应收账款的债券作为担保品而取得的贷款。应收票据贴现借款，即以企业票据作为担保品向银行取得的借款。存货担保贷款，即企业以存货作为担保品取得的借款。

（3）商业票据 这种融资方式突出的优点是融资成本低和手续简便，省去了与金融机构签订协议等许多麻烦，但由于它的融资受资金供给方资金规模的限制，也受企业本身在票据市场上知名度的限制，因而特别适合于大企业的短期融资。

（4）短期融资券 是由企业发行的无担保短期本票。在我国，短期融资券是指企业依照《短期融资券管理办法》的条件和程序在银行间债券市场发行和交易并约定在一定期限内还本付息的有价证券，是企业筹措短期（1年以内）资金的直接融资方式。短期融资券的筹资成本较低，筹资数额比较大，还可以提高企业信誉和知名度，但发行短期融资券的风险比较大，弹性也比较小，发行条件比较严格。

4.3.4.2 中国工商银行的网络短期融资业务

网络银行在传统的短期融资业务的基础上发展出了许多网络短期融资业务。中国工商银行开展的网上商品交易市场融资可以为在与工商银行合作的网上商品交易市场上经营的企业，以交易商品现货等作保障，通过计算机辅助评价和利率定价模型，为市场交易商提供自助申贷、提款和还款等服务的短期融资业务，包括电子仓单买方融资和电子仓单卖方融资。中国工商银行的网络短期融资业务的电子仓单买方融资流程如图4-15所示。中国工商银行的网络短期融资业务具有如下特色。

（1）操作便捷 贷款申请、合同签订和还款全网络操作，减少纸质材料的传递和往来银行之奔波。

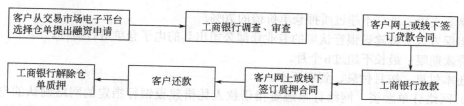

图4-15 中国工商银行电子仓单买方融资流程

（2）融资高效 银行借助交易商网络数据进行评判，贷款审批更为高效，让交易商在第一时间拿贷款。

（3）功能齐全 提供贷款申请进度查询和及时的短信提醒功能。设定的贷款条件为：

① 借款人与所在交易市场及中国工商银行签订三方协议，明确各自的权利和义务；

② 借款人为企业网上银行证书版客户，并开通相应证书权限；

③ 交易商品应符合融资方经营范围的相关规定；

④ 信用等级在A–级（含）以上。

4.3.4.3 中国建设银行提供的网络融资业务

中国建设银行提供的网络融资业务有网络联贷联保、网络供应商融资、网络速贷通、网络仓单融资和网络订单融资。这些融资业务与阿里巴巴、广西糖网、金银岛、义乌全球网电子商务平台、格力等国内制造业行业的诸多龙头企业（即供应链中的核心企业）、全国棉花交易市场等分别合作推出。中国建设银行上述网络融资业务的具体内容如下。

（1）网络联贷联保 是指3家（含）以上借款人，通过网络自愿共同组成一个联合体，联合体成员之间协商确定授信额度，向建设银行联合申请贷款，由建设银行确定联合体授信总额度及各成员额度，每个借款人均对其他所有借款人因向银行申请借款而产生的全部债务提供连带责任。

（2）网络供应商融资 该业务是供应商在正常经营过程中，以其持有的经建设银行和大买家确认的、尚未履行交货义务、相应款项尚未收付的购货订单为依据，向建设银行申请融资的信贷业务。该业务具有下列2个方面的优势：

① 解决供应商原材料备货等临时性资金周转；

② 解决部分客户经营规模较小、无法提供抵（质）押物、银行融资难问题。

（3）网络速贷通 该业务是对借款人不进行信用评级和一般额度授信，依据客户提供的足额有效的抵（质）押担保，并结合客户第一还款来源及网络信用而办理的信贷业务，并对网络信用好的电子商务客户给予一定比例的追加贷款额度。

（4）网络仓单融资 网络仓单融资指借款人持建设银行认可的专业仓储公司出具的电子仓单进行质押，向建设银行申请融资的信贷业务。网络仓单融资业务能够有效解决借款人生产经营过程中所需的临时性资金周转需求。网络仓单融资的优势有以下几点。

① 针对性强：特别适合经营周转快、短期资金需求大的客户群体。

② 流程简便：报名申请、合同签订、支用贷款、预约还款执行全流程网上操作，在家、在办公室即可轻松实现贷款。

③ 支用快捷：在仓单支用申请的T+1个工作日内完成支用审批及放款，并可在合同额度内循环支用。

④ 还款灵活：可通过网银预约还款，到期直接扣款还贷。但是对网络仓单融资的使用有以下限制。

a.单笔支用：最高不超过质押仓单价值的70%。

b.担保方式：持建设银行认可的专业仓储公司出具的电子仓单进行质押。

c.贷款期限：最长不超过6个月。

d.还本付息：按月付息、到期还本。

（5）网络订单融资　网络订单融资指借款人凭借建设银行指定的网络确认的电子订单（借款人作为买方）向建设银行申请融资的信贷业务。网络订单融资业务能够很好地解决借款人购买原材料、支付货款的临时性资金周转需求。网络订单融资业务具有下列优势。

① 进行合同订单项下原材料的采购和加工，减少自有资金占用。

② 解决前期资金问题，锁定原材料价格，避免价格波动而增加成本。

③ 使企业大幅提高经营周转速度，增加利润收益。但是对网络订单融资的使用有以下限制。

a.单笔支用：最高不超过订单金额的70%。

b.担保方式：借助金银岛交易监管平台，将订单转换为电子仓单进行质押。

c.贷款期限：最长不超过6个月。

d.还本付息：按月付息、到期还本。

（6）中国建设银行网络融资具体业务流程　中国建设银行提供的网络融资业务中网络联贷联保、网络供应商融资和网络速贷通三项业务的具体业务流程如下：

① 网上提交贷款申请；

② 确认提交成功；

③ 下载《个人信息授权书》《联合体协议书》，签字并加盖公司印章，先传真后快递至当地网络银行专营机构；

④ 资格审查；

⑤ 信贷调查、客户走访；

⑥ 贷款审批；

⑦ 签订贷款合同、放款。

中国建设银行提供的网络融资业务中网络仓单融资和网络订单融资两项业务的具体业务流程如下：

① 在建设银行网站报名；

② 建设银行通知审批结果；

③ 开立结算账户并开通企业网银；

④ 通过建设银行网银签订合同；

⑤ 指定网站完成仓单质押；

⑥ 在建设银行网银发起贷款申请；

⑦ 建设银行审核并放款。

4.3.4.4　短期融资的成功案例——春宇供应链

除以上融资方式外，还有供应链融资，它把供应链上的核心企业及其相关的上下游配套企业作为一个整体，是根据供应链中企业的交易关系和行业特点制定基于货权及现金流控制的整体金融解决方案的一种融资模式。供应链融资解决了上下游企业融资难、担保难的问题，而且通过打通上下游融资瓶颈，还可以降低供应链条融资成本，提高核心企业及配套企业的竞争力。

在本书第一章的引入案例中，上海春宇供应链成功地实现了对客户的一站式服务。春宇成功的关键是借助了网络金融的短期融资，通过与国内外各大金融机构和保理机构的合作，进行金融服务创新，为客户提供在线的基于采购、供应的一系列金融产品服务，包括采购资金的垫付、出口代收汇、汇率锁定、提前收汇、进出口结汇等，实现了让卖方货到付款，并给客户90天的账期，解决了客户交易的最后一站即供应链金融需求，真正达到一站式服务的目标。

本章小结

　　电子支付是依托互联网进行金融信息的传输来完成网上交易的资金支付，是网络交易过程中十分重要的关键环节，制约着电子商务发展进程。电子支付系统是融购物流程、支付工具、安全技术、认证体系、信用体系和金融体系为一体的实现电子支付的综合业务系统。包含金融业务规则、相关法律法规、计算机系统、网络安全系统、平台软件和应用软件等，是涉及现代信息技术、网络技术和各种金融业务有机结合的产物。

　　本章首先介绍了电子支付的起源、内涵和发展背景，阐述了电子支付与传统支付的异同以及电子支付的优势和对电子商务发展的重要性。其次详细介绍了目前主要的电子支付系统的分类、构成、工作模式、业务特点和业务流程。同时对电子支付系统信息传输的安全需求和相关的安全协议作了介绍。本章的第二部分着重对目前使用的电子支付系统包括B2C、B2B和第三方支付系统的组成、功能和业务流程做了比较详细的介绍，同时对采用信用卡、电子支票和电子现金进行电子支付的原理和操作流程，网络金融可能带来的问题和风险进行了比较详细的分析，并对网络金融风险的防范和监管方法及对策作了相应的介绍。本章第三部分主要对B2B电子商务交易的电子支付结算和清算作了深入的阐述，包括国内外主要的银行清算系统提供的功能和业务流程介绍，特别对我国银行清算系统支持电子商务的各种业务类型进行了分析。最后以中国工商银行和中国建设银行对企业间电子商务提供的短期融资业务为例，说明了电子支付中的短期融资在B2B电子商务中所起的重要作用。

复习思考

　　1. 什么是电子支付？电子支付与传统方法进行支付有何异同？

　　2. 电子支付有何优势？其发展前景如何？

　　3. 目前应用的电子支付有哪些类型？

　　4. 电子支付系统涉及哪些组成部分？各部分有什么作用？

　　5. 目前电子支付系统有哪几种不同的工作模式？各有什么特点？

　　6. 电子支付对安全的需求如何？SET安全协议的工作原理如何？

　　7. 什么是第三方支付？其业务流程有何特点？

　　8. 目前银行能对电子商务提供哪些支持业务？

　　9. 信用卡、电子支票和电子现金完成电子支付的业务流程各有何特点？

　　10. 电子支付面临哪些风险？如何规避电子支付风险？

　　11. 我国银行清算系统对电子支付提供哪些业务？

　　12. 什么是短期融资？在电子支付中起什么作用？

5

第三方支付与移动支付

本章学习目的

本章学习目的

- 掌握第三方支付的概念及内涵
- 了解第三方支付的商业模式及第三方支付平台
- 掌握第三方支付发展中存在问题及对策
- 了解第三方支付企业产生、分类及竞争与发展
- 掌握移动支付的概念与内涵
- 了解移动支付发展与现状、运营模式
- 了解移动支付的风险与防范
- 了解微信支付和手机支付宝的异同
- 了解阿里与腾讯之争的内涵
- 了解移动互联网金融今后发展趋势

银联商务再推"天天富"POS贷服务中小微企业

2013年，互联网金融概念持续发酵，各路"诸侯"纷纷以己之长，争相推出众多互联网金融服务产品。银联商务自2013年10月18日推出针对中小微企业的"天天富"基金理财产品后，这家服务于260万商户的国内第三方支付行业旗舰级企业，继续精准锁定中小微企业金融需求，在金融服务机构和商户之间搭建数据服务平台，在"天天富"互联网金融服务平台上接连推出了"天天富"POS贷"天天富"T+0"天天富"保理等产品。

据金融时报报道，针对小微商户在日常经营中形成的短期闲置资金理财需求，银联商务首期与光大保德信合作，于10月18日推出了"天天富"基金理财产品，商户的起购门槛从200元进一步降低至100元，购买无需任何手续费，资金赎回灵活，T+1日就能到账。以12月9日现金宝货币基金的7日年化收益率4.8%为例，银联商务的商户通过"天天富"购买基金理财产品，短期收益率即有可能高达银行活期利率的13.7倍，远远跑赢3%的银行一年期定存利率，让商户的钱"躺着"也能生钱，深受中小微企业欢迎。

作为一个海量商户数据库的天然拥有者，银联商务"天天富"互联网金融服务平台，挖掘蕴藏在"数据"背后的价值，撮合中小微企业资金需求以及银行的金融服务需求，向中小微商户提供多样化的融资理财服务类产品，这有助于带动中小微金融效率和服务创新的提升，中小微企业和商户、个体创业者等群体则是其中最大的受益者。

资料来源：http://finance.sina.com.cn/stock/t/20131216/083317644376.shtml，作者略有删改。

5.1 第三方支付

随着电子商务的迅猛发展，网上支付成为电子商务发展过程中必须解决的关键问题，由于网络的虚拟性、匿名性和开放性以及我国信用体系的不完善等问题引发的安全问题和信用问题，造成了大多数网民对网上支付的不信任，从而影响了整体网上支付市场的发展。作为"信用缺位"条件下的补位产物，第三方支付（Third-Party Payment）应运而生，在一定程度上解决了网上支付的安全和信用问题。

5.1.1 第三方支付的概念与业务流程

所谓第三方支付，是指和国内外各大银行签约，并具备一定实力和信誉保障的第三方独立机构提供的交易支持平台。通过与银行的商业合作，以银行的支付结算功能为基础，向政府、企业、事业单位提供中立的、公正的面向其用户的个性化支付结算与增值服务。从事第三方支付的非银行金融机构被称为第三方支付企业，它独立于电子商务商户和银行，是为商户和消费者（在交易过程中，消费者可能是其他商户）提供支付结算服务的机构。狭义上说，第三方支付企业通过与银行、运营商、认证机构等合作，并以银行的支付结算功能为基础，向企业和个人用户者提供个性化的支付清算服务和营销增值服务。2010年中国人民银行发布《非金融机构支付服务管理办法》以及2011年非金融机构支付业务许可证（简称"第三方支付牌照")的颁发，使得第三方支付行业的外延有了进一步延伸，广义上说，第三方支付企业扩展成了在收付款人之间作为中介机构提供网络支付、预付卡发行与受理、银行卡收单以及中国人民银行确定的其他支付服务的非金融机构。本章以狭义的第三方支付企业为主要研究对象。

第三方支付的业务流程一般为：买方选购商品后，使用第三方支付平台提供的账户进行货款支付，第三方支付平台在收到代为保管的货款后，通知卖家货款到账，要求商家发货；买方收到货物、检验商品并确认后，通知第三方支付平台；第三方支付平台将其款项转划至卖家账户上。这一交易完成过程的实质是一种提供结算信用担保的中介服务方式。以B2C交易为例，其具体的基本交易流程如下。

① 顾客在电子商务网站购买商品，与商家讨价还价后，决定是否购买。

② 如果购买，顾客选择支付方式（选择利用第三方作为交易中介），顾客用借记卡或信用卡将货款划到第三方账户。

③ 第三方支付平台通知商家顾客的货款已到账，可以进行发货。

④ 商家收到通知后按照订单发货，并在网站上作相应的记录，顾客可在网站上查看自己所购买的商品的状态；如果商家没有发货，则第三方会通知顾客交易失败，并询问是将货款划回其账户还是暂存在支付平台。

⑤ 顾客收到货物并确认满意后通知第三方支付。如果顾客对商品不满意，或是认为商品与商家描述有出入，可通知第三方支付拒付货款并将货物退回商家。

⑥ 顾客满意时，第三方支付将货款划入商家账户，交易完成。若顾客对货物不满意，则第三方支付在确认商家收到退货后将顾客的货款划回或暂存在第三方账户中等待顾客下一次交易的支付。

从以上的支付过程可以看出，第三方支付作为信用中介解决了买卖双方的信任问题，第三方不涉及双方交易的具体事宜，只是起到信用担保和中介操作服务的作用，有效地保障了货物质量、交易诚信、退还要求及资金转移过程等环节，并在交易过程中，可对交易双方进行一定的约束和监督。

5.1.2 第三方支付商业模式及应用

从2006年年底开始，第三方支付的商业模式开始走向较为明显的分化，不同的第三方支付公司的商业模式各有侧重，在市场中主要表现为如下5种。

5.1.2.1 支付网关模式

支付网关模式是支付产业发展较早而且最成熟的一种模式，以北京的首信易支付和上海的ChinaPay银联电子支付作为典型代表，包括银行和不少第三方支付公司今天提供的在线支付实际只是银行卡网关支付，至今该模式仍在广泛使用。

这种模式在支付过程中，首先确认用户持有的银行卡必须包含在第三方支付平台上该银行支持的地域范围内，并开通网上支付功能，然后用户在网上支付页面，填写相关信息，选择发卡银行，输入银行卡号、银行卡密码等，进行支付确认，支付货款即从用户账户直接转入商家账户，实现银行卡网上支付。用户输入银行卡资料提交过程全部采用国际通用的SSL或SET及数字证书进行加密传输，安全性由银行全面提供支持和保护，各银行网上支付系统完全可以确保网上支付的安全。第三方支付平台与银行以及商家之间通过数字签名和加密验证传送信息，提供层层安全保护，从而保证用户的卡片信息不会外泄。

第三方支付网关模式的主要价值在于第三方支付企业集成了银行的支付功能，是各家商户和银行之间连接的"中转站"，商户只需要和一家支付网关相连，便可支持绝大部分银行，给商户节省了接入、维护、对账和结算等成本。由于第三方支付企业服务于已经达成交易的资金支付，属于被动响应的服务方式，该模式的准入门槛低、技术含量少、缺少创新空间，因此企业要有大的发展和取得成功，必须围绕运营效率、服务创新和安全防欺诈技术形成核心竞争力，在银行的支付网关方面创造难以替代的附加值。

5.1.2.2　移动支付模式

移动支付是使用移动设备，通过短信、WAP或NFC等无线方式完成支付行为的一种新型的支付方式，以中国移动、中国银联于2003年8月联合成立的联动优势为典型代表。移动支付已在国外如日本、韩国有成功的模式，事实上，它已成为国内外运营商和金融机构支付业务的发展方向。据艾瑞咨询《2012～2013年中国移动支付市场研究报告》数据显示，2012年中国移动支付市场交易规模达1511.4亿元，同比增长89.2%；电子商务类应用在手机端应用发展迅速，手机网络购物、手机团购、手机网上银行应用以及手机在线支付网民规模增大，使手机在线支付市场发展迅速。2013年11月11日全天，通过支付宝流动的销售额资金量达350亿元，其中手机支付笔数为4518万笔，占支付宝整体交易笔数的24.03%，手机支付额突破了113亿元。移动远程支付正快速进入高速成长期，远程运营企业取得突破发展，但整体市场仍处于初级阶段，竞争格局未定。

移动支付有多种实现方式，如小额支付、手机钱包支付和手机银联卡支付等，图5-1所示为一个通用的移动支付业务流程。

相比较于第一种模式而言，该模式增加了支付中心和可信第三方两个实体。其中，支付中心负责连接用户和商家，提供支付和清算等服务；可信第三方（Trusted Third Party）指可以给用户提供信用、资金担保的单位，它拥有用户的支付账号，用户使用该账号支付相关商品，通常指银行/银联等。如果用户的账号在移动运营商处，移动运营商也可以是可信第三方。

在请求服务之前，用户、商家、可信第三方都需要在支付中心注册，获得合法身份，如图中第（1）～（3）步。从第（4）步开始，用户在商家请求服务，商家向支付中心提交支付请求，支付中心从用户获得授权之后，向可信第三方请求用户账号的支付，最后商家给用户提供服务。

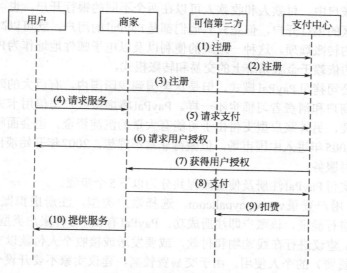

图5-1　移动支付业务流程

145

5.1.2.3 信用增强型虚拟账户支付模式

此种模式以支付宝和财付通为典型代表。它们通过虚拟账户和信用中介担保增强了电子商务交易的信用，促成了电子交易的产生。作为依附于购物网站的支付公司，支付宝和财付通属于非独立信用增强型虚拟账户支付模式。该模式下通用的支付过程如下。

① 第一步，用户登录相关信用增强型虚拟账户支付平台，注册虚拟账户，按照注册页面中的要求认真填写注册信息，激活虚拟账户。

② 第二步，确保银行卡已具备网上支付功能。

③ 第三步，登录虚拟账户，点击"账户充值"，输入需充值的金额，金额需大于或等于你购买货品所需的金额，选择发卡银行，点击下一步，输入支付卡号和支付密码，即完成充值。

④ 第四步，打开虚拟账户的交易管理，看到等待自己付款的交易，点击"付款"，按要求填写相关信息，此时，如果用户的虚拟账户中有余额并足够货款，系统就会跳转到虚拟账户支付页面，只要输入虚拟账户的支付密码，即可完成支付；如果虚拟账户中没有余额，系统会自动默认网上银行支付，回到第三步，进入相关银行网站，输入支付卡号和支付密码，完成充值后，再次进行第四步以完成支付过程。

随着电子商务的不断发展，作为非独立的第三方支付，依托其母公司在中国互联网的领先优势，拥有海量的用户资源和丰富的应用场景，它们不再仅仅是一个网络购物的支付工具，也扮演着购物之外的角色，因此提供的服务更加贴近用户的日常生活需求，同时更加有效地协助商户开展业务并提升企业价值，通过第三方支付为个人、企业提供完善的支付体验和解决方案。

5.1.2.4 虚拟账户型支付模式

此模式以PayPal为代表。PayPal在美国做得非常成功，从形式上看，PayPal的基本模式是"电子邮件支付"方式，但实际是一种基于其平台的虚拟银行账户的记账和转账系统。这种模式的特点在于，网络交易的收款人（卖家）只要告诉付款人（买家）自身的电子邮件地址，即在PayPal的用户名，那么付款人就可以通过PayPal完成付款。PayPal的用户发出的金额和和收到的金额首先都是对其PayPal账面的增减，用户可以通过PayPal账户的指令支付、提现或者变为银行的存款。还可以发出指令，使PayPal寄出支票，或者通过转账将资金划至用户指定的银行账户中。付款人和收款人可以在两个不同的银行开户，也可以是两个相距甚远的国家或者地区的银行开户，但是只要他们都是PayPal的用户，就可以减少跨行之间、跨国和跨地区之间的转账烦琐。这种一站式的便利以及以电子邮件地址作为PayPal账户的方式大大有别于传统的依赖于金融系统上的交易和转账模式。

国内有不少公司拷贝PayPal模式，但是从美国到我国国内，有巨大的时空变化，银行体系、监管体系、商户和消费者习惯也不一样。PayPal将虚拟账户与信用卡关联，完善的信用体系支撑非常必要，另外账户型支付由于可能有大量的沉淀资金，也会面临着运营风险和政策风险，PayPal 2005年进入中国市场，但做得非常不理想，2007年开始淡出国内电子支付市场，聚焦跨境支付服务。

虚拟账户型支付PayPal注册及使用流程共分为以下5个步骤。

① 第一步，用户登录www.paypal.com，选择账户类型，注册虚拟账户及PayPal账户，然后登录邮箱，进行验证，该账户即注册成功。PayPal有以下3种账户类型。

a.个人账户：建议进行在线购物和付款，或要发送或接收个人付款以支付分摊费用（如分摊账单费或租赁费）的个人使用。由于交易费较高，建议卖家不要开设个人账户来接收在线付款。

b.高级账户：建议希望在线收款，同时还在线购物的临时卖家或非商家使用。

c.企业账户：建议以公司/团体名义运营的商家使用。此类账户提供了附加功能，如最多允许200名员工对您的账户进行有限访问，以及允许使用客户服务电子邮件别名来转发客户问题，从而进行更快速的跟进操作。

② 第二步，提供网上银行卡等信息，增加账户金额，将一定数额的款项从其开户时登记的账户转移至虚拟账户下。

③ 第三步，用户需要付款时，必须先进入虚拟账户，指定特定的汇出金额，并提供商家的电子邮件账号给 PayPal 平台。

④ 第四步，虚拟平台向商家发出电子邮件，通知其有等待领取或转账的款项。

⑤ 第五步，如商家也是该 PayPal 用户，其决定接受后，用户所指定的款项即移转给商家；若商家没有 PayPal 账户，商家根据虚拟平台发送的电子邮件内容指示进入网页注册，取得 PayPal 账户，商家可以选择将取得的款项转换成支票寄到指定的处所、转入其个人的信用卡账户或者转入另一个银行账户，即完成支付过程。

5.1.2.5　按需支付的综合性支付模式

电子支付市场尤其是第三方支付市场从一开始就充满了激烈的竞争，2007年，在政策法规和市场趋势的双重作用下，电子支付从以纯支付网关为业务特色的1.0时代，逐渐进入以多元化平台和按需支付为业务特征的2.0时代，即电子支付不再仅仅局限于网关，而是以"按需支付"为核心，多元化的支付手段，形成了按需支付的综合性支付模式。这一模式以北京的易宝支付为典型代表，其主要特点表现为以下三个方面。

（1）行业化服务更加深入和细化　针对不同行业、不同领域的特定的对支付的需求而开发相应的支付产品，量身定制，满足用户的需要，实现支付领域的创新。例如数字产品（网络电影或者网络游戏）销售支付一般不是按次支付，主要通过包月服务，这与国航网站或呼叫中心卖机票时用户需要按次支付的行为是不一样的。提供的支付服务与行业和用户习惯越接近，用户就会获得更好的体验，支付平台也就有更大的发展空间。

（2）支付平台多元化　随着我国网民的增多，网民个性化需求增强，网上支付已经不能满足用户的需求，在网上支付的基础上发展电话支付、移动支付已经成为一种趋势，虽然目前电话支付和移动支付因为存在技术或者业务模式等方面的障碍，发展得并没有网上支付那么强，但是，可以预见不久的将来会得到较大发展，同时，用户也可以通过电子钱包（会员账户）支付、手机支付、自助终端支付等多种渠道方便快捷地进行支付。

（3）支付服务的增值化　企业享用第三方支付平台和网上银行支付需求的同时，更多地关注支付平台和银行能否为他们带来增值化服务，商户享用支付平台的同时，也关注支付平台能否给品牌推广、业务推广带来价值和影响。易宝在立足行业纵深服务的基础上，创新性地把不同行业庞大的合作商家资源整合起来，开展跨行业的交叉营销，比如用户在买机票的时候推荐一个便宜的保险，这既能给用户带来实惠，也给商家带来了交易。2009年7月，易宝联合中国银行与中国联通开展全国性异业合作促销，用户通过中国银行卡为联通手机充值，能享受折扣优惠，这个活动使中国银行网银交易量获得了500%的增长。

在电子支付2.0的发展过程中，政府机构、银行、行业协会、支付企业需要形成进一步的良好合作关系，而每一家支付企业也应针对中国国情和行业特征来提供多元化的按需支付服务，每一个有实力的支付企业在经历了混乱的1.0时代后，都将在2.0时代找到自己的阵地，共同促进中国电子支付产业的腾飞。

5.1.3 国内主要的第三方支付平台

为满足用户的多样支付需求，第三方支付平台除了对水电费、宽带、移动手机代缴服务等众多公共事业缴费领域、房产交易领域等提供支付服务外，还对其他各应用领域进行积极拓展。例如，支付宝增加数字娱乐、教育等领域的支付解决方案；财付通推出信用卡还款业务，并与东方航空合作，深入拓展航空客票领域；快钱加快保险与教育领域的拓展；易宝增加公益捐款支付；环迅拓展保险领域等。支付公司对多领域的拓展，满足了用户多样化的支付需求。2009年7月6日，第三方支付公司支付宝宣布，其注册用户数量突破2亿大关，这意味着中国的第三方支付用户已经超越美国，中国已经成为全球最大的第三方支付市场。

目前，中国第三方支付市场主要由线下收单市场、互联网支付市场、移动支付市场构成。线下收单市场以POS终端为主，然而近年来，以拉卡拉为代表的便利支付终端也取得了快速发展。随着网购货到POS付款规模的扩张、行业应用的深入拓展，以及由于我国便利支付终端主要应用于个人端用户，其市场拓展难度相对较大，且受限于业务范围，市场增长空间有限，未来几年，线下收单市场中POS收单规模占比还将出现上升。

互联网支付指通过互联网线上支付渠道，从PC端完成的从用户到商户的在线货币支付、资金清算等行为。随着国内网民数量的不断增加以及电子商务的高速蓬勃发展，中国互联网支付市场取得了较为快速的发展。据艾瑞咨询数据统计显示，2012年中国第三方互联网支付业务交易规模约为36589.1亿元，同比增长66.0%。然而随着以网购、航空客票为代表的传统电商行业应用逐步饱和，以及传统行业电商化拓展难度较大等因素，市场增速将出现持续下滑，行业进入一个相对成熟稳定的阶段，到2013年交易规模提高到53729.8亿元，同比增长46.8%，如图5-2所示。面对传统市场空间趋于饱和、盈利需求提升以及线上线下相融合的行业发展趋势，企业纷纷采取差异化的市场拓展战略，如跨境支付、传统金融产品销售领域等，采取整合平台优势资源为客户提供涵盖支付结算、资金效率管理、市场营销和增值服务的行业综合解决方案。

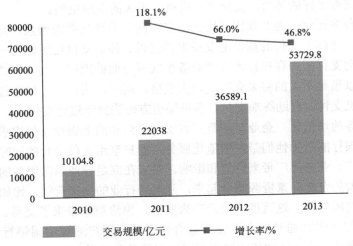

图5-2　2009～2013年中国第三方互联网支付市场交易规模

移动支付市场中移动远程支付正逐步摆脱技术层面的束缚，进入高速成长期；而近端支付由于终端改造成本、用户使用习惯以及产业链合作模式达成等多重阻碍，其拥有可观的发展前景，但要达到大规模商用阶段仍需要时间。

当前我国第三方网络支付平台主要有支付宝、财付通、易宝支付、快钱、百付宝（百度C2C）、网易旗下的网易宝、环迅支付、汇付天下等，其中用户数量最大的是支付宝，2012年中国第三方互联网支付市场交易额的占比如图5-3所示。下面对国内比较有代表性的第三方支付平台进行简要介绍。

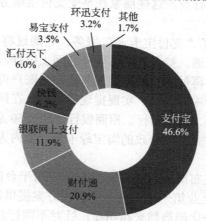

图5-3　2012年中国第三方互联网支付市场交易额占比图

说明：以上数据根据厂商访谈、易观自有监测数据和易观研究模型估算获得，易观会根据最新了解的数据对历史数据进行微调

5.1.3.1　支付宝

支付宝（AliPay，https：//www.alipay.com）是由阿里巴巴集团创办，2003年10月在淘宝网正式推出，用户覆盖了C2C、B2C以及B2B领域，到目前为止业务规模已占据整体行业份额近一半。2008年9月1日，使用支付宝的用户已经超过1亿人，支付宝日交易总额超过4.5亿元人民币，日交易笔数超过200万笔。2009年淘宝网交易额超过2000亿元，是2003年国内网购市场总额的近200倍，占国内社会商品零售总额近2%的份额。2010年3月14日，其用户数已经突破3亿人，这是国内电子商务服务平台的用户数首次突破3亿规模。支付宝的迅猛发展显示，我国打造电子商务基础设施，推动网络新消费的战略举措已经具有良好的基础。

2003年年底国内网络购物市场处于萌芽期，整个市场规模只有10亿元左右，买卖双方互不信任，支付存在瓶颈是很重要的原因，在这样的背景下，支付宝在全球率先推出了"担保交易"的模式。当用户通过支付宝向商家支付现金时，这笔钱并不是立刻就到了商家的账上，而是由支付宝公司作为信用担保，替买卖双方暂时保管货款，只有当用户拿到了商品并在自己的支付宝账户中确认了交易时，这笔钱才会被转到商家的支付宝账户中，充分考虑到现金支付方利益。这在当时国内电子商务环境尚不成熟、诚信体系不完善、用户网上交易信心不足的情况下，非常好地刺激了用户的网上交易热情。2005年，支付宝更是提出"你敢用，我就敢赔"的口号。支付宝作为信用担保，使得网上交易的现金安全得到了最大的保障，深得用户的喜爱，淘宝用户也更愿意使用支付宝作为支付工具，而不是采用风险较高的网上银行汇款等方式。

2004年，支付宝认识到电子支付作为电子商务基础服务的价值，开始独立运作，并逐步向淘宝之外的商家开放，通过第三方支付为企业、个人提供完善的支付体验和解决方案。它不再仅仅是一个网络购物的支付工具，也扮演着购物之外"生活助手"的角色，比如一些生活方面涉及资金支付的应用，如AA收款、信用卡还款、水电煤缴费、教育报名缴费等，为人们的生活工作提供安全、便利、贴心的服务。另外，支付宝创新的产品技术、独特的理念及庞大的用户群也吸引越来越多的互联网商家主动选择支付宝作为其在线支付体系，目前除淘宝网和阿里巴巴外，支持使用支付宝交易服务的商家已经超过46万家，涵盖了虚拟游戏、数码通讯、商业服务、机票等行业，这些商家在享受支付宝服务的同时，更是拥有了一个极具潜力的消费市场。

2006年11月支付宝推出了"支付宝卡通"服务。它通过将银行持卡人的账户和支付宝账户绑定，实现两个账户的互通，持卡人不需要开通网上银行，就可直接在网上付款，并且享受支付宝提供的"先验货，再付款"的担保服务。一个账户可申请多个支付宝卡通，还可以在支付宝网站上查询银行卡中的余额，实现提现零等待，在网上付款时就如同平时购物刷卡。目前支付宝已与工商银行、建设银行、招商银行等超过50家银行联合推出了这项网上支付服务，如建设银行的支付宝龙卡、邮政的淘宝绿卡等。业内人士认为，这样的方式将成为网上银行的一个重要补充。

2010年7月支付宝对外宣布国内首个针对商户的应用平台商家服务中心（b.alipay.com）正式诞生，这是第三方支付企业第一次将完善的解决方案提供给运用电子支付的各行各业。随着互联网电子商务垂直细分化趋势越来越明显，针对不同行业，支付宝等第三方支付平台的产品行业划分也将有垂直化倾向，商户服务平台作为专门针对各行业商户的门户，将着力为支付宝进军垂直领域电子商务打下很好的基础。通过商家服务平台不仅仅可以给每一个支付宝商户提供完整的解决方案，还可以通过细分行业达到将商户进行分级的目的，由此可以针对不同客户、不同需求，商户可以选择标准的解决方案和定制化的行业解决方案（如航空旅游行业、B2C行业），并且还可以实现在线签约。除此之外，支付宝还专门为中小商户提供售后商户热线中心等营销支持。令人惊叹的是2013年11月11日所谓的"双十一"光棍节，当天的销售额竟然达到350亿元人民币。

2013年6月13日，支付宝推出了定名为"余额宝"余额增值服务。通过余额宝，用户在支付宝网站内就可以直接购买货币基金等理财产品并获得收益，余额宝内资金仍可以同时用于网上购物、转账和缴费。不到半年，余额宝吸纳资金规模已经突破千亿元，直接对银行业提出了挑战。继第三方支付、P2P、众筹等互联网金融模式后，余额宝的推出，开启了金融机构和互联网的合作新模式，各家机构纷纷角逐互联网金融市场。同时，余额宝的胜利，使支付宝正在与易方达基金、南方基金、工银瑞信基金、德邦基金、道富基金五家基金公司合作，预推第二期理财产品——定期宝，将定位于7天、14天、30天、60天的短期理财项目。

5.1.3.2　财付通

财付通（TenPay，https：//www.tenpay.com）是腾讯公司于2005年9月正式推出的专业在线支付平台，致力于为互联网用户和企业提供安全、便捷、专业的在线支付服务。针对个人用户，财付通提供了在线充值、提现、支付、交易管理等丰富功能；针对企业用户，财付通提供了安全可靠的支付清算服务和极富特色的QQ营销资源支持。腾讯集团从Q币、门户到拍拍网，已形成了一个财富体系。虽然拍拍网在业界被指认为模仿淘宝网，而实质则是两种不同的结果。首先，腾讯集团旗下品牌QQ是一个强大的在线交友工具（即时通讯工具），每天超过2亿的活跃用户，与广大商户共享3亿腾讯用户资源。这种趋势也就促使腾讯造就了QQ商城的第一个财富体系。其次，淘宝网的商户有众多会员留有QQ交流方式，显然是QQ用户群体广泛，而腾讯正是迫于这种压力孵化出新的体验服务"拍拍网"，在QQ上直接查看购物状态，而这就是腾讯集团的第二个财富体系。最后，活跃用户＋拍拍商户＝财富观，继而腾讯集团推出了财付通在线支付业务，完成商户交易体验及财富梦想的第一全道。

随着目前第三方支付市场的明显细分化，差异化竞争也已经成为了制胜武器，求创新的竞争模式将成为第三方支付厂商的重要策略。相比较于支付宝的大量投入，财付通更多体现为腾讯的耐心培养，用户分享、精打细算地在有利可图的细分领域做到极致。2010年7月财付通依托现有的庞大的用户规模及品牌资源，主动创新正式推出开放平台，以后第三方应用开发者可以通过该平台直接将开发的应用发布在腾讯QQ小钱包上，与财付通共享收益。开放平台定位于生活应用平台，即凡是有能力为用户提供生活应用服务的第三方应用开发者，都可以申请将自己开发的应用放进这一平台，供用户在QQ上使用。

2011年5月财付通与支付宝同时成为第一批获得中央银行支付牌照的企业。2013年8月与微信联合推出的一款创新支付产品——微信支付，不仅全方位地提升用户的移动支付购物体验，更为合作商户提供了多种选择。

5.1.3.3 银联电子支付

银联电子支付服务有限公司（ChinaPay，http://www.chinapay.com）成立于2002年6月，是中国银联控股的银行卡专业化服务公司，拥有面向全国的统一支付平台。主要从事以互联网等新兴渠道为基础的网上支付、企业B2B账户支付、电话支付、网上跨行转账、网上基金交易、企业公对私资金代付、自助终端支付等银行卡网上支付及增值业务，是中国银联旗下的网络方面军。

银联电子支付依托中国银联全国统一的跨行信息交换网络，在中国人民银行及中国银联的业务指导和政策支持下，致力于银行卡受理环境的建设和银行卡业务的推广，将先进的支付科技与专业的金融服务紧密结合起来，通过业务创新形成多元化的支付服务体系，为广大持卡人和各类商户提供安全、方便、快捷的银行卡支付及资金结算服务。银联电子支付充分利用了中国银联全国性的品牌、网络、市场等优势资源，整合银联体系的系统资源、银行资源、商户资源和品牌影响力，实现强强联合、资源共享和优势互补。2009年作为中国唯一银行卡组织"银联"旗下的全资控股子公司，也是国内唯一一家拥有政府背景的第三方支付企业，以其独特的渠道优势和强大的资本实力大举进攻第三方支付市场，挑战支付宝的用户黏性优势。银联支付首先进入的是公共事业性缴费、教育和通信等同样拥有政府背景的领域，它串联了各银行原本各自为政的公共性缴费业务和手机业务，使之成为更加细致的业务网络。在电子商务三大主要领域的选择上，主要以B2C为主，B2B为辅，不做C2C，银联的独特优势更进一步拓宽了网上第三方支付平台所提供的便利。2009年9月，银联支付宣布与当当网联手，成为继财付通、快钱、YeePay（易宝）、首信易支付之后，当当网引入的又一家第三方支付平台。同时，银联酝酿已久的手机支付也相继在全国多个省市推出。

银联在第三方支付行业具有的先天优势，政府背景、公信力和兼容性是其品牌的"三大法宝"。由于目前的不少支付平台仅是针对特定网站，平台间难以兼容，作为国内唯一具有政府背景的第三方支付企业，银联的品牌和公信力毋庸置疑，其极有可能成为第三方支付行业的"通用货币"。作为银行业务的延伸，任何第三方支付企业一旦涉足B2B业务都绕不开金融业，而银联支付和银行间的天然联系令其和第三方支付行业间的竞争更可被视为一种大势所趋的行业融合共赢。

经过数年的开拓发展，ChinaPay拥有了雄厚的技术开发力量及丰富的业务拓展经验，为网上购物、金融、民航、旅游、彩票、移动通讯等行业领域提供了先进的支付系统解决方案，并积累了丰富的工程项目实施经验。

5.1.3.4 快钱支付

快钱（https：//www.99bill.com）成立于2004年，旨在为各类企业及个人提供安全、便捷和保密的综合电子支付服务。其推出的支付产品包括人民币支付、外卡支付、神州行支付、代缴/收费业务、VPOS服务、集团账户管理等众多支付产品，支持互联网、手机、电话和POS等多种终端，与不同机构银行合作，满足各类企业和个人的不同支付需求。截至2010年4月30日，快钱已拥有6200万注册用户和逾45万的商业合作伙伴，并荣获中国信息安全产品测评认证中心颁发的"支付清算系统安全技术保障级一级"认证证书和国际PCI安全认证。

快钱是基于E-mail和手机号码注册的支付平台，一方面它没有阿里巴巴、腾讯强大的实力支持，在短短3年时间里用户已经覆盖了全国各大城市，发展速度非常快，另一方面，快钱的受众群体也没有像支付宝及财付通受到一定约束，而是直接面向大众用户端。对于众多中小型企业、大中型企业以及个人，快钱已成为他们首选的支付品牌，基于WAP的支付方式让用户可以随时随地完成每一项交易。同时，快钱正在尝试更多不同的服务体验，先后与电视选秀节目和网游服务商合作，涉及业务多样化、服务群体大众化，使得快钱得到了良好的用户口碑，也实现了自身的品牌价值链。

快钱的目标，就是在中国任何有E-mail和手机号码的个人、企业，都能在网上非常便捷地完成收款和付款。"有邮箱就能收钱付钱"是快钱的招牌口号。在快钱的设置中，一个邮箱对应一个快钱账号，用户可以通过电子邮件进行收、付款，而网民应用最普遍的就是电子邮件，这也说明快钱把所有可能发生电子支付行为的网民都列为自己的目标用户。快钱也支持神州行支付，用户在注册快钱之后，就可以获得一个快钱账号，具有两种结算功能，一个是人民币和外币，一个是神州行，通过神州行卡可以完成支付和充值，并且神州行账号中的余额还可以取现，而商家开通了神州行支付网关后，也可以非常方便地与买家进行交易，这是目前其他第三方支付公司所做不到的。

快钱非常注重与重量级合作伙伴的关系。它和多家国内外知名企业如网易、搜狐、百度、ToM、当当、神州数码、国美、三联家电等公司达成战略合作，领导着支付行业的产品创新。当然，在合作过程中，由于每家企业的战略思维和阶段性目标不一样，快钱会根据不同的合作伙伴，选择不同的合作方式，例如在与搜狐的合作中，采取的是账户捆绑的形式，向搜狐的用户赠送账户，该账户管理功能像一个小银行，可以进行收费付费，这也使合作伙伴为其用户增加了一项增值服务。在与游戏类企业合作时，采用了新的非银行卡的支付方式，得到了商户极大的支持。

2010年7月在中央银行超级网银的即将问世、各大电信运营商纷纷开展手机支付业务，普遍对第三方支付企业生存与发展存在质疑的背景下，快钱向外界高调宣布2010年支付清算总额将达到创纪录的4000亿元，同比2009年净翻4倍，无疑这一数字引起了媒体及业界的极大关注，快钱如何做到的，"我们是独立第三方电子支付企业，不是网上支付企业"，强调独立，强调电子支付，说明快钱并没有把全部精力放在国内线上支付的混战中，其更大的关注点在于线上线下同步发展。

有分析人士认为，线下电子支付市场份额更大，其对于电子支付企业的战略转型或将起到决定性的影响。同时，快钱在线上支付领域并没有很高的市场准入门槛，其首创的很多服务随之被其他支付企业迅速复制而失去市场地位。易观国际分析师曹飞认为："快钱必须去选择支付宝优势之外的市场，依托传统的网上支付收入保证公司的正常运转，同时大力发展新业务，快钱的未来或许就藏在这些新业务里面。"而新业务不仅仅指应用广泛的线下电子支付业务，也包括目标市场的战略型拓展，用快钱首席执行官（CEO）关国光的话说就是"在横向拓展产业规模的同时，纵深挖掘业已覆盖行业的产业链资金流通需求，为产业链的所有环节提供电子支付清算服务，在各个产业中实现'有支付和清结算，就有快钱'"。例如，快钱在保险业已经成为"国内与保险公司合作最多的支付企业"，在各级电销、网销、续保等业务领域提供电子支付清算服务，保险续费电子支付更是快钱的国内首创。快钱在发展过程中，具有独到的战略眼光，比竞争对手更早启动某一项业务，速度上占据了优势，但是巨大的用户数量差距并不能使先发优势形成足够的规模优势。

5.1.3.5　易宝支付

易宝支付（YeePay.com，http://www.yeepay.com）是中国领先的独立第三方支付平台，2003年8月由北京通融通信息技术有限公司创建。易宝支付自运营以来，一直致力于为广大商家和消费者提供"安全、简单、快乐"的专业电子支付解决方案和服务。YeePay易宝具有三大特点：易扩展的支付、易保障的支付、易接入的支付。由于用户的重要数据只存储在用户开户银行的后台系统中，任何第三方无法窃取，因此为用户提供了充分保障。从接入YeePay易宝到使用商家管理系统，无需商家任何开发，零门槛自助式接入，流程简单易学、即接即用。凡是成为YeePay易宝的客户，都可以自动成为YeePay财富俱乐部的会员，享受YeePay易宝提供的各种增值服务、互动营销推广以及各种丰富多彩的线下活动，拓展商务合作关系，发展商业合作伙伴，达到多赢的目的。

2005年年底，易宝通过与银行合作在国内首创了电话支付模式，例如消费者可以在航空公司或代理公司订票，然后拨打各大电话银行的全国统一特服电话，通过自动语音提示来完成付款，这种比互联网支付更加安全的方式获得了用户认可，易宝开始获得市场认可。易宝CEO唐彬是互联网领域的专业人士，他认为，根据当前中国市场情况，电子支付并不单单指网上支付，它包括了所有可能实现的支付途径。易宝倡导多元化支付，实现线上+线下的支付模式。在业务开拓方面，易宝提出了电子支付2.0的概念，强调"按需支付"，即最大限度地按照用户的需求制订支付方案，为不同行业的不同支付需求定制产品。唐彬认为最核心的是，看准你客户身上存在的支付需求并以合适的产品和服务去满足它。在支付方式上，易宝也与银行、电信运营商推出了电话、手机、互联网等多元化的方式，并且在国内率先提供7×24小时的服务。在合纵连横上，与众多国家银行和知名互联网公司如新浪、百度等建立了共赢平台，多元化支付平台也使易宝因此获益。

相比支付宝3亿注册用户，易宝支付在用户数量上的劣势明显，不过通融通信息技术有限公司副总裁余晨相信，支付宝本身的用户黏性有限，其用户黏性主要来自淘宝。因此，易宝将更多精力放在如何将行业解决方案做透，强调行业增值服务，"将来通过跟商家的合作反过来影响用户"。他认为易宝的优势在于专注与深入，目前易宝将重心放在数字娱乐、航空旅游、教育考试等领域，同时，2010年易宝支付在无线互联网领域的预付卡支付市场也已占有90%的市场份额。

更加值得一提的是易宝支付首创"绿色支付，快乐生活"的理念。绿色支付的内涵是安全、便捷、低成本、高效率、创新、公益，倡导用绿色支付服务绿色商家，绿色商家创造快乐生活，并通过"绿色支付"推动社会公益。在2007年2月，易宝支付首家承诺"每完成一笔支付，将捐赠1分钱用于公益事业"，让每笔支付都具有人道的力量。用户还可以在支付的同时方便地进行捐赠，实践"绿色支付，人人可慈善"的理念，为创建爱心、和谐的互联网环境尽一份责任。易宝支付关注到第三方支付对公益的价值绝不仅仅只是在于为大灾大难开通捐款平台，而在于有效推动日常社会公益事业的发展。"这仅仅是将公益融入易宝支付日常业务的开始"，余晨说："如果把当初名人名企的传统慈善当成公益1.0的话，2008年汶川地震到2010年，可以说是网上募捐风起云涌的平民慈善公益2.0时代。下一步，易宝支付将打造国内一流的公益服务平台，整合商家、用户，以及公益机构的资源及需求，从而推动互联网公益进入3.0时代。"截至2010年6月底，易宝支付公益圈已累计完成网上募捐2220万元，"网上公益"已成为众多网友日常网上生活的一种重要方式，而易宝支付公益圈倡导的"人人可慈善"的理念，得到更好的传播和体现。

5.1.3.6　PayPal

PayPal成立于1998年，是全球最早建立的第三方支付平台，总部设在美国加利福尼亚州的圣何塞，2002年由eBay收购。PayPal利用现有的银行系统和信用卡系统，通过先进的网络技术和网络安全防范技术，在全球190个国家为超过2亿人以及网上商户提供安全便利的网上支付服务，能支持24种货币及信用卡在线支付与收款。2003年6月，eBay全资收购易趣后，易趣与eBay全球交易平台随之实现完全对接。与此同时，PayPal与上海网付易信息技术有限公司推出贝宝，此后贝宝也开始与易趣自有的诚信支付工具"安付通"进行了对接，eBay的买家可根据自身需要选择使用贝宝或安付通支付货款。但由于"贝宝"自诞生起就引入了PayPal对卖家收取一定比率佣金的盈利制度，相比之下，由于当时淘宝承担了本来应该由卖家支付的费率，所以，其支付工具支付宝得到了极大的推广。在本土化方面的种种创新乏力以及竞争对手的堵截，都使得贝宝处于十分尴尬的地位，市场份额在一开始就不及支付宝的一个零头。最终，随着eBay在国内C2C市场不敌淘宝，2006年年底，贝宝最终随着易趣控股权一起被卖给了Tom Online，随即也被易趣弃之不用。

PayPal如何更好地在中国发展，如何避开价格战，找到符合自己特点的盈利模式？最终，PayPal选择了吸引中国卖家通过eBay全球平台开展外贸业务上。但问题是如何让欧美买家对中国卖家产生信任，杜绝假货带来的风险，因为eBay对于卖家不仅收取上架费，而且还按成交额收取一定比例的佣金，卖家的成交量不仅决定了其利润额，而且更重要的是，一旦出售仿冒货物，eBay也会承担相应的赔偿责任和品牌损失。这对于eBay来说是个难题，但对于PayPal来说，恰好是个机会。在eBay上开展业务，其他国家的卖家可以选择不同的支付方式，但对于中国卖家必须使用PayPal为支付工具，这意味着，中国卖家在拥有eBay账户之外，还需要成功申请到PayPal账户进行捆绑，才可以开展业务。由于PayPal基于信用卡的付费模式，卖家在注册账号时，就一定拥有了双币信用卡账号，通过"eBay和PayPal捆绑，PayPal和银行捆绑"的认证链条，完成了对卖家的身份认证和信用认证，很好地解决了跨国交易中的信用问题。交易成功后，PayPal则会根据卖家的收款额收取一定比率的佣金和手续费。

有了eBay市场基础的同时，2008年开始PayPal在中国大力与"非eBay"的大公司之间就拓展海外市场展开合作。2008年7月，PayPal与携程进行了合作，携程推出了瞄准外籍人士中国境内游的英文网站，并绑定PayPal为支付手段，且在PayPal首页上植入了携程旅行网Ctrip品牌合作的入口。2009年11月，PayPal全球向第三方企业开放了"PayPal X"平台，全面向第三方开发人员开放接口，允许其他网站或者应用服务中直接使用PayPal进行支付，这被认为是这家知名在线支付企业，进行自我重建、提升增长速度的重要举措之一。同时，PayPal中国自2009年开始，就已经着力开拓国内不断尝试进军海外市场的网络游戏客户。譬如国内的网络游戏企业可以利用PayPal开放的应用平台，从而将PayPal的支付功能直接植入到其游戏页面中，使玩家能够进行虚拟商品的交易等。2010年4月，PayPal与阿里巴巴达成战略合作伙伴关系，PayPal成为阿里巴巴"全球速卖通"平台的支付方式之一。尽管阿里巴巴旗下已经有支付宝，但PayPal为拓展海外业务的中国公司提供支付服务具有无法比拟的优势。

5.1.3.7　汇付天下

汇付天下（http://www.chinapnr.com）是2006年7月成立的独立的第三方支付平台。公司定位于金融级电子支付专家，汇付天下聚焦于产业链支付和金融类支付，大力创新研发新一代电子支付服务产品，为重要行业客户快速准确地定制支付运营方案，推动了多个行业的电子商务进程。目前已服务于航空票务、数字娱乐、网上教育、保险理财、基金投资等数万家行业客户，已成为航空票务业最大的电子支付公司。

区别于中国银联的架构依托其银行卡基础，支付宝架构在淘宝用户基础上，都是面对量大面广的客户，汇付天下将重点放在分销链的支付上，侧重B2B，以产业链为切入点，从上至下地提高资金流在整个产业链上的流动速度，将整个电子支付产业做大，从而最终改变人们的生活以及消费习惯。航空票务领域为汇付天下赚取了第一桶金，在汇付进入之前，在航空支付领域绝大多数支付公司提供的仍是单一环节的服务，或是基于单一产品的应用，汇付天下在打通整条机票分销的产业链，希望在挖掘市场空白的同时，更深地嵌入这个行业。以往，80%的机票最终到达乘客手中必须经历从航空公司、机票一级、二级、终端代理商等多个产业链环节，账期相当长，正因为如此，缺乏资金的"一级代理"往往无法及时与航空公司进行下笔交易，并且航空公司收回资金的周期也非常长。资金周转率成为航空票务产业链的短板，针对这一症结，汇付天下推出了"信用支付"这一产品，即"一级代理"在网上下单后，汇付天下将这笔资金先垫付给航空公司，等"一级代理"将资金回笼后，再通过网上平台还给汇付，汇付则根据交易金额向航空公司收取一定的抽成，从而使一级代理商的资金一年只能周转15～20次，提高到每年80～100次，同一笔资金周转的次数越多，赚取的利润也就越丰厚，同时支付的创新也大大促进了电子票务的发展。

面对日益激烈的竞争，汇付天下选择通过更加多元化的服务，建立与竞争对手的区隔。公司目前已为南航、国航、东航等8家航空公司的呼叫中心提供电话支付，整合多家银行的信用卡，通过电话键盘自输信用卡信息和加密传输的方式，满足顾客随时的购票支付需要。另外，这一服务也在一定程度上将呼叫中心从传统意义上的成本中心改造成利润中心。

在航空业取得成功的汇付天下，不断在金融类支付方面进行更多的创新，计划在保险、金融等行业积极布局，降低这些行业的销售成本，占据其支付业务的领先地位。特别针对基金产品，汇付天下花了3年时间建立了中国第一个跨基金、跨银行的资金支付和结算平台，解决了未来基金销售的支付和结算瓶颈问题。以往的基金销售一直依靠银行渠道。而基金直销、网上直销等业务由于结算系统单一，最后所有的资金仍将归于银行，这也直接导致了银行在基金销售上无可比拟的话语权。不过，随着在2010年5月汇付获得监管层的批准，获准开展网上基金销售支付结算服务，这一局面有望得到改变。

2006年，汇付天下率先提出了电子支付3.0的概念，简而言之，就是要为用户提供电子支付、网络汇款和在线理财等全方位的支付服务。汇付天下最为强调的便是其金融领域出身的专业性。为了保障交易安全，汇付天下率先实现了双机异地备份，以保证交易数据的安全可靠，不会因为宕机等问题而导致交易出现差错。通过专门的研发解决了单边账的问题。所谓单边账，是指用户一方已经完成了支付，并且银行进行了划款，但商户却并没有收到交易成功信息的情况。一般情况下，因为银行已经认为交易成功，而商户则认为自己并没有收到钱，双方都认为自己并没有出错，纠纷难以处理。针对于此，汇付天下推出了"单边账"应急处理，在发现交易出现异常时，可以帮助用户最终完成交易，解决单边账问题。针对B2B交易的特点，汇付天下提出了"T+1"清算周期，当买方支付的款项不能在第二天到达卖方账上时，汇付天下会先行垫款给卖方，最大程度地保护商户利益。

5.1.4 第三方支付发展中面临的问题与对策

第三方支付企业提供的支付平台不但促成了商家与银行的合作，方便了网上交易的进行，提高了银行结算效率，而且通过对交易双方的详细记录和评价约束，较好地保障了商务的安全性。但是，第三方支付也面临着许多不容忽视的问题。

5.1.4.1 第三方支付企业的法律地位

在低层次竞争与多样化支付需求不对称的情况下，第三方支付企业为了经营与发展必然进行各种金融性服务的尝试，政策因素对支付企业的主体服务资格与服务范围的不确定，影响着投入和服务的水平，发展业务的同时担心政策变动造成损失，对非金融机构的保障性不够，同时使得有些服务扭曲变形，产业链源头和企业端的合作也掺杂了更多人为的因素。2005年中国人民银行颁布《支付清算组织管理办法（征求意见稿）》，第一次将第三方支付机构包括在其规定的范围内，目的在于将第三方支付机构纳入中央银行的监管体系，弥补监管上的欠缺，保证第三方支付的资信与安全，并将以发放"支付清算业务经营许可证"的形式来严格规范市场准入。

历时5年，300多家第三方支付企业终于等到了办法的正式出台。2010年6月21日，中国人民银行制定并公布了《非金融机构支付服务管理办法》（以下简称《办法》），对所有从事支付业务的非金融机构，如第三方支付企业、预付卡的发行商、虚拟点卡的发行商等申请支付牌照的企业设定了门槛限制，对从业年限、盈利水平等，并对相关权责，如沉淀资金的安置等事宜做出明确规定。在《办法》中规定未经中国人民银行批准，任何非金融机构和个人不得从事或变相从事支付业务，为第三方支付市场确立了规则，剔除了支付行业未来发展的不确定性，增强了行业发展的未来信心。

5.1.4.2 第三方支付法律法规的完善

（1）对第三方支付业务的监管　目前我国对第三方支付的监管主要依据"五个参考"，即一条法律、一个意见、一个指引、两个办法。

① 一条法律：是指2005年4月1日起施行的《电子签名法》，该法是我国应对电子商务操作实务的第一部法律，规定了可靠的电子签名与手写签名或者盖章具有同等的法律效力，从而在法律层面上规范了网上支付中的电子签名行为。

② 一个意见：是指2005年8月由国务院颁布的《国务院办公厅关于加快电子商务发展的若干意见》，要求积极推行在线支付体系的建设，加强制定第三方支付业务规范和技术标准，研究防范措施，加强业务监督和风险控制；积极研究第三方支付服务的相关法规，大力推进使用银行卡、网上银行等在线支付工具；完善在线资金清算体系，推动在线支付业务规范化、标准化并与国际接轨。

③ 一个指引：是指2005年10月中国人民银行针对电子支付出台的首个行政规定——《电子支付指引（第一号）》。《电子支付指引（第一号）》主要是对商业银行电子支付业务的规范与引导，对第三方支付服务机构的地位服务规范、安全保障、风险责任承担等缺乏规定。

④ 两个办法：是指2005年6月10日，中国人民银行发布了《支付清算组织管理办法》（征求意见稿），明确规定了从事电子支付的非金融机构的性质、注册资本金、审批程序、机构风险监控方面，2010年6月正式出台《非金融机构支付服务管理办法》，明确了第三方支付企业的法律地位；另一个办法是中国银监会发布的《电子银行业务管理办法（征求意见稿）》，规定银行业金融机构根据业务发展需要，可以利用电子银行平台为企事业单位和个人提供资金管理和支付服务，支持第三方支付机构为电子商务经营者提供网上支付平台等，该

办法于2006年3月1日起开始施行。

（2）第三方支付的风险 《非金融机构支付服务管理办法》的出台对第三方支付机构进行牌照管理，标志着长期游走于"灰色地带"的第三方支付业务获得了中央银行认可，体现了金融监管与时俱进的思路。但是《办法》的公布只是加强对第三方支付监管的开始，全面防范由此引发的金融风险及隐藏其中的洗钱等犯罪行为，还需要社会信用环境的整体完善以及后续针对性监管举措及法律法规的制定。

我国消费经济与网络科技的快速发展，第三方支付业务的日益繁荣，巨大的蛋糕吸引着越来越多的进入者，以中国移动为代表的电信运营商也开始向移动支付业务进军。不可否认，第三方支付迎合了现代人的生活节奏，极大便捷了买卖双方的交易流程并降低了财务成本，发展势头锐不可当。但是，这一新兴交易方式所蕴藏的金融风险也不容小觑，具体来说，第三方支付将会引起如下风险。

① 引发信用风险支付平台发起方拥有对沉淀资金的短期支配权，使其成为类似银行的准金融机构，若第三方支付机构将沉淀资金投资于高风险领域，就极有可能引发信用风险。

② 易于引发非法行为。第三方支付交易平台具有的匿名性、隐蔽性和信息不完备等特点，也极易使其成为洗钱、贿赂、诈骗等非法行为的容身之所。

③ 形成税收漏洞企业利用工商、税务等部门的监管漏洞或制度缺陷以个人名义进行交易活动，形成税收漏洞。《办法》的公布打破了此前的金融监管真空，中央银行设立了第三方支付机构的准入门槛并下发"禁止支付机构以任何形式挪用客户备付金"等禁令，有助于改观行业内良莠不齐的局面，同时也对违规行为有所震慑。然而，由于支付机构的趋利本性及犯罪行为的隐蔽性，《办法》的监管绩效尚需一系列配套措施的出台。

（3）第三方支付风险的防范

要修订合同法、会计法、票据法，在我国有关电子支票和电子现金的立法还没有建立，电子支票的功能和运作更接近于ATM卡类支付工具，制定电子票据法，可以对电子票据特别是电子支票的相关问题进行规范和调整。对于电子现金可借鉴欧盟模式，参照其在2000年10月发布的关于电子货币机构的两个指令，规定电子货币机构的开业、经营和审慎监管要求，以及明确电子货币的概念及可回赎性、电子货币机构的自有资金、初始资本金要求和持续资金要求、业务经营范围和投资活动限制及相关方（消费者、商户、第三方支付机构、银行）的权利和义务等。

建立部门的法规或原则规定第三方支付的资金保管和安全，明确沉淀资金的使用与管理，防范第三方机构越权使用资金行为。在对沉淀资金定位问题上，美国联邦存款保险公司认定第三方网上支付平台上的滞留资金是负债，而非存款，第三方网上支付平台的留存资金需存放在该保险公司保险的银行的无息账户中，每个用户账户的保险额上限为10万美元。在我国，尽管支付宝等机构与商业银行签订了战略合作协议，但其协议内容只是停留在企业经营层面上的"托管"而非"监管"。所以，对于这部分资金的定性、专向监管、相应惩处等，须尽早以法律、法规的形式予以明确。国外支付市场体系发展的经验表明，越早实施规范管制，越有利于支付市场的发展壮大，特别是对于民营支付体系发展尤其如此。换言之，强化规范的同时也需要鼓励市场竞争，特别是鼓励民间资本的创造性，是为管制与发展的双赢。

建立静态和动态相结合的风险防范监测机制和预警预报系统，对第三方支付公司进行监督管理；严厉打击利用第三方平台的犯罪活动，营造良好市场交易环境。可以借鉴美国方式通过立法将第三方网上支付公司作为货币服务企业，并规定接受反洗钱监管部门的监管，及时汇报可疑交易记录，保存所有交易备查。但是再有效的控制措施也不能把风险降低至零，因此，风险问题的承担机制也需要在部门的法规或文件中明确规定。

结合人民银行和银监会有关的信息科技安全管理规定，尽快制定我国统一的第三方支付信息安全管理规范，强化企业和个人电子信息的安全管理。第三方支付是基于IT技术的金融延伸性服务，涉及很多金融规则和敏感信息，这需要完整的、标准的技术体系和运营机制。如不能形成完整的行业性标准和规范，就无法整合社会的共享性资源，难以形成产业化发展的优势，业务监管也就无从谈起。

5.1.4.3　第三方支付的安全和信用问题

安全和信用问题是我国电子支付发展的两大瓶颈。对于第三方支付企业，一方面由于其核心是通过在线提供支付服务，产业链中的任何一个环节出现了安全隐患，都有可能转嫁到支付平台上；另一方面，网络技术的变化日新月异，对于提供钱包支付的服务商，其安全的级别不能低于银行的级别，要不断投入、时刻监控、应急处理各种纠纷等。国外支付企业的经营预算中有相当的收入比例是投入到安全性投入与安全性纠纷的，对于国内第三方支付企业在几乎没有盈利的背景下，这种不确定性的风险，也加大了支付企业的经营压力。

为促进第三方支付企业的健康持续发展，积极防范对第三方电子支付的不合法活动，维护客户和商户的合法权益，在安全保障方面应综合采用由业务和技术措施共同组成的双重安全机制，不但利用高精尖的技术手段保证第三方支付的安全，而且在管理与流程上也要建立安全控制措施。

（1）技术方面的安全措施　在技术方面，支付系统的安全需要采取一些特殊的安全措施来加以保障，以求做到机密性、完整性、真实性和不可抵赖性等方面。通常从服务器端、客户端及通信信道3个层面进行安全控制。

① 服务器端的系统安全措施。包括：设立多重防火墙有效实现内外网的隔离与防控；采用高安全级的Web应用服务器；采用先进的网络安全检测软件实施24小时实时安全监控、漏洞扫描和入侵检测，及时发现并阻断针对网络的病毒攻击或黑客入侵。

② 客户端的安全措施。包括：采用数字证书明确用户身份；采用动态口令、短信密码、安全控件等防止木马病毒盗窃用户口令。

③ 通信信道的安全措施。主要包括：利用SSL、SET等安全协议对网络上传输的敏感信息进行强加密，使攻击者不可能从网络上的数据流中得到任何有用的信息。

（2）安全方面的安全措施　在安全管理方面，主要包括如下安全措施。

① 加强用户身份验证管理。特别是对所有高风险账户操作统一使用双重身份认证。2007年中国银监会为促进网上银行健康持续发展，积极防范针对网上银行的不法活动，维护商业银行和客户权益，规定各商业银行最迟于2007年12月31日前应对所有网上银行高风险账户操作统一使用双重身份认证。双重身份认证由基本身份认证和附加身份认证组成。基本身份认证是指网上银行用户知晓并使用预先注册在银行的本人用户名及口令/密码；附加身份认证是指网上银行用户持有、保管并使用可实现其他身份认证方式的信息（物理介质或电子设备等）。附加身份认证信息应不易被复制、修改和破解。

借鉴网上银行用户的双重身份认证机制，对于第三方支付用户也可以采用该机制，第三方支付用户不仅拥有预先注册在支付平台的本人用户名、密码，而且拥有附加身份认证信息。第三方支付企业可根据业务发展需要和风险控制要求对高风险账户操作进行具体界定。对于身份认证强度相对较弱的账户操作，应充分评估风险，进一步采取相应控制措施（如限制资金转移功能、限定网上支付限额等）进行有效防范。

② 加强用户对第三方支付系统使用的安全教育。一般用户只能接触应用接口，而不知道其中的原理，或者方法机制的优劣，在商业核心机密安全的前提下，将简易的原理用多种

方式方法对用户进行宣传、讲解，并强调安全使用方法的宣传以及使用过程中可能存在的风险状况的预估和解决方法，真正做到安全使用、安心消费，既减少损失，也减少责任划分不明事件的发生。第三方支付企业也应加强安全防范，要将查找发现假冒网站及针对支付平台的犯罪活动纳入日常工作程序，检查网页上对外链接的可靠性，并开辟专门渠道接受公众举报，发现风险及时在支付平台及其他渠道向公众进行通报提示，并立即采取防范措施。

（3）信用方面的问题　关于信用问题，总体来说，我国的信用评价和监管机制不健全，社会的诚信意识需要加强。我国的社会信用机制建设起步较晚，2002年上海资信有限公司运营的个人信用联合征信服务系统投入使用，这意味着中国第一个"个人信用档案数据中心"诞生，"信用北京"工程等信用建设项目陆续开始启动，2003年，各个行业开始研究建立自己的行业信用体系。当然，信用体系的建立不是一朝一夕的事，美国用了近100年的时间建立起了其完善的信用体系，失信行为将使个人和机构在各经济领域寸步难行。2005年年底，中国人民银行牵头建设的统一的个人和企业信用信息基础数据在全国联网运行，公众已注意到信用体系建设的重要影响，守信理念也在不断增强。银行的体制改革、政府推动、社会力量与企业的参与对于诚信体系建立与完善都是必不可少的。

第三方支付企业实行"代收代付"和"信用担保"，打破了电子商务的支付瓶颈，促进了电子商务发展，同时，"信用"也成了企业的核心和生命线。作为支付过程中公正的第三方，第三方支付企业一方面要强化自身的信用，特别是在途资金引起的诚信问题，另一方面需要建立和维护客户信用，虽然个别的第三方支付平台搭建由自身的信用评级档案供用户参考，但是整体社会信用体系的完善和提高无疑将会成为刺激电子商务进一步发展的强大动力。建立一个合理的统一的信用评价指标和评价体系，根据第三方支付业务中涉及的资金和物流的转移，提供和公布公允的信用评定方法，在一定程度约束买卖双方的诚信意识，也可以考虑将用户网上商务交易的优劣记录关联到我国正积极推进的个人信用建设工程，通过现实社会与虚拟社会的对应约束网上实名商户。同时，建立多方合作的第三方评级机构，增加对网上交易的制约和约束。

5.1.5　第三方支付企业

1999年9月招商银行启动了国内首家网上银行"一网通"，建立了由网上企业银行、网上个人银行、网上证券、网上商城、网上支付组成的较为完善的网络银行服务体系，电子支付在中国浮出水面。随着互联网的快速发展，推动了网上银行用户的增长，国内网上支付市场规模随之不断扩大，第三方支付企业也迅速发展起来。

5.1.5.1　第三方支付企业的产生与分类

在电子支付的发展初期银行完全占主导地位，最主要的支付模式是企业用户与银行之间建立支付接口，但是作为银行其核心业务在于发展支付账户，发行支付工具，向客户提供支付和理财服务，发展受理渠道的主要目的是为自己发行的支付工具提供最广泛的受理服务，以提高自身业务的竞争优势。但是受理渠道的发展需要大量的基础设施投入，在封闭模式下由于接口不能通用，因此资源的利用效率很低，难以取得经济效益。另外，发展受理市场同传统金融业务的联系并不密切，要求的是对市场的快速反应、灵活的运作机制、先进的专业技能等，银行在这方面并不具有优势。因此，出现了一些机制灵活、技术先进、专门从事受理市场发展并实施大规模经营的非银行专业化收单机构，并逐步替代银行，成为收单市场的主要经营者，促成了第三方支付企业的产生。

1999年上海环迅和北京首信分别成立，这是中国最早的第三方支付企业。他们主要为

B2C网站服务，功能相当于插线板，把银行和商家连接起来，从中收取手续费。由此，第三方支付平台开始介入电子支付领域，充当商户和银行之间的桥梁。中国的电子支付产业经过数年积累，随着电子商务的快速发展，第三方支付平台在整个电子商务中扮演越来越重要的角色，尤其随着B2C、B2B市场的逐步成熟，第三支付企业进一步做大的市场潜力巨大。

目前，第三方支付企业通过近几年的发展，国内市场上第三方支付企业按照是否有独立的在线支付平台分，第三方支付企业可以分为独立的第三方支付平台企业和非独立的第三方支付平台企业。非独立的第三方支付平台是指依托于某个B2C或C2C电子商务平台，为该电子商务平台或为其他电子商务平台提供在线支付服务的第三方支付平台，如淘宝网的支付宝、拍拍的财付通、易趣ebay的贝宝PayPal等；独立的第三方支付平台保持中立，不直接参与商品或服务的买卖，公平、公正地维护参与各方的合法权益，如快钱、银联电子支付、易宝支付等。

5.1.5.2　第三方支付企业的竞争与发展

早期的第三方电子支付相当于一个便捷的网关，仅仅是增加了消费者结算的联结渠道，缺乏增值服务，不能满足日益发展的市场需求。同时，纯网关型支付的低门槛带来的同质化竞争使电子支付行业过早进入了以价格战为代表的行业恶性竞争阶段，企业争相下调手续费或接入费，使用非常规的竞争手段以争夺更多市场份额，忽视了产品创新和增值服务，进一步挤压了支付市场有限的赢利空间，这使得几乎所有的第三方支付企业没有持续的赢利能力，更谈不上为用户提供持续、稳定、安全的服务。

2006年以来由于垂直市场和新兴市场的快速发展以及政策监管的不断介入，第三方支付企业正朝着专业金融机构，以及网络电子商务交易平台转变，向综合性功能和多元化盈利渠道的方向，更加理性发展。第三方支付企业更加关注于产品创新、有效交易的积累、有效会员的招募以及服务质量的不断提高。加强风险管理、实施差异化营销、发展增值服务业务成为第三方支付企业成功的关键。

电子支付市场正在从单一产品、单一网上渠道、单一模式和通用的支付解决方案向多元化的按需支付过渡。第三方支付企业根据自身的资源优势，准确定位，形成有效的细分市场。除了电子商务领域中的广泛应用，一些第三方支付企业已将服务延伸至市政类项目里的水电煤气费、车船税等。或者与物流行业联合，提供物流回款解决方案，提升电子商务企业的资金流转效率。也可以为服务的企业或用户提供信用评价，甄别优质商户和用户或提供信用担保等，提高支付产品的附加值。总之在日益激烈的市场竞争中，第三方支付企业能否在纷乱中求发展，方法手段形式多样，要看企业自身是否有独到的眼光和准确的分析判断能力，即针对市场同时又针对自身做出恰当的选择。

目前，第三方支付企业进入了新的发展阶段，今后的发展将具体表现在以下几个方面。

（1）支付渠道多元化　多样化的消费领域及消费者行为使得消费者在支付渠道选择上呈现多元化趋势。经济发展水平的提升，新技术的应用，教育水平的提升，使消费者知识结构和使用工具的能力都发生改变，必然使支付渠道与工具的替代率会逐步提升。来自不同领域的市场机构，将通过各自的创新优势以及与市场资源整合的不同方式，不断地渗透市场，电话支付、自助设备支付、网上支付、移动支付、公共平台支付等新型电子支付渠道的出现，促使参与电子支付市场的各方主体加快相互渗透，线上线下支付渠道联系更为紧密。

例如易宝在立足于网上支付的同时，将互联网、手机、固定电话整合在一个平台上，继短信支付、手机充值之后，首家推出易宝电话支付业务，真正实现离线支付，为更多传统行业搭建了电子支付的高速公路。2008年11月，支付宝与拉卡拉合作，实现了线上线下支付的对接。消费者在网上购物消费后，即便没有申请网银，只要持有银行卡，找到身边任意在便利店内的拉卡拉支付网点，就能够为支付宝充值或为网上购物刷卡付款，解决了很多人喜欢网络购物，但受制于没有网银或采用银行汇款的方式又不方便的问题，增加了支付宝的交易量，创造了"线上购物，线下刷卡支付"的支付方式，得到了电子商务网站的欢迎。2009年3月腾讯财付通与5914.com建立合作关系，通过合作，财付通成为国内首家提供上门收款充值服务的第三方在线支付平台。财付通上门收款充值服务，为没有开通网银，又有在线支付需求的财付通用户，开启了网上支付通道，使财付通更好地从线上走到线下，开拓更广阔的市场。

（2）行业渗透和多样营销　从2006年下半年开始电子支付在以行业需求为导向的应用越来越显著，电子支付产业趋于综合化发展与渗透，发展目标呈现多重性，在营造自身品牌的同时，推出整合营销平台，把商家拥有的用户转化为自身的资源，从而带来企业增值。例如支付宝增加数字娱乐、教育等领域的支付解决方案；财付通推出信用卡还款业务，并与东方航空合作，深入拓展航空客票领域；快钱加快保险与教育领域的拓展；易宝增加公益捐款支付；环迅拓展保险领域等，支付企业需要根据行业特征和电子化发展来规划自己的支付产品，不仅仅提供一个支付网关接口。

第三方支付企业竞争局面变得更加复杂，例如，目前许多商家都接入了多个支付平台，从支付宝、首信易支付或者是快钱，甚至腾讯、财付通，都是可以到达商家的产品。但不同的是，从不同入口进入的用户享受到的增值服务并不相同，有的是明打折，有的回赠优惠券，有的则附送其他产品等，第三方支付企业的竞争，从之前流行的佣金大战转向了如今的营销平台的推广大战，竞争手段不再只是比较价格优势和平台本身，更加注重活跃用户量、用户忠诚度、商户增值服务和多样营销的体现。

例如环迅（IPS）支付会帮助商户做一些推广活动，比如IPS和银行有较好的合作关系，会连同银行一起为商家做营销活动等。另外，IPS也会通过商家做一些活动，比如在商家的网站上做广告，告知用户通过IPS支付会得到优惠等。而这明显是现在的商家往往接入了好几个第三方支付厂商的支付接口的原因，使得第三方支付厂商们的竞争发生了改变。易宝支付更多地定位于为特定的行业定制专业解决方案，比如在航空旅游、行政教育、数字娱乐、电信等行业量身定制的行业解决方案已经得到了广泛的应用。其次，为商户提供增值服务，围绕支付做很多的金融增值服务，如首先将"互动营销"付诸实施，帮商家做推广的平台，不仅实现交易，还能促成交易、创造交易。2010年2月汇付天下与平安保险正式确定战略合作关系，除此以外，汇付天下也已和友邦保险、恒康天安人寿保险、太平洋保险、海尔纽约人寿、民安保险等十余家保险公司达成合作意向，覆盖保险业线上、线下的全方位电子商务需求，由于制约网络销售的支付瓶颈的打破，部分保险公司通过网络销售平台销售保单的增长速度已经超过了其他渠道。

（3）风险管理和信用保障　第三方支付企业在向政府、商家（企业）、个人提供中立的个性化支付结算与增值服务的同时，如何有效进行风险管理，使其成为企业的核心竞争力，也是企业开拓市场范围、吸引忠诚用户获得盈利的重要手段。企业一方面加强支付过程中的内部风险管理，主要包括加强第三方支付平台软硬件系统环境的建设，增强系统技术风险防范能力；建立信用体系，增强企业自身信誉度，加强对反欺诈风险的防范；完善用户认证机制，加强对反套现和反洗钱风险的防范等。另一方面从第三方支付体系以外的其他监管方角度出发，对出现在第三方支付中的风险进行控制，主要包括国家相应法律、法规的出台，明确监管机构，加强监管力度；网络诚信环境的培育和网络有偿服务意识的培育；第三方支付企业行业服务标准和规范的建立，明确自身义务和责任，并以诚信建设为重点，保护好消费者的利益。2007年8月支付宝在北京启动"互联网信任计划"，首批100家支持支付宝交易的网站作为"支付宝信任商家"贴上了代表网站信用度、诚信度的"信用标签"，网民可通过支付宝网站专区，查询这些网站的交易记录和信用情况。同时，支付宝推出了由橙蓝两色"卡通人"构成的"信任标识"，网民可在其电子邮件、博客、空间、论坛、网店、即时通讯工具中使用，以支持"互联网信任计划"。支付宝在推崇服务标准的同时，在培育互联网诚信环境，推动诚信建设方面起到了积极作用。

电子支付的不断发展，支付的价值不再仅限于完成交易，它应还能促成交易甚至创造交易。例如，通过支付提高交易双方的信任而促成交易的进行。另外，支付过程能积累大量真实有效的数据，通过对这些数据的挖掘和用户行为分析，能为用户提供征信基础，提供信用服务。易宝在与航空公司和各级机票代理商合作过程中发现有些代理商不乏客户资源，有着很强的扩张欲望，他们希望从航空公司订购更多的机票，但是自己却缺乏现金。于是，易宝为这些人提供"授信"支持，根据这些代理商的资质和信用情况，为其提供短期资金。由于这些授信不是贷款钱给商家，而是用于定向支付，对易宝来讲没有风险。

（4）关注用户进行针对性营销　第三方支付企业在激烈的竞争中如何利用自身优势，尽可能地争取更大的经营领域和更多的客户资源，关注用户，按需支付，进行针对性营销成为关键。腾讯财付通通过和QQ的密切结合，用户只要拥有QQ号码就可以免费注册成为财付通账户，因而中国最广大的QQ用户群体构成了财付通个人用户的绝大部分，财付通一出现就迅速获得了良好的业绩。随着邮箱账户的推出，财付通面向所有的中国互联网用户提供安全、便捷、专业的在线支付服务。另外，通过QQ中"我的钱包"将众多在线支付功能进行整合，是财付通区别于其他支付品牌的创新之处，用户只需点开"我的钱包"，通过简单的操作，就能享受到如网上查询、订购航空客票、手机话费充值、游戏账户点卡充值、特价旅游服务订购等丰富的网上支付应用。财付通日渐成为QQ用户不可或缺的"个人理财终端"。另外，财付通充分利用集团内部资源，通过一个专门研究用户使用习惯的团队对其支付产品进行研究，使得财付通掌握了大量的一手资料，从而更加有针对性地为用户服务，增强用户的忠诚度。

作为企业用户，他们在关心支付平台是否安全、结算周期是否满意、手续费是否在同行中有竞争力等，但是在支付同质化竞争日渐严重的情况下，用户更希望第三方支付企业能在他们特定的业务基础上开发出务实、有针对性的电子支付工具，并帮助推广。例如在机票行业，2006年12月，国内机票代理商易行天下与YeePay易宝合作推出国内最大的电子客票B2B交易平台。从易行天下构想这个平台开始，YeePay易宝便介入其中，共同分析市场需求，提供平台开发的技术支持。在此过程中，YeePay易宝提供的服务由支付提升到管理层面，远远超出了一个普通第三方支付企业的业务范围。这种从一开始就从商家、用户的需求入手，为其量身定做一套个性化的解决方案，是"形如一体"的"切入式"合作，大大拓展了支付企业为商户提供多样性增值服务的空间。

5.2　移动支付

随着我国移动通信业的不断发展和手机的日益普及，各种移动增值业务层出不穷，而移动支付就成为其中的一个亮点。移动支付是继银行柜台、自助银行、电话银行、网上银行之后，以移动通讯设备作为支付工具和新的服务渠道。用户使用移动设备可以随时随地完成支付业务，其快捷、方便、操作简单、多功能、覆盖面广、不受时空限制等特点，给运营商及银行带来了巨大的商机。

根据中国互联网络信息中心于2014年1月16日发布的第33次《中国互联网络发展状况统计报告》的数据，得益于3G的普及与4G的启动及无线网络的发展、智能手机价格持续走低和应用创新，促成了我国手机网民数量的快速提升。截至2013年12月底，使用手机上网者达5亿人，较2012年年底增加8009万人，网民中使用手机上网的人群占比提升至81.0%。手机端移动电子商务爆发出巨大的市场潜力，2013年使用手机网络购物用户规模达到1.44亿，年增长率160.2%，使用率高达28.9%。手机端在线支付快速增长，用户规模达到1.25亿，使用率为25.1%，较2012年底提升了11.9个百分点。

2013年11月11日双十一光棍节是网络购物者狂欢的日子，据阿里巴巴公布的统计数据，该日全天的网络交易笔数达到1.71亿笔，通过支付宝流动的销售额为350亿元资金，而其中手机端支付笔数为4518万笔，占支付宝整体交易笔数的24.03%，手机端支付额突破了113亿元，占到1/3。而最令公众怦然心动的是2014年春节由腾讯突然推出的网络红包，一时间各种网络红包漫天飞，引无数网民竞相争抢，而腾讯则毫不费力地收获了大量的微信支付个人用户，号称2天绑定了2亿张个人银行卡，干了支付宝8年的事！更有甚者的是阿里与腾讯为了抢占移动互联网入口阵地，不惜在移动支付主战场全力火拼，不断地投入十数亿计的资金到出租车打车软件"快的打车"和"嘀嘀打车"进行竞争，至今未息。

综上所述，移动支付的快速发展已得到证实，而将继续飞速增长的态势已经显现无疑。

5.2.1 移动支付的概念与流程

5.2.1.1 移动支付的内涵

（1）移动支付的定义　根据移动支付论坛（Mobile Payment Forum）的定义，移动支付是指交易双方为了某种货物或者业务，借助移动通信设备，通过移动通信网络实现的商业交易。移动支付所使用的移动终端可以是手机、掌上电脑、移动便携等移动通信终端和设备。这个定义为广义的移动支付概念。而现实生活中，因为手机是最为人们所认知、最能体现"移动"特性的终端设备，所以通常将"移动支付"和"手机支付"等同起来。"用手机来实现资金在经济个体之间转移的过程"为狭义的移动支付概念。下面所谈及的移动支付，如无特别说明，都是指狭义的移动支付。

（2）移动支付的分类　移动支付可以根据多个维度进行分类。

① 支付距离。移动支付可分为现场支付（即面对面支付或非接触支付）和远程支付（即非面对面支付）两种形式，这是根据支付者和受付者在支付过程中是否处于同一地理位置来分类的。现场支付通过手机或芯片卡靠近识别终端完成支付，主要有RFID和NFC（近距离通讯）两种实现方式，典型场景是用户到商店购物，用户使用手机对所消费的商品或服务进行账务支付，通过"刷手机"实现银行卡、公交卡、购物卡等功能；远程支付不受地理位置的约束，以银行账户、手机话费或虚拟预存储账户作为支付账户，以短信、语音、WAP等方式提起业务请求，典型场景是用户上网购物，类似于"支付宝"的远程网上支付平台。

② 支付额度。移动支付可分为大额支付和小额支付两种形式。此种分类方式是根据支付金额的大小来划分的，但实际上，大小额支付之间并没有一个明确的金额界限。所谓大额支付，是指那些对于支付的安全性要求比较高，需要通过各种认证手段来确认支付者和受付者的身份以确保资金安全的支付形式，这种支付形式往往涉及的金额比较高，典型场景是大型商场的购物消费；而小额支付，是指那些对于支付的快捷性要求比较高，无需或不惜省略某些安全认证手段的支付形式，这种支付形式往往涉及的金额比较低，典型场景是公交售票、快餐便利店消费、游戏、视频下载等。

③ 资金去向。移动支付还可分为定向支付和非定向支付两种形式。这是根据在支付过程中是否事先指定资金去向来分类的。定向支付的典型场景是缴纳公用事业费、转账还款等；非定向支付的典型场景是网上购物，在支付之前有一个确认受付者的过程。

（3）移动支付的特点　移动支付具有方便、快捷、安全、低廉等优点，有着与信用卡同样的方便性，同时又避免了在交易过程中使用多种信用卡以及商家是否支持这些信用卡结算的麻烦，消费者只需一部手机，申请了移动支付功能，便可足不出户完成整个交易，减少往返银行的交通时间和支付处理时间。同时，移动支付作为一种新兴的费用结算方式，不仅可以为消费者提供服务，还可以为移动运营商带来增值收益，为金融系统带来中间业务收入。伴随移动终端普及率的不断提升，移动支付必将会日益受到移动运营商、网上商家和消费者的青睐。

5.2.1.2　移动支付与移动电子商务

（1）移动电子商务的兴起　移动电子商务MB（Mobile Business）或MC（Mobile-Commerce），也称无线电子商务（Wireless Business，WB），是在无线平台上实现的电子商务，是通过手机、PDA（个人数字助理）等移动通信设备与互联网有机结合进行的电子商务活动，它是无线通信技术和电子商务技术的有机统一体。从互联网电子商务的角度看，移动电子商务是电子商务一个新的分支，但是从应用角度来看，它的发展是对有线电子商务的整合与扩展，是电子商务发展的新形态，是一种新的电子商务。

移动电子商务的兴起并非偶然。移动通信技术的成熟和广泛商业化为移动电子商务提供了通信技术基础，而功能强大、价格便宜的移动通信终端的普及为移动电子商务提供了有利的发展条件。现代交通工具日益发达，市场竞争与经济全球化使得人员流动性不断增加，必然产生移动通讯的需求。为了提高用户的ARPU（每用户平均收入，Average Revenue Per User）、吸引更多的用户，运营商开始考虑把移动、互联网和商务这三个结合在一起为客户提供更多的业务，让移动电话成为人们生活的工具，移动电子商务就这样孕育而生，移动电子商务的发展不但有利于充分发挥互联网的潜力，它还提供了许多新的服务内容，这些都是移动电子商务兴起和迅猛发展的原因。

在国际上，各国在引进各种创新的移动电子商务平台之后，移动电子商务业务飞速增长，尤其是在日本和韩国。根据ARC集团的报告，亚太地区是移动电子商务业务增长的主要市场，该地区25%的数据业务通过移动通信设备来传输。在我国，随着计算机、互联网及电信技术的发展和不断融合，移动电子商务为手持产品创造了巨大的市场空间。现在，更多的服务供应商推出更多的移动Internet内容和服务，例如即时信息、工程设计、分配、物流、医疗保健、销售自动化、市场营销/CRM、任意位置的电子邮件、基于位置的宣传等。

移动电子商务的概念衍生自传统的电子商务，但不能简单地将移动电子商务认为是传统电子商务的延伸。因为两者在服务对象、服务方式（包括终端设备方面）以及技术特征等方面有很多不同。

（2）移动电子商务特点　移动电子商务和传统电子商务最主要业务特点的区别体现为以下4点。

① 用户的"移动性"，即需要移动电子商务提供服务的用户一般都处于移动之中，仅仅把移动电子商务理解为移动的电子商务是片面的，这里的移动不仅仅是移动的终端，还应包含用户和服务的移动。

② 交易的"实时性"，而移动电子商务的用户一般要求马上得到交易所需信息。

③ 移动终端的"个人性"，因为移动终端一般都属于个人物品，通常所提供的交易信息

也具有私密性。这为移动电子商务带来了独特的优势，可以将其与个人身份认证相结合，更好地满足对用户信息的保密。

④ 移动终端的"方便性"，即移动终端特别是手机、PDA等按键的设置操作简便、反应快，可更有利于用户的交易。

移动电子商务的主要优点之一就是实现随时随地的商务处理，表现出方便、快捷的特点，这就要求支持移动开展的支付也应该是可以随时随地处理的，也同样表现出方便快捷的特点。可见，如果支付处理的不便或效率不高带来的必然结果，是客户对所谓的移动电子商务的兴趣大减。可见，移动支付处理得好坏将直接影响移动电子商务的拓展。特别是，支付活动作为商务的一个重要流程，移动电子商务不可避免地促进了移动支付的出现和应用，两者是相辅相成的。

5.2.1.3 移动支付的流程及技术实现

移动支付与一般的支付行为没有太大的区别，都要涉及4个环节：用户、商家、发行方和收款方。发行方通过银行账户为用户提供支付能力，发行方主要是银行等金融机构；收款方根据具体的支付平台不同，可以是银行、移动运营商或者移动支付运营商等。交易凭证包括账户信息、账户密码以及各种数字安全证书等。从移动支付的建立过程以及涉及的移动架构如图5-4所示，其移动支付与普通支付的不同之处主要在于交易资格审查处理过程有所不同，因为这些都涉及移动运营商以及所使用的浏览协议，如WAP（Wireless Application Protocol 无线应用协议）或 HTML（超文本标记语言）、SMS（短信）或 USSD（非结构化补充数据业务）等。

图5-4 移动支付架构

典型的移动支付的业务流程如图5-5所示，实际操作步骤如下：

① 商户为消费者（手机用户）提供产品描述和交易说明；

② 消费者形成购买意愿，提交目标商品的交易凭证；

③ 商户将交易凭证交给移动支付运营商；

④ 移动支付运营商将交易凭证交给银行；

⑤ 银行依据交易凭证，将资金（或资金划拨凭证）交给移动支付运营商；

⑥ 移动支付运营商将资金（或资金划拨凭证）交给特约商户；

⑦ 特约商户确认资金划拨后，向消费者交付商品；

⑧ 消费者向银行发起账户查询请求；

⑨ 银行向消费者提供移动支付账单。

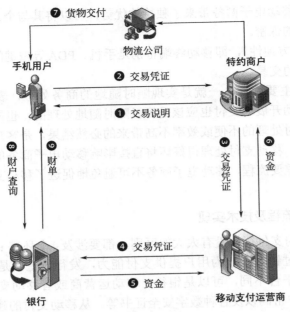

图5-5　移动支付流程

由于传输方式的不同，移动支付既可以通过基于移动通信网络的SMS、WAP等技术来实现，也可以通过不依赖移动通信网络的红外线、蓝牙、RFID等技术来实现。目前，我国的移动运营商一般都采用基于移动通信网络的SMS、WAP等技术来实现。近年来，韩国的SK等移动运营商通过与银行、信用卡机构、零售商店等机构和行业进行合作，相继推出了手机红外移动支付业务，其发展呈现良好势头。

随着无线通信技术的不断发展以及手机终端智能化程度的迅速提高，从技术上来说，实现"移动支付"要解决的两个根本问题是如何用手机进行支付信息的承载和传递。围绕着这两个根本问题的解决，移动支付的实现可以划分为以下3个阶段。

（1）SMS短信+IVR支付　即基于短信或语音交互结合后台账户绑定模式的移动支付。该模式通过短信、IVR（互动语言应答）作为支付信息流载体。其中，短信支付是短信和彩信业务的扩展，IVR是语音通信业务的扩展。

这种模式出现的时间较早，一方面短信和语音是当时手机仅有的两种通信方式，另一方面当时的手机也没有合适的信息存储空间用于直接承载支付过程中必需的支付账户信息，只有通过后台账户绑定，也就是将手机号和后台系统集中存储的支付账户信息建立一一对应关系来解决这个问题。移动运营商首先推出绑定话费的发短信有偿图铃下载业务就是这样的一种模式，可以说是移动支付的雏形。随后，银行和专业支付服务提供商加入进来，市场上出现了手机号和银行卡账户绑定进行手机话费和公用事业费自助扣缴的业务，并得以大规模推广，标志着这一模式的成熟。第一代移动支付方案最大的优势是对手机没有特殊要求，操作简便，因而普及的门槛非常低。同时，其缺点也同样明显，一是存在潜在的安全问题，主要体现在短信和语音的信息传输通道的安全问题以及后台支付敏感信息集中存储带来的信息泄露风险；二是业务范围狭窄，只能进行定向远程支付。

（2）WAP+手机客户端软件支付　即客户端或WAP浏览器配合GPRS/CDMA1X这些面向连接的无线数据通信方式的移动支付模式。WAP解决了短信输入繁杂和短信中密码明文显示的问题，支付完成时间大大缩短。结合手机客户端软件，可以实现更加复杂的支付业务，相对短信支付用户体验更好。

在支付账户信息的承载方式上，第二代移动支付可以仍然采用后台账户绑定模式，也可以采用不做静态存储，而是在支付过程中即时收集的模式（例如，让用户输入银行卡号和密码）。因为手机具有一定的计算能力，可以进行有限度的加解密操作，支付信息在传输过程中的安全性能够得到基本的保证；因为客户端和WAP浏览器良好的用户交互能力，进行非定向支付也成为可能。应该说，第二代移动支付方案在解决第一代移动支付所存在的问题方面取得了突破，但这种突破并不彻底：第一，即时收集支付账户信息虽然避开了支付敏感信息集中存储带来的系统性风险，但很难同时满足用户使用的方便性要求和信息收集的全面性要求，往往为了用户使用的方便而减少所收集的支付信息要素，从而带来支付风险；第二，对于移动支付现场支付领域，还是无能为力。

（3）智能卡移动支付　智能卡移动支付通过将手机与智能IC卡有机结合，利用集成在移动终端上具有非接触功能的智能IC卡作为支付信息载体，通过NFC（近距离通信）技术和移动通信网络分别实现非接触现场支付和远程支付功能。智能卡手机现场支付的交易流程与金融IC卡的传统金融交易（非接触式）模式基本一致。远程支付功能可以通过手机客户端软件与用户交互，操作更加便捷。这是中国银联从2005年年底开始，用了2年时间提出的中国银联新一代移动支付方案，定义了新一代移动支付的整套规范，并实现了CUPMobile的上线。CUPMobile在保留用客户端或WAP浏览器进行GPRS/CDMA1X无线数据通信的基础上，首先，为手机增加安全芯片，解决支付账户信息的承载以及支付过程的安全性问题；其次，为手机增加近距离无线通信功能，解决现场支付的面对面支付信息交互问题。智能IC卡相当于一张高端金融IC卡，提供硬件级别的大容量支付信息安全存储和强大的计算能力及多应用管理能力，除了充分保障支付过程的安全性之外，还使得一部手机同时支持远程或现场的大额支付和小额支付成为可能，用手机当交通卡去乘公交或者地铁，当余额不足时，再动动拇指就能随时完成银行卡账户向交通卡的充值，这样的场景将成为现实。

中国银联现在发展了多种智能卡嵌入手机的形式，例如金融智能卡和手机主板一体化的NFC手机模式、金融智能卡嵌入到移动存储卡中的智能存储卡模式，还有金融智能卡和SIM卡集成模式。以金融智能存储卡为例，用户只需到银行或者授权的第三方服务商获取一张专用的智能存储卡，并当场进行业务开通。业务开通是一个将用户的现有银行卡信息装载到智能存储卡的过程。用户从银行网站下载支付软件，并且将不同银行信用卡的信息下载到存储卡中（包含安全密钥），支付时用户可以选择不同的银行卡。

5.2.2　移动支付的发展与现状

随着移动终端及移动通讯网络的不断发展，很多移动运营商、银行机构、支付产品厂商以及商业组织，都先后推出了移动支付业务。由于各个国家的实际情况不同，移动支付业务的技术实现方式也不尽相同，其发展水平也存在很大的差异。如日本主要采用由索尼开发的FeliCa芯片技术（移动运营商在手机中植入FeliCa智能卡后，能用手机像非接触IC卡一样进行现场支付），韩国主要采用RFID等。

5.2.2.1　移动支付在国外发展情况

2010～2012年全球移动支付的交易规模连续两年增速超过70%，2013年移动支付交易规模将达到2354亿美元，其中移动支付开展较好的地区分别是非洲、亚太、北美和西欧，同时普及率最高的地区是非洲。在非洲由于金融体系发展落后、银行业机构网点稀少、拥有银行账户的人口比例偏低等因素，使移动支付成为了人们转账、汇款和支付的重要手段。全球最常使用手机钱包的国家有近3/4在非洲，在肯尼亚有68%的成年人在使用手机钱包，这一比例位居世界第一。

目前国外移动支付方式主要有短信支付、远程支付以及现场支付三种方式。近年来，随着智能终端和移动互联网的快速发展，短信支付发展速度开始放缓。从市场结构来看，远程支付是移动支付的主要交易来源，2011年其交易占比为92.1%；现场支付由于全球的技术模式、商业模式的不成熟，交易规模占比7.9%，仅在日本和韩国具有较大的交易量。并且由于远程支付的发展速度远远快于现场支付，两者的差距正在不断拉大，现场支付的交易占比越来越小。从业务类型结构来看，移动支付的业务类型主要有公用事业缴费、移动购物、各类票务、数字产品购买等，2011年移动购物成为全球交易量中最主要的移动支付业务，占比达到了45%。

（1）亚太地区　亚太地区以日本和韩国为代表。远程支付方面，日本和韩国2011年的交易规模分别为160亿美元和50亿美元，移动支付对传统互联网支付的渗透率已分别达20%和10%，已步入稳定发展期，商业模式成熟；现场支付方面，日本和韩国两个国家分别采用FeliCa和RFID的技术模式，在移动运营商的主导下，2011年的交易规模分别达100亿美元和3亿美元，现场支付的商业模式也较为成熟。

在日本，三家移动运营商NTT DoCoMo、KDDI和Soft Bank（原VodafoneK.K.）分别于2004年7月、2005年7月和2005年11月推出了移动支付业务，经过多年的发展，移动支付业务已具备相当的规模，其发展的首要推动者是NTT DoCoMo。NTT DoCoMo公司为配有移动索尼FeliCa芯片的手机用户推出的"移动钱包"服务，开辟了日本移动支付的新时代。只需将手机在专用设备上刷过，即可实现电子货币支付功能。除此之外，手机也可以作为火车票、机票、会员卡和房门钥匙使用。2006年4月NTT DoCoMo将移动支付业务渗透到消费信贷领域，推出DCMX品牌的移动信用卡，这一支付应用将不需要通过现金或网络方式进行充值而直接发起信用卡支付，使移动支付业务在日本的发展更进一步。随着移动支付的全球化趋势加剧，日本三大运营商正逐渐从FeliCa模式向NFC模式迁移，并于2011年12月组建了NFC联盟，以加快迁移进程。

韩国三大移动运营商SK Telecom、KTF、LG Telecom分别于2004年3月、2004年8月、2003年9月联合金融机构开通采用红外线接入技术的移动支付业务，2006年开展了基于RFID技术的手机刷卡业务。在韩国主要采取的是运营商或商业银行主导，运营商、银行等多方合作的模式。MONETA就是由SK联合KORAM Bank、Sumsung Card、LG Card、Korea Exchange Card、Hang Card等银行和卡组织等机构共同推出，这种合作关系的特点是：移动运营商与银行关注各自的核心产品，形成一种战略联盟关系，合作控制整条产业链；在信息安全、产品开发和资源共享方面合作更加紧密；运营商需要与各银行合作，或与银行合作组织建立联盟关系。Moneta相关技术已经在实际上将手机变成一种集卡、POS、ATM，甚至部分个人电脑功能于一体的功能强大的个人金融服务终端。SK还同世界两大信用卡系统Visa和万事达卡结成联盟，以在国际范围内推广其M-bank服务的应用。

（2）欧美国家　从欧洲的情况来看，法国、德国、瑞典、芬兰、奥地利、西班牙、英国等欧洲国家已经开始全面的手机支付应用，主要采用多国运营商联合运作的模式，即金融机构是合作者而不是参与者。如瑞典的独立第三方移动支付应用平台提供商PayBox公司推出的移动支付解决方案在德国、瑞典、奥地利、西班牙和英国等几个国家成功实施；西班牙两家最大的银行和三家最大的移动运营商共同成立的合资企业MobiPay，采用共同的技术标准，提供具备了非常优秀的可靠性和可扩展性的移动支付系统，该系统在多个出租车公司、快餐店、影剧院以及书店中推出，并于2004年年底在西班牙推出移动支付购买车票服务，用户可以使用手持设备（手机）购买有轨电车、地铁和巴士的车票，车票以确认信息的形式显示在手机上，用户凭此信息验票上车。目前，欧洲国家移动支付的主要形式是短信支付、移动互联网支付，如英国的移动支付平台Monitise，主要基于这两种方式开展业务。现场支付的发展则相对缓慢，法国移动运营商Orange在尼斯部署的基于NFC技术的移动支付生态系统是较为成功的现场支付试点，参与方包括虚拟商品内容提供商NRJ、交通公司以及金融机构等。

北美地区中，美国的移动支付产业发展较好，远程支付是主要方式，占90%的交易量，其中PayPal 2011年的交易额达40亿美元。在现场支付方面，虽然出现了较多的技术模式，但总体处于探索发展阶段，没有达到日本和韩国现场支付的规模。移动支付在欧洲一些国家和日本已经很常见，但目前在美国发展比较缓慢。

5.2.2.2 移动支付的国内发展情况

近年来国内移动支付产业发展迅速，虽然目前还处于起步阶段，但总体而言基本保持了与国际的同步。移动支付的业务实现方式和产品不断完善和丰富，用户体验持续提升。借助短信、移动互联网、MSC、二维码等多种方式，移动支付将传统零售支付的交易环境朝着便利化方向不断推进，逐步体现出随时、随地、随身的特点。从处理方式看，上述方式主要是现场支付、远程支付，或者现场支付与远程支付的结合。此外，移动支付的产品范围也不再局限于传统消费领域，查询、转账、投资理财等诸多业务都可以直接在手机上完成。MSC设备甚至可以实现票务预订、优惠券下载、登机牌领取和广告、媒介等多种功能。2012年年底，中国人民银行正式发布金融移动支付标准，从而为移动支付的快速发展扫除了标准障碍；2013年年初，国内包括银行、电信、互联网、手机、芯片等在内的各行业纷纷加速布局移动支付。

国内移动支付产业的总体发展情况主要有以下3方面的特点。

（1）宏观环境较好，核心设施基本完备。首先，智能手机、移动互联网络以及移动电子商务规模发展迅速。其次，各类移动电子商务客户端大规模涌现，包括移动购物客户端、移动支付客户端等。

（2）政策监管进一步明确，相关标准体系的建立和政策为移动支付的长远发展保驾护航。首先，国内现场支付技术标准以13.56MHz为基础的移动非接触支付国家标准正在审批发布中。同时，中国人民银行开展了移动支付相关金融标准制定的工作，提出我国移动支付金融标准体系框架。其次，国内非金融支付机构的地位合法化，不再游离于金融监管之外。截至2013年12月包括三大通信运营商在内的37家支付机构取得了移动支付业务许可。金融移动支付标准的出台，为银行和移动网络运营商开展基于无线通信技术的深度合作提供了催化剂，实现双方资源的优势互补，在覆盖已有市场的基础上创造新的细分市场；与此同时，支付宝、财付通等第三方支付厂商也积极推出移动支付产品。

（3）市场合作日趋活跃，产品种类不断丰富。与传统的支付方式相比，移动支付业务涉及移动网络运营商、金融机构、移动设备制造商、系统集成商、支付机构和银行机构等众多主体，行业跨度大、产业链条长，因此，产业链中的各方正在积极探索合作共赢的道路。

国内大中型商业银行陆续推出手机银行、短信银行、手机支付等多种移动金融服务，城市商业银行也纷纷启动了移动支付项目建设。中国银联通过产业联盟形式，以共同研制标准为基准和指导，构建规范和谐的产业链，形成以市场化方式开放合作、互利共赢的商业发展模式。例如，与通讯运营商中国联通在北京、上海、宁波等地区开展基于双界面SIM卡和纯远程支付SIM卡的合作，在宁波合作推出了"一卡多用"的"沃·阳光手机金融IC卡"，能够兼容目前的银行、交通和行业账户功能；与建设银行、华夏银行、重庆农商行等多家银行开展了基于 NFC-SD 产品，SD 产品、客户端和商圈共享等方面的合作。2012 年 6 月，中国银联与中国移动签约了合作协议，约定开放 SIM 卡空间，开展 TSM 互联互通，目前平台对接已经完成，截至 2013 年 7 月，浦东发展银行、光大银行、中信银行等 9 家银行已经完成了 TSM 系统的连接等。浦东发展银行与中国移动率先研发成功可取代银行的手机，中国联通联合中国银联推出 MSC 手机，并与招商银行合作推出了联通招行手机钱包的信用卡手机支付产品。

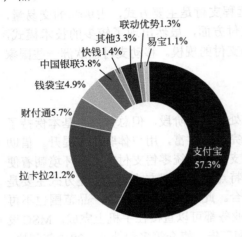

图 5-6 2013Q2 中国第三方支付市场移动支付交易额份额

（资料来源：易观国际、易观智库、eBI 中国互联网商情）

另外，第三方支付市场移动支付交易规模也在快速增长，据 Enfodesk 易观智库《第三方支付市场季度监测》数据显示，2013 年第 2 季度中国第三方支付市场移动支付（不包含短信支付）交易规模达到 1224 亿元，与第 1 季度相比增长 76.6%；其中依托移动互联网的远程支付业务增长迅猛，纯软件形式的客户端和应用内支付以及刷卡器支付模式增长突出。从第三方支付市场移动支付业务交易额情况看，如图 5-6 所示，支付宝、拉卡拉、财付通占据市场交易额规模的前三位，市场份额分别为 57.3%、21.2% 和 5.7%。第 2 季度支付宝钱包转账业务增长迅猛，此外阿里外部商户的移动支付交易增长也较快。拉卡拉凭借多年来在便民支付领域积累的品牌认知和用户基础，加上手机拉卡拉推广力度较大，拉卡拉移动支付增长迅速，其中信用卡还款、转账在总体交易规模中占比超过 95%。第 2 季度财付通与微信平台合作微信支付，上线支付产品操作便捷性以及流程的用户体验受到用户好评，凭借微信庞大的用户规模，以及微信平台接入的交易类应用的增加以及与线下实体商户的合作，使得财付通移动支付业务发展潜力较大。

此外，快钱推出的快刷支付服务，针对不同行业客户在移动展业等场景下的收款需求，全面覆盖并灵活解决，商户完成签约后，将读卡器插入智能终端（IOS、Android 系统）的音频口，激活客户端应用即可进行交易。其领先的技术、独有的六重安全保障（系统安全、注册安全、登录安全、支付安全、技术安全、监控安全）机制、严密的流程，使其在保险市场和高端餐饮市场的业务得到进一步拓展。易宝瞄准当前手游行业的支付需求，推出一键支付，加大在手游行业的拓展，一方面，为手游商家提供最全面的支付服务，帮助游戏商家解决支付环节中的困扰。另一方面，为手游玩家提供最极致流畅的支付体验。

5.2.2.3 移动支付发展的机遇与挑战

智能手机的日益普及、移动通信网络的进一步成熟，移动支付正在成为继线下业务、互联网支付之后的又一个重点支付市场。支付公司、通信运营商、商业银行、手机制造商、软件公司等企业对移动支付高度关注和巨额投入，各种业务模式、技术方案不断涌现。移动支付领域在以后的长远发展过程中，需要面对以下机遇和挑战。

（1）重视客户体验及用户使用习惯 移动支付普及的关键在于其便捷性，具有针对性、贴合消费者需求的移动支付应用才能获得用户的青睐。如何减少使用环节、提高支付效率，满足消费者碎片化时间移动购物的需求，将吸引更多用户、增加用户黏性。例如支付宝钱包在多重安全保障下进行收款、付款、确认收货，随时随地安心完成交易和账户的管理，同时可以享有水电煤缴费、话费充值、买彩票和游戏点卡等实用的便民服务，使用户轻松享受无处不在的现代支付生活。微信通过集成二维码等移动支付应用而无需下载安装，降低了使用门槛；各大运营商推出的电子钱包业务对于小额支付，无需进行身份验证，省去了不必要的数据传输等待时间。随着移动支付应用越来越丰富，相应电子通道的承载能力、安全保障、资费定价方式等需要个性化定制和大幅度优化，才能迎合以80后、90后为主流的用户群体的体验需求。

（2）重视移动支付的安全保障　移动支付作为新兴支付方式，无论是移动支付平台运营商、移动支付服务提供商还是客户都需要考虑支付过程中所涉及环节的安全性。在安全保障机制建设方面，要高标准、严要求，保证信息收发的保密性、完整性、公平性等。只有通过建立系统化的用户身份管理服务系统（包括标志密码算法和实现、用户标志管理机制、面向服务的授权和访问控制技术等）、支持全生命周期的移动支付数据（静态数据、处理中的数据、传输中的数据）安全模型等技术措施，才能为用户创造便捷且安全的服务体验。

（3）重视挖掘数据价值　大数据时代的移动互联网，价值在于数据挖掘，通过特定的数学模型和算法，对大量的数进行自动分析，揭示数据之间隐藏的关系、模式或趋势，为决策提供新的知识。因此，如何深化对数据价值的挖掘成为金融业和其他服务型行业的重中之重。卓越的数据洞察力以及对移动支付业务及其相关业务的数据挖掘，为企业的决策提供客观、可靠依据，协助企业创新，获得以前难以实现的业务价值。例如全球知名电子商务品牌阿里巴巴集团在管理层设置了"首席数据官"一职，管理"聚石塔"——一个大型的数据分享平台。最先从海量数据中尝到甜头的是阿里巴巴旗下的另一个千亿金矿阿里金融，可谓是大数据挖掘的最好范例。通过分析淘宝、天猫、支付宝、B2B上商家的各种数据，阿里巴巴进入了一个被传统银行忽略的市场，为平台上的卖家提供无抵押小额信贷服务。同时，阿里巴巴又通过实时监测贷款商家的交易、退货、评分等经营情况，能随时了解客户还款能力，一旦客户交易情况下滑，系统会自动发出预警，从而规避贷款风险。同样的平台模式也出现在中国另一家的互联网巨头——腾讯，它通过建立社区开放平台来实现大量的数据互通，以挖掘更大的商机。

（4）构建开放式商业模式　开放式商业模式是移动支付产业可持续发展的推动力。我国移动支付标准与国际标准有效接轨，其联网通用的定位着眼于建立开放式商业环境，推动国内厂商建立自主标准和方案。开放式商业模式的建立有助于产业链各单元之间形成稳定的合作、竞争模式，形成创新、共赢的生态局面，推动移动支付产业持续发展。移动支付链条中，移动运营商提供的是支付工具的通信通道，银行掌握着大量账户、拥有强大的电子平台和清算设施以及成熟的信用体系，银联和非金融支付机构拥有自己的技术优势，连接着国内大部分银行。因此，只有构建一个开放与合作的平台，以移动运营商和银行紧密合作为基础，以银联和非金融支付机构作为重要补充，整合运营模式，整个产业才不会过度竞争，各参与主体才能充分发挥核心能力，做到资源共享、优势互补。

从当前移动支付业务发布中可以看到，银行、移动运营商、第三方支付这三大力量团体多采取"合作"的模式试水移动支付市场。中国联通已经联手招商银行、东方航空签署了《异业联盟合作协议》，宣布三方将形成一个可自主成长的生态共同体；中国移动也与银联、国航等展开合作，并在中国移动全球开发者大会上，宣布开放NFC手机的SIM卡空间。从移动支付产业整体的发展趋势来看，开放式商业模式可以集中同行业或不同行业的优势力量以发展移动支付业务，使得解决方案更具普遍性，对于拓展移动支付应用、增强竞争力具有重要意义。

5.2.3 移动支付的运营模式

移动支付的价值链涉及很多个方面,如标准制定组织、技术平台供应商、网络运营商、金融组织、第三方运营商、终端设备提供商、商品或服务供应商以及消费者等。例如对于移动运营商而言,移动支付不仅能使手机增值服务更加丰富,为运营商带来可观的业务增长收入,而且会使手机的价值产生一个全新的质的跃变,使手机成为集通话、信息服务、多媒体服务、金融交易工具于一体的个人智能服务终端;对于银行而言,手机银行业务已成为电子银行业务的竞争焦点之一,手机支付业务的发展壮大,将有利于增强电子银行对客户的黏着度,从而提高银行对客户的黏着度。对于成长于互联网服务环境的第三方支付平台,移动支付成为其最重要的业务增长点;对于终端设备提供商,移动支付的发展为其提供了大规模的市场需求。

移动支付的运营模式由移动支付价值链中各方利益分配原则及合作关系所决定,目前存在多种,各种模式体现了各个主体最大化的商业利益,进而也充分体现出移动支付是一个强者博弈的市场。但是作为一种成功的移动支付解决方案应该是充分考虑到移动支付价值链中的所有环节,进行利益共享和利益平衡。

目前移动支付主要的运营模式有移动运营商模式、银行模式、第三方运营模式和银行与运营商合作运营模式等。

5.2.3.1 移动运营商模式

(1)移动运营商模式的应用 移动运营商模式是通过手机话费或其支付账户购买商品或服务。此模式下消费者可以选择手机,即账户与手机进行绑定,支付款项将从手机话费中扣除,该方式一般只支持小额商品的购买,主要是运营商的自有商品,业务具有较大局限性。也可以选择使用非银行的实体账户作为支付账户,用户开户后通过指定方式完成对支付账户的充值,形成一个只能用于移动支付的虚拟的银行账户,账户信息将保留在支付平台本地,支付时金额将从这个支付账户中扣除。这样,移动运营商以用户的手机话费账户或专门的支付账户作为手机支付账户,用户所发生的手机支付交易费用全部从用户的账户中扣减。

此运营模式已成功地被日本运营商实施。日本早在2001年就开始推广3G的发展,由于日本移动用户基数庞大以及移动支付相关技术比较成熟,移动支付业务在日本的发展迅速。日本运营商通过不断地购买银行股份,吸引相关零售商加入移动支付业务链条中,采用半封闭的商业模式来发展移动支付业务。以移动运营商为中心的商业模式中,运营商控制能力比较强,日本运营商可以有效地控制整个产业链的发展,及时反馈移动支付发展状况。例如,日本移动运营商NTT DoCoMo推广的i-Mode FeliCa手机电子钱包服务,用户将IC卡插入手机就可以进行购物。i-Mode FeliCa使用的IC卡中安装了电子交易软件,用户拥有一个电子账户,可以购买电子货币充值,进行交易时费用直接从用户的电子账户中扣除,整个支付过程无需金融机构参与。欧洲品牌多采用这种方式,较著名的有Orange、Vodafone、T-mobile和Telefonica四家欧洲最大的移动电信运营商联合运营的Simpay品牌等。

(2)中国电信的翼支付 在我国最大的通信运营商中国电信推出了移动支付产品翼支付,用户开通了翼支付账户,储值并在手机上安装移动支付客户端后,即可在中国电信联盟商家和合作商户使用该账户通过网站、短信、语音等方式进行远程支付,如果办理了翼支付卡(RFID-UIM卡)可享受在中国电信联盟商家和合作商户(如商场、超市、便利店、餐馆、公交车等消费场所)进行手机刷POS机消费。目前该移动支付客户端已实现的应用与功能主要有娱乐消费,包括以虚拟产品为主,如购买彩票、Q币、游戏点卡等与生活时尚相关的支付应用;手机收银台,为商户提供现场收银服务(软POS);交易查询,即查询翼支付账户的交易记录；账户查询，即查询翼支付账户、积分账户余额；用户个人信息管理、使用帮助、客户服务等自助服务。对于中国电信自有特色业务付费、话费充值等应用仍处于探索开发阶段。

下面以手机收银台为例简单说明支付过程。目前翼支付的手机收银台已与融合支付平台打通了收银全流程，实现了翼支付账户的收银。通过翼支付进行账户的收银，首先由商户发起收银请求，由服务端向顾客提示相关信息，然后顾客端根据相应信息进行操作，完成支付和收银。具体操作步骤如下。

① 服务端向顾客提示购物信息。如您于2010年9月5日21时03分在号百演示商户消费50元，确认支付请回复Y1247到1188801；拒绝请回复N1247到1188801或不回复。

② 顾客根据提示，确认支付。如回复Y1247。

③ 发送短信实现账户扣费提醒。如1188801给顾客发送短信：您的账户于2010年9月5日21时05分消费50元！如有疑问，请致电10000。

这种模式的特点是移动运营商直接与用户联系，不需要银行参与，技术成本较低，可充分利用移动运营商掌控手机卡和手机终端的优势，充分挖掘手机号码作为天然的、私人的支付账户优势。但是，移动运营商在其提供的基础网络服务和信息增值服务之外，参与金融交易，需要承担部分金融机构的责任和风险，这些原属于银行职责，却无需银行过多参与，因此，银行的积极性不高；在政策层面，如果发生大额交易将与国家金融政策发生抵触；无法对非话费类业务出具发票，税务处理也很复杂。

5.2.3.2 银行模式

（1）银行模式的应用　　银行借助移动运营商的通信网络实现互联，将银行账户与手机账户建立对应关系，用户通过银行账户进行移动支付。银行为用户提供交易平台和付款途径，移动运营商为银行和用户提供信息通道和内容服务，不参与支付过程。

银行有足够在个人账户管理和支付领域的经验，以及庞大的支付用户群和他们对银行的信任，银行借助手机银行业务平台或采用SIM卡贴膜、RF-SD卡等技术方式，实现远程或近程支付。此模式的支付账户是银行的实体账户，由银行独立享有移动支付的用户，并对他们负责。在这种模式下，银行积极性大，可借助现有的手机银行平台，利用自有的网点、电子等渠道和商户资源进行业务营销宣传。

银行模式产生的费用主要由以下三部分组成：

① 数据流量费用，由移动运营商收取；

② 账户业务费用，由银行收取；

③ 支付业务服务费用，由银行、移动运营商、支付平台分成。

当前我国大部分提供手机银行业务的银行如招商银行、广东发展银行、工商银行等，都有自己的运营移动支付平台。由于各个银行只可以为本行的客户提供手机银行服务，不同银行之间不能互通，在很大程度上限制了移动支付业务的推广，但是随着各行互联互通的第二代支付系统的推出，此问题可以得到一定缓解。

在金融欠发达国家在农村地区该模式的发展获得了巨大的成功，甚至比一些发达国家发展得更好，主要是因为移动支付业务对传统银行业务的补充作用明显。作为沃达丰在肯尼亚的子网，Safaricom凭借成功的本地化战略、创新的业务和服务而成为肯尼亚最大的移动运营商，占有当地80%以上的市场份额。Safaricom的移动支付产品M-PESA采用的是远程支付方式，通过短信进行支付，每个用户只要办理了手机支付的业务，就拥有了一部手机钱包，用户可以用手机钱包的资金向另一个手机用户付款。目前肯尼亚个人或公司进行商品采购，已经不需要必须通过支票和现金的方式进行付账，只要看好了产品，谈好价格，两个用户之间就可以用手机进行付款。而且Safaricom不仅支持手机转账支付，还设立了一些自动提款机，手机用户可以通过手机提取现金，在很大程度上Safaricom已经远不是一个电信运营商，它兼有了银行的功能，因为提供多方位的服务，所以获得了用户的欢迎，它也在市场中占据主导地位。M-PESA不仅为Safaricom带来了可观的利润，并增强了客户的黏性，提升了品牌认可度。

（2）中国工商银行的手机银行　银行模式在国内的典型案例是中国工商银行推出的手机银行业务。中国工商银行的用户使用手机直接登录或发送特定格式的短信到银行的特服号码，银行按照客户的指令可以为客户办理查询、转账以及缴费等业务。中国工商银行手机银行的具体使用过程说明如下。

①开办条件

a.在工商银行开立工银财富卡、理财金账户、牡丹灵通卡、牡丹信用卡和活期存折等且信誉良好的客户。

b.持有合作移动通信运营商提供号码的手机，手机支持WAP上网。

②开通流程

a.手机网站渠道：您可通过手机登录手机银行（WAP）主页（wap.icbc.com.cn），选择"自助注册"后按照提示信息自助开通。

b.网站渠道：您可登录工商银行门户网站（www.icbc.com.cn），在门户网站左方或个人网上银行登录页面左方，点击手机银行（WAP）自助注册后按照提示信息自助开通。

c.网上银行渠道：在个人网上银行"电子银行注册"中选择注册渠道为手机银行（WAP），进入注册开通信息录入页面，选择要开通的注册卡，输入预留验证信息、登录密码、首选注册卡号等信息，提交并验签通过后即注册成功。

d.柜面注册：可以持本人有效身份证件及银行卡到工商银行营业网点，填写《中国工商银行电子银行个人客户注册申请表》，办理注册手续。

③实现业务内容。银行模式的手机移动支付一般具体业务如图5-7所示。

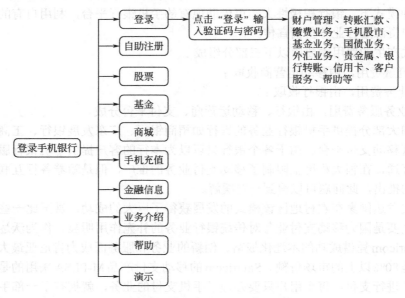

图5-7　银行模式的手机移动支付具体业务

5.2.3.3　第三方支付模式

第三方支付服务提供商是独立于银行、移动运营商的第三方经济实体，利用移动运营商的通信网络资源和金融组织的各种支付卡，由自己拓展用户，进行支付的身份认证和支付确认，提供手机支付业务。此模式下，将银行、运营商、商户等各利益群体之间的关系简单化，使用户有了更多选择，只要加入到平台中即可实现跨行之间的支付交易，并还可以享受支付商的信用担保服务。但此模式最大的问题，与运营商支付相同，即支付商的金融资质、信用中介等问题，并且也需要得到各家商业银行的支持。

该模式成功的案例是瑞典的Paybox公司在欧洲推出的手机支付系统。Paybox是瑞典一家独立的第三方移动支付应用平台提供商，公司推出的移动支付解决方案在德国、瑞典、奥地利、西班牙和英国等几个国家成功实施。Paybox无线支付以手机为工具，取代了传统的信用卡。用户如果想使用该服务，需要去服务提供商处注册账号，并与自己的手机绑定。在购买商品后进行费用支付时，直接向商家提供用户的手机号码，商家向Paybox提出询问，经过用户确认后完成支付。Paybox支付平台主要用在移动商务中，为消费者、商户以及合作客户提供移动支付服务。如2003年Mobilkom购买了Paybox在奥地利的分公司，面向B2C和B2B方式推出了移动票务、移动购物、移动博彩等多种移动电子商务的应用。

第三方支付服务提供商的收益主要来自以下两个部分：

① 向移动运营商、银行和商户收取设备和技术使用许可费用；

② 与移动运营商以及银行就用户业务使用费进行分成等。

第三方支付服务模式的特点如下：

① 第三方支付服务提供商可以平衡移动运营商和银行之间的关系；

② 不同银行之间的手机支付业务得到了互联互通；

③ 银行、移动运营商、支付服务提供商以及SP（Service Provider，移动互联网服务内容应用服务的直接提供者，负责根据用户的要求开发和提供适合手机用户使用的服务，如短信、彩铃、广告、天气预报等）之间的责、权、利明确，关系简单；

④ 对第三方支付服务提供商的技术能力、市场能力、资金运作能力要求很高，一旦能力没有达到，那么整个价值链有可能会处于瘫痪状态。

第三方支付服务的手机支付宝的支付方式包括短信支付和语音支付2种，一般的操作流程比较简单，在此不另作介绍。

5.2.3.4　银行与运营商合作模式

该模式的主体是银行和移动运营商，它们共同参与用户资金支付活动。在该模式的运行下，银行和移动运营商各自发挥自己的优势来保证移动支付技术的安全和信用管理，使交易能够顺利、正常地进行。移动运营商和银行可以用更多的时间和精力来研发自己的核心技术，通过优劣互补来增强产业价值链的竞争力，带动上游和下游企业健康运营；在信息安全、产品开发和资源共享方面更加紧密；与移动运营商结成战略联盟的银行可以是多个不同的银行机构。

在韩国，移动支付由商业银行、运营商双方合作经营，目前韩国所有的零售银行都能提供移动银行业务，主要移动运营商都配合银行提供具有信用卡和基于FeliCa标准预付费功能的智能卡手机。韩国的移动支付已经进入业务发展期。韩国主要有MONETA和K-merce两大移动支付品牌，它们占据着韩国半壁江山。其中MONETA由移动运营商SKT与友得银行、现代信用卡公司合作，SKT在SIM卡上内置了交通卡、银行卡、会员卡等多种支付功能，SKT还参与商户的拓展与POS机布置，通过收取商户手续费、卡费、增值业务费等方式盈

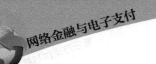

利。参与这一模式的信用卡公司通常收取2.5%的手续费。

5.2.3.5 其他移动支付模式

除了以上4种模式以外，2011年以来，国外移动支付市场异常活跃，不断涌现出移动支付新模式，例如Google Wallet全开放式移动支付商业系统，打造完全开放式的移动支付平台，这将对NFC移动支付以及移动互联网发展带来深远的影响。美国移动支付企业Square公司的Card Case业务具有独特的用户信息保护措施和融合型业务形态。Card Case用户信息的安全保护极大消除了用户对交易安全的担忧，得到很多用户的青睐。2011年7月Square的日交易额仅为400万美元；8月Card Case业务上线后，交易额急剧上升，10月底突破日交易额1100万美元。另外，Card Case应用结合社交、位置、支付、商务的融合型业务形态，成为移动互联网金融应用的典型代表。法国尼斯统一基础上的开放合作模式，该项目在法国政府的大力支持下，由移动运营商、银行、运输运营商和零售行业、手机制造商、支付解决方案供应商共同参与。尼斯移动支付服务的统一不仅体现在统一技术标准上，还体现在统一品牌标志、统一利润分配机制，在此基础上产业链各方开展积极合作，真正实现产业链整合。

由于上述各种移动支付模式在国内比较少，鉴于篇幅在此不另作介绍。

5.2.4 移动支付的风险与防范

移动支付结合了移动通信技术、电子商务技术、金融行业相关技术等，具有明显的跨行业特点，虽然我国移动支付市场潜力无穷，但该领域尚未形成稳定的市场竞争机制，处于移动支付生态环境中的各行业原有的竞争范围和格局被逐渐冲破，银行、电信运营商、金融中介机构、移动支付服务商等为赢得市场不断求新、求快的同时也会面临着风险。

5.2.4.1 移动支付发展面临的风险

移动支付发展面临的风险主要包括3个方面，即技术风险、法律或政策风险和信誉风险。

（1）技术风险　相对于有线网络的连接方式，无线网络没有特定的界限，窃听者无需进行搭线就可以轻易获得无线网络信号。如果手机作为支付工具，那么，设备丢失、密码被攻破、病毒发作等问题都会造成重大损失。因此，除了保护用户的账户内容和密码信息等不受侵犯，这种由移动通信环节引入的安全问题之外，整个支付流程的各个环节都需要可靠、安全的技术保障和完善的业务风险管理。

技术风险主要是移动支付的技术安全风险和技术开发风险。技术安全风险包括两方面：一是数据传输的安全性风险；二是用户信息的安全性风险。数据传输的安全性风险，是消费者对于移动支付最为担心的问题，如果因此造成损失，将会给整个产业带来很大的负面影响。用户信息的安全性风险同样值得关注。由于每位消费者购买什么产品或者喜爱什么品牌的产品，都容易被移动支付技术的智能卡所记录，这些数据对于厂商来说极具销售价值，所以如何保护这些数据也成为安全机制下不可回避的问题。移动支付在每一个环节的设计、每一项技术的开发以及每一个流程的运用，都将耗费巨额资金。移动技术的更新不仅仅限于客户手机终端，还包括客户进行交易时接触到的收款机、POS机、自动贩售机等。这方面的资金投入会很大，尤其是技术开发，会成为资金消耗的重要环节。由于移动支付产业的核心是技术，一旦技术开发失败，或者技术设计不完善，会导致整个投资失败。因此，投资移动支付产业要面临巨大的技术风险。

目前我国移动支付面临的主要技术难题主要包括短信支付密码被破译、实时短信无法保证、身份识别缺乏和信用体系缺失等。首先，加密问题和实时性问题是手机支付普及的主要障碍，虽然WAP功能的手机支付时，能够采用移动网络的加密技术，相对而言，并不能很有效地保证安全。如果引入短信确认实现手机支付的双重确认方式，又会因为短信的中继问题，有可能造成短信不能及时到达，影响支付的流程；其次，身份识别的缺乏是限制移动支付应用的第二大原因，更好地实现移动支付业务中所要求的身份认证、加密、完整性保护及不可否认性，是保证移动支付业务安全的重要技术基础，也是未来在线移动支付业务的发展方向。最后，信用体系的缺失是限制移动信息化应用的第三大原因。在手机支付中，一些小额支付可以捆绑在手机话费中，但手机话费透支、恶意拖欠十分常见，信用意识以及体系的不完善，也制约了移动信息化的普及、推广。

（2）法律或政策风险　移动支付作为新兴业务，尚缺乏明晰的行业规范，包括监管政策、资源共享、服务质量保障、服务规范制定等都需要明确规定。移动支付涉及的当事人众多、法律关系复杂，再加上服务器、因特网、无线传输、管理软件等错综复杂的先进技术，因此在移动支付过程中，经常会出现因过失或故意而致使资金划拨迟延或资金划拨错误，造成损失的现象，但是中国缺乏相应的法律法规或合同约定不明，一时很难明确法律责任。客户通过电子媒介所达成协议的有效性具有不确定性，现行手机支付的政策还很不完善，手机消费类增值服务费的征收缺乏法律保障，而且市场管理混乱，使得消费者难以对手机短信消费维护应有的权利，这也严重影响了移动支付产业的进一步发展。

移动支付是电信增值业务与银行增值业务——中间业务的交叉地带，它有不同的业务类型，国内非金融机构推动移动支付的积极性比银行更高，但移动支付涉及金融业务的又必须接受金融监管，往往需要银行介入，或参照金融机构进行管理，政策风险是移动支付投资目前无法避免的障碍。近年来，我国已经出台的《电子签名法》和《电子支付指引》为电子化支付在政策和法律地位方面奠定了基础。2010年6月21日中国人民银行出台了《非金融机构支付服务管理办法》意在规范当前发展迅猛的第三方支付行业，使其业务范围和法律地位都有所明确，虽然，这将为运营商的移动支付业务创新带来更多的机遇。

（3）信誉风险　开展移动支付，可靠的服务平台至关重要。金融机构或第三方支付平台要能够持续提供安全、准确和及时的移动金融服务；移动运营商的服务质量也要有保障，如果客户访问其资金或账户信息时遇到严重通讯网络故障，将会造成客户对移动支付服务的怀疑和不信任，引发信誉风险。

5.2.4.2　移动支付中风险的防范

为了防范移动支付中的风险，金融机构、移动运营商、第三方支付平台等应采取积极的风险防范对策，以确保移动支付业务的良性发展。

（1）建立安全机制　建立起完善的移动支付安全机制，要充分考虑以下环节的安全性建设。

① 首先是移动终端接入支付平台的安全，包括用户注册时，签约信息的安全传递，以及用户通过移动终端登录系统，其间传递的数据如签约用户名、密码等的安全性。

② 其次是支付平台内部数据传输的安全，即支付平台内部各模块之间数据传输的安全性。

③ 最后是支付平台数据存储的安全，涉及签约用户机密性的银行卡账户、密码、签约用户名、签约密码等的安全性。

同时，应加强手机支付系统的技术标准符合性和系统安全性检测，以保证手机支付业务的健康有序发展。

针对以上分析，技术上必须对敏感信息进行全程数据安全加密；在系统中配备适当的安全措施如防火墙、侵入窃密检测系统、监视控制系统等；对访问系统的用户进行身份鉴别；

装备必要的恢复和后备系统，保证系统的可恢复性和可靠性；使用数字签名等。

（2）增强法律意识适应新政　在法律风险防范方面，首先要充分利用我国现行法律来拟定移动支付相关协议，如《合同法》《会计法》《票据法》《支付结算办法》等；其次，在技术安全上充分利用目前执行的关于信息技术安全方面的行政法规，如《中华人民共和国计算机信息系统安全保护条例》《电子签名法》等；最后，应注重交易数据的保管，为可能的纠纷或诉讼做必要准备。随着移动支付的不断发展，国家相关部门会出台相关监管规定，对市场准入、资金安全和风险控制做出明确规定，营造一个良好的政策环境，商家、移动支付的各方参与者应积极适应，共同努力尽快探索建立推动支付环境建设的商业模式。

（3）防范金融欺诈　防范信誉风险，重点要防范操作风险和利用移动支付进行金融欺诈的行为。首先，对于移动支付中各相关部门而言，应完善制度规范，加强对工作人员的管理，提高对业务流程的认识，防范操作风险。对于客户而言，加强对移动支付及业务运作流程等的宣传使用户获得更多相关信息，消除其内心预期不确定性；对客户提供账单查询功能，定期向用户发送账单确认消费；建立会员制度，关注资深用户，注重提高现有用户黏性；做好客户服务，对用户负责，对问题交易优先考虑用户利益，弥补其损失，提高声誉和口碑。其次，应对重点客户加强监控，尤其应加强对巨额资金的大进大出的背景进行监控，注意跟踪交易的全过程，并通过数据挖掘等方法，分析可疑的资金交易，防范利用手机进行非法资金交易。最后，加强移动支付产业链中运营商、商业银行和其他金融机构、第三方支付企业以及客户等各方的紧密合作、优势互补，形成了利益共享、风险共担的链条关系。移动电子商务和移动支付作为一个新生事物要求政策加快调整和创新，更需要各利益相关方的积极参与，共同努力减小行业风险。

5.3　微信支付与移动互联网金融

微信红包——2天绑定个人银行卡2亿张，干了支付宝8年的事！

图5-8　微信红包和传统新年
红包一样喜庆

2014年中国马年春节期间，由腾讯突然推出的"微信红包"（见图5-8）一夜走红，一时间各种网络红包漫天飞，引无数网民竞相争抢。根据财付通官方统计，从除夕到大年初一下午4时，参与抢红包的用户超过500万，总计抢红包7500万次以上，领取到的红包总计超过2000万个，平均每分钟有9412个红包被领取。抢红包的最高峰出现在除夕夜零点时分，前5分钟内有58.5万人次参与抢红包，其中12.1万个红包被领取，参与抢网络红包活动总人数达482万，瞬间峰值有2.5万个红包被拆开。群发的网络红包最常见的金额是100元，平均每个红包是10.7元，有的只有几块钱甚至几分钱的"利市"，抢到10～50元的网民超1/5，抢到最多红包的人有869个红包。网络红包在红包发送者和争抢者之间相互分发和讨要，欢乐中拉近了人际距离，让传统的"发红包"注入了社交网络的新时尚。

　　根据腾讯事后公布的数据显示，从除夕到年初八，超过800万用户参与了抢红包活动，共有4000万个红包被领取，平均每人抢到4～5个红包。如此热闹的场景让腾讯成了互联网金融新晋的吸金大户，在各大社交网络上有条被大量转载的信息称：微信红包一个晚上绑定银行卡户数超过1个亿，2天绑定了2亿张个人银行卡，而且还没花腾讯一分钱，干了支付宝8年的事！毫不费力地收获了大量的微信支付个人用户。

　　许多网友事后议论，从来没有这样疯狂抱着手机玩过，像小孩子一样着迷和"抢"疯魔了，只要醒着就几乎没有停歇过的"玩"。微信红包听起来是年轻人的产品，却让许多中年人也不顾一切地去参与体验，从心理、心态、行为，甚至语言方面感到收获颇多，同时开始接受并感受互联网，而不是过去仅仅停留在认识上，实际上是进入了一个疯狂的、快速的、信息交换的金融互联网世界。有网友说，全身心投入这次抢红包最好的体验，是借着这场游戏最快速地被改变和被改造，十分开心！真正的乐在其中，思在其中，这是多么不可思议！许多网友也在这过程中说，抢得开心，发得更爽。在快乐抢红包的竞赛中，进入了一个根本无法预料的和未来的商业金融环境。一个小小的"红包"带来的影响是轰动的，对每一个人的冲击也是前所未有的。

　　微信红包让人们对银行和货币的传统认识完全颠覆，这场体验让众多网民对移动互联网开始正面接触和认识，他们在各种群里抢红包的同时，很多原本不熟的人也会来加好友，未来通过移动互联网金融以及应用场景的结合会衍生无数颠覆性的变革。

　　如果从另外一个角度进行分析，腾讯微信红包产生的效应还远远不止这些。腾讯红包2天里绑定的2亿张个人银行卡，若有30%的人发100元红包，会形成60亿元的资金流动；延期一天支付，按目前民间借贷月息2%、日收益率为万分之七计算，每天沉淀资金的保守收益为420万元；而若有30%的用户没有选择领取现金，那么其账户可以产生18亿的现金沉淀且不需要支付利息！这才是真正的资本运作，意味着巨大的金融和商业价值。一家传统银行想要发展到1亿储户，所需要的时间和投入将是难以想象的！

　　实际上，腾讯用一个眼前的活生生的例子证明：借助互联网思维，不但可以赚到"金融钱"，而且能够大笔大笔地赚钱，互联网思维和由此催生的商业创意，令人叫绝。

5.3.1　瞬间发力的微信红包

5.3.1.1　什么是微信红包

　　2014年1月26日微信5.2版本发布之后，腾讯财付通在微信低调推出公众账号"新年红包"Beta测试版，虽然并未对该功能进行大面积曝光，但依旧很快在微信好友中引爆，仅用2天时间，微信群中抢"新年红包"就呈现刷屏之势，十分热闹。

　　微信红包的背后是腾讯财付通运营的名为"新年红包"的公众号，用户关注该账号后，就可以在微信中向好友发送或领取新年红包，功能上可以实现发红包、查收发记录和提现。具体操作时微信用户可以发两种红包，一种是"拼手气群红包"，用户设定好总金额以及红包个数之后，可以生成不同金额的红包；还有一种是普通的等额红包，目前最为流行的是前者。由于发放红包和提现红包均要捆绑银行账户，用户在微信群中疯狂抢红包，本质就是一定要先开通微信支付。显然这不仅仅是一个社交产品的成功，其背后是微信支付的爆发。很多用户为抢红包发红包而在微信支付中绑定了储蓄卡，使微信支付的用户增长形成了一个高潮。到马年年底并随着春节假期的到来抢红包风潮愈演愈烈，借助微信群和朋友圈之间的传播，带动了更多用户的加入。一夜之间，吸引了超过千万用户的关注和分享，微信支付客户大增，使微信支付在很短的时间内赢得了几何级数增长的新用户。

5.3.1.2 微信红包的原理

2013年12月，财付通推出了一项服务"AA收款"，用户通过服务号可以在聚餐、娱乐等多种场合下通过微信支付实现"AA收款"。从付款收款的模式上来看，微信红包与AA收款的逻辑十分类似，两者之间的共同点都是"一对多"的关系。"AA收款"是一个人从多个人手中收钱，那么微信红包就是多个人从一个人手中收钱，这样，早先推出的AA收款功能就成了微信红包的技术基础，如图5-9所示。

图5-9　财付通"AA收款"与"微信红包"界面比较

微信红包设计之初曾想到的是"要红包"，即一个用户向其他用户讨要红包，这个逻辑更接近"AA收款"。但是要红包会让被索要者产生抗拒感，而抢红包相对更符合人的心理活动。所以，最终上线的微信红包就从"要"转成了"抢"。而抢红包的过程紧张刺激，即使抢到只有几毛几分的红包都觉得跟中了500万元一样幸运，发红包的与抢红包的一样欢天喜地。

微信红包瞬间蹿红的秘诀之一是用户在打开红包之前是不知道有多少收益的，在实际运作中用户抢到的红包内金额多少不等而且是随机的。最小的红包可能只有0.01元，而在春节期间汕头曾出现过最大的红包金额达19万元。微信红包是欢天喜地的打交情，谁都可以随便拿几百元分成几百个红包送出去，也有的土豪撒一大把钱包个大红包显示阔气，如图5-10所示。红包就像一盒巧克力，拆它之前永远都不知道里面会是多少颗。设计者曾经考虑过给用户一个吉利的数字，例如末尾数为8，但这将造成另一些用户得到并不喜欢的数字组合。如何使实际抢到的红包产生不同的收益金额，最后设计者采用随机算法生成随机数字的方式，其结果就形成了"微信红包=AA收款+随机算法"的结构，于是用户就看到了各种随机生成的红包收益，由于红包份数可被设定为足够多，因此会产生0.01元的情况。这种随机算法被运用到微信红包中，使踩准时间点，满足用户需求一起玩，激发用户关系链，通过利益黏住参与人。正是由于这样的技术积累，才使得腾讯微信红包能够在短期内迅速上线。

图5-10　腾讯的"微信红包"服务界面

5.3.1.3　微信红包怎么发

2014年春节从除夕夜开始，腾讯正式上线微信红包。手机用户可以通过微信给亲朋好友或公司员工们发放红包，微信红包可以发到微信群里让大伙抢，也可以直接发给指定的好友，通过微信红包高高兴兴、热热闹闹地给大家送去新年的祝福。

微信红包发放的操作方式和程序如下。

① 添加"新年红包"服务号。新年红包服务号是腾讯财付通旗下的服务号，需要认清新年红包的认证信息以免被骗，关注时要注意信息和认证标识，见图5-11。

② 确定红包分类。微信红包分为群红包和普通红包两种类型，群红包也叫拼手气群红包，言外之意是发到群里，让群里的亲朋好友或公司员工抢，为了提高趣味性，群红包里金额的大小分配是随机的；普通红包就是点对点发放，直接发放到指定的人，见图5-12。

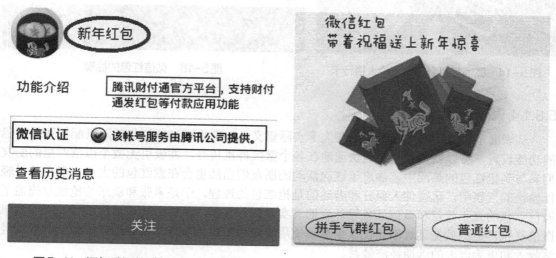

图5-11　添加腾讯的"新年红包"服务号　　　　图5-12　确定要发放的"新年红包"分类

③ 填写红包信息。群红包需要填写一共发多少钱，普通红包要填写每个红包发多少钱，群红包会根据钱的总数和红包的总数，随机分配每个红包的大小，群里的小伙伴抢到的红包大小是不同的。要注意这两种红包都会让发红包的用户填写祝福语，见图5-13。

④ 绑定个人银行卡。要发放微信红包必须事先给微信账号绑定一个银行卡，才能够通过微信支付将钱放入红包内，见图5-14。

⑤ 支付发放。填写好信息后，就可以通过微信支付把发放的钱塞进红包了，支付完成后，根据引导即可把红包发到群或好友，见图5-15。

⑥ 如何收取红包中的钱。通过微信红包下面的提现按钮，即可收取红包中的钱。取钱也需要给微信账号绑定一个银行卡，提现后的下一个工作日，红包中的钱可以到账并存入指定的银行卡内，见图5-16。

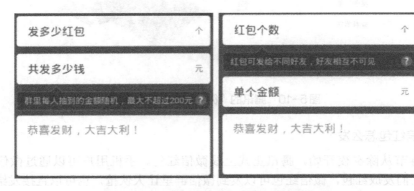

图5-13　填写红包信息的相关信息和祝福语

图5-14　微信红包必须绑定个人银行卡

图5-15　把钱塞进微信红包并发送

图5-16　微信红包的提现

5.3.1.4　微信红包的效益

从表面上看微信红包的娱乐性要大于实际意义，特别是通过群红包的随机配额和抢红包的功能设置，可以使得微信红包快速地在各个微信群里传开，并吸引无数个微信群里的朋友们参与到抢红包的热潮中。热衷于这次活动的朋友们当然也会在意红包的大小，但在节日轻松愉快的气氛中，玩得使人疯狂和着迷的是抢红包的过程，于是紧张和欢乐的抢红包掩盖了微信红包的真正效益和微信红包设计者的真实意图。其实，从另外一个角度进行分析，腾讯微信红包产生的效益远远不是仅仅给微信使用者送去节日的欢乐，其中隐含了惊人的近期经济收入和更为巨大的远期经济效益。

腾讯财付通的统计数据显示，从除夕下午4时起的24小时内，超过500万的用户参与抢红包并抢到多于7500万个网络红包，其中仅有26.7%约2000万个被领取。在此时间段，微信红包让腾讯不花一分钱绑定持有银行卡的微信用户超过1亿，绑定了个人银行卡2亿张。试想如果有30%的人发100元红包，就会形成60亿元的资金流动；而红包的提现最少要延期一个工作日支付，按目前民间借贷月息2%、日收益率为万分之七计算，则每天沉淀资金带来的保守收益为420万元；而如果有30%的用户没有选择领取现金，那么财付通的账户可以产生18亿元的现金沉淀且不需要支付利息！在现实中，一家传统银行想要发展到1亿储户，所需要的时间和投入将是难以想象的，而金融业成功的资本运作也难以达到如此的经济效益。

腾讯目前已经拥有了6亿微信用户，通过2014年春节的微信红包活动，使越来越多的用户喜欢和习惯了使用微信支付，可以肯定春节后一定会增加更多的微信支付用户。数亿使用微信支付的用户，在今后飞速发展的移动支付和移动互联网金融领域的争抢中，意味着将给腾讯财付通带来巨大的金融和商业价值。

5.3.1.5　微信红包的成功原因

对于2014年春节微信红包的成功有人欢喜有人愁，既令人出乎以外但也在意料之中；腾讯财付通抢到了移动支付重要的阵地。其实微信红包之所以一夜蹿红的原因有许多，但主要有以下4个方面的原因。

（1）操作简单界面美观　发送微信红包只有填写红包信息、微信支付成功、发送给好友/微信群三个步骤，操作界面喜庆清晰，非常简单。用户只需进入微信"新年红包"公众号，选择发几个红包、发放的金额，写好祝福语，通过微信支付，红包就包好了。红包既可以发到朋友群里，也可以单独发给某个好友。当对方打开红包后，只需关联微信的银行卡，领到的红包就会在一个工作日之后自动转账。特别是"拼手气群红包"更受欢迎，系统随机生成的不同金额红包，使红包的争抢者产生强烈的期待和兴奋而着迷，而应用软件设计最强调的是用户体验操作简单。

（2）基于人性的社交关系链　传统意义的红包发生于关系密切的亲友之间，而微信红包超出了传统红包的概念，更像一个社交游戏，抢红包功能更将社交自媒体的传播功能发挥到了极致。微信红包是让大家"抢"，抢到的红包中金额有多有少，让每一次红包的发放都能有炫耀、有懊恼、有话题，激发用户的主动分享和传播。如果在发放时就知道会拿到多少和多大的红包，用户除了感谢很难有更多兴奋。与支付宝红包通过通讯录或对方支付宝账号的方式相比，微信的优势在于利用了社交关系链即现有的好友关系网络，而红包的传播显然更利于人群之间的互动和扩散，而这种好友关系需要在平时积累。

（3）互联网思维的娱乐心理　可以设想如果腾讯财付通在媒体上打出"快来绑定微信支付吧！"的广告，则要付出的成本和得到的效果将会截然不同。微信红包完全是互联网思维的产物，建立在用户彼此相识和信任的社交关系上，并准确把握了用户的娱乐心理。事实证明，朋友的一句"给你发微信红包了，快关联银行卡来抢吧！"比任何广告都有吸引力。即使抢到的红包只有1元钱，因为好玩大家还是会抢个不亦乐乎。而想要发或收红包，关联银行卡到微信就水到渠成了。

（4）抢的乐趣　"红包"这个方式并不是微信一家独有，支付宝和新浪微博都有推出类似的活动。新浪微博同期推出的"让红包飞"的活动，用户需要通过转发、评论、点赞等方式获取抽奖机会，但应者寥寥无几。而支付宝上线的"新年讨喜"，可选择分别"向老板讨""向亲爱的讨""向亲朋好友讨"和"向同事讨"4种方式，但被索要者的抗拒心理阻止了这场过年游戏的传播，同样不起高潮。微信红包赢在一个"抢"字，满足了用户光明正大的贪婪心理。许多用户抢到红包后，又参与发红包的人不在少数，"抢"红包满足了用户之间的好胜心，而发红包使"土豪"得到了心理满足。很明显，抢的乐趣符合"好玩"的互联网游戏规则。

（5）移动"微"支付的移动购物市场必将爆发 根据艾瑞咨询统计数据显示，2013年第三方移动支付市场交易规模达12197.4亿元，同比增速707.0%。移动支付交易规模暴增，反向O2O从线下到线上将成为2014年的主战场。微信支付在教育用户绑定银行卡获得胜利之后，势必在提高用户活跃度上推出更多的功能。从目前可以看到的是微信支付或将满足多卡用户的转账需求、信用卡还款等业务，以及结合多种行业的服务公众号，推出如医院挂号预约、快递支付等多种场景。一旦消费者用户习惯用上了微信移动支付，那么就会反逼传统企业提供基于商业移动化的服务。

5.3.2　后发制人的微信支付

5.3.2.1　什么是微信支付

微信支付是由腾讯公司所属的移动社交通讯软件微信与持有互联网支付牌照并具备完备安全体系的第三方支付平台财付通联合推出的移动支付创新产品，是集成在微信客户端的支付功能，以绑定银行卡的快捷支付为基础，为微信用户及商户提供优质、方便、安全、快捷、高效的支付服务，微信支付用户可以通过智能手机完成快速的支付流程。微信的支付和安全系统由腾讯财付通提供支持。

5.3.2.2　微信支付的功能

用户只需在微信中关联一张相关的个人银行卡，并完成身份认证，即可将装有微信App的智能手机变成一个全能钱包。用户使用手机即可购买合作商户的商品及服务，在支付钱款时只需在自己的智能手机上输入密码，无需任何刷卡步骤即可完成支付，整个过程非常简便流畅。有许多银行已经陆续接入该功能，目前可以支持微信支付的有以下银行发出的贷记卡或信用卡，见表5-1。

表5-1　支持微信支付的银行卡

序号	银行	储蓄卡（借记卡）	信用卡（贷记卡）
1	中国银行	暂不支持	支持
2	招商银行	支持	支持
3	建设银行	支持	支持
4	光大银行	支持	支持
5	中信银行	支持	支持
6	工商银行	暂不支持	支持
7	农业银行	支持	支持
8	广东发展银行	支持	支持
9	平安银行	暂不支持	支持
10	深圳发展银行	暂不支持	支持
11	兴业银行	支持	支持
12	宁波银行	暂不支持	支持

5.3.2.3　微信支付的使用规则

微信支付在使用时，首先需要绑定个人银行卡，绑定时需要验证持卡人本人姓名和身份证号等实名信息。另外，用户还需要注意遵守以下微信支付的规则和限定。

（1）银行卡绑定限制

① 一个微信号只能绑定一个实名信息，绑定后实名信息不能更改，解卡不删除实名绑定关系。

② 同一身份证件号码只能注册最多10个微信支付。

③ 一张银行卡（含信用卡）最多可绑定3个微信号。

④ 一个微信号最多可绑定10张银行卡（含信用卡）。

⑤ 一个微信账号中的支付密码只能设置一个。

（2）关于银行卡

① 无需开通网银（中国银行、工商银行除外），只要在银行中有预留手机号码，即可绑定微信支付。

② 一旦绑定成功，该微信号无法绑定其他姓名的银行卡/信用卡，请谨慎操作。

（3）输入信息错误

① 一天内连续输错10次密码（不累计），该微信支付账号会被冻结。

② 过了当天24点，则自动解冻。

③ 对同一张银行卡进行绑定，验证信息错误达到3次，3小时内将无法操作绑定，可更换其他银行卡绑定操作。

（4）微信支付限额调整与资费

① 限额。微信支付中日限制额、单笔交易的限额由银行规定，若需要修改限额，要与银行联系。

② 下载。微信下载完全免费，在使用中产生的数据流量费用由当地运营商收取。

③ 资费。开通和使用快捷支付，银行不收取用户手续费（部分银行绑卡时扣一分钱验证）。

5.3.2.4 微信支付的操作流程

在实际中使用微信支付的操作十分简单，支付过程系统的提示简单明了，一共分成以下5个步骤。

（1）扫描商品二维码 首次使用微信支付需先用微信功能"扫一扫"扫描商品二维码或直接点击微信官方认证公众号的购买链接，系统会弹出立即购买窗口，此例为在麦当劳用餐，见图5-17。

（2）点击立即购买 在弹出的立即购买窗口点击立即购买键，系统弹出立即支付窗口，如果是第一次使用会有微信安全支付窗口弹出，见图5-18。

图5-17 扫描商品二维码或点击购买链接

图5-18 立即购买和微信安全支付窗口

（3）支付操作　在弹出的窗口点击立即支付，系统会跳出提示添加银行卡的窗口，输入需要绑定的银行卡号，见图5-19。

图5-19　立即支付与添加银行卡窗口

（4）填写银行卡信息　输入银行卡号后，点击下一步，系统弹出银行卡信息和验证手机号的窗口，正确填写输入银行卡相关信息并输入验证手机号，见图5-20。

（5）输入或设置支付密码　第一次使用微信支付需要设置支付密码，需要两次输入确定，完成设置或输入支付密码后，如正确无误，系统即弹出支付成功窗口，并同时跳出本次交易详情窗口，表示本次交易并使用微信支付成功，见图5-21。

图5-20　银行卡信息和手机验证窗口

图5-21　输入支付密码和交易成功窗口

5.3.2.5　微信支付的安全措施

微信作为一个社交工具，在安全上与金融级别的安全要求差距还比较大，因此用微信直接绑定银行卡支付后，一旦账号被盗，后果不堪设想。因此，安全性对微信支付是非常重要的。目前，微信支付提供五大安全保障为用户提供安全防护和客户服务。

（1）技术保障　微信支付后台有腾讯的大数据支撑，海量的数据和云计算能够及时判定用户的支付行为是否存在风险。基于大数据和云计算的全方位的身份保护，最大限度地保证用户交易的安全性。同时在操作过程中系统会向用户提醒微信安全支付认证，从技术上保障交易的每个环节的安全。

（2）客户服务　腾讯微信支付系统向用户提供7×24小时的客户服务以及原先的微信客服，及时为用户排忧解难。同时为微信支付开辟了专属客服通道，以最快的速度响应用户提出的问题并做出处理判断。

（3）业态联盟　基于智能手机的微信支付，会受到多个手机安全应用厂商的保护，如腾讯手机管家等，这些厂商会与微信支付一起努力形成安全支付的业态联盟。

（4）安全机制　微信支付从产品体验的各个环节考虑用户心理感受，形成了整套安全机制和手段。这些机制和手段包括：硬件锁、支付密码验证、终端异常判断、交易异常实时监控、交易紧急冻结等。这一整套的机制将为使用微信支付的用户形成全方位的安全保护。

（5）赔付支持　如果出现用户账户被盗被骗等情况，经核实确为微信支付的责任后，微信支付将在第一时间进行赔付；对于其他原因造成的被盗被骗，微信支付将配合警方，积极提供相关的证明和必要的技术支持，帮用户追讨损失。

5.3.3　手机支付的阿里与腾讯之争

5.3.3.1　手机支付功能日趋成熟

移动支付主要分为现场支付和远程支付两种：现场支付就是用户使用手机刷卡的便利方式坐车、买东西等；远程支付是通过网银、电话银行或手机发送支付指令完成的支付方式。移动支付的工作原理是将终端设备、互联网、应用提供商以及金融机构相融合，为用户提供货币支付、缴费等金融业务。广义的移动支付服务方式允许用户使用其移动终端如掌上终端PDA或手机对所消费的商品或服务进行账务支付，现在许多场合所谓的移动支付主要是指手机支付。

以手机支付为主的移动支付使用方法在不断推陈出新，例如网上支付、短信支付、第三方支付、银行的手机支付客户端、二维码支付、无线支付、语音支付、指纹支付以及微信支付等。而手机支付的应用环境如购物、理财、生活服务等也不断出现，大大丰富了移动支付的市场。而且手机支付可方便地通过绑定个人银联卡完成，如中国工商银行、中国建设银行、中国银行、中国农业银行、招商银行、交通银行、中国邮政、浦东发展银行、中信银行、中国民生银行、中国光大银行、兴业银行、广东发展银行、华夏银行等发放的银行卡基本上都已经能够支持手机支付的金融服务。

目前国内已经有不少支持手机支付业务的第三方支付平台，比较知名的有中移动手机钱包、百度钱包、阿里手机支付宝和最近崛起的腾讯微信支付等。其中腾讯微信支付的应用和功能在前面已经作了比较详细的介绍，而手机支付宝是支付宝推出的手机客户端软件，是集手机支付和生活应用为一体的手机软件，通过加密传输、手机认证等安全保障体系，让用户随时随地使用手机完成淘宝交易付款、充值、转账、信用卡还款、买彩票、水电煤缴费等。就支付功能的完善性和使用时操作的简便性来进行比较，腾讯微信支付和阿里手机支付宝可谓势均力敌、旗鼓相当。

5.3.3.2　手机支付竞争日益剧烈

（1）手机普及引发的市场潜力　根据中国互联网络信息中心于2014年1月16日发布的第33次《中国互联网络发展状况统计报告》的数据，手机使用在我国越来越普及，而且使用手机上网的用户数量快速提升。截至2013年12月底，使用手机上网者达5亿，网民中使用手机上网的人群占比提升至81.0%。随着手机端移动电子商务的发展，已经爆发出巨大的市场潜力。2013年使用手机网络购物用户规模达到1.44亿，年增长率为160.2%。同时手机端在线支付也得到快速增长，用户规模达到1.25亿，使用率为25.1%，较去年底提升了11.9个百分点。展望2014年，互联网技术及其应用正在向移动互联网高速发展，电子商务类应用在手机端突飞猛进，手机购物可以使网络交易随时随地发生，市场前景的发展趋势是手机端移动电子商务将逐步从传统电子商务抢得市场，并将得到一个飞跃发展的时机。从手机支付开始，手机生活服务和手机理财等各种移动金融服务也将不断涌现，很明显其后面是一个异常巨大的移动互联网金融市场。

（2）抢夺手机支付客户源　面对移动互联网金融这样一个不可估量的巨大利益蛋糕，谁都难以抵挡诱惑，都在尽一切努力争取多分得一块，然而互联网领域历来的潜规则是先入为主、雄者为王。由此，移动互联网领域的手机支付主战场呈现出一派群雄争斗的剧烈场面。其中早期推出的中移动手机钱包虽然背靠中移动的有力支撑，但在手机支付的应用方面显得后劲不足；百度钱包依托强大的百度搜索，号称互联网BAT三巨头之一，但目前百度的重中之重还是在于搜索领域；最后进入决战的就剩下阿里手机支付宝和最近崛起的腾讯微信支付。手机支付宝出生于阿里世家，脚下有阿里支付宝的坚实基础，实力雄厚，先天优势明显，似乎已经有了先声夺人的态势。没有料到的是2014年春节腾讯突然推出的网络红包，凭借送吉祥、送问候、留悬念、送快乐的优势，迎合了天时、地理、人和，一时间各种网络红包漫天飞，引无数网民竞相争抢，而腾讯则毫不费力地收获了大量的微信支付个人用户。虽然微信红包让腾讯光耀了一阵子，但抢夺手机支付客户源的争斗还只是刚刚开始，竞争至今未息。

（3）手机支付之争方兴未艾　阿里手机支付宝和腾讯微信支付之间的这场龙虎斗目前正进行得如火如荼。2014年春节前开始的出租车打车软件之争尚未分出胜负，节后两家继续加码大量投入资金，支付宝推出了快的打车补贴推出"永远比对手多1元"的土豪政策，争斗进入白热化。最近双方又在旅游景点的门票网上预售打得不可开交，价格竞争到近乎免票。

在临近2014年三八妇女节时，阿里和腾讯两家运营商抢夺移动入口的竞争已经开始。在妇女节的前几天手机淘宝已经推出了针对"三八节"的营销计划，并称之为"3.8手机淘宝生活节"。目标以北京、上海、广州、深圳、杭州、成都、南京、武汉八大城市为核心，其他城市为联动展开，声称届时将有37家大型百货商场、1500个品牌专柜、230家KTV、288家影院和800家餐厅，通过手机淘宝给出优惠，同时有近万家线上品牌店铺给通过手机下单的消费者以优惠。其中，引人关注的有银泰、大悦城、新世界、华联、王府井等国内五大零售百货集团将参与本次手机淘宝生活节，引得华联股份的股票在该营销计划推出的当天涨停。目前，在全国范围内特别是上述八大城市随处可见手机淘宝的广告语："3月8日手机淘宝生活节""3.8元在万达影院看大片""去俏江南、外婆家、金钱豹吃大餐3.8折""3.8元可在KTV当3个小时麦霸"等，充满诱惑力！但是，手机淘宝三八节推出的"看、吃、唱、购免单"，其目的十分明显，就是与腾讯在抢手机支付的移动入口。因此，淘宝提出从3月1日开始，用户可通过手机淘宝客户端，领取购物优惠券或打折卡，在3月8日通过支付宝账户付款，将在支付时自动扣除这些优惠券。也就是手机购物要上手机淘宝，付款须用手机支付宝，才能有机会参加三八节当天近乎免费的吃喝玩乐活动。实际上淘宝规定了想占便宜的消费者必须要做两件事：

① 安装手机淘宝客户端；

② 用支付宝来完成付款。

从上面淘宝提出的参与三八节活动的两个条件来看，阿里花钱讨好网购用户之目的，明显是为了巩固手机支付宝在移动支付领域的用户群体，抵御微信支付的冲击。当然，腾讯微信支付对于手机淘宝的"三八节"营销计划必然也会有应对措施，打前站的是最近刚被腾讯收购20%股份的大众点评网，针对团购消费者推出了用微信支付的团购满38元送20元优惠券的活动，一时间也引起了不少消费者的关注。虽然腾讯微信支付进一步的竞争方案的具体内容直到2月底尚未出台，但大家心里都明白，腾讯决不会放弃。由此，阿里和腾讯两家在移动支付上的争夺，也从之前的打折让利少赚钱，变成了赤裸裸地贴钱给用户。这场争夺移动互联网入口的争斗，其结果将直接涉及双方今后各自在移动电子商务领域的地位，接下来就能决定谁将在更大范围的移动互联网金融领域成为领头羊。因此，手机支付的重大意义不可衡量，阿里和腾讯都会拼尽全力、决不退让，但到底谁能力战群雄抢执移动互联网金融之牛耳，目前最后的胜利者尚难确定。

5.3.3.3 打车软件显现龙虎斗

（1）打车软件是科技进步的表现　在国内客人要用出租车历来都是在路边扬招，或是通过出租车公司的呼叫中心进行电话调度呼叫。长期以来的问题是乘客反映叫车难，等候时间长；而出租车驾驶员则常常抱怨空驶时间长，影响营业额。从2013年开始，出租车市场出现了打车软件。这些打车软件应用移动互联网技术绕开了出租车公司，直接让打车客人与出租车驾驶员通过手机对话和操作进行接洽，客人报出起讫地点，并与驾驶员商定出租费用，即可完成这一单的出租车业务。新技术的应用对驾、乘双方均带来了许多方便，好处多多，深受欢迎，而打车软件同样也获得了很好的社会效益。好事易传，一时间有好几款打车软件如"摇摇招车""嘀嘀打车""大黄蜂"和"快的打车"同时出现在出租车市场，还有越来越多的其他应用如百度地图、高德地图和腾讯地图也都加入了打车软件。

新科技的出现必然会伴着人们生活习惯的改变，对出租车驾驶员来说，用打车软件应召可望减少空载油耗，减少了空驶率，让自己在规划路线上搭载尽可能多的乘客。对乘客来说，打车软件方便了叫车，节省了等候的时间。因此，打车软件实在是移动互联网在实际中应用带来的一件好事。在众多打车软件中相应操作比较简单的是快的打车和嘀嘀打车，2家均可以用绑定的个人银行卡支付车费，因此，很快在众多打车软件中脱颖而出，见图5-22。

图5-22　嘀嘀打车和快的打车的界面

（2）打车软件成阿里腾讯龙虎斗　　出租车市场上出现的众多打车软件，功能相近，相互之间进行良性竞争很正常，原本也无可非议。但是，没有多久，打车软件之争很快就演变成快的打车和嘀嘀打车两家之间的龙虎斗。起因是几乎所有装打车软件的出租车司机都会同时装上这两个软件的客户端，一般情况下司机接到哪一个客户端的乘客都会响应抢单，这实际上是一个双向选择的过程。在实际抢单过程中，每个单司机都会努力去抢，但是在高峰期他们也会忽略一些路程短、地域偏的地方，因此在实际操作中打车是否成功的最大因素还在于司机的选择，在这一点上对两家打车软件实际上是平等的。出现龙虎斗的主要原因在于快的打车和嘀嘀打车都可以通过手机用绑定的个人银行卡进行移动支付。其中，快的打车软件采用阿里系的支付宝钱包支付功能，司机手里都有一个二维码卡片，使用支付宝钱包扫描二维码就可跳到支付页面，与出租车司机的信息核对后，使用手机支付宝的乘客就可以轻松实现手机支付，见图5-23。而嘀嘀打车软件选择的手机支付方式则是微信支付，乘客通过微信支付操作，输入金额就可以将车费支付到司机的卡里，当然乘客和驾驶员事先都必须先将各自的银行卡与微信支付绑定，见图5-24。因此，出租车司机和乘客要用手机支付车费，就必须与手机支付宝或微信支付事先绑定个人银行卡，其结果就形成了快的打车和嘀嘀打车争夺客户资源变成了手机支付宝和微信支付绑定个人银行卡的竞争。

图5-23　快的打车使用手机支付宝的界面

如果快的打车和嘀嘀打车是正常的竞争也不会激起大的浪花。但是这两家从2014年1月开始为了抢夺客户，竟然对使用相关打车软件的乘客和司机给予非常诱人的"价格补贴"，虽然说拿真金白银诱惑用户来打车有点俗气，但是谁能经得住这样的诱惑呢？同时，这一举动也使两家打车软件的竞争进入了白热化火拼的状态而不能停止。但是，打车软件目前还不是一个盈利的行业，为什么还有勇气烧钱呢？原来嘀嘀打车是由腾讯投资，而快的打车是由阿里巴巴投资，两家背后有这样大的靠山，如此大手笔的烧钱自然也不奇怪了。

图5-24　嘀嘀打车使用微信支付的界面

（3）打车软件火拼乐了司机乘客　支付宝和微信分别对打车软件的价格补贴和预约功能赢得了很多乘客和司机的大声叫好。起先，两家对每个用打车软件乘车的客户都是优惠10元。快的打车号称要补贴用户1亿元，对于一个新注册用户，在拿到快的打车的激活码第一次打车之后就会得到赠送的30元话费，另外快的打车打车成功还会送积分，用这些积分就可以换各种代金券，这些也颇具诱惑力。嘀嘀打车烧钱也不含糊，首先是打车抽奖优惠，只要成功打车就可以免费获得抽奖一次，奖品也十分丰厚，另外，在支付车费时嘀嘀打车使用微信支付立减10元也很给力。到后来两家的竞争越来越剧烈，打车软件火拼让司机、乘客得到了大实惠。有网友在网上晒出"快的打车和嘀嘀打车正火拼，怎样打车更优惠？"的打车攻略：就是一次乘车分两次支付可省进20元，而且出租车司机也欢迎。有记者经过亲身体验后报道："一上车，司机就问记者有没有装嘀嘀打车，介绍说装了的话可以更省钱。记者想：'每个打车软件不都是优惠10元吗？还能怎么省钱？'的哥得意地传授经验：'在起步价之内，先用快的打车把车费支付一下，然后用嘀嘀打车再叫一次车，直接呼叫我，这样，别人就不会抢单了；我直接接单，剩下的车费就用嘀嘀打车支付。这样不就可以省进20元钱？'记者恍然大悟，最后，这次打车按计价器是26元，实际只支付了6元，而出租车司机也得到了2单业务的补贴共20元，真是皆大欢喜。许多司机认为：'对乘客来说可以省进20元，对司机每天优惠的5单优惠份额也可以早点拿到，何乐而不为？'。"因为这两个打车软件的账号都是独立存在的，互相不知道司机和乘客会同时使用两次支付方式，因此这种乘车方法很快就在现实中传播开来。

在第一和第二轮的返利补贴中，阿里和腾讯对通过打车软件及各自所关联的支付手段，在每一单业务中乘客和司机可获得相应数额的返现和红包不断加价。如使用"快的打车"的司机每天限额5单，每单从之前优惠10元涨到优惠15元，乘客每天限额2单，每单优惠10元。而"嘀嘀打车"，司机每天限额5单，每单优惠10元，乘客每天限额3单，每单优惠10元。按照该项补贴活动初期的推广计划，阿里和腾讯两家打车软件的返现活动原本将于2月10日结束，但很快双方又投入巨资开始了新一轮短兵相接的火拼，相继抬高了优惠的标准。

"嘀嘀打车"和"快的打车"在2014年元宵节过后开始了第三轮争夺客户的拼刺刀决战。腾讯从2月17日零时起，提出"嘀嘀打车+微信支付"每单返利12～20元，其中新乘客首单补贴高达15元。当天下午支付宝发布公告："快的打车＋支付宝支付"每单返利13元，并声称"奖励永远比同行多一块钱"。其后，双方又在奖励上不断加码，使优惠的幅度越来越大，引起了出租车新老乘客和驾驶员的一片欢呼声。在上海甚至出现了大妈去菜场买菜也要打出租车的笑话；在两家打车软件补贴竞争的2个月，上海有不少驾驶员两种软件都用，额外加价和软件补贴加上减少空驶节省的成本，每个月要比以前增收近2000元。

然而，伴随打车软件带来的补贴实惠，扰乱了出租车市场原本良好的秩序，随之而来的是来自社会的各种负面影响和反对声音，而且越演越烈。另外，让人们产生疑问的是：嘀嘀打车和快的打车这种用烧钱来培养用户消费习惯的做法，在补贴活动结束之后，是否还能继续赢得用户的忠诚度，目前来看还是个问号。

（4）打车软件终将结束烧钱争斗　打车软件的出现，无疑是科技进步的一种表现。事实上，打车软件作为一款移动互联网产品，互联网公司想怎么烧钱，烧到什么程度，是否可持续，市场买不买账，都是自由选择的过程。但是，不得不承认的是打车软件在给乘客和司机带来实惠的同时，其存在的弊端也十分明显，而且随着时间的推移变得越来越严重。自打车软件出现以来，在全国各地都引发了许多的打车问题。尤其是2014年1月份支付宝和微信开始施行打车补贴后，以下几个问题更加突出。

① 招手不停车。很多出租车司机为了获得打车软件的优惠补贴，只选择通过打车软件叫车的乘客，而对路边招手打车的乘客视而不见。

② 新的打车难。打车软件引发了严重的打车难问题，使许多乘客特别是不会使用软件的老年人遭遇了打车难。打车软件确实没有安装门槛，但是，对很多老年人或是不熟悉新科技的人来说，新科技本身就是一种门槛，需要一个磨合和适应的过程。

③ 公然甩客。更有甚者是一些司机在乘客搭乘后，行驶过程中看到打车软件上有愿加价的新乘客或大的业务单子，竟公然"甩客"，将原来的乘客扔在路边。

④ 影响行车安全。最危险的是出租车驾驶员因为要经常关注打车软件发布的客户情况，常常一边开车一边看手机，影响了行车安全。在上海市就发生了好几起因为司机看手机而导致汽车追尾的事故，而且这类交通事故发生率还在继续上升。

面对由于打车软件的竞争导致的一系列出租车运营乱象，上海市的管理部门认为打车软件及其市场营销手段和价外加价功能，以及对司机注册登记把关不严等问题，已在一定程度上影响了出租汽车行业公平、公正的运营市场秩序，有损于上海出租汽车行业多年来努力塑造形成的"城市文明流动名片"形象，市管理部门终于出手了。上海市交通港口局继2014年2月11日正式约谈"嘀嘀打车"和"快的打车"两家第三方手机打车软件运营商负责人后，于2月27日上午再次召集强生出租汽车公司和"快的打车""嘀嘀打车"软件企业召开会议，重申必须在2014年2月底前明确态度，将"打车软件"与出租汽车公司电调平台开展合作，提出了以下几点要求：

① "打车软件"约车业务纳入电调业务统计范围，承接"打车软件"约车业务的车辆顶灯显示"电调"；

② 为确保行车安全，对已载客的运营车辆，屏蔽发送业务信息。

③ 从2014年3月10日开始，两家打车软件将率先与强生出租调度平台完成技术对接，到3月底前，与大众、锦江、海博三家出租汽车调度平台的对接也将完成。

④ 如果叫车软件置社会责任于不顾，对不愿意纳管的软件企业，上海市交通主管部门将会同市相关行业主管部门，暂停打车软件的应用。

当天上海市交通港口局又发布了《加强出租汽车运营服务管理相关措施》公告，明确规定从2014年3月1号开始，在早晚高峰时，严禁出租车驾驶员使用打车软件，在此时间段内，乘客扬招顶灯为绿色"待运"的出租车，如果不停则被视为拒载而被处罚，乘客可向12319城建热线和出租车所属企业服务监督电话投诉；如果司机挑客甩客将给予停运15天的处罚；严禁出租汽车驾驶员在载客行车途中接听、使用手机等终端设备，以确保出租汽车运营和乘客人身安全；租赁车辆安装使用"打车软件"也将同时被禁止。公告提出了以下具体规定。

① 实施每日7：30～9：30、16：30～18：30的早晚高峰时段，为上海市出租汽车严禁使用"打车软件"提供约车服务措施期间，除公安交警管理规定禁止停车的区域以外，乘客扬招"待运"车辆不停的，即视为"拒载"，乘客可向12319城建热线和出租车所属企业服务监督电话投诉。

② 对出租汽车驾驶员载客运营途中接听电话、操作手机的，欢迎乘客从维护自身安全的角度，以视频、录音、照片等方式，向12319城建热线举报投诉，一经查实，管理部门将列入信用评价考核，予以扣分。

③ 不管由于何种原因引发挑客、拒载、甩客等，上海市交通执法总队均根据《上海市出租汽车管理条例》第45条第1款第4项，一经查实，责令当事人暂停营业15天，并处200元罚款。对情节严重、社会影响恶劣的，可吊销当事人准营证。

④ 对价外加价行为，一经举报查实，将对司机按多收费处罚，并按照行业法规退还乘客多收部分金额，再奖给乘客多收部分金额的2倍。

⑤ 对非法客运行为，将暂扣车辆，并处当事人最高5万元行政处罚；针对部分出租汽车车厢内张贴打车软件公司广告的行为，上海市交通执法总队将要求车辆所属企业责令改正，并对责任人按照每辆车1000元进行罚款。

⑥ 对在机场、车站等场所不进入排队系统接客的出租车驾驶员，上海市交通执法总队将责令改正，并处200元罚款。对于其中扰乱营运秩序的，可处暂停营业15天以下处罚，1年内扰乱营运秩序达两次的，予以吊证处罚。

⑦ 鉴于租赁行业车辆以合同形式服务特定对象的特性，严禁租赁车辆安装使用"打车软件"，维护出租汽车客运市场秩序。

上述公告中的各项规定十分细致严密，根据2014年3月1日的新闻报道，上海市的出租车运营市场基本恢复了原有的秩序，其中上海的强生、大众、海博、锦江等大型出租车企业均出动管理人员对司机进行了宣传和督察，如锦江出租车公司还拆除了车内的违规广告和装在汽车前窗上的手机支架等，当天已经基本没有出租车司机敢于顶风在早晚高峰时段用打车软件接客了。至此，喧闹一时的出租车打车软件白热火拼宣告偃旗息鼓。但是，阿里和腾讯在移动互联网领域的龙虎之争不会停息。

5.3.3.4 阿里腾讯血拼图什么

根据嘀嘀打车和快的打车公布的数据，第一轮大战嘀嘀打车共补贴4亿元，而快的打车共补贴5亿元。元宵节后的第二轮嘀嘀预计投入10亿元，快的虽未公布但投入总金额要超过腾讯。腾讯公司2014年2月11日公布，嘀嘀打车的第一轮活动于2月9日如期结束，从2014年1月10日至2月9日，嘀嘀打车微信支付的平均日微信支付订单数为70万单，总微信支付订单约为2100万单，补贴总额高达4亿元。另据报道，背靠阿里资金支撑的"快的打车"，自1月22日提高补贴金额以来，短短约18天的时间里，全国日均订单量128万，其中使用支付宝钱包付打车费的日订单数最高突破60万。

腾讯和阿里掏腰包补贴乘客和司机，并不是仅仅出于它们的"互联网基因"，那么其真实的意图和商业模式是什么？可以从以下4个方面进行分析。

（1）争夺移动支付用户和曝光率 表面上是打车软件的烧钱大战，实际上是腾讯和阿里两大巨头在移动支付领域的大战。对于腾讯与阿里来讲，表面上嘀嘀打车与快的打车争夺的是软件叫车的用户数，实际贴钱赚吆喝争的只是移动支付的用户，这与春节期间两家抢着发"红包"类似。

同时应当指出的是，通过打车软件的烧钱大战，微信支付与手机支付宝未做任何广告便获得了极大的曝光率，这又为两家节省了一大笔推广费用。最重要的是，微信用户开始绑定个人银行卡，而手机支付宝的用户也同样增多了，也就是培养了各自用户的手机支付习惯。

（2）绑定客户争夺大数据金矿　腾讯和阿里血拼打车软件市场，大数据是其目的之一。可供腾讯和阿里挖掘的打车软件推广开来以后，线上客户的不断增加带来了其背后的大数据金矿，而大数据必须要有互联网平台上登录的海量客户带来的海量信息支撑。比如，在为期近2个月的补贴推广活动期间，嘀嘀打车用户突破了4000万，较活动前增长了1倍。通过对这些客户网络足迹的分析就能够摸清其消费、购物等一切经济活动的偏好，从而可以有的放矢地展开精准的商业攻势，这个商业的价值是非常巨大的。另一方面，虽然腾讯和阿里是国内互联网行业最赚钱的两大巨头，但十数亿元的大笔投入到打车软件的竞争值得吗？有学者认为，10亿元对于腾讯与阿里来讲都算不上"大钱"，因为实际计算下来通过打车软件获取一个用户的成本要低于其他渠道。比如通过安卓市场等常规渠道，获取一个用户的成本在2元上下，获取1亿用户需要投入2亿元，而往往1亿用户最后的留存率不到1000万，也就是说真实成本要高于20元。一般来讲，凭借移动支付出租车车费的良好体验，无论是微信支付还是手机支付宝，最后用户的留存率都会高于普通安卓市场应用分发渠道。这样看来，通过打车软件补贴十几元获取一个绑定的微信支付用户，这个生意只赚不亏。

（3）争夺O2O和LBS服务领域重要入口　力争成为移动互联网阵地的领头羊是腾讯和阿里血拼打车软件市场的又一个原因。近期，阿里全资收购高德地图与争夺打车软件异曲同工，腾讯则入股大众点评网，投资搜狗剥离出搜搜地图推出腾讯地图，瞄准的都是移动互联网的市场潜力。地图位置与城市打车软件有交集和契合点，两家公司都是希望通过打车软件推广市场，占领移动互联网时代基于地理位置的服务LBS以及线上到线下O2O领域的重要入口。因为如果进行仔细分析，会发现大部分的移动支付场景都是贯穿了线上线下，比如打车、团购、餐饮、看电影、商场购物、航旅机票、生活服务、理财、公益等众多方面，都可以用手机绑定个人银行卡通过移动支付完美地体现出来。因此，通过移动互联网将使得O2O商业模式的应用范围将越来越扩大，今后能够产生的利润将是不可估量的。至此可见，阿里支付宝和腾讯微信支付在打车软件上不顾一切的白热化竞争和拼刺刀烧钱的背后意图就十分清楚了。

（4）通过移动支付争夺移动互联网金融市场　移动支付已经成为互联网企业争夺的重要金融市场，通过打车软件两家可以将客户支付的资金锁定到微信支付或支付宝里。这些资金在支付宝和微信支付里会有时间迟滞，市场份额越大，滞留的资金越多，这部分滞留资金将会成为一个平均固定余额长期留在支付宝或者微信支付的账户里。就像公共汽车一样，乘客有上有下，只要不到站，车上总会停留一部分乘客。注意到滞留的这部分资金是没有任何利息成本的，而支付宝和微信支付在银行账户里却是生息的，这部分收入自然就归于支付宝和微信支付了。如果能够准确计算出长期滞留不动资金的余额，甚至可以将这部分资金通过存高息存款或者购买高回报理财产品甚至高息借出获利，而这些收益都将归于支付宝和微信支付。

综上所述，腾讯微信支付和阿里支付宝成为打车软件的背后靠山，并且不惜拿出重金烧钱奖励乘客和司机，推广打车软件的目的在于争夺移动支付、大数据和移动互联网市场的份额。两家公司都是希望通过打车软件推广市场，占领移动互联网时代基于地理位置的服务LBS以及线上到线下O2O领域的重要入口。小小的打车软件竞争的背后竟然是移动互联网、移动互联网金融、大数据三大金矿的争夺。其实，明眼人可以看到，长期如此下去，最为尴尬的是商业银行，因为商业银行三大支柱业务之一的结算支付市场正在被互联网金融无情地蚕食，而悲催的是，商业银行至今还在睡梦之中。

5.3.4　移动互联网金融

5.3.4.1　移动互联网金融的提出

移动互联网技术的发展和应用，已经将互联网金融的概念扩充为对互联网和移动互联网统一环境下的金融业务的定义，其中依托移动互联网的移动互联网金融部分已开始得到飞速的发展，并且将迅速扩大其占据的份额，是互联网时代金融的新生态。

阿里巴巴和腾讯等互联网巨头设立的互联网金融公司，推出的余额宝和理财通给公众了解移动互联网金融创造了一个很好的机会。特别是移动支付、云计算、社交网络和搜索引擎等，已经对人们习惯的传统金融模式产生根本影响，形成了一个既不同于商业银行间接融资，也不同于资本市场直接融资的第三种金融运行机制，可称之为移动互联网金融模式。在移动互联网金融模式下，因为有搜索引擎、大数据、社交网络和云计算，市场信息的不对称程度非常低，交易双方在资金期限匹配和风险分担的成本也很低，银行、券商和交易所等中介都将不起或少起作用；贷款、股票、债券等的发行和交易以及券款支付将直接在网上进行，这个市场将非常巨大且充分有效，接近一般均衡定理描述的无金融中介状态。在这种金融模式下，支付便捷、搜索引擎和社交网络降低了信息处理成本，资金供需双方直接交易，可达到与传统资本市场直接融资和银行间接融资一样的资源配置效率，并在促进经济增长的同时，大幅减少交易成本。

移动互联网金融模式下的支付方式以移动支付为基础，移动支付是依靠移动通信技术和设备的发展，特别是智能手机和iPad的普及。随着Wi-Fi、3G和4G等技术的发展，互联网和移动通信网络的融合趋势迅速，有线电话网络和广播电视网络也被融合进来。移动支付将与银行卡、网上银行等电子支付方式进一步整合，真正做到随时、随地和以任何方式进行支付。随着身份认证技术和数字签名技术等安全防范软件的发展，移动支付不仅能解决日常生活中的小额支付，也能解决企业间的大额支付，替代传统的现金、支票等银行结算支付手段。虽然移动通信设备的智能化程度提高很快，但受限于便携性和体积要求，存储能力和计算速度在短期内无法与个人电脑（PC端）相比。但是云计算弥补了移动通信设备这一短板，云计算可将存储和计算从移动通信终端转移到云计算的服务器，减少对移动通信设备的信息处理负担。这样，移动通信终端将融合手机和传统PC的功能，保障移动支付的效率。在移动互联网金融模式下，移动支付系统具有以下根本性特点：

①　所有个人和机构都能在中央银行的支付中心或超级网银开账户进行存款和证券登记；

②　证券、现金等金融资产的支付和转移通过手机或iPad在移动互联网络进行；

③　支付和清算完全电子化，不需要现金流通，甚至二级商业银行的账户体系可不需存在。

因为个人和企业的存款账户都在中央银行，将会对货币供给和货币政策产生重大影响，同时也会促进货币政策理论和操作的重大变化，其结果将导致移动互联网金融与传统金融平分金融市场。

5.3.4.2　多宝齐发移动互联网金融

（1）阿里余额宝横空出世争抢银行业务　2013年6月，阿里旗下支付宝联手天弘基金上线"余额宝"，首创第三方支付平台支付宝为个人用户打造的一项余额增值服务。通过余额宝，用户不仅能够得到收益，还能随时消费支付和转出，像使用支付宝余额一样方便。用户在支付宝网站内就可以直接购买基金等理财产品，同时余额宝内的资金还能随用于网上购物、支付宝转账等支付功能。转入余额宝的资金在第二个工作日由基金公司进行份额确认，对已确认的份额会开始计算收益，等同于一般的货币基金，用户将钱转入余额宝中，就可以获得一定的收益。同时余额宝支持支付宝账户余额支付、储蓄卡快捷支付的资金转入，并且不收取任何手续费。通过"余额宝"，用户存留在支付宝的资金不仅能拿到"利息"，而且和银行活期存款利息相比收益更高，相当于淘宝用户将沉淀在支付宝中的零钱购买了货币基金。

据统计截至2013年6月30日24点，余额宝累计用户数已经达到251.56万，转入资金规模66.01亿元；到2013年12月31日，余额宝客户数已经达到4303万人，规模1853亿元，自成立以来已累计给用户带来17.9亿元的收益，自上线以来，日每万份收益一直保持在1.15元以上，在所有货币基金中万份收益最为稳定。时间到了2014年1月15日，仅仅用了200多天时间，余额宝规模已超过2500亿元，如果按1：6.10的汇率计算，2500亿元相当于409.84亿美元；更为惊人的是从2500亿元到4000亿元，余额宝只用了大约30天，此时离正式上线仅仅过了8个月。

余额宝已在短期内吸金4000亿元，创出了当月吸储的纪录。这不仅惊呆了其他基金公司，也使银行在1月份的存款掉了9000多亿元，让银行出了一身冷汗，移动互联网金融初现威风。事情并没有到此为止，权威渠道消息连续显示，截至2014年2月18日，余额宝规模达4600亿元，投资者人数7300万；至2月27日仅仅又过了10天，余额宝开户人数冲击8100万新高，资产规模突破5000亿元，此时，在事实上中国货币基金的规模在2014年1月底尚未突破万亿。到了3月上旬，根据媒体报道的信息，余额宝吸储的规模已经超过8000亿元。余额宝从上线以来短短9个月的时间，从无到有，以一己之力占据货币基金超过1/3的天下，并且已经大大降低了银行的储蓄存款额，余额宝系统重要性地位已引发有关货币基金流动性风险和利率风险的担忧，同时也打乱了银行利率市场化的节奏，储蓄存款被大大分流，动了银行的蛋糕，也引来银行业监管的更多注意。

（2）余额宝为什么能够给用户高收益　余额宝在实际操作中能够给用户提供比银行高的活期利息，主要是合理地应用了银行资金运作的相关规定，在协议存款规则和资金赎回时间差两个方面打了擦边球，具体原因如下。

① 合理应用协议存款规则。余额宝对于业内人士来讲，其实是一个技术含量很低的产品。它的工作原理就是投资银行对于大额定期存款，但赎回期较短的协议存款。余额宝背后的主要经营者是天弘基金，而天弘基金与银行间的存储关系是余额宝高收益的关键。目前，货币基金主要是以协议存款的方式存放银行，利率由银行和货币基金双方进行协定，根据相关规定，协议存款属于同业存款，不纳入存贷比。因为天弘基金存入银行的资金被看做是银行与基金、保险等金融机构互为客户、互相为对方提供融资的同业存款。目前，国内银行界一年期的协议存款虽然已经比2013年回落了，但同业存款的利率一个月仍在7.5%左右，正处在高利率运行状态，大大高于银行的一般存款利率。而银行一年期的定期存款即便上浮至顶10%，也只有3.3%，如果货币基金提前提取，那么银行将按照活期存款利率支付利息，即0.35%，两者之间的差距非常大。此外，如此高收益背后还隐藏一项红利保障政策，就是银行间规定同业存款，当被提前赎回时不会因此被罚息。而余额宝的资金则也享有提前赎回不被罚息的红利。实际上余额宝为应对个人用户实时赎回到账的需求，因此余额宝90%以上资金都投资于40天期限内的协议存款，以保证流动性需求。若按照余额宝在2014年3月已达到的8000亿元规模进行计算，其90%的资金所获得收益约在540亿元，阿里采取的方法是将这些收益基本全额发放给余额宝用户，维持了一个5%～6%的高收益。

② 合理利用时间差规则。另外的原因是余额宝利用了资金从余额宝赎回到银行卡和从银行卡赎回到支付宝账号的时间差，也就是在股票交易中的$T+0$和$T+1$时间差。所谓的$T+0$的T，是指股票成交的当天日期。凡在股票成交当天办理好股票和价款清算交割手续的交易制度，就称为$T+0$交易。通俗地说，就是当天买入的股票在当天就可以卖出。$T+0$交易曾在我国实行过，但因为它的投机性太大，所以，自1995年1月1日起，为了保证股票市场的稳定，防止过度投机，股市改为实行"$T+1$"交易制度，即当日买进的股票，要到下一个交易日才能卖出。同时，对资金仍然实行"$T+0$"，即当日回笼的资金马上可以使用。鉴于此，余额宝从银行将资金赎回到支付宝账号是$T+0$时间，$T+0$是需要支付宝垫资的；而从余额宝赎回到银行卡是$T+1$时间，而且是不需要支付宝来垫资的，这其中有一部分的沉淀资金，会放在余额宝的账户上。

综上所述，目前包括余额宝和理财通在内的货币基金之所以能取得超过6%的收益，主要是银行的协议存款利率非常高，而如果将货币基金存款变为一般性存款，那么将意味着，包括余额宝在内的货币基金将被拉回到与活期存款一样的起跑线上。对于普通老百姓来说，余额宝等互联网金融产品，就是一个蛋糕。银行存款的利息赶不上物价上涨，把钱存在银行里意味着贬值。可投入到余额宝里，没有购买门槛，收益还多，提取还方便，符合老百姓的胃口何乐而不为？

（3）互联网理财产品多宝齐发　2013年互联网金融来势汹汹，自从6月余额宝横空出世几乎在一夜间给了传统银行闷头一棍。紧随阿里巴巴余额宝，百度百发、新浪支付、网易的"现金宝"、苏宁的"零钱宝"和腾讯微信理财等纷纷出现在大众视野内，可谓多宝齐发，一个又一个互联网大佬加入抢"宝"大军。碎片化的互联网理财正在改变人们的理财习惯，各种"宝"和各种理财产品陆续闯入人们的视野，众多互联网企业争先开启了金融领域的圈地运动，大闹金融市场。各种"宝"瞅准了传统银行的短板，因为很多人拿来投资的钱不够银行的门槛，或者年龄大了银行拒绝理你的财，要不然就是忍受不了不能随时支取的规矩，如此种种，银行现有的规矩太官气和高高在上，所以使余额宝等各种"宝贝"大受客户欢迎。有人把余额宝等"宝贝"比作鲶鱼，搅活了传统金融圈的一潭死水。余额宝等互联网理财产品的面世，因为门槛低、收益高、赎回快的特点，引发了互联网现金管理市场的井喷。特别是大型门户网站利用前期的用户黏性为互联网金融业务铺路，既赚足了眼球，又抢到了银子，顺带提升了一下口碑，光是用户优势这一点就让传统金融业眼红到爆。

各种"宝贝"之间也展开了抢夺用户的激烈竞争，特别是在互联网金融产品的收益率，理财通提出"收益率可达活期16倍以上，7日年化收益率6.435%"；网易打出的口号是"产品收益6%+网易加送5%"；苏宁的零钱宝则表示平均年化收益率为6.32%，百度的收益率也号称能达到8%。但是在各种"宝"满天飞的情况下，到底哪一款最能赚钱？2014年2月28日互联网理财产品收益播报的数据如表5-2所示，各种互联网理财宝的7日年化收益率走势见图5-25。

表5-2　各种互联网理财宝情况表

互联网企业	所属货币基金	7日年化收益率/%	万份收益/元
余额宝	天弘增利宝货币	6.06	1.5792
微信理财通	华夏财富宝	6.14	1.5925
百度百赚	嘉实活期宝货币	6.24	1.6288
网易现金宝	汇添富现金宝	6.01	1.5722
苏宁零钱宝	广发天天红货币	6.21	1.9345

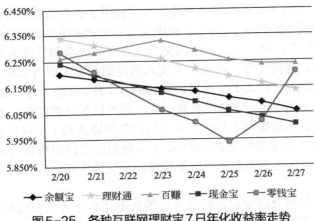

图5-25　各种互联网理财宝7日年化收益率走势

5.3.4.3　银行与余额宝的利益之争

（1）余额宝们高收益率有风险　互联网大佬们相继推出的互联网理财产品虽然在短期内赚足了人气，分享了红利，成长迅速。其结果是触动了传统银行的利益，搅乱了金融领域的秩序。实际上宝贝们的操纵者也明白，利益与风险顺势而生、互相成就的道理。以余额宝为代表的互联网货币基金，一方面规模日益膨胀，而另一方面也面临成长的烦恼。当余额宝大到威胁银行存款时，形势就一定会发生变化，风险也就将变为现实。互联网理财产品本身的风险有以下几点。

①货币型基金的收益并不是固定的，余额宝的收益主要来自货币基金市场收益。如果货币市场表现不好，协议存款利率大幅下滑，货币性基金收益会随之下降，以高流动、高收益吸引客户的余额宝们的收益也就会减少。

②支付宝推出余额宝实际上是为了提升用户的黏度，把用户闲散的活期存款吸引到余额宝，方便用户在淘宝购物，与银行竞争的风险在一定程度上危及了银行的利益。

③余额宝并没有提醒用户货币基金的投资风险，一旦余额宝用户因收益发生争执，法律纠纷很难避免，由此引发的影响很难估计。

④从监管层面上来说余额宝并不合法。目前按照中央银行对第三方支付平台的管理规定，支付宝余额可以购买协议存款，能否购买基金并没有明确的规定。余额宝借助天弘基金实现基金销售功能的做法，是在打擦边球。一旦监管部门发难，余额宝有可能会被叫停。

（2）银行与余额宝们的利益之争　银行与余额宝的利益之争表面上是存款额的争夺，实则争议焦点就是货币基金高达80%～90%的同业存款配置比例。一方面，活期存款向货币基金转化，导致银行吸存难度加大；另一方面，余额宝们配置的主要资产为同业存款，这些更高成本的存款最后又回流到银行体系，会导致银行负债端较便宜的活期存款转换为成本较高的协议存款，推高了综合资金成本。这就像傻大个将自家的物品被迫以低价送出，过后又以高价买回一样。当然，拥有许多金融专家的传统银行也很快明白了其中的奥妙。

2014年年初有消息称，银行业协会对此专门召开了相关研讨会，借银行界人士及金融专家之口，提出："从维护公平竞争金融市场秩序与国家金融安全计，应将'余额宝'等互联网金融货币基金存放银行的存款纳入一般性存款管理，不作为同业存款，按规定缴纳存款准备金。"这意味着欲将余额宝等货币基金所投资的协议存款，取消提前支取不罚息的红利。同时银行和监管机构还倾向于将余额宝等互联网金融货币基金存放银行的存款纳入一般性存款管理，不作为同业存款，计入存贷比，同时还要向中央银行缴纳法定存款准备金。对于银行而言，这是一箭多雕之举，将同业存款纳入一般存款后，尽管需要缴纳法定存款准备金，但可计入存贷比，减轻了银行的揽存压力。但是很明显这对货币基金十分不利，对余额宝而言，作为一般存款，高收益的红利保障将消失，利率会受到存款利率上限的限制，收益很难上去。这也意味着，余额宝们年化5%～6%的高收益率或将一去不返，当收益率下降后，用户还能偏爱它吗？这时如果余额宝要依托自有资金来维持客户的高收益，这部分损失将由余额宝自己承担。也就是说，余额宝自己掏腰包给用户付利息。它又能坚持多久呢？

另外，有消息称尽管目前"一行三会"监管还没有明文发布文件对货币基金发布最新规定，但有消息称，证监会将会在近期发文，拟全面提高基金公司风险准备金的计提比例，并要求与银行未支付利息严格挂钩，以防范货币基金提前支取协议存款不罚息这一特权可能取消后，所带来的流动性风险。许多学者认为，若此举成真，将在很大程度上影响包括余额宝在内的大批货币基金的规模。

（3）余额宝们不会被取缔　随着余额宝们在半年多的时间里在国内取得的爆炸式发展，大有搅乱传统金融业的趋势，引起了银行界的一片惊呼声和反对声，各种反对和封杀取缔的意见不绝于耳。一时间让广大用户和余额宝们的操纵者们人心惶惶，不知所以。

2014年3月4日，中国人民银行周小川行长的讲话公开表示，余额宝肯定不会取缔，但是将来要完善监管政策。同一天，中国人民银行潘功胜副行长指出，互联网金融的发展，在利于微小企业融资、为百姓提供投资服务渠道、提高社会金融服务效率、降低金融交易的成本等方面都发挥了积极的作用，但目前监管的规则不够完善和统一，容易产生风险，今后要加以统一和改进。

5.3.4.4　移动互联网金融发展趋势

（1）传统银行的应对和变革　余额宝们的强势发展，造成了传统银行越来越多的活期和定期存款向互联网金融迁移，正应了马云"银行不改变，我们改变银行"的话。银行开始坐不住了，为了扭转被动的局面，推出了一系列的变革方案：2014年以来，传统银行为了阻击余额宝带来的存款搬家，吸引更多的银行存款，不得不牺牲自身的收益率来抢占市场份额，银行系也开始组建自己的"宝宝"军团。例如中国银行的"活期宝"、工商银行的"天天益"、建设银行的"善融商务"、广发银行的"智能金"、平安银行的"平安盈"、交通银行的"快溢通"、招商银行的"e+稳健融资项目"以及民生银行等均开发了各自的银行版余额宝并相继面世，这些产品也绑定货币基金，有具备灵活的取现、信用卡还款等功能，对消费者也同样十分有利，因而也招来不少储蓄用户。

另外，许多银行也紧密结合快速发展的移动互联网技术引发的金融服务需求变化，不断加快推出移动金融服务的创新活动，先后研究开发了微信银行、WAP手机银行、iPhone手机银行、安卓手机银行、WP手机银行、iPad网上银行、短信银行等一系列新产品。例如微信银行的用户只需下载微信客户端，并关注公众号"中国工商银行电子银行"，即可随时随地享受工商银行的业务咨询、金融信息查询、账户查询、转账汇款、支付交费、理财、结售汇，以及产品和促销活动咨询等时尚、便捷和贴心的金融服务。

（2）互联网金融今后的发展　通过前面的分析与讨论，今后金融业的发展趋势已经相当明显，也就是将朝着银行互联网化和互联网企业向金融业不断渗透的两个方向发展：随着传统银行对互联网特别是移动互联网的重视，大多数的银行已经在互联网上展开各种金融业务，例如工商银行和交通银行等四大银行的近70%金融业务已可通过电子银行渠道完成。因此，传统银行的逐步互联网化已是近在眼前的事了。另一方面，互联网企业也在逐步涉足金融领域，就像余额宝们，如已经拥有的6亿客户的腾讯微信，依托它们巨大的客户群和人气，今后的继续发展就会朝比目前更多方面、多品种、更便捷、与用户更贴心的社区化和异地化的金融服务方向进展。

本章小结

第三方支付是一些和产品所在国家以及国外各大银行签约、并具备一定实力和信誉保障的第三方独立机构提供的交易支持平台。从事第三方支付的非银行金融机构被称为第三方支付商，它是独立于电子商务商户和银行，为商户和消费者提供支付服务的机构。本章第一部分介绍了第三方支付的概念、业务流程、商业模式及国内具有代表性的第三方支付平台，重点分析探讨了第三方支付发展中面临的问题及对策，最后对第三方支付企业的产生、分类以及企业间的竞争与发展进行了介绍。

移动支付是指交易双方为了某种货物或者业务，借助移动通信设备，通过移动通信网络实现的商业交易。本章第二部分所指的移动支付都是指狭义的移动支付，即手机支付。该部分介绍了移动支付的概念与流程、发展与现状及运营模式，最后对移动支付的风险及与防范进行了分析与讨论。

腾讯的微信支付依托2014年春节的新年红包浪潮瞬间爆发，与阿里手机支付宝之间在打车软件的烧钱争斗和白热化火拼，引发了出租车行业的一阵骚乱，两者实际上抢夺的是移动支付领域领头羊位置。以余额宝为首的移动互联网金融理财产品，动了传统银行的蛋糕，在传统金融领域推起了阵阵波涛，倒逼着传统银行改变思路进行变革，今后金融业的趋势将朝着银行互联网化和互联网化金融两个方向发展。

复习思考

1. 什么是第三方支付？什么是第三方支付商？
2. 第三方支付的业务流程是什么？画出支付流程图。
3. 第三方支付的商业模式主要有哪几种，并相应地进行实例说明。
4. 如何看待第三方支付发展中面临的问题？
5. 第三方支付企业分为几类？各自的特点是什么？
6. 第三方支付企业发展经历的各个阶段是什么？特点是什么？
7. 什么是移动支付？
8. 移动电子商务与传统电子商务的区别表现在哪些方面？
9. 移动支付的运营模式是什么，结合实例进行说明。
10. 移动支付中面临哪些风险？如何加以防范？
11. 微信红包能够瞬间爆发的主要因素有哪些？
12. 余额宝和理财通为什么能够给客户高利率？
13. 互联网金融今后将向哪些方向发展？

6

电子支付税收

导入案例

全国首例网上开店偷税案开庭

点点鼠标就能开店对公众来说已经不陌生，但"网上开店也要依法纳税"对很多人却是新闻。上海普陀区法院于2007年6月28日开庭审理了全国首个因网上交易偷漏税的案件，网上商铺经营者黎丽（化名）成为此案被提起公诉的"掌柜"。

站在被告席上的黎丽不断地在抹眼泪。几年前黎丽和丈夫合开了一家市场策划公司，她担任公司的法人代表，主做礼品生意。2006年6月，初为人母的黎丽发现婴儿用品在网上卖得特别俏，于是她也转行销售奶粉和尿片。她用公司的抬头在淘宝网上开了家商铺，给货物一一拍照后，将商品挂到了网上。

黎丽的生意日渐红火，她开始不满足于仅在淘宝网上做生意。在累积了一定的客户群后，黎丽又用公司的名义自建了一个销售婴儿用品的网站，生意越做越大。在仅仅半年时间内，就通过网络销售了价值280多万元的商品。所有的网上交易黎丽均采用不开具发票，不记账的方式，共偷漏税11万余元。她的行为很快被相关部门发现，黎丽到案后进行了如实交代。

检察官建议对黎丽以偷税罪追究其刑事责任，处以3年以下的有期徒刑。

黎丽表示愿意补足税款，并交纳罚金，希望法院能够从轻判决，法院最后作出了缓刑和罚款的判决。

本例作为全国首例网上开店偷税案，给我国广大的网络企业和经营者以及法律工作者们提出了三大问题需要加以思考，具体如下。

本案提出的问题1：网上交易如何纳税

税务部门有关人员指出，网上交易与传统的交易只是在交易的形式上存在不同，但实质都是发生了交易行为，因此也应该纳税。

纳税方式适用于现有的税收政策，即生产经营型企业在网上交易应缴纳17%的增值税；如果只是买进卖出的店家，也要缴纳4%的增值税。

本案提出的问题2：监管偷税者目前存在两大难点

淘宝网目前是国内最大的个人网上交易平台。他们提供的数字显示，到2007年，淘宝的注册用户已经超过3000万，每天的成交额约为1亿元，加上易趣等其他网站的交易额，我国电子商务零售每天的总交易额约在1.5亿元以上。而据很多网上掌柜称，绝大多数的人是不纳税的。

面对如此庞大的一个纳税漏洞，相关部门坦言，有关政府部门在监管上主要面对的是不少网店掌柜不去工商登记和对偷税的处罚法律不完善2大难点。

（1）网店掌柜不去工商登记

① 本案的检察官薛明坚指出，黎丽是一家公司的法人代表，她在网上进行了B2B（企业对企业）和B2C（企业对个人）的交易，这是一种商业行为就应该交纳税收，不交就是违法。但目前网上的许多商家，打着C2C（个人对个人）的旗号而从事商业交易，他们没有到工商部门注册，又谈何去税务部门纳税。

② "目前许多从事网上交易的商店在工商、税务部门都没有进行相关登记，税务部门根本无从查起。"一位税务部门的工作人员说，没有登记，是网上交易偷税漏税的症结所在。

③ 网上商店很多都不需要固定的经营地址，他们只要在网上申请一个空间就可以在上面卖东西了。现在很多在校的大学生就已经有能力自己设计商务网页。像类似的这种无证经营

很普遍，但却很难找出究竟是谁在经营，没法查处。

④ 很多消费者还持这样的观点——只要网上卖的东西质量行、价格便宜就可以了，能不能开发票则无所谓。税务人员指出，正是由于消费者不要求商家开发票，助长了偷税漏税的行为。

（2）处罚偷税法律不完善

按照法律规定一旦发生偷税行为，对于企业和个人的处理方式是不同的。企业可直接追究法律责任，而对个人却是要在税务部门将义务告知偷税人，如他仍不履行后，才可追究法律责任。事实上税务部门不可能也无从去告知这么多的个人掌柜。

本案提出的问题3：掌柜心态调查

在淘宝网的服务条款上有提醒纳税的说明，但是，众多的店主并没有把它当回事。通过对几大购物平台随机调查数十位掌柜，他们有以下真实的想法。

① 网上销售化妆品的掌柜"悠然"：现在网上竞争也越来越激烈，商品的利润压得很低，一旦要交税，成本就抬高了。

② 广告公司工作的武先生：我的网店主要是出售一些自己不用的电子产品，这也需要工商注册？如果注册，怎么区分是盈利还是不盈利？因为如果不以盈利为目的，我想是不应该纳税的。

③ 掌柜小王：我们是刚刚毕业的学生，对于开店后如何进行税务登记、如何申领发票、应纳多少税等等都不清楚。

资料来源：中国经济网（http://www.ce.cn/xwzx/gnsz/gdxw/200706/29/t20070629_12001916.shtml，2007年06月29日），笔者略加删改。

20世纪后半期以来，随着信息技术的飞速发展，网络交易与电子支付的规模以几何级数增长，带来了人们对电子商务、电子支付相关税收征管问题的热烈讨论。许多人对电子商务中的税收征管问题认识不清，将大量从传统商务中继承而来的税收问题一并归咎于电子商务，认为是电子商务造成了税收流失。又有很多人对电子支付与税收征管的关系认识不清，将许多传统商务中久已存在的税收征管漏洞及由电子商务新增但不属于电子支付特性的问题归咎于电子支付，认为当前存在的电子商务税收征管问题主要是由电子支付造成，这些都是错误的观点。为此，本章从税收基本原则、税收征管流程与实现机制、电子商务对税收征管造成的影响三个方面，分析电子商务、电子支付与税收征管的关系，并提出加强电子商务税收征管的对策。其中，从资金流监控入手，通过电子商务交易平台和支付平台进行自动计税，将是未来电子商务税收征管的一个重要的发展方向。

6.1 国内外电子商务税收政策

6.1.1 税收基本原则

税收原则是一国政府在设计税制、实施税法过程中所遵循的基本原则。理论上一般公认的税收原则有：税收法定原则、财政原则、税收公平原则、税收效率原则，以及税收中性原则、最小征税成本原则、便利原则、实质课税原则等。其中，税收法定原则、财政原则、税收公平原则、税收效率原则属于世界各国所公认的最为基本的税收原则。

税收法定原则，指的是在税收征管的过程中，征税对象、税种、税率都须依法执行，无法律依据不得擅自征税或免税。按照我国税法规定：无论以何种形式经营，取得收入都必须纳税。我国税法从未豁免电子商务的纳税义务，因此，电子商务与传统商务一样，都必须依法履行纳税义务。

财政原则，指的是税收必须满足为政府筹集财政经费的需要。为了扶持有发展前途的产业，政府常在产业发展的初期对其采用免税或减税的政策，以期在产业发展后能够得到更多的税收回报。这个原则经常被作为对电子商务免税的支持依据。

税收公平原则，指的是相同收入的人应缴纳相同的税收。其中，公平的含义又分绝对公平和相对公平。绝对公平指的是所有纳税人的税额相同，不管纳税人收入多少，都缴纳相同的税收，如古代的人头税；相对公平指的是纳税人的税率相同，收入多的人多交税，收入少的人少交税，但交税与收入的比例相同。另外，公平还常指经济公平，即要求税收保持中性，不管用何种方式经营，都要承担相同的税负。

税收效率原则，指的是政府在税制建立和税收政策的运用上，应提高行政效率（降低征管成本和纳税人的遵从成本），保证经济效率（税收不应对市场机制的有效运行发生干扰和扭曲、造成超额负担，又称税收中性原则）。在自由资本主义经济时期，税收中性原则曾被作为判断税收是否高效和优良的重要标准。20世纪70年代中后期以后，在政府干预经济失效的情况下，税收中性思想又得到复归和再发展，成为以美国为代表的西方发达国家进行税制改革的重要理论依据。

6.1.2　美国电子商务税收政策

美国在电子商务发展的初期主张一定程度的免税，但现在已进入正常的收税阶段。

1998年5月14日，美国参议院通过了世界上第一部电子商务税收法案——internet免税法案，该方案主要内容为：

① 除现有税种外，不对电子商务开征新税；

② 对无形产品的网上销售，如电脑软件、网上服务、数字化出版物等，免除关税及国内流转税，如销售税、消费税等；

③ 实物商品的网上销售税收仍与传统处理相同。

上述方案自1998年在美国实施，于2003年到期。在此期间，各国不同程度地借鉴或采纳了这一方案。1998年5月20日，世界贸易组织也通过了internet零关税协议。根据WTO《信息技术协议》的要求，原则上从2000年1月1日起，该多边协议的成员方应取消对包括各种软件在内的信息技术产品的进口关税及其他税费（石广生，2001）。但任何国家均未承诺对有形商品的网上销售免税。

需要说明的是，美国对电子商务免税，免的只是无形产品的税收，有形产品一分不免。但由于美国特殊的税制，有形产品的电子商务依然给美国税收带来了巨大的冲击。在美国，销售税和使用税由各州独立征收，是州政府财政收入的重要来源。征收的对象是发生在本州的交易行为，具体实施方法为：如果设在本州的企业向本州销售，以本州销售企业为纳税义务人，向州政府缴纳销售税；如果设在外州的企业向本州销售，以本州购买者（居民）为纳税义务人，向州政府缴纳使用税；如果设在本州的企业向外州销售，则本州政府无权征收销售税和使用税。这样的税制造成了两个后果：其一，当企业跨州销售时，虽然按规定应由购买者（居民）缴纳使用税，但几乎没有人主动申报，而政府也很难监控，因此购买者所在州的使用税大量流失；其二，由于企业对外州的销售不用缴纳销售税，因此向外州的销售价格反而比本州的销售价格便宜，这也是为什么美国人宁愿向外州邮购或网购商品的原因。

随着电子商务规模的不断上升，美国国内税收受到的冲击越来越大，各州政府纷纷要求外州的电子商务企业为其面向本州居民的销售缴纳销售税。2008年，纽约通过一项法律，迫使美国著名的电子商务公司——亚马逊为其发生在纽约的销售征收销售税，随后美国各州纷纷响应。如今，亚马逊已在加利福尼亚州、得克萨斯州、宾夕法尼亚州等多地为州政府征收销售税，并将于未来在更多州推广此业务。

6.1.3　欧盟电子商务税收政策

欧盟则一直倡导对电子商务征收增值税，但在不同的阶段时期，欧盟制定的电子商务增值税政策又有所不同，具体如下。

第一阶段，仅对欧盟企业通过网络购进商品征收增值税，并由购买的企业代扣，对个人购买则免收增值税。1997年7月，欧盟签署《波恩声明》，规定不对国际互联网贸易征收关税和特别税，但不排除对网上交易征收商品税。1998年6月8日发表《关于保护增值税收入和促进电子商务发展的报告》，认为不应将征收增值税与发展电子商务对立起来，决定对欧盟企业通过网络购进商品或劳务时，不论其供应者是欧盟网站还是外国网站，一律征收20%的增值税，并由购买者负责扣缴；而非欧盟企业仅在向欧盟企业提供电子商务时才缴纳增值税，向欧盟个人消费者提供电子商务时不用缴纳增值税。这使欧盟成为世界上第一个对电子商务征收增值税的地区，开创了对电子商务征收增值税的先河。

第二阶段，对非欧盟企业向欧盟境内提供电子商务普遍征收增值税。由于对非欧盟企业在欧盟境内向非经营业务的个人消费者提供电子商务免征增值税，使得欧盟企业在竞争中处于十分不利的地位。为了消除由此对欧盟企业造成的不利影响，2000年6月，欧盟委员会提出了新的网上交易增值税议案，规定对欧盟境外企业，通过互联网向欧盟境内顾客销售货物或提供应税劳务，销售额在10万欧元以上的，应在欧盟国家进行增值税纳税登记，并按当地税率缴纳增值税。该提议遭到美国强烈反对。因为美国是当时网上销售第一大国，欧盟境外向欧盟提供网上销售服务的供应商主要是美国企业。如果欧盟实行这一方案，美国企业的税收负担将大幅增加。美国认为，欧盟这种做法的目的是保护欧洲市场，这必将阻碍电子商务的发展，而且还会带来具体执行中的许多问题，因此要求欧盟取消或修改这一提议。应美国要求，欧盟对上述议案略作修改，2002年5月通过了《欧盟电子商务增值税指令》，并于2003年7月1日开始施行。规定非欧盟销售企业通过网络向欧盟区内企业或个人提供数字产品时，均应向欧盟成员国申报和缴纳相应增值税。欧盟电子商务增值税新指令主要包括如下内容。

① 纳税人为在欧盟境内取得电子商务收入的非欧盟居民企业。

② 课税对象为非欧盟居民企业在欧盟取得的电子商务收入，主要指通过因特网、广播、电视所取得的商品销售收入和劳务收入。

③ 征税范围为电子商务领域，具体包括提供网站空间、服务器空间、远程系统和设备维护；提供软件及其升级服务；提供图像、文字、信息和数据；提供音乐、电影及各种游戏；提供远程教育。

④ 税率依欧盟各国现行增值税税率而定。由于欧盟各成员国增值税税率各不相同，不同国家相差很大（最高的为瑞典25%，最低的为马德拉群岛13%），非欧盟企业可以通过在税率相对较低的国家进行登记纳税来减轻税收负担。

⑤ 征管方式采取一种类似于代扣代缴的征管制度。规定在欧盟没有设立常设机构但取得电子商务收入的非欧盟企业应向至少一个欧盟成员国注册登记，由注册登记国负责日常的征管，并负责将收到的税款移交给收入来源国（购买方所在国）。这样，购买方就必须列出自己的真实地址，非欧盟企业可以据此决定是否在该国进行登记。

⑥ 采用新的收入来源地判定标准。以商品购买者或劳务接受者的所在地作为电子商务企

业的收入来源地，由收入来源国征税，而非商品的生产地或劳务的提供地。

⑦ 采取一种简化的申报方式。纳税人可以通过因特网在线申报税款，而不必通过欧盟的财务公司申报。

6.1.4 其他国家和国际组织的电子商务税收政策

6.1.4.1 日本的电子商务税收政策

日本的《特商取引法》明确规定网络经营需要缴税。据统计，日本年收益低于100万日元的网店，大多没报税，而年收益高于100万日元的，店主却大都比较自觉地报税。

6.1.4.2 澳大利亚电子商务税收政策

澳大利亚个人开网店需要向网络平台缴纳登录费、交易服务费等。卖家在网店里每放一个新产品，就要交一笔费用，收费标准依产品的价格而定。成交后，还要交成交价格2%～5%的交易服务费。

为了保证交易安全及税务当局对交易的了解，澳大利亚十分注重支付的实名制。依据其1988年制定的《金融交易报告法》，现金交易商有义务在为顾客开户前，核实顾客身份，并向澳大利亚交易报告分析中心报告所有1万澳元以上的现金交易。第三方支付也是采取实名制。例如在网上购物并通过PayPal付款，申请开设客户个人支付账户时，支付机构要登记客户的姓名、出生日期、E-mail地址等信息。各种支付账户一律不得利用信用卡透支充值。而且，除了月充值额小于1000澳元的，其余支付账户必须与银行账户挂钩。

6.1.4.3 新加坡电子商务税收政策

新加坡政府在2000年8月31日公布了有关电子商务的税收政策，主要包括以下两方面的内容。

① 所得税方面。主要以是否在新加坡境内营运作为判定所得来源的依据，即在新加坡境内设立网站及分支机构的所得为新加坡所得，应征收所得税。

② 货物销售方面。如果销售者是货物登记的营业人员，在新加坡境内通过网络销售货物和传统货物一样要征税。

6.1.4.4 印度电子商务税收政策

印度政府于1999年4月28日发布一项规定，对印度公司因在境外使用计算机系统而向美国公司支付的款项，均视为来源于印度的特许权使用费，并在印度征收预提税。

6.1.4.5 联合国电子商务税收方案

联合国主张对电子商务征收比特税（bit tax），即按电子信息流量征税（费林、任佰合，2002）。对每发送100个大于1万比特的电子邮件征收1美分税款，并将此项收入用于补贴发展中国家发展互联网贸易。

比特税难以区分交易信息和非交易信息，同时对交易金额无法辨别，违反税收的公平原则，因此该方案受到了大多数人的反对。

6.1.4.6 经济合作与发展组织（OECD）电子商务税收政策

如今，大多数国家对电子商务税制改革认同OECD的观点。

杨若召、张节英于2002年翻译的一篇资料对OECD的观点进行了介绍，即1998年10月提交给OECD部长级会议的渥太华税收框架条款提出了以下5项税收原则。

① 中性：税收应在传统的和电子的商务形式中寻求中立和平等。商业决策应以经济而非税收的因素为动机。纳税人在相似的条件下进行相似的交易应承受相似的税收水平。

② 效率：纳税人的依从成本和税务当局的管理成本应尽可能最小。

③ 确定且简明：税收规则应清楚而简单以便于理解，这样纳税人才知道其应依据什么条款，缴纳什么税收。

④ 有效且公平：税收应当在恰当的时间征收恰当的税额。抵制措施与涉及的风险相称时，偷漏税和避税的可能性应最小。

⑤ 灵活性：税收制度应灵活并保持动态，以确保它们能与技术和商业发展同步。

6.1.4.7 我国的电子商务税收政策

我国在电子商务发展的初期阶段，为了鼓励也主张一定程度的免税；但从 2007 年起，各地在不同层面上提出了要进行征税。对电子商务税收的主流观点如下。

① 根据税收中性原则，电子商务和传统商务都应负担同等税收。

② 电子商务税收以现行税制为基础，不必单独开征新税，但要结合电子商务的特点，进行税收政策和税收征管方式的研究，以更好地实现税收征管。

③ 应从维护国家利益和适当前瞻的原则出发，制定既适应电子商务内在规律又符合国际税收原则的电子商务税收政策，促进电子商务在中国的发展。

如北京市于 2008 年 8 月 1 日施行的《关于贯彻落实〈北京市信息化促进条例〉加强电子商务监督管理的意见》规定：除了出售、置换自用物品，且不以营利为目的的个人外，北京市内其他机构和个人必须经登记注册领取营业执照后，方可从事网上经营活动。该规定第一次以地方法规的形式，明确了电子商务与工商注册的关系。

国家工商行政管理总局于 2010 年 7 月 1 日施行的《网络商品交易及有关服务行为管理暂行办法》规定：

① 网络销售必须向网络交易平台登记真实身份（企业营业执照或自然人身份及联系方式），并在自己的网站上公布；

② 网络交易平台负有身份审查义务、身份信息和交易数据保存义务、向工商执法机关配合调查义务；

③ 并规定了对不履行义务的处罚。

上述规定标志着网上实名经营在全国范围内有法可依，通过匿名经营逃避税务机关征税的方法不再可行。

6.2 国内电子商务税收问题与对策

6.2.1 国内电子商务税收征管现状

我国现在执行的电子商务税收政策是按照以现行税制为基础，不单独开征新税，结合电子商务的特点，有利于促进电子商务的发展来实现税收征管的原则制定的。根据上述原则，首先要对现行税制作一个比较全面的了解。

通过对税法和对税务局的业务调研，我国的税收征管流程可以总结为"纳税登记、发票领购、纳税申报、税款交付、纳税评估、纳税稽查"共6个步骤。审核机制可归纳为"以票控税、银企对账"两种手段。税收征收方式的特点可归结为四句话："税责自负"；"代扣代缴"；"抓大放小"；"实际收入来源地优先，居民管辖权并重"。

6.2.1.1 征管流程

我国目前的税收征管流程如图6-1所示。

图6-1 我国税收征管流程

图6-1中税收征管各步骤的具体内容如下。

（1）纳税登记 企业在申请工商营业执照时需先办理税务登记，然后方可领取营业执照。用此方法保证所有依法经营的企业都为税务机关掌握。

（2）发票领购 企业凭税务登记证向税务局领购发票，并在随后的经营中，依法对所有收入开具发票。用此方法，税务机关可掌握纳税人的收入数据。

（3）纳税申报 企业按期编制并向税务机关提交纳税申报表、会计报表等纳税申报材料，供税务机关审核。用此方法，税务机关获得纳税人的收入、支出及应纳税额信息，在此基础上进行审核或调整。

（4）税款交付 税务机关审核通过了应交税额后，企业可通过现金、支票、贷记凭证或远程电子支付等方式缴纳税款。

（5）纳税评估 税务机关使用人工或计算机采样等方式，定期、不定期地对纳税人的申报材料进行评估，发现有可能存在的问题，遴选出需重点稽查的纳税对象。

（6）纳税稽查 通过查账、约谈、到企业现场调查等方法，税务机关对企业是否存在涉税违法事实进行调查，根据调查结果给予处罚、不处罚处理。纳税稽查不一定只从纳税评估开始，也可能从知情人举报发起。

6.2.1.2 审核机制

目前，我国税源监控已从最初的"以账控税"进一步发展为以发票管理为核心的"以票控税"，"以票控税"的5个要点如下。

（1）发票领购 企业凭税务登记证向税务局领购发票，并登记所领发票的号码。

（2）发票开具 在随后的经营中，要求企业依法对所有取得的收入都开具发票，记录付款人、发票金额。发票一式多联，同一票号的各联发票金额须相同，并经收款方盖章方为有效。

（3）凭票制证 以普通发票为例，发票分客户联、记账联、存根联三联。其中，客户联提供给客户，用于制作支出（报销）凭证，非正规发票不得列支；记账联由销售企业保留，用于制作收入凭证；存根联留在发票簿内，供税务机关检查。如有发票填错作废，须将作废的三联一并留于发票簿内，不得损毁、缺失。违者重罚。

（4）凭证制账 企业根据各项收入、支出凭证编制账本，并进一步填写纳税申报表。

（5）发票检查 每次报税时，企业应向税务机关提交当期发票的使用记录，换购发票或企业注销前，税务机关都会检查企业的发票存根，核对发票与以往报送的收入数据是否有出入。

使用这种方法，税务机关通过发票上记载的信息可以有效地掌握企业的收入（通过记账联）和支出数据（通过客户联），从而最大限度地获得应税所得额的计算参数。"以票控税"的前提是企业依法进行税务登记（目前是通过工商注册环节控制）、按实际金额开具发票、按实际金额登记收入支出（通过记账凭证检查）。

当企业不按实际金额开具发票时，"以票控税"就无从实施了。为此，我国税收实践中采用"银企对账"的方法加以克制。"银企对账",指的是税务机关可以要求企业或企业的开户银行提供银行对账单等凭证,将其与企业纳税申报中的收入、支出、现金流量信息比较,以发现是否存在明显的不符。"银企对账"的前提是企业的银行账户全部为税务机关了解、银行能配合调查、企业收支主要通过银行进行。由于目前银行和税务并未实现计算机联网,以及企业存在的现金交易,"银企对账"的实施效率较低,且只能在一定程度上提供佐证,一般只用于税收稽查。

6.2.1.3 应纳税所得额的确定方式

"应纳税额"由"应纳税所得额"乘以"税率"得出。其中,"应纳税所得额"是指从事某种经济行为,按照税法规定,经一定方法折算后,应作为纳税计算依据的所得数额。我国各主要税种的税额确定方式见表6-1。

表6-1 我国各主要税种的税额确定方式

税种	税额计算公式
增值税(一般纳税人)	税额=(销项金额-进项金额)× 税率(13%和17%两档)
增值税(小规模纳税人)	税额=销售收入 × 税率(4%和6%两档)
营业税	税额=销售收入 × 税率(4%和6%两档)
企业所得税	税额=(收入-法定支出)× 税率(统一为25%一档)
个人所得税	税额=(收入-法定支出)× 税率 7种收入各有不同法定支出扣除额和税率,并实行超额累进税率

按照税法,纳税人的纳税义务不论是否开具发票、是否以货币结算而改变。即使没有开发票、没有资金支付,只要有利益转移,都构成应税行为。

对于企业所得税,应纳税所得额不仅与收入有关,还与支出有关。国家对各项可在所得税前支出的项目,都有严格的比例或数额规定。不符合规定的支出,在计算税基时需进行调整。因此,对电子商务企业进行税收征管,不仅要掌握其收入,还应审核其支出。

对于难以按查账方式确定应纳税所得额的情况,我国规定了按核定方式征收税款的6种适用条件和税额核定的4种方式。所谓核定征收,是指在企业无法提供可信的账本数据时,由税收征收机关按照法律及相关行业数据直接确定(核定)企业有多少应纳税所得额,按核定的应纳税所得额进行税款征收。

6.2.1.4 征收特点

我国现行税收征收方式的特点可归结为"税责自负";"代扣代缴";"抓大放小";"实际收入来源地优先,居民管辖权并重"等4句话,具体如下:

(1)"税责自负" 我国的主要税种,增值税、营业税、企业所得税等都实行纳税人主动申报的办法。由纳税人提交相关申报数据,经税收机关检查后依法纳税。

税收机关征税的对象是财产、所得或特定的行为,确定税额的依据是申报表、账簿和凭证。这些信息,如果不靠纳税人主动提供,税务机关是难以一一查实、实现"应收尽收"的。因此,要求纳税人主动申报是税务机关代表国家实现税收权力的基本条件,也是税法的基本原则。

我国税法和税收征管法都对纳税人的税收申报和税款缴纳作了详细的规定,对于不履行义务的纳税人,均规定需依法惩处。

(2)"代扣代缴" "代扣代缴"指税款的缴纳不由纳税义务人自己完成,而是责成其他税务机关方便管理的对象完成。考虑到实际操作过程中的可行性，我国许多税种的征收都或多或少地采用了"代扣代缴"的做法。

① 个人所得税：以用人单位代扣代缴为主，自行申报为辅。

② 增值税、消费税：进口货物和物品的增值税与消费税由海关代征，由报关人、收货人或代理人代缴。

③ 增值税、营业税、外商投资企业与外国企业所得税：当投资类、服务类收入来源于境内，而境内无常设机构时，以代理人、支付人代扣代缴。另外，个人演出的营业税由售票单位代扣代缴。

鉴于"代扣代缴"制度对我国税收征收的重要意义，我国对代扣代缴进行了严格的义务规定。如个人所得税扣缴义务人为支付方，代扣方和被扣方都不得拒绝。如代扣方不履行义务，相关补缴税金、滞纳金、罚款由代扣方承担。

我国还规定了金融机构对税收执法的配合义务。如《税收征管法》第七十三条关于银行及其他金融机构不配合税务机关依法检查或对纳税人账户进行税收保全的处罚："处10万元以上50万元以下的罚款，对直接负责的主管人员和其他直接责任人员处1000元以上1万元以下的罚款。"因此，如果银行不配合导致违法企业转移资金、税局执法受阻，银行是要负违法责任的。不过，迄今为止，我国尚未明确电子商务交易平台及支付平台是否负有代扣代缴税金的义务。

（3）"抓大放小"　对某些规模小、管理成本高的纳税行为，为提高改造效率，采用简化征收办法。

① 增值税的征收。对小规模纳税人不按17%和13%两档税率计税和使用增值税专用发票抵扣进项税款，而直接按销售额乘以征收率（商业企业4%，其他企业6%）计算应纳税额。

② 所得税的征收。我国也采取了查验征收、定期定额征收、委托代征等简化征收方法，提高税收效率，降低税收征纳成本。

③ 对于无证经营的个人交易，我国于2012年大幅提高了增值税的起征点，月销售额低于20000元的无证经营者免征增值税，这一规定同样适用于网络交易。

（4）"实际收入来源地优先，居民管辖权并重"　在涉及跨国所得税收征收的问题上，依纳税人身份不同，实行来源地管辖权与居民管辖权并重的做法，并优先满足来源地管辖权。对不同税种的具体实施也有如下不同做法。

① 增值税：跨境交易的增值税实行收入来源地源泉扣缴。"境外的单位或个人在境内销售应税劳务而在境内未设有经营机构的，其应纳税款以代理人为扣缴义务人；没有代理人的，以购买者为扣缴人义务人"。

② 营业税：由消费地实施税收管辖，"中华人民共和国境内提供应税劳务、转让无形资产或销售不动产的单位和个人，为营业税务的纳税义务人。中华人民共和国境内是指实际税收行政管理的区域。具体情况为：

a.所提供的劳务发生在境内；

b.从境内载运旅客或货物出境；

c.在境内组织旅客出境旅游；

d.转让的无形资产在境内使用；

e.所销售的不动产在境内；

f.向境内提供保险劳务。"

③ 企业所得税：对我国在境外取得收入的，承认由来源地优先征收所得税，我国（居住

地）对已纳税款按规定抵扣。

④ 外商投资企业和外国企业所得税：来源地征收和居住地征收并重，对"来源于中国境内的所得"，由我国（来源地）优先征收，企业在居住国申请所得税抵扣。"来源于中国境内的所得"，是指与企业在中国设立的机构、场所有实际联系的所得，以及中国境内机构支付的股息、利息、租金等投资性收益所得。在有收入但无常设机构，或收入与常设机构无实际联系时，按10%的税率预提所得税。该所得税以实际受益人为纳税义务人，以支付义务人为扣缴义务人。

⑤ 个人所得税：规定了对非居民纳税人的收入来源地7条判定原则和9条具体规定。这些处理方法，既反映了经济活动的实质，又遵循了方便税收机关有效征管的原则。

（5）对进口税收的特别说明　需要说明的是，很多人不了解我国的对外税收实现办法，误以为通过电子商务达成的进口交易都不用交税。这是不正确的。

实际上，我国在进口有形产品方面，所有的流转税（关税、增值税、消费税）都是由海关统一征收的。征收的原则为：有形产品都要征税，不管是以什么方式成交，什么原因进关。

①"海关的征税对象是准许进出境的货物和物品。货物是指贸易性商品；物品指入境旅客随身携带的行李物品、个人邮递物品、各种运输工具上的服务人员携带进口的自用物品、馈赠物品以及其他方式进境的个人物品。"

②"进口货物的收货人、出口货物的发货人、进出境物品的所有人，是关税的纳税义务人。一般情况下，对于携带进境的物品，推定其携带人为所有人；对分离运输的行李，推定相应的进出境旅客为所有人；对以邮递方式进境的物品，推定其收件人为所有人；以邮递或其他运输方式出境的物品，推定其寄件人或托运人为所有人。"

从以上规定可以看出，任何有形产品进关都要交关税。特别要澄清的是，连个人物品进关也是要交税的！

"行李和邮递物品进口税简称行邮税，是海关对入境旅客行李物品和个人邮递物品征收的进口税。由于其中包含了在进口环节征收的增值税、消费税，因而也是对个人非贸易性入境物品征收的进口关税和进口工商税收的总称。课税对象包括入境旅客、运输工具、服务人员携带的应税行李物品、个人邮递物品、馈赠物品以及以其他方式入境的个人物品等项物品，简称物品"。2010年9月1日起，国家海关总署将进出境个人邮递物品关税免征额度从400元（港澳台地区）至500元（其他国家和地区）调低至50元，使海外代购涨声一片，很好地说明了海关对电子商务税收管理的效力。

对于所得税，更不可能因为生意在网上做成就允许不交了。只有无形产品，因其可以通过互联网下载，海关查不到，所以暂时没有有效的办法征收关税。这可能也是为什么大多数国家能够同意WTO关于"对通过互联网销售数字产品免征关税"的原因之一。

6.2.2　电子商务对我国税收征管造成的影响

国内外学者一致认为电子商务是一种虚拟化、自动化、全球化、高效化的低成本商务形式，它对国内税收管理和国际税收秩序都产生了深远的影响。具体表现为以下6个方面。

6.2.2.1　无店铺经营使纳税登记效力减弱

传统商务中，政府依靠纳税登记制度掌握应纳税人的名单。规定企业在工商注册时，必须先进行纳税登记，然后才能获得营业执照，"未经登记不得从事商事营业"。然而，电子商务无店铺、虚拟化经营的特点使纳税登记制度的效力被大大削弱。

为什么电子商务会造成纳税登记制度效力减弱，其原因有以下两个方面。

首先，从企业自身进行纳税登记的动力看。传统企业需要营业执照，是为了向交易对方表明自己的可信身份（出了问题找得到我），提供发票，以及租赁场地、招聘员工。在电子商务中，B2B企业或需要招聘较多员工的大企业依然需要营业执照，纳税登记没有问题。但对人员较少且以个人为销售对象的B2C、C2C电子商务，即使无营业执照也不影响经营。因为客户对网上店铺的信心来自于交易系统提供的交易保障，如第三方担保支付、信用评价等。只要坚持先收货后付款，无论商家是否有营业执照、是否能找到商家的实际位置，甚至商家身份是否为真，都不影响客户付款的安全性。在这种情况下，顾客普遍不关注商家的营业资格，企业也缺乏申请营业执照的内在动力，通过工商注册进行纳税登记的效力大大减弱。

其次，从税局查处无证经营的方式看。传统商务多依托固定的经营场所，没有门面难以开展业务。因此，通过对经营场地的抽查，可以对无证经营形成较为有效的威慑。而电子商务通过网络销售，不需要固定场地，无法通过对场地的检查发现是否进行了纳税登记。如果逐个调查各个网址，又因目前尚未建立交易平台与税务部门之间，以及各地税务部门之间的有效信息共享机制，不但调查工作量大、效率低，即使查到了经营者，也未必属于本辖区。因此，各地税局均缺乏在网络上追查的积极性。尤其是开设成本近乎为零的C2C网上商店，在网上店铺经营的初期，店铺知名度还未彰显，经营成效对品牌的依赖度非常低，经营者完全可以在被税局查到后关掉旧店另开新店，使税局的检查成为无用功。

因此，对于规模较小的B2C企业及C2C经营者，传统的纳税登记制度难以落实。

6.2.2.2 零售比例提高使税源更易隐瞒

电子商务的直销化趋势将加剧税务部门对企业销售收入统计的困难。在传统交易中，产品从制造商到消费者的过程中存在多道中间环节，通过对中间商的发票管理，可以有效地统计各道环节的应税收入。而在电子商务交易中，中间环节大量减少，生产商可以直接向最终消费者进行零售。消费者出于自身利益考虑，很可能为了得到优惠价格而不索取发票，这样就会瓦解通过发票管理掌握企业收入的计税机制，形成偷漏税的根源。

在国外，Alm James、Melnik Mikhail I（2010）对来自eBay的约7000个个人卖家和9300个买家的21000条销售记录进行了调查，发现就整个eBay而言，卖家的纳税遵从度相当低。越是新进入的卖家，越不愿意就其销售进行纳税申报。在现行税收管理体制下，对数量庞大的小规模零售业者，政府缺乏有效的税源监控手段，导致税收不断流失。据有关研究测算，仅2011年，电子商务造成的美国销售税流失就可能达到500亿美元。

在中国，企业通过C2C电子商务隐瞒收入，已成为逃税的重要方式。笔者认为，零售不开发票是传统商务中司空见惯的现象。电子商务中，由于销售渠道扁平化，零售的比例进一步提高，销售不开发票的问题有可能进一步加剧税源流失。

6.2.2.3 交易环节分散使税收管辖权冲突加剧

交易环节分散化，是指组成交易的各个要素由传统商务中的聚集一地，改为电子商务环境下的分处各地，从而形成各要素所在地政府对税收管辖的争议加剧或协调失灵，以及跨国避税的加剧。交易环节分散化的表现有：买方在一地，卖方在另一地；纳税主体注册在一地，经营在另一地；签约在一地（甚至无法确认在何处签约），交货在一地，结算账户又在另一地等。国内外文献观点认为，交易环节分散化对国际税收管辖主要提出了以下两种类型的挑战。

（1）交易环节分散化模糊了所得来源，加剧了税收管辖权冲突 学者陈虹在2000年撰文说明了对跨国企业所得税的税收分配顺序，说明电子商务使来源国税收减少、税收向低税率国家转移。

L.Ballard Charles 和 Lee Jaimin 在 2007 年研究了电子商务对美国销售税造成的冲击。指出在美国现行销售税征收体制下，居民向外地企业购买更容易逃避销售税，且销售税率与居民的在线购物概率存在显著的正相关。本地销售税的税率越高，居民就越倾向于通过在线购物逃税。由于销售税只能面向本地居民的购买行为征收，各州在缺乏协作机制的情况下，无法对跨地区交易进行有力的税收征管。令人费解的是，尽管 2002 年就有了自愿参加的销售和使用税协定，理论上州政府之间应能通过相互合作对在线销售征收销售税了，但直到目前仅半数落实了此项新政。学者李凤荣 2004 年分析了电子商务使增值税按目的地征收的困难。CE McLure 2001 年介绍了欧盟与美国在电子商务增值税政策上的争执。

国家税务总局国际税务司王裕康 2004 年经过分析，指出了税收管辖权冲突加剧的原因有以下几个方面。

① 所得分类变得模糊。

②"常设机构"的概念在电子商务中难以适用。

③ 独立实体和公平成交价原则的实施更加困难。

学者张媛 2005 年提出电子商务使企业可以将经营活动分散在全球不同国家，致使收入来源地难以确定，甚至连管理控制中心位于何地都难以确定，对来源地管辖权和居民管辖权提出了挑战。

马廉颇、马岩琳在 2005 年对美国、欧盟的电子商务税收政策进行了较详细的介绍，证实了发达国家与发展中国家围绕税收管辖权是有斗争的。

（2）交易环节分散化灭失了国际税收税源，有可能使涉税各国无税可收　利用现有国际税收原则对于无常设机构的来源地税收无法征收的弱点，企业甚至可通过电子商务，进行全球资源配置，不对任何一国缴纳税收。居住国和收入来源国甚至根本收不到税，更不用谈如何分配了。

郭丽霞在 2003 年将税收筹划分为避税筹划、节税筹划、转嫁筹划，并介绍了不同国家对电子商务征税与否的不同规定及税收筹划空间。王美田、于丽娜、杨旭辉在 2006 年也以"企业注册地的选择""收入性质的确认""转让定价政策的制定""投资地的选择"等为切入点，详细介绍了电子商务环境下企业的税务筹划策略，供企业节税进行参考。

6.2.2.4　支付电子化使资金流监控缺位

学者赵宪武、龚巧茹、李湘纯（2003）指出，传统的现金逃税是有限的，因为现金交易数额一般较小，然而在电子商务中，由于交易金额巨大且可用脱离银行监控的电子货币支付，逃税的可能大大增加。并提出："如果信息源为境外某地的银行，则税务部门很难对支付方的交易进行监控，从而也丧失了对逃税者的一种重要威慑手段。"应"围绕银行资金结算这一关键环节展开税务稽查"。

笔者认为，资金流监控不能仅考虑银行账户，还需包括设立在第三方支付机构的账户。必须明确规定开户和支付结算均采用实名制，除了小额交易外，一律不得使用匿名账户。资金流监控的难点在于设立在境外的账户，无论哪个国家，对于境外账户的监控都感到力不从心。因此，发生在境外账户的支付，有可能是税源监控的最大盲点，目前各国均无很好的解决办法。

6.2.2.5　产品无形化使适用税种不明

学者杨元伟和叶姗分别在 2002 年和 2004 年的研究表明，实体商品通过网上销售，对税

制的影响不大。而数字化产品到底应按销售征税，还是按服务征税（两者税率不同），目前税法没有明确规定，这给实践带来很大困扰。

6.2.2.6 信息化是全面提高管理和服务水平的机遇

与以上持"电子商务对税收构成挑战"的观点不同，也有少量文献从相反的角度，提出了电子商务有利于税收征收。刘英和李为在2001年提出电子商务使征税点相对集中，税收把柄更加完善。就是"电子商务有利于征税"的观点。

还有人已经在考虑电子征税如何实施，如徐子尚在2002年设计了通过税控电子商务平台进行跨国消费税征管的机制，马廉颇和马岩琳在2005年规划了电子税收征管系统的功能，夏勇在2007年提出了利用银行代扣方式对无形商品的在线销售进行税收征缴等。

笔者认为，电子商务的运行以信息流为核心，高度依赖电子商务交易平台和支付平台。如能与这些交易平台和支付平台达成密切的合作，税局将能对交易数据了如指掌，税源统计和税款征收将比在传统方式下更易实现，税收征管成本也将大幅下降。

6.2.3 我国加强电子商务税收征管的对策

电子商务近年来发展迅速，2013年10月25日发布的《中国电子商务市场白皮书》显示，中国网民近几年来呈井喷式增长，至2012年年末已达5.64亿人，位居世界第一。越来越多的消费者运用互联网和移动设备在网上购物，中国网络销售额增速迅猛，网购已成为中国消费市场的新势力，2012年我国网购规模达1260亿美元，仅次于美国的2060亿美元，居世界第二位。广大公众已经越来越了解并熟悉通过电子商务在网上购物。从2011年以来，我国网络电商的网上零售呈现出飞跃式增长，销售额被不断刷新，已经膨胀到惊人的数字，特别是"情人节""双十一""双十二"等网络购物的重要日子。

针对如何加强我国电子商务的税收管理，各方专家和政府工作人员提出了许多应对方法和观点。总结各方观点，本书对我国加强电子商务税收征管的对策归纳如下。

6.2.3.1 齐抓共管全面统筹

将电子商务所得与传统所得合并考虑，进行税收管理；将工商、税务、银行、海关、邮政等各部门的信息互联互通，从信息流、资金流、物流多方监控税源；从法律、道德、行政、技术多方提高纳税遵从度。

6.2.3.2 加强税务登记

立法确保网站及网站用户身份可查，进行实名制经营活动的税务登记，提供查账密钥，责成ISP对用户身份进行备案。

6.2.3.3 加强税务检查

加强对电子商务企业定期与不定期的检查，扩大纳税信用等级评定，严罚违法企业。

6.2.3.4 提高纳税自觉性

加强廉政建设，使纳税人认同"税收为人民"的真谛；加强税法宣传，使人们真正意识到纳税是义务，逃税是一种丑恶的违法行为，通过道德约束纳税人的行为。

6.2.3.5 改革税收征收机制

扩大增值税征税范围，凡涉及电子商务的商品交易和劳务均列入增值税的征税范围，不必区分业务性质，避免税务处理中的混乱；重新归属"特许权使用费"等各类所得属性，使之更合理、更可操作；将增值税的征税权由卖方所在地的税务机关转移到消费地，解决跨地区交易征税难点，减少地区间税收摩擦。

6.2.3.6 形成新的征税点

建立第三方代扣税机制，以资金流为税基，以支付环节为税收控制点，由银行等机构代扣流转税，或委托ISP扣税。

6.2.3.7 修改"常设机构原则"

放宽常设机构关于"固定场所"的认定条件，代以实质上的、持续性的、非"准备性质"和"辅助性质"的经济联系条件，来判断是否可进行来源地税收管辖征收，如可认定服务器和ISP也构成常设机构；或干脆取消此原则，以"利润来源地原则"代替。

6.2.3.8 修改跨国投资所得税征收方式

修改跨国投资所得税征收方式，对于无常设机构的情况，改用预提税方式征收。

6.2.3.9 依靠税务信息化提高管理水平

以"金税工程"为基础，研制开发电子商务增值税专用发票管理系统；发挥"金关工程"功能，将金关与金税进行有效链接，将出口货物专用税票、进口增值税完税凭证纳入到"金税工程"增值税计算机稽核子系统中进行监控与管理；推广使用税控装置，加强对现金交易的监控；开发征税软件，集成到交易网站上，对每笔交易自动按交易类别和金额计税，直至自动汇缴。

6.2.3.10 依靠国际交流与合作解决跨国避税和税收争端问题

加强协调，互换情报；由收入来源国或居住国一方征收，双方分享；甚至建立国际统一税收区，统一征税，统一分配。

6.2.4 电子商务税收征管认识误区

当前，就电子商务及电子支付涉税问题，公众及理论界尚存有大量模糊不清的认识。经过充分调研，本书选取了我国电子商务税收征管认识误区的部分观点进行澄清，详细如下。

6.2.4.1 无形产品交易灭失了增值税税基

本书认为无形产品交易并不总能成为增值税减少的原因，要视应税行为是属于国内还是国外的交易行为，以及纳税人遵从或不遵从来分别看待，具体如下。

（1）国内交易的税收依据发票　如纳税人遵守、服从税法（称为"遵从"），无论产品有形、无形，都会就销售收入开具发票，不影响税收。如纳税人不遵从，不开发票，无论产品有形、无形，都会影响税收，只不过无形产品因没有存货，销量更隐蔽，查处更困难一些。

（2）跨国交易的税收依据纳税人自觉申报和海关查验　如纳税人遵从，自觉申报，无论产品有形、无形，都不影响税收。如纳税人不遵从，不申报，有形产品因由海关代征增值税，不影响税收（走私除外）；只有无形产品，因海关查不到，才会导致税收流失。

所以，有形产品改为无形产品，并不能成为企业不缴增值税的理由。只是因为无形产品的销售比较隐蔽，增加了企业逃税的可能。所以，根子在于设计新的方法，减少纳税人的不遵从行为。

6.2.4.2 网上销售不用开发票，造成税源大量流失

国家从来没说过网上销售可以不开发票，不开发票是经营者个人的纳税不遵从行为。这

种不遵从是否能为税务机关有效、低成本地发现，要视交易双方身份、各种类型交易的规模分别看待。

就国内交易而言，如买方为查账征收的企业，必然会索要发票，卖方想不开票都做不到。如买方为个人或者核定征收企业，可能不要发票，卖方得以隐瞒收入。

另外，无论国际交易还是国内交易，B2B的交易量都远远大于B2C、C2C。网上销售对税源流失的影响可能并不像想象得那么严重。传统交易中，如纳税人不遵从，一样可以隐瞒收入。

因此，根子不在于是否采用电子商务，而在于如何提高税收管理效力和效率，用严密、及时的监控减少纳税人的不遵从行为。

6.2.4.3 电子账簿造成计税凭证消失

国家从来没有规定电子商务企业可以不造账册，电子商务企业不保留计税凭证是企业未遵从税法规定的一种违法行为。有人说电子账簿可以加密、删除，造成税务机构无法查账，那么传统账簿不是一样可以藏匿和伪造吗？因此，不能将企业的主观违法行为归咎于客观的技术工具，要知道，造假账的历史在电子账簿诞生很久之前就已经存在了。

6.2.4.4 美国对电子商务税收全免

美国的互联网免税法案自1998年在美国实施，于2003年到期，目前电子商务并不享受免税待遇。即使在该法案实施期间，美国也不是对全部电子商务减免所有税收。

首先，美国的电子商务免税法案，免的是无形产品（数字化产品及服务）的税收，对有形产品（实物）的电子商务税收仍沿用传统税收管理办法。其次，美国对互联网销售免的是关税和国内销售税，都属于流转税，而对所得税则一分不免。由于美国是以所得税为主的国家，免掉一部分流转税对美国并无太大影响，却能在短时间给电子商务的发展加上助推器。

关税方面，美国本身是数字化产品的出口大国，所谓"对无形产品通过互联网进口免征关税"没有实质意义，因为进口额本来就很小。

国内流转税（消费税、销售税）方面，由于美国各州税权相互独立，各州均只能对面向本州的销售征收流转税，对面向外州的销售无权征收。但实际上，如果销售商在外州，即使通过电子商务向本州消费者进行了销售，州政府一样很难对其进行征税。所以免税只是免掉了本州企业在本州销售时发生的流转税。

6.2.4.5 电子商务免税对美国有利对中国不利

电子商务免税对谁有利，要视有形产品还是无形产品。如对所有产品的电子商务免税，中国对美历来贸易顺差，如所有企业都上网销售，中国就是电子商务净出口国，将获得巨大利益。

如只对无形产品免税，中国将在相当长一段时间内为无形产品的净进口国，将损失关税、增值税、所得税。考虑到在现有条件下，如外国企业在中国不出场，直接通过电子方式远程销售无形产品，中国本就缺乏征税手段，即使不免税也收不到税，其实和免税没什么差别。只有在不免税时能征到税的情况下，讨论是否免税才有实际意义。

总的来说，电子商务是对税收造成了一定冲击。但问题的根源大多出在传统税收中已存在的问题上，只是由电子商务将其进行了放大。目前对电子商务冲击税收管理的诸多误解实际上来源于对税收管理实务的不了解。如有关方面报道的1998年"河南省漯河市的太浩营销有限公司通过电子商务偷税案"。该企业采取的偷税方法为：不进行国税登记、不开发票、不申报税收、不交及删除计算机中的账务信息、多头开户、转移资金等。税局查实应税额遭到的困难为：企业不挂牌、不设仓库、查税当日未查封记账计算机第二天信息被删除、银行不配合冻结账户等。这些问题难道是因为电子商务才有的吗？这些不遵从行为在传统交易中一样存在。事实上，只要经营者有意不遵从，无论通过互联网、电话、邮购甚至店铺销售，都可以采用与该案同样的偷税手段。因此，讨论电子商务给税收带来的影响，要分是电子商务带来的新问题，还是传统商务遗留下来的老问题。新问题用新方法，如跨国交易改变了原税收分配比例，需要提出新的分配方案。老问题，如传统交易中久已存在的各种纳税不遵从，要从传统交易的征、纳税法理和实现机制上进行再造，兼顾对电子交易管理的特点，而不是将所有过错归咎于电子商务，单就电子商务加强征管。

同时，在税种设计上，要考虑到多种交易形式、多道征税环节并存的因素，对同类收入实施同等税负，对同一个对象要求使用同一种会计登记（而不是要求企业将传统交易与电子交易分别记账），在多道征税环节中合理地设置最终计税环节与先行征税环节的抵扣顺序。从征税能力上，主要还是要依靠"各管各的人"，对税务机关能有效管束到的对象征税。具体到实践中，就是依靠对本税收管辖区域内的被管辖对象实现税收管辖，如境内的卖方企业（查发票、查账）、买方企业（查发票、海关代征）、金融机构（监控资金流）、交易平台（系统自动扣税）。

6.3　国内电子支付税收系统

出于产业扶持和促进就业的需要，为了鼓励我国电子商务的发展，我国在电子商务初期一直未对网络交易中的无证经营和税收流失下大力气整治。但随着我国电子商务的飞速发展，网络零售的税收问题已经显得越来越迫切。例如淘宝的税收问题已被看作老生常谈，据了解，包括京东商城、当当网、亚马逊中国在内的大多数自主营销型B2C已经完善税收制度，但淘宝却一直被看做"被国家税收遗忘的角落"。淘宝网方面表示，淘宝网作为平台，交易额是平台卖家产生的，并非企业本身营收。按照国家政策和各地方政策，平台商家应自觉缴税并接受政府监督。但北京市税务局相关负责人曾表示，在平台商不介入的前提下，淘宝网600万小卖家的税收问题将难以解决。

6.3.1　电子发票在国内的发展

6.3.1.1　我国推动电子发票的相关政策

随着2012年2月6日，国家发展和改革委员会等8部委联合发布《关于促进电子商务健康快速发展有关工作的通知》（以下简称《通知》），电子商务税收"放水养鱼"时期宣告结束。《通知》要求，研究完善电子商务税收征管制度，推动网络（电子）发票应用，促进网络电子发票与电子商务税收管理的衔接，这表明国家不再对网络交易纳税问题放任自由，而是要采取有效的措施认真对待。为落实通知精神，2012年5月，国家发展和改革委员会又发布了《关于组织开展国家电子商务示范城市电子商务试点专项的通知》，重庆、南京、杭州、深圳、青岛5个城市首批获准开展电子发票试点工程。在2013年12月，上海市商务委、国税局、发展和改革委员会、财政局和工商局联合发文宣布，从2013年12月28日起，上海市在购销商品、提供或者接受服务以及从事其他经营活动中，将正式试行电子发票。上海市的首批试点电商企业包括京东、1号店、易迅网和东方购物。图6-2是京东商城的客户购物后在发票信息中可以选择电子发票的页面。

6.3.1.2　电子发票的优势和问题

电子发票作为电子商务全程信息化的最后一环，对电子商务实现电子化、数字化、网络化和无纸化都具有重要的意义。电子发票有许多传统的纸质发票不能比拟的优势，比如在技术上可以妥善解决伪造发票问题，可以做到有据可查，从点到点建立起高效的追索系统，有利于税务机关进行系统性监督和管理，能很好地防止偷税漏税。

电子发票面临的首当其冲的问题是暂时不能用于企业和个人的报销凭证。因为电子发票的使用是一个系统工程，需要电子商务与税务部门的良好对接，也需要应用电子发票的企业财务系统的升级和更新，因此，全面推广使用电子发票需要有一个过程。但是，电子发票在不久的将来被广泛使用是一个不容置疑的大趋势。

目前，我国正在积极研究和试点与电子商务、电子支付紧密结合的税收征管办法，相信随着试点的不断深入，相关税收管理系统一定会在不久的将来成功面世。

图6-2　京东商城的客户购物后在发票信息中可以选择电子发票的页面

在此，本书介绍国内学者提出的两种电子发票工作机制，分别用于嵌入或不嵌入税务管理功能的电子商务、电子支付交易。

6.3.2　Ⅰ型（嵌入式）电子发票

6.3.2.1　什么是Ⅰ型（嵌入式）电子发票

Ⅰ型（嵌入式）电子发票由电子商务交易平台连接税局的电子发票接口，为每笔成功支付的交易自动生成发票信息。只要成交，卖方想不开票也做不到。Ⅰ型（嵌入式）电子发票是一种数字化发票，卖方无需事先到税局领购纸质发票，具有使用灵活、成本低廉的优点。在线开票后，既可由买卖双方分别登录交易系统，通过交易系统上的开票模块自行打印，也可以由卖方统一打印后分发给买方。每个人只能打印在该交易平台中由自己成交的交易发票，不能查询和打印他人的发票（保护商业机密和个人隐私）。

Ⅰ型（嵌入式）电子发票的生成应满足以下原则：

① 交易达成必生成发票；

② 交易取消必不生成发票；

③ 允许退货，退货时可标注发票的退票状态，但无法通过滥用虚假退货逃税。

6.3.2.2　Ⅰ型（嵌入式）电子发票的使用流程

下面以使用最广泛的第三方担保在线支付（如支付宝）交易系统为例，说明Ⅰ型（嵌入式）电子发票的具体使用流程。

（1）买方提交订单时，在发票信息中填写发票抬头和交易备注（对交易的特殊要求，如对产品、保修、包退服务等的要求），这些要求最好先与卖方协商取得一致。买方点"提交订单"后，系统进入步骤2。如买方未填交易备注就提交了订单，系统进入步骤4。

（2）卖方审核交易备注，如同意点"同意将交易备注写入发票，通知买方付款"，系统进入步骤4。否则点"通知买方修改交易备注"，系统进入步骤3。

（3）买方修改交易备注后，再次点"提交订单"，将修改后的订单（含发票条款）重新提交，系统重新转入步骤2。如不愿修改，买方点"取消订单"以关闭交易，或不进行任何处理，订单将不会进入下一步。

（4）如买方填过交易备注，且卖方已同意，系统显示"您的交易条款已由卖方确认同意。您可以直接进行付款"。如买方未填过交易备注，系统显示"您的发票中无任何交易条款，是否确认？如确认，您可以直接进行付款"。接下来，买方将货款预付到第三方支付平台，系统在卖方管理界面中显示"买方已付款，请您发货"，并进入步骤5。

（5）卖方看到买方已预付货款后，点"发票预制"，生成发票预制信息。发票预制信息为将来要打印在发票上的全部交易要素，含买方、卖方、成交金额、当前时间（此四项由系统在发票预制时自动提取）及发票中的交易备注（已由买方预填，卖方在步骤2中同意）。卖方如有自己的数字证书（现实中已有相关产品），还应对发票预制信息进行数字签名，以确保发票预制信息不可篡改。如卖方尚未办理数字证书，数字签名可暂免。系统进入步骤6。

（6）卖方完成发票预制后，点击"发货"按钮，向交易系统报告自己已发货，交易系统将此消息显示于买方管理界面。系统进入步骤7。卖方另行安排物流送货。

（7）买方收货后，如感到满意，可点击"确认收货"，系统自动将买方预付的货款转给卖方，交易成功结束。此时，系统自动将含全部交易要素和卖方数字签名在内的卖方预制发票信息传输至税局服务器。系统进入步骤8。

（8）税局服务器收到卖方预制发票信息后，为该笔交易生成一个唯一的发票号，将此发票号与预制发票信息合成，并用税局的开票专用数字证书对其进行数字签名，作为正式的电子发票信息，一起存入电子发票数据库。系统进入步骤9。

（9）交易双方如需发票，可登录原交易系统，在发票管理模块中选择相应的电子发票进行打印。每个人只能看见属于自己的发票。通过点击发票上的税局签名，可以验证该发票是否由税局签发及是否被篡改。如卖方也对发票信息进行过签名，发票上还将显示卖方的数字签名。通过点击发票上的卖方签名，可以验证该发票信息是否由卖方审核过（防止交易平台或黑客冒用卖方名义开票）。如因系统故障或忘记密码无法进入原交易系统打印发票，也可凭数字证书直接到税局网站打印发票，或持有效证件到税局现场打印电子发票。

通过以上的使用流程，电子发票系统可确保实现"交易成功必生成发票，交易不成功必不生成发票"。之所以要用卖方的数字证书对发票预制信息进行签名，是为了确保发票信息不可篡改和不可抵赖，同时，也防止了他人冒用卖方名义开票。

6.3.2.3　由于退货引发骗税的防止

接下来，电子发票的最后一条要求"允许退货但不能骗税"又如何实现呢？可规定退货只能由买方发起，卖方在交易系统中点击"同意退货"后，必须进一步完成在线退款，将货款退到买方账户，才能进一步申请"退回发票"，且退回发票的金额由系统自动读取卖方的实际退款数据，不由卖方自行输入。然后系统才能将退票号码和退回金额发往税局，由税局对发票标注退票状态，将来在对卖方进行计税时进行扣除。已退票的发票将不能出现在电子对账中的正常发票队列中，所以如买方企业用此发票虚假列支，交叉比对会将此票判断为"有支出凭证无收入凭证"，从而归为"使用假发票"之列。为什么要规定退票只能用在线支付的方式退款？因为只有这样系统才能确认卖方真正退了款，这和传统征管中以收回发票实体为退货标志的认定方式是不同的，是电子发票特有的认定方式。否则卖方只要和买方串通，声称退了货，就可以作废发票，逃避税收。而采用在线支付退款，当卖方不收回货物却将货款真正退给买方时，买方几乎不可能再把钱还给卖方，由此保证退货的真实性。另外，可规定凡税局数据库中不存在的发票都不能作为维权的凭证，这种方法也可以限制虚假退货。

6.3.3　Ⅱ型（非嵌入式）电子发票

6.3.3.1　什么是Ⅱ型（非嵌入式）电子发票

Ⅱ型（非嵌入式）电子发票是由卖方在线填制、本地打印的税局监制的纸质发票。卖方可先办理一个用于证明自己身份的数字证书，并向税局领购专用的Ⅱ型（非嵌入式）电子发票空白票本。该发票与普通发票的不同之处在于：客户联印有供买方退货专用的退货密码，并以覆膜遮盖，每张发票的退货密码均不同。之所以称其为"电子发票"，是因为其开票、计税、退票、验真的实现都需使用电子方式。"纸质发票，电子控制"，这是该型电子发票与Ⅰ型（嵌入式）电子发票和传统发票的不同。

Ⅱ型（非嵌入式）电子发票的开具与电子商务交易系统相互独立，降低了使用门槛，适合未使用Ⅰ型（嵌入式）电子发票的电子商务卖家及有联网开票条件的传统交易卖家使用。使用税局监制的纸质发票，而不是像Ⅰ型（嵌入式）电子发票那样由交易双方自行打印，是为了防止卖方用虚假退货逃税。开票时，由卖方另行登录税局网站，直接在税局网站的开票模块中填写发票信息（发票号码、开票日期、交易双方各自名称及唯一代码、成交金额、交易备注等），在线开具电子发票。Ⅱ型（非嵌入式）电子发票需由卖方统一打印，而后将客户联交给买方。每个人（卖方）只能打印由自己开具的发票。但所有人都可以对任何发票进行验真查询。

为了方便未事先购票和办理数字证书的卖方随时开票，税局可提供"Ⅱ型（非嵌入式）电子发票快速通道"服务，即无需开票人事先购票，也不需用数字证书证明自己身份，只要在线输入开票信息，就可由税局代为开具发票。开票的同时即进行简易征税，按开票金额乘以相应税率收取增值税和预提所得税，税款由开票人在线即时支付。开票成功后，开票人可持有效证件（需与发票上标的证件相符）自己到税局取票。税局也可按要求代卖方向买方寄送发票（另收费）。对于已办理税务登记的卖方，其使用"Ⅱ型（非嵌入式）电子发票快速通道"服务时预缴的税款可于纳税申报时从本期应纳税款中扣除。对于未进行税务登记的卖方，预缴税款不得在办理税务登记后的应纳税款中扣除，以引导卖方尽早办理税务登记。"Ⅱ型（非嵌入式）电子发票快速通道"服务将发票使用的门槛降到最低，真正做到无需预领、即用即开，但成本略高（自己取票或付发票寄送费，有的还要交预提所得税），适合业务量少或偶尔上网销售时需要发票的卖家。

6.3.3.2　Ⅱ型（非嵌入式）电子发票的使用流程

Ⅱ型（非嵌入式）电子发票的使用和与退货相关操作流程设计如下：

（1）买方收到发票客户联后，需检查其上的退货密码覆盖层是否完好。如已破坏，应要求卖方重开。为保证自己拿到的是真发票，最好按发票上的提示到税局网站进行发票验真。

（2）买方提出退货后，如卖方同意退货，买方应将相应的发票客户联和所退货品一并退还卖方。

（3）卖方登录税局网站，挑选需进行退货操作的发票记录，刮开发票客户联上的退货密码，进行退货登记。税局据此确认发票的退货状态，并于其后不定期地检查卖方手中的退货发票客户联。每张发票只能执行一次退货操作，退货金额不得超过原开票金额，退货密码错误者不接受退货登记。

用以上控制方法，卖方一旦使用Ⅱ型（非嵌入式）电子发票开票，发票信息就立即进入税局数据库，实现了税源统计的准确性和高效率。卖方是否能用假发票、阴阳票欺骗买方和税局？通过发票验真可以解决（原理后面另述）。卖方是否能用虚假退货骗税？没有买方的配合，卖方无法得到退回的发票客户联和退货密码，因此无法登记退货。买方会配合卖方进行虚假退货吗？没有必要，如果那样做，还不如一开始就不索取发票。

与Ⅰ型（嵌入式）电子发票不同，Ⅱ型（非嵌入式）电子发票是由卖方打印后交给买方，而不是由买方直接在可信系统中打印的，买方拿到票后，并不能直接确定是否是真票，因此税局需提供发票验真服务（其实传统发票更需要验真，只是没办法做到与电子发票一样高的验真效力）。另外，对于Ⅰ型（嵌入式）电子发票，如得票人不能信任在交易系统中打印的发票，也可以直接登录税局网站进行发票验真，或凭可靠身份证明（数字证书，将来也可开发直接利用第二代公民身份证作为天然的数字证书，只是使用时也要输入个人密码）对自己的发票详情进行查询。以下设计的验真服务可面向Ⅰ型、Ⅱ型两种类型的电子发票提供。

6.3.4　电子发票的验真机制

6.3.4.1　电子发票的真伪判别

电子发票是否为真不由打印所使用的纸张决定（传统发票的印刷防伪效力有限，无法杜绝假发票），而是看该发票所记载的信息是否能唯一确定一笔交易，且这笔交易属于正确的买卖双方。它依据的是信息流防伪，而不是票面印刷防伪。因此，本书所设计的电子发票对买卖双方来说都是实名使用的，这是与传统发票不同的地方。下面提出两条电子发票验真的判别准则。

① 交易的唯一性判别准则（充要条件）："买方唯一代码+卖方唯一代码+时间（精确到秒）"唯一确定一笔交易。

② 发票真实性判别准则（充要条件）：全部必填项"买方唯一代码+卖方唯一代码+时间（精确到秒）+金额"与数据库记录完全吻合。

交易唯一性判别准则的含义：一个确定的买方与一个确定的卖方在一个精确的时间点只可能发生一笔交易。这符合电子商务的特点，即使同样的买方和卖方几乎在同一时刻对两笔交易点击了"确定"，系统也会将这两笔交易登记为不同时间。因为人有同名同姓，所以要用买卖双方各自的唯一代码，实践中可用税务登记证号（对企业）和身份证号（对个人）表征交易双方。时间要精确到秒，不能只到日期，因为同一天可能发生多笔交易。卖方的名称和唯一代码一定会显示在发票中，这与传统发票一样。买方唯一代码是否要显示在发票中呢？对于单位，本来报销也是要有正确抬头的，电子发票中显示买方代码不会有问题。而对于个人消费者，考虑到保护个人隐私，买方唯一代码只保存在税局数据库中，而不显示在电子发票中。

交易唯一性判别准则所要求的信息项加上交易金额，就是确定某次交易真实金额所需要的最少信息。发票真实性判别准则的含义是："买方唯一代码＋卖方唯一代码＋时间＋金额"必须与数据库记录完全吻合，任何一项不吻合都说明这不是该笔交易的发票。显然，真实性判别准则已经蕴含了唯一性判别准则。所以，实际验真时只需输入"买方唯一代码＋卖方唯一代码＋时间＋金额"，就可以查出发票是否为真且属于当笔交易，而不是交易双方以前发生过的同等金额的其他交易发票。另外，发票号虽然是数据库中发票记录的主键，但可以不作为验真查询输入的必填项，因为发票要证明的全部必要信息就是"买方唯一代码＋卖方唯一代码＋时间＋金额"。反之，如果只选"发票号＋金额"进行验真，反而会出现问题，因为无法证明是谁与谁之间发生的交易。其他字段（如交易备注）也不作为发票验真的必填字段。

在具体操作时，发票验真查询不需任何特殊权限，查询人无需登录，直接进入税局发票查询页面，输入发票查询必填信息（买方唯一代码＋卖方唯一代码＋时间＋金额），便可得知发票是否为真。发票验真与发票详情查询不同。发票验真任何人都可以操作，使用时需输入所有必填字段，而系统反馈只有"发票信息完全吻合"和"发票信息不吻合"两种结果。而发票详情查询需用能证明自己身份的方式（数字证书、二代证等）登录，登录后能将属于自己名下的所有发票的全部信息（包括发票号码、金额等发票真实性判别信息和产品描述、保修条款、包退承诺等交易备注信息）和票面外观都显示出来。

总结以上，电子发票将传统的"以票控税"（基于纸张发票）提升到"以信息流控税"（基于交易真实性判别准则和数据库记录）的层次，可以大大加强政府对税源监控的能力，无论是统计效率还是监控力度，都有很大的提升。

6.3.4.2　电子发票的优点与问题

（1）电子发票的优点　对嵌入型电子商务交易系统，无论客户是否索要发票，都会自动生成发票信息，卖方不可能不开票或使用假发票、阴阳票；对尚未嵌入电子发票的交易系统，只要客户索取发票，卖方也一定只能按实际金额开具真发票，因此电子发票是无法作假的。

（2）电子发票未解决的问题　对非嵌入型电子商务系统及传统商务，如买方不需发票，卖方就有可能不开票。对此，需用资金流监控、举报、抽查及鼓励消费者索取发票等方式进一步克制。

6.3.5　国内现行网络发票与电子发票系统

为了提高税收信息化管理水平，建立从电子商务交易平台、电子商务支付平台即时获得税源信息的现代化税收系统，我国自2009年起试行网络发票，2013年推出电子发票，现已做到发票在线开具，开票信息即时录入税局数据库，受票方可通过税局公共服务平台方便地查询发票真伪，为进一步试点将电子发票功能嵌入电子商务交易与支付系统奠定了良好的基础。

2009年，我国广东地税率先启用"在线发票"系统，当商户通过税控收款机收款时，发票信息即时传递到税局数据库，消费者随即就可收到税局发来的手机短消息，告知自己的发票开票单位及发票金额，极大地提高了发票查询验真的效率，使消费者不再被假发票欺骗，阴阳票从此无处存身，开创了中国网络发票的先河。到2013年2月，全国共有51个省级税务机关推广使用网络发票，287.42万户纳税人使用网络发票系统开具发票，开票数量16.23亿份，开票金额10.53万亿元。网络发票涉及的行业包括工业、商业、建筑安装业、房地产业、服务业等。其中浙江、陕西、江苏等国税局，广东、江苏、重庆等地税局基本实现全省（市）全行业使用网络发票。

2013年2月25日，国家税务总局令第30号发布《网络发票管理办法》，在进一步规范和推广网络发票的同时，明确提出"税务机关根据发票管理的需要，可以按照国家税务总局的规定委托其他单位通过网络发票管理系统代开网络发票"，以及"省以上税务机关在确保网络发票电子信息正确生成、可靠存储、查询验证、安全唯一等条件的情况下，可以试行电子发票"，为电子商务企业将网络发票和电子发票集成到自己的交易系统提供了政策支持。

2013年6月27日，京东商城开出了中国内地首张电子发票。北京地区购买图书、音像商品的个人消费者在京东商城的网站上完成订单后，可以选择开具电子发票作为付款和退货的凭证。随即，苏宁易购、宏图三胞及好享购也宣布将从2013年8月起进入电子发票的试运营阶段，仅凭电子发票就可作为后续退换货的凭证，并可同时在电子发票服务平台及相关电商平台上查验。在上海，京东商城、1号店、易迅网和东方购物等一批条件比较成熟的电子商务企业已被初步确定纳入电子发票试点，2013年12月28日零点，上海市正式成为电子发票试点城市，1号店等4家企业作为直批试点企业，均开出了各自的第一张电子发票（图6-3）。这标志着我国电子发票已走过理论探索和政策研究的阶段，即将进入实际应用阶段。

图6-3　上海1号店开出的首张电子发票

6.4　电子支付税收发展趋势

随着我国税务信息化的不断推进和对电子商务、电子支付认识的不断加深，在不久的将来，电子商务、电子支付不但不会成为税收流失的发源地，还会因其对信息流的强大控制力，成为国家开展税收征管的强有力工具。具体而言，我国今后将采取的对于电子商务的税收征管可能呈现以下几种发展趋势。

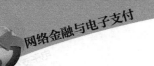

6.4.1 税源监控从"以票控税"向"以信息流控税"发展

电子商务采用电子发票后，税源监控将从"以票控税"向"以信息流控税"发展，如图6-4所示，对税源的监控存在由低到高的4个层次。

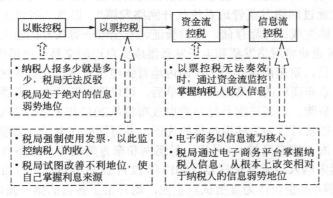

图6-4 税源监控路线图

第一阶段是"以账控税"阶段。政府只靠纳税人自己提供的财务报表判断应纳税所得额，而对其数据的真实性无能力质疑。此时，纳税人说他有多少收入就是多少收入，政府因缺乏信息来源，处于绝对的信息不利地位。

第二阶段是"以票控税"阶段。政府尝试建立起自己的涉税信息来源。通过强制使用发票，对纳入发票登记的交易额可以有准确的把握。纳税人的所得不再仅靠纳税人自报，而是要与发票核对吻合。这样，政府的信息不对称弱势地位就得到了很大改善。这是目前政府进行税源监控的主要途径。

第三阶段是"资金流控税"。"以票控税"的前提是纳税人据实开票。但恶意不遵从的纳税人不会据实开票，他们会采用（收入）不开票、假发票、阴阳票等手段逃避发票对真实收入的记录，这样，"以票控税"就无法取得应有的效果。此时，"资金流控税"可以作为"以票控税"的补充。通过监控纳税人的所有账户，可能发现纳税人的资金是否与账目和发票有较大的出入；通过税控收款机的强制使用，可以对使用税控收款机进行收款的收入进行准确的统计。"资金流控税"需要银行的普遍联网和大力配合，并对纳税人是否使用税控收款机进行收款有较大的依赖，如纳税人有税控收款机但不用，监控也会落到空处。在支付的电子化程度还不高、银行等金融机构还未充分联网的情况下，"资金流控税"尚不能担负起普遍、有效监控的任务，因此只能作为"以票控税"的补充，从侧面映证纳税人的账、票是否有大的出入。

第四阶段是"信息流控税"。当企业普遍使用电子商务，电子商务主要借助公用的电子商务平台时，"信息流控税"有望取代"以票控税"，成为税源监控的主流方式，并且监控力度也将得到很大提高。电子商务的特征是"以信息流带动资金流、物流"，所有的交易都反映为信息，由计算机系统集中保存、统一管理。在这种情况下，假设电子商务交易主要通过公用的电子商务平台，只要电子商务平台能配合税务机关掌握交易信息，税务机关对纳税人的涉税信息就能予取予求，纳税人想不遵从都做不到。此时，税局对纳税人的信息不对称弱势地位可以得到根本性的改变，"应收尽收"不再是理论上的追求，而成为现实中很可能达成的目标。

6.4.2 计税凭证由纸质发票向电子发票进化

目前，我国已逐步淘汰传统的纸质发票，由税控打印发票取而代之。与此同时，离线开具、定期抄税的税控打印发票正逐渐向在线开具、在线查询的网络发票过渡，完全摆脱纸张介质的电子发票也已进入试运行阶段。

传统纸质发票的特点是：需由纳税人向税局预先申购，使用时由开票人手工填写。该发票一般采用水印、密码覆膜等物理方法防伪，防伪能力有限，导致假发票使用猖獗；从发票开具到税局掌握发票信息之间存在较长的延时，且税局只掌握卖方发票、不掌握买方发票，造成买卖双方即使使用真发票，也可以通过开阴阳票（同一号码发票的不同联次记载的金额不同）的方式偷逃税款；更有甚者，面向个人销售时，通过不开票隐瞒收入的经营方式已经成为普遍现象，给国家的税收造成严重损失。

税控打印发票的特点：发票不得手工填写，必须使用税控设备通过计算机打印。开票信息自动存储于税控设备中，定期导入税局。该发票能有力地提高税局的发票信息登记效率，并对防止阴阳票有一定作用。但由于发票信息并非即时输入税局数据库，受票人无法在得票时当场查验发票的真伪，对防止假发票和不开票经营仍无能为力。

我国目前正在推广的网络发票是建立在现代通信技术的基础上，由开票单位通过税局公共服务平台在线开具的一种发票。它取消了开票单位必须事先购买税控设备的前提，只要有一台联网计算机和打印机，就可通过税局公共服务平台在线提交发票信息，并将生成的发票信息打印在事先领取的空白发票上。用这种方法，发票信息可即时传输到税库数据库，供受票方在线查询。在线查询时，不但可以查到开票单位、受票单位的名称，还能查到发票金额，因此阴阳票也无处容身。但由于税局校验只能检验发票信息的真伪，如真假发票上记载的信息相同，在线查询仍无法有效区分。

我国正在试行的电子发票则是网络发票的无纸化形态。该发票以电子方式生成、存储、验证和使用，最终目的是与企业财务系统和税局系统同时对接，作为收款、报销和计税的电子化凭证。与网络发票一样，我国当前试行的电子发票能够有效地抵制信息虚假的假发票，但对信息为真的假发票无抵抗能力，无法防止同一发票信息的重复报销。同时，由于目前财务核算体系尚不能仅凭电子信息记账，现阶段，在线开具的电子发票需打印于纸质载体上，方能作为财务核算凭证。

表6-2　各种发票对用票不遵从行为的抵抗力

种类	防不开票	防假发票	防阴阳票
传统纸质发票	如买方不索取发票，卖方就可以做到不开票销售 ×	易伪造，难鉴别 ×	税局获得买卖双方发票信息费时费力，核对困难 ×
税控打印发票	如买方不索取发票，卖方就可以做到不开票销售 ×	易伪造，难鉴别 ×	税局获得买卖双方发票信息存在延时，无法立即核对 ×
我国现行网络发票和电子发票	如买方不索取发票，卖方就可以做到不开票销售 ×	如真假发票上记载的交易日期、双方身份及交易金额信息相同，税局就无法区分 ×	发票信息即时传输到税局，立刻就能查验，想假也假不了 √
本书推荐的 I 型（嵌入式）电子发票	电子发票已嵌入电子商务平台，成为成交的必要条件，想不开票也不行 √	发票验真通过数字签名、信息防伪实现，无法作假 √	发票信息即时传输到税局，立刻就能查验，想假也假不了 √
本书推荐的 II 型（非嵌入式）电子发票	如买方不索取发票，卖方就可以做到不开票销售 ×	发票验真通过数字签名、信息防伪实现，无法作假 √	发票信息即时传输到税局，立刻就能查验，想假也假不了 √

与我国现行的网络发票、电子发票相同，本书所介绍的 I 型（嵌入式）和 II 型（非嵌入式）电子发票也是在线开具、发票信息即时输入税局数据库的发票方案。它们不以纸质发票为统计依据，而是以税局服务器的数据为准进行信息防伪，因此可以从根本上杜绝阴阳票的存在。由于发票的查询验真同时应用"发票真实性判别准则"["买方唯一代码+卖方唯一代

码+时间（精确到秒）+金额"与税局数据库记录完全吻合]和"交易唯一性判别准则"[以"买方唯一代码+卖方唯一代码+时间（精确到秒）"唯一确定一笔交易]，开票方将无法利用以往交易的发票信息向受票人开具虚假发票（因为受票方和发票时间与以往交易不同），因而可以解决现行网络发票对日期、交易双方身份及交易金额信息相同的假发票无法抵抗的问题。Ⅰ型（嵌入式）电子发票嵌入电子商务交易、支付系统后，可以做到对每笔交易自动开具发票，因而可以有效地防止不开票经营（见表6-2）。无论从提高效率、降低成本、保护环境还是强化税源统计来说，Ⅰ型（嵌入式）电子发票都将是理想的税收管理工具。

目前，美国、欧盟、日本等发达国家，印度、智利等发展中国家，以及我国台湾地区都在应用电子发票。其中，美国在电子发票的开展应用上走在了前列，欧盟国家正大力推广电子发票。根据欧洲联盟（欧盟统计局）收集到的数据显示，2009年约22%的公司在欧洲发送或接收电子发票，电子发票的数量从2005年到2009年已上升了约40%。欧洲标准化委员会提出的数据显示，欧洲电子发票应用仍以芬兰、瑞典、丹麦、挪威等北欧国家较为领先。以前欧洲国家处理发票的成本约每张30欧元，实行电子发票后，每张最多可节省80%的成本。单就企业对企业（B2B）发票而言，实行电子发票后，估计欧洲整体每年可节省达2430亿欧元的发票作业成本。

6.4.3 对第三方支付的监管将更加完善

当买方不索取发票时，除非是在含有Ⅰ型（嵌入式）电子发票的电子商务平台上交易，单靠发票无法保障税源统计，因此需用资金流监控加以补充。

目前，我国的资金流监控手段有现金监控和银行账户监控两种。现金监控靠税控收款机。一旦使用税控收款机，在收款时税控模块自动记录收款金额，经营者就无法隐瞒收入。银行账户监控靠公文调查，由法定机关向银行发函，然后银行复函。这种基于纸质票据和公文流转的监控方式效率低、成本高、追踪难，因此只能用于对被监控对象进行个别调查，无法在大范围内常规使用。为此，必须对其进行信息化改造，用基于信息流的电子监控取代目前的纸质监控，以提升监控效率，并扩大监控范围，做到：账户监控不再是偶尔执行的特例，而是可以经常执行的惯例；审查的不仅是纳税人报告的银行账户，而是从所有主要银行及电子商务支付服务商等账户管理者手中获得的全面信息。

为了加强对资金流的监控，除已有的现金监控与银行账户监控外，还应对越来越发达的第三方支付进行监管。2010年6月，中国人民银行发布的《非金融机构支付服务管理办法》指出，"支付机构应当按规定核对客户的有效身份证件或其他有效身份证明文件，并登记客户身份基本信息"，并要求支付机构应对每一笔支付记录其付款人与收款人的真实身份及银行账号。这说明，我国对匿名电子货币冲击税收征管的可能性已有了完全的思想准备，并从法律上予以了防范。未来，我国还将进一步完善对电子支付的监管，从而更好地解决因电子支付带来的税收征管问题。

6.4.4 电子商务平台将在纳税登记中发挥重要作用

电子商务环境下，经营者大量采用无店铺销售，对固定营业地址的依赖大大降低，税局继续采用检查固定营业场地的传统方式发现无证经营不再可取。如果税局自行到各家电子商务交易平台上识别本辖区的经营者，又会因电子商务跨地区经营的特点，每家电子商务交易平台都汇集了来自不同地区的交易者，税局需遍历所有电子商务交易平台上的所有卖家才能发现本辖区的全部经营者，见图6-5，工作量之大足以让任何税局望而却步。因此，需改变对纳税人的归口管理方式，由电子商务交易平台负责统计本系统内所有注册的卖家，将他们的资料报送全国统一的电子资金流监控网络，而后各地税局可以到电子资金流监控网络下载或查询属于本辖区的纳税人信息，如图6-6所示。再进一步，甚至可以将电子发票和征税流程嵌入电子商务平台，由电子商务平台（交易平台或支付平台）代税局进行纳税宣传、纳税登记、税额统计和税款扣收，这就是税务外包。

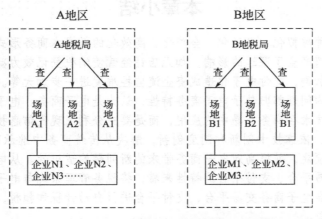

图6-5　传统商务税源查补依税局管辖地内部的交易场地进行

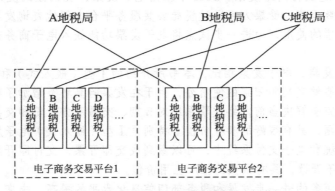

图6-6　电子商务税源发现依交易平台进行

利用电子商务平台开展税务外包的有以下几方面的好处。

（1）加强了电子商务税务登记，避免越来越多的电子商务无证经营对税收的冲击。

（2）简化了税务登记手续，由经营者开业前到税局现场申请税务登记证，转变为在电子商务交易平台中注册时由系统自动登记，并将登记信息远程传输至电子资金流监控网。按需即时登记简化了税务登记手续，降低了交易门槛，有利于电子商务交易的发生，有利于搞活经济和扩大就业。

（3）提高了税务宣传、税源统计和税款征收的效率，有利于提高电子商务纳税遵从比例，降低征收成本。

为了保证税源统计的完整性和及时性，应出台正式法规，明确电子商务平台向资金流监控网提供税源信息的义务。应规定从事网络经营需实名登记，由ISP、电子商务交易平台、电子商务支付平台等核实身份后，自动向资金流监控网进行税务备案。各电子商务交易平台中，有条件使用Ⅰ型（嵌入型）电子发票的，尽量推行Ⅰ型（嵌入型）电子发票，在每笔交易成交的同时自动计税。暂无条件使用Ⅰ型（嵌入型）电子发票的，可先由交易平台提供成交额信息、支付平台提供支付额信息，作为税局计税的依据。更进一步，对于我国居民向境外的支付，还可委托交易平台或支付平台"从源扣缴"，直接从我国居民买方的支付款中扣取税额，以实现我国合理的税收管辖权。

本章小结

电子商务是一种虚拟化、自动化、全球化、高效化的低成本商务形式，它对国内税收管理和国际税收秩序都产生了深远的影响。如无店铺经营使纳税登记效力减弱，交易环节分散使税收管辖权冲突加剧，支付电子化造成资金流监控难度进一步加大等。然而，不能将电子商务税收征管遇到的问题都归咎于电子商务特性，认为是电子商务、电子支付造成了税收流失，从而抗拒信息技术在商务交易中的应用，而是要充分利用现代信息技术，对传统的税收征管方式进行改造，依靠技术创新和制度创新，解决从传统商务中继承而来的不开票经营、假发票、阴阳票等顽症，并提高对电子商务带来的新问题的适应性。从电子商务的运行高度依赖于电子商务交易平台、支付平台的特性来看，将税务管理系统与电子商务交易平台、支付平台相结合，依靠电子商务交易平台、支付平台进行自动计税和扣税，应是未来电子商务税收征管的发展方向。

我国自2009年起试行网络发票，2013年推出电子发票，现已做到发票在线开具，开票信息即时录入税局数据库，受票方可通过税局公共服务平台方便地查询发票真伪，极大地克制了假发票、阴阳票的使用，为进一步试点将电子发票功能嵌入电子商务交易与支付系统奠定了良好的基础。

与现行的网络发票、电子发票相比，本书所介绍的Ⅰ型（嵌入式）和Ⅱ型（非嵌入式）电子发票方案除了能够克制阴阳票的使用外，由于在发票验真环节增加了精确到秒的"交易时间"参数，将能完全解决当前网络发票系统对日期、交易双方身份和交易金额相同的真假发票无法区分的问题，具有很好的参考价值。特别是Ⅰ型（嵌入式）电子发票，由于是嵌入在电子商务交易系统和电子支付系统中，可以做到成交即开票、支付即开票，从技术和流程上做到销售方无法不开票，具有很强的推广应用价值。

随着我国电子商务的进一步发展和税务部门信息化水平的提高，未来，我国将进一步加强电子发票、电子资金流监控等信息化控税手段，电子交易、电子支付与电子税收将成为密不可分的电子商务运行功能整体。

复习思考

1.公认的税收基本原则有哪些？如何从税收中性原则看待电子商务征税或免税问题？

2.我国"以票控税"的实施要点是什么？

3.为什么说税收征管的方式要从"以票控税"过渡到"信息流控税"和"资金流控税"？

4.当前我国实行的税控机打离线发票、网络发票、电子发票各有什么特点，它们对不开票经营、假发票和阴阳票的克制能力有什么不同？

5.本书介绍的Ⅰ型（嵌入式）电子发票和Ⅱ型（非嵌入式）电子发票的工作原理是什么？它们分别适用于什么场合？

6.相对于正在推行的网络发票、电子发票，它们的特点有什么不同？

7

电子支付的安全与法律

本章学习目的

- 了解电子支付的风险类型及来源
- 了解防火墙相关技术
- 掌握数据加密、数据完整性技术以及数字证书
- 掌握SSL和SET协议
- 了解电子签名法等相关法律
- 了解电子支付的安全管理步骤

导入案例

银行遭遇黑客攻击事件

2009年，世界上多个国家的银行遭遇黑客攻击，并蒙受巨额经济损失。这些黑客文质彬彬，行踪诡秘，他们不用带枪械和刀等凶器，甚至没有进入银行，却利用高科技手段在瞬间窃取大量钱财。有人把他们称为"不采取任何暴力行为的强盗"。

1.美国银行4000多万用户的数据资料被窃

2009年1月8日，美国万事达公司宣布，有黑客侵入了"信用卡第三方付款处理器"的网络系统，造成包括万事达、Visa、AmericanExpress和Discover在内各种信用卡多达4000多万用户的数据资料被窃。

2.澳洲ANZ网上银行遭黑客入侵

2009年2月5日，ANZ银行向消费者发出警告："一种计算机病毒入侵了银行系统，并使部分登录ANZ网上银行的用户受到影响。"假冒网站要求用户输入用户名、密码和个人身份号码。

3.英国破获窃取用户银行信息黑客网站

2009年3月10日，总部设在英国的Prevx安全公司研究人员破获一个犯罪网站，罪犯通过大规模的"僵尸网络"，散布计算机病毒的命令，从感染的电脑里吸吮数据，感染电脑以每天5000台的速度递增。

4.黑客入侵中国香港网上银行

2009年7月23日《明报》报道，香港近3个月就有3名市民在网上被盗28.9万元存款。

5.美国历史上最严重的一起数据泄露案件

2009年8月17日，一名迈阿密居民因盗取1.3亿张信用卡和借记卡数据被起诉。嫌疑人通过入侵零售商电脑，盗取银行卡信息，其中包括哈特兰支付系统、零售连锁7/11公司和汉纳福德兄弟公司等。

6."黑客"入侵银行系统被判刑

2009年10月26日，厦门市法院对一起"黑客"入侵银行系统窃取储户信息案件做出判决，被告人楼家渊利用自编的"黑客"程序和网上下载的任务自动加载程序，入侵多家商业银行网站，非法获取755名网上银行客户资料，并利用其中的部分信息复制银行卡，其行为构成非法获取计算机信息系统数据罪，依法判处有期徒刑7个月。

7.黑客入侵信用卡网络在全球提款近千万美元

2009年11月10日，美国司法部起诉一个由俄罗斯和东欧人组成的黑客集团，指他们涉嫌入侵苏格兰皇家银行（RBS）旗下信用卡公司的计算机网络，伪造假卡，在不足12小时内，于全球至少280个城市合共2100部提款机提取逾900万美元现金，中国香港警方亦参与联合行动，拘捕两名提款人士。

综上所述，银行、金融机构已成为网络黑客攻击的重点，全国每年因遭受网络攻击造成的损失就多达70多亿元，一年有2225个网站、包括104个政府网站被"黑"，黑客攻击的数量每年都在成倍递增。

全球已形成"黑色产业链"，国外一个普通的黑客一年可收入十几万欧元，远远超过在现实生活中劳动的回报，因此网络黑客已从最初的个人行为，发展为有组织的犯罪。

资料来源：新世纪网安基地（www.520hack.com），笔者略有删改。

电子支付安全管理是电子商务安全的一个重点，也是制约电子商务发展的一个瓶颈。本章结合电子支付的发展现状，从安全技术、安全协议和法律保障三个方面对电子支付的安全问题作了专门的论述。

7.1 电子支付的安全问题

7.1.1 电子支付的风险

支付电子化的同时，既给消费者带来便利，也为银行业带来新的机遇，同时也对相关主体提出了挑战。客户在网上交易后进行的电子支付过程中，遭遇到的形形色色的风险和欺诈不胜枚举、防不胜防，在一定程度上影响了电子商务的健康发展。仅在近期发生的网络金融欺诈案例就有不少，下面就近期发生的比较典型的案例简单叙述如下。

① 中国工商银行的网站主页曾经被人依样仿制，并用数字"1"替代字母"i"，界面几乎完全相同，引导客户登录，一度使许多网民误以为是该银行的网址进行登录操作，从而遭遇到巨大的经济损失。

② 根据文汇报2013年11月的报道，上海市发生了多起通过真人冒充检察官、银行工作人员等骗取被害人的网银U盾，转移了被害人大量的资金。

③ 另外，在2013年双十一期间，有犯罪者通过套取验证码或在网上销售假的认证码，使不少网民受骗上当。

电子支付安全的重要性不言而喻，但电子支付的过程相对比较复杂，其间会面临多种风险，其中主要包括电子支付的技术风险、交易风险、法律风险和信用风险等。

7.1.1.1 电子支付的技术风险

新技术的应用使电子支付加大了风险，也使得其影响范围扩大了，某个环节存在的风险对整个机构，甚至金融系统都可能存在潜在的影响。电子支付技术风险是由于网络技术方面的原因，使得电子支付活动不能实现。技术风险包括系统故障、系统遭受外来攻击、网络欺诈、电子扒手、电脑病毒破坏和信息污染等。

（1）系统故障

① 软硬件系统风险。从整体看，电子支付的业务操作和大量的风险控制工作均由电脑软件系统完成。全球电子信息系统的技术和管理中的缺陷或问题成为电子支付运行的最为重要的系统风险。在与客户的信息传输中，如果该系统与客户终端的软件互不兼容或出现故障，就存在传输中断或速度降低的可能。此外，系统停机、磁盘列阵破坏等不确定性因素，也会形成系统风险。根据对发达国家不同行业的调查，电脑系统停机等因素对不同行业造成的损失各不相同。其中，对金融业的影响最大。发达国家零售和金融业的经营服务已在相当程度上依赖于信息系统的运行。信息系统的平衡、可靠和安全运行成为电子支付各系统安全的重要保障。

② 外部支持风险。由于网络技术的高度知识化和专业性，又出于对降低运营成本的考虑，金融机构往往要依赖外部市场的服务支持来解决内部的技术或管理难题，如聘请金融机构之外的专家来支持或直接操作各种网上业务活动。这种做法适应了电子支付发展的要求，但也使自身暴露在可能出现的操作风险之中，外部的技术支持者可能并不具备满足金融机构要求的足够能力，也可能因为自身的财务困难而终止提供服务，可能对金融机构造成威胁。在所有的系统风险中，最具有技术性的系统风险是电子支付信息技术选择的失误。当各种网

上业务的解决方案层出不穷，不同的信息技术公司大力推举各自的方案，系统兼容性可能出现问题的情况下，选择错误将不利于系统与网络的有效连接，还会造成巨大的技术机会损失，甚至蒙受巨大的商业机会损失。

（2）系统遭受外来攻击　黑客即所谓非法入侵电脑系统者，网上黑客攻击对国家金融安全的潜在风险极大。目前，黑客行动几乎涉及了所有的操作系统，包括 UNIX 与 Windows NT。因为许多网络系统都有着各种各样的安全漏洞，其中某些是操作系统本身的，有些是管理员配置错误引起的。黑客利用网上的任何漏洞和缺陷修改网页，非法进入主机，进入银行盗取和转移资金、窃取信息、发送假冒的电子邮件等。

① 网络欺诈。网络欺诈包括市场操纵、知情人交易、无照经纪人、投资顾问活动、欺骗性或不正当销售活动、误导进行高科技投资等互联网诈骗。据北美证券管理者协会调查，网上诈骗每年估计使投资者损失 100 亿美元。

② 电子扒手。一些被称为"电子扒手"的银行偷窃者专门窃取别人网络地址，这类窃案近年呈迅速上升趋势。一些窃贼或因商业利益，或因对所在银行或企业不满，甚至因好奇盗取银行和企业密码，浏览企业核心机密，甚至将盗取的秘密卖给竞争对手。美国的银行每年在网络上被偷窃的资金达 6000 万美元，而每年在网络上企图电子盗窃作案的总数高达 5 亿～ 100 亿美元，持枪抢劫银行的平均作案值是 7500 美元，而"电子扒手"平均作案值是 25 万美元。"电子扒手"多数为解读密码的高手，作案手段隐蔽，不易被抓获。

③ 电脑病毒破坏。电脑网络病毒破坏性极强。以 NOVELL 网为例，一旦文件服务器的硬盘被病毒感染，就可能造成 NetWare 分区中的某些区域上的内容损坏，使网络服务器无法启动，导致整个网络瘫痪，这对电子支付系统来说无疑是灭顶之灾。电脑网络病毒普遍具有较强的再生功能，一接触就可通过网络进行扩散与传染。一旦某个程序被感染了，很快整台机器、整个网络也会被感染的。据有关资料介绍，在网络上病毒传播的速度是单机的几十倍，这对于电子支付的威胁同样也是致命的。鉴于电脑网络病毒破坏性极强、再生机制十分发达、扩散面非常广的特点，如何解决电脑网络病毒是当前电子支付监管要解决的首要问题之一。

④ 信息污染。正如在工业革命时期存在工业污染，信息时代也有信息污染和信息爆炸问题。大量与问题无关的或失真的信息不是资源而是灾难。美国在线公司每天处理的 3000 万份电子函件中，最多时有 1/3 是网上垃圾，占据了很多宝贵的网络资源，加重了互联网的负担，影响了电子支付发送和接收网络信息的效率，更严重的是信息堵塞及其他附带风险也随之增加。

⑤ 其他。此外，由于技术更新很快，内部雇员和管理人员可能不熟悉电子货币的新技术，不能很有效地使用电子支付业务系统，有时，客户操作不当也会给银行带来风险。如客户没有遵守操作规程，在不安全的环境下使用一些个人的信息，罪犯可以由此获得客户的信息，从而使用这些信息从事有关的犯罪活动，银行可能就要对所造成的损失承担赔偿责任。此外，有的客户虽然已经完成了某一交易，但事后反悔否认，而银行的技术措施可能无法证明客户已经完成过该交易，由此造成的损失也可能需由银行承担。

7.1.1.2　电子支付的交易风险

电子支付主要是服务与电子商务的需要，而电子商务在网络上的交易由于交易制度设计的缺陷、技术路线设计的缺陷、技术安全缺陷等因素，可能导致交易中的风险。这种风险是电子商务活动及其相关电子支付独有的风险，它不仅可能局限于交易各方、支付的各方，而且可能导致整个支付系统的系统性风险。

7.1.1.3　电子支付的法律风险

电子支付业务常涉及银行法、证券法、消费者权益保护法、财务披露制度、隐私保护法、知识产权法和货币银行制度等。目前，全球对于电子支付立法相对滞后，现行许多法律都是适用于传统金融业务形式的。在电子支付业务中出现了许多新的问题，如发行电子货币的主体资格、电子货币发行量的控制、电子支付业务资格的确定、电子支付活动的监管、客户应负的义务与银行应承担的责任等，对这些问题各国都还缺乏相应的法律法规加以规范。

目前，从我国电子商务领域的法律制度建设上来看，只有一个确立电子签名与手写签名具有同样法律效力的《电子签名法》；在规章层面上，工业和信息化部出台了《电子认证服务管理办法》，中国电子商务行业协会推出《网络交易平台服务规范》；另外，由中国人民银行发布的《电子支付指引（征求意见稿）》，虽然可以说是直接针对电子支付出台的规定，但是，一方面，其尚处于征集意见阶段，另一方面，它的法律约束力或适用范围还有待明确。除此之外，中国电子支付方面的立法还有很大面积的空白地带。

以网上贷款为例，就连网上贷款业务发展较早的我国台湾地区金融监管部门也没有相关法令规范这一新兴业务，其监管机构目前能做的只是对银行提交的契约范本进行核准。缺乏法律规范调整的后果表现在两个方面，要么司法者或仲裁者必须用传统的法律规则和法律工具来分析网上业务产生的争议，要么法官或仲裁者不得不放弃受理这类纠纷。由于网络纠纷的特殊性，用传统法律规则来解决是一个非常吃力的问题；但是，消极地拒绝受理有关争议同样无助于问题的解决。法律规定的欠缺使得金融机构面临巨大的法律风险。类似的情况在电子支付的其他许多新业务中也同样存在。如有的银行在互联网上建立自己的主页，并作了许多链接点，把自己的网址链接到其他机构的网址上。如果黑客利用这些链接点来欺诈银行的客户，客户有可能会提起诉讼，要求银行赔偿损失。又比如，一些银行可能会承担认证机构的职能，并以此作为自己的一项新的业务，通过提供认证服务收取相应的服务费用。那么，作为认证机构的银行和申请认证的机构或个人以及接受认证证书的机构之间就可能存在潜在的争议，一旦出现争执，银行的权利义务如何，尤其是在没有相关立法调整数字签名和认证机构的国家，银行面临的风险更大。

此外，电子支付还面临洗钱、客户隐私权、网络交易等其他方面的法律风险，这就要求银行在从事新的电子支付业务时必须对其面临的法律风险认真分析与研究。

7.1.1.4　电子支付的信用风险

信用风险即交易方在到期日不完全履行其义务的风险。电子支付拓展金融服务业务的方式与传统金融不同，其虚拟化服务业务形成了突破地理国界限制的无边界金融服务特征，对金融交易的信用结构要求更高、更趋合理，金融机构可能会面临更大的信用风险。以网上银行为例，网上银行通过远程通信手段，借助信用确认程序对借款者的信用等级进行评估，这样的评估有可能增加网上银行的信用风险。因为借款人很可能不履行对电子货币的借贷应承担的义务，或者由于借贷人网络上运行的金融信用评估系统不健全造成信用评估失误。此外，从电子货币发行者处购买电子货币并用于转卖的国际银行，也会由于发行者不兑现电子货币而承担信用风险。有时，电子货币发行机构将出售电子货币所获得的资金进行投资，如果被投资方不履行业务，就可能为发行人带来信用风险。

总之，只要同电子支付机构交易的另外一方不履行义务，都会给电子支付机构带来信用风险。因信用保障体系的不健全，目前网上出现了种种交易问题，开玩笑的、恶性交易的，甚至于专门在网上进行诈骗的，都有发生的案例。市场经济不能没有信用，信用可以减少市场交易费用。只有交易双方有足够的信用度，交易才有可能完成，否则任何交易都需要面对面、以货易货地进行，缺乏信用最典型的交易案例便是物物交易。面对面交易或者物物交易不仅增加交易费用，而且将交易的规模限制在一个很小的范围内。

社会信用体系的不健全是信用风险存在的根本原因，也是制约电子支付业务甚至电子商务发展的重要因素。

7.1.2 电子支付的安全策略

7.1.2.1 电子支付的安全需求

由于各种不安全因素的存在，电子支付活动的正常可靠进行，必须考虑如下安全要素。

（1）信息的有效性　即必须保证电子商务活动所传输的数据在确定的时刻、确定的地点是有效的。不能使网络支付系统故意被攻击、网络支付被故意延迟等。

（2）信息的保密性　即信息存取和信息在传输过程中不能被非法窃取。只有合法的接受者才能解读信息，防止非授权客户获得并使用该数据。在电子支付中，支付账户和密码等隐私信息在网络的传输中要防止被窃取或盗用。除此之外，若订货和付款的信息被竞争对手获悉，就可能丧失商机。因此，应该要求信息的保密性。

（3）信息的真实性和完整性　电子交易各方信息的完整性是电子商务的基础，应该防止对信息的随意生成、修改和删除。在电子支付中，要防止支付金额或其他支付信息被修改，同时要防止数据传送过程中信息的丢失和重复并保证信息传送次序的统一。

（4）信息的不可抵赖性　电子商务方式下，必须在交易信息的传输过程中为参与交易的个人、企业或服务部门提供可靠的标识。有第三方提供有效的数字化过程记录，以防止任何一方出现的抵赖行为。在电子支付中，要防范对支付行为及内容的随意抵赖、修改和否认，使得客户不能抵赖自己曾作出的行为，也不能否认曾接到过对方的信息。

（5）身份验证　即对网络上的另一端进行验证，证实对方的身份。支付方不知商家到底是谁，商家不能清晰确定如信用卡等网络支付工具是否真实、资金何时入账等，为了实现商家和客户的相互认证，就必须杜绝攻击者假冒他人身份、账号进行欺诈，同时，又要防止不法组织冒充合法商家骗取他人金融账号的活动等。

（6）授权访问　即控制到底谁能够访问网络上的特定信息，并且限定其能够对这些信息进行何种操作。

7.1.2.2 电子支付的安全策略

根据电子支付的安全需求，可以有针对性地采用如下 7 个方面的解决方法。

（1）交易方身份认证　如建立 CA 认证机构、使用 X.509 数字签名和数字证书实现对各方的认证，以证实身份的合法性、真实性。

（2）网络支付数据流内容保密　使用相关加密算法对数据进行加密，以防止未被授权的非法第三者获取消息的真正含义。如采用 DES 私有密钥加密和 RSA 公开密钥加密、SSL 保密通讯机制、数字信封等。

（3）网络支付数据流内容完整性　如使用数字摘要（数字指纹，SHA）算法以确认业务流的完整性。

（4）保证对网络支付行为内容的不可否认性　当交易双方因网络支付出现异议、纠纷时，采用某种技术手段提供足够充分的证据来迅速辨别纠纷中的是非。例如采用数字签名、数字指纹、数字时间戳等技术并配合 CA 机构来实现其不可否认。

（5）处理多方贸易业务的多边支付问题　这种多边支付的关系可以通过双联签字等技术来实现，如 SET 安全支付机制。

（6）网络支付系统软件和支撑网络平台正常运行　保证网络支付用专有软件的可靠运行、支撑网络平台和支付网关的畅通无阻和正常运行，防止网络病毒和黑客的攻击，防止支付的故意延缓，防止网络通道的故意堵塞等是实现安全网络支付的基础，也是安全电子商务的基础。例如，采用网络防火墙技术、用户与资源分级控制管理机制、网络通道流量监控软件、网络防病毒软件等方法。

（7）政府支持相关管理机构的建立和电子商务法律的制定　建立第三方的公正管理和认证机构，并尽快完成相关电子商务的法律制定，让法律来保证安全电子商务及网络支付结算的进行。

7.1.3　电子支付的安全技术

7.1.3.1　防火墙技术

防火墙技术是建立在现代通信网络技术和信息安全技术基础上的应用性安全技术，越来越多地应用于专用网络与公用网络的互联环境之中，尤其以接入 Internet 网为最多。

（1）防火墙简介　防火墙是指设置在不同网络（如可信任的企业内部网和不可信的公共网）或网络安全域之间的一系列部件的组合。它是不同网络或网络安全域之间信息的唯一出入口，能根据企业的安全政策控制（允许、拒绝、监测）出入网络的信息流，且本身具有较强的抗攻击能力。它是提供信息安全服务、实现网络和信息安全的基础设施。

在逻辑上，防火墙是一个分离器，一个限制器，也是一个分析器，有效地监控了内部网和 Internet 之间的任何活动，保证了内部网络的安全。防火墙逻辑位置示意图如图7-1所示。

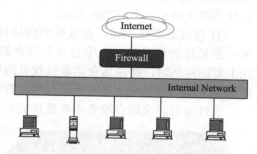

图7-1　防火墙逻辑位置示意图

（2）防火墙的作用

① 防火墙是网络安全的屏障。一个防火墙（作为阻塞点、控制点）能极大地提高一个内部网络的安全性，并通过过滤不安全的服务而降低风险。由于只有经过精心选择的应用协议才能通过防火墙，所以网络环境变得更安全。如防火墙可以禁止诸如众所周知的不安全的 NFS（网络文件系统）协议进出受保护网络，这样外部的攻击者就不可能利用这些脆弱的协议来攻击内部网络。防火墙同时可以保护网络免受基于路由的攻击，如 IP 选项中的源路由攻击和 ICMP（Internet 控制信息协议）重定向中的重定向路径。防火墙应该可以拒绝所有以上类型攻击的报文并通知防火墙管理员。

防火墙可以强化网络安全策略，通过以防火墙为中心的安全方案配置，能将所有安全软件（如口令、加密、身份认证、审计等）配置在防火墙上。与将网络安全问题分散到各个主机上相比，防火墙的集中安全管理更经济。例如在网络访问时，一次一密口令系统和其他的身份认证系统完全可以不必分散在各个主机上，而集中在防火墙一身上。

② 对网络存取和访问进行监控审计。如果所有的访问都经过防火墙，那么，防火墙就能记录下这些访问并作出日志记录，同时也能提供网络使用情况的统计数据。当发生可疑动作时，防火墙能进行适当的报警，并提供网络是否受到监测和攻击的详细信息。另外，收集一个网络的使用和误用情况也是非常重要的。首先的理由是可以清楚防火墙是否能够抵挡攻击者的探测和攻击，并且清楚防火墙的控制是否充足。而网络使用统计对网络需求分析和威胁

分析等而言也是非常重要的。

③ 防止内部信息的外泄。通过利用防火墙对内部网络的划分，可实现内部网重点网段的隔离，从而限制了局部重点或敏感网络安全问题对全局网络造成的影响。再者，隐私是内部网络非常关心的问题，一个内部网络中不引人注意的细节可能包含了有关安全的线索而引起外部攻击者的兴趣，甚至因此而暴露了内部网络的某些安全漏洞。使用防火墙就可以隐蔽那些透漏内部细节如Finger、DNS等服务。Finger显示了主机的所有用户的注册名、真名，最后登录时间和使用shell类型等。但是Finger显示的信息非常容易被攻击者所获悉。攻击者可以知道一个系统使用的频繁程度，这个系统是否有用户正在连线上网，这个系统是否在被攻击时引起注意等。防火墙可以同样阻塞有关内部网络中的DNS信息，这样一台主机的域名和IP地址就不会被外界所了解。

除了安全作用，防火墙还支持具有Internet服务特性的企业内部网络技术体系VPN。通过VPN，将企事业单位在地域上分布在全世界各地的LAN或专用子网，有机地联成一个整体。不仅省去了专用通信线路，而且为信息共享提供了技术保障。

（3）防火墙的种类　防火墙有许多种形式，有以软件形式运行在普通计算机之上的，也有以固件形式设计在路由器之中的。总的来说，业界的分类有3种：包过滤型防火墙、应用代理型防火墙和状态监测防火墙。

① 包过滤型防火墙。在互联网络这样的TCP/IP网络上，所有往来的信息都被分割成许多一定长度的信息包，包中包含发送者的IP地址和接收者的IP地址信息。当这些信息包被送上互联网络时，路由器会读取接收者的IP并选择一条合适的物理线路发送出去，信息包可能经由不同的路线抵达目的地，当所有的包抵达目的地后会重新组装还原。

包过滤型防火墙会检查所有通过的信息包中的IP地址，并按照系统管理员所给定的过滤规则进行过滤，做出允许或禁止基于资源的服务、目的地址及使用端口的决定。如果对防火墙设定某一IP地址的站点为不适宜访问的话，从这个地址来的所有信息都会被防火墙屏蔽掉。图7-2所示是包过滤型防火墙的外形。

图7-2　包过滤型防火墙的外形

包过滤型防火墙的优点是它对于用户来说是透明的，处理速度快而且易于维护，通常作为第一道防线。包过滤路由器通常没有用户的使用记录，这样我们就不能得到入侵者的攻击记录。而攻破一个单纯的包过滤型防火墙对黑客来说还是有办法的。"IP地址欺骗"是黑客比较常用的一种攻击手段。黑客们向包过滤型防火墙发出一系列信息包，这些包中的IP地址已经被替换为一串顺序的IP地址，一旦有一个包通过了防火墙，黑客便可以用这个IP地址来伪装他们发出的信息；在另一种情况下黑客们使用一种他们自己编制的路由攻击程序，这种程序使用动态路由协议来发送伪造的路由信息，这样所有的信息包都会被重新路由到一个入侵者所指定的特别地址；破坏这种防火墙的另一种方法被称之为"同步风暴"，这实际上是一种网络炸弹。攻击者向被攻击的计算机发出许许多多个虚假的"同步请求"信息包，目标计算机响应了这种信息包后会等待请求发出者的应答，而攻击者却不做任何的响应。如果服务器在一定时间里没有收到响应信号的话就会结束这次请求连接，但是当服务器在遇到成千上万个虚假请求时，它便没有能力来处理正常的用户服务请求，处于这种攻击下的服务器表现为性能下降，服务响应时间变长，严重时服务完全停止甚至死机。

② 应用代理型防火墙。应用代理型防火墙也就是通常我们提到的代理服务器。它适用于特定的互联网服务，如超文本传输（HTTP）、远程文件传输（FTP）等。代理服务器通常

运行在两个网络之间，它对于客户来说像是一台真的服务器，而对于外界的服务器来说，它又是一台客户机。当代理服务器接收到用户对某站点的访问请求后会检查该请求是否符合规定，如果规则允许用户访问该站点的话，代理服务器会像一个客户一样去那个站点取回所需信息再转发给客户。应用代理型防火墙的拓扑结构如图7-3所示。

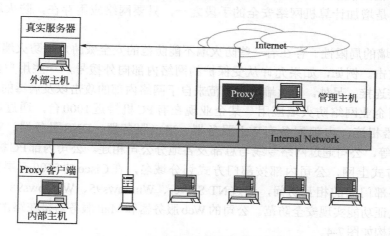

图7-3　应用代理型防火墙的拓扑结构

代理服务器通常都拥有一个高速缓存，这个缓存存储有用户经常访问的站点内容，在下一个用户要访问同一站点时，服务器就不用重复地获取相同的内容，直接将缓存内容发出即可，既节约了时间也节约了网络资源。代理服务器会像一堵墙一样挡在内部用户和外界之间，从外部只能看到该代理服务器而无法获知任何的内部资源，诸如用户的IP地址等。应用级网关比单一的包过滤更为可靠，而且会详细地记录所有的访问状态信息。但是应用级网关也存在一些不足之处，首先它会使访问速度变慢，因为它不允许用户直接访问网络，而且应用级网关需要对每一个特定的互联网服务安装相应的代理服务软件，用户不能使用未被务器支持的服务，对每一类服务要使用特殊的客户端软件，更不幸的是，并不是所有的互联网应用软件都可以使用代理服务器。

③ 状态监测防火墙。这种防火墙具有非常好的安全特性，它使用了一个在网关上执行网络安全策略的软件模块，称之为监测引擎。监测引擎在不影响网络正常运行的前提下，采用抽取有关数据的方法对网络通信的各层实施监测，抽取状态信息，并动态地保存起来作为以后执行安全策略的参考。监测引擎支持多种协议和应用程序，并可以很容易地实现应用和服务的扩充。与前两种防火墙不同，当用户访问请求到达网关的操作系统前，状态监视器要抽取有关数据进行分析，结合网络配置和安全规定作出接纳、拒绝、身份认证、报警或给该通信加密等处理动作。一旦某个访问违反安全规定，就会拒绝该访问，并报告有关状态作日志记录。状态监测防火墙的另一个优点是它会监测无连接状态的远程过程调用（RPC）和用户数据报（UDP）之类的端口信息，而包过滤型和应用网关防火墙都不支持此类应用。这种防火墙无疑是非常坚固的，但它会降低网络的速度，而且配置也比较复杂。好在有关防火墙厂商已注意到这一问题，如CheckPoint公司的防火墙产品Firewall-1，它所有的安全策略规则都是通过面向对象的图形用户界面（GUI）来定义以简化配置过程。

防火墙的生产厂商们已在他们的产品中加入了更多的新技术来增加产品的竞争力。网络应用的内容安全如计算机病毒保护便是最新加入防火墙的功能，据国际计算机安全协会（ICSA）的一份报告，在1996年有23%的病毒感染是由E-mail引起的。某些防火墙产品已能够监测通过HTTP、FTP、SMTP等协议传输的已知病毒。

防火墙和家里的防盗门很相似，它们对普通人来说是一层安全防护，但是没有任何一种防火墙能提供绝对的保护。这就是为什么许多公司建立多层防火墙的原因，当黑客闯过一层防火墙后他只能获取一部分数据，其他的数据仍然被安全地保护在内部防火墙之后。总之，防火墙是增加计算机网络安全的手段之一，只要网络应用存在，防火墙就有其存在的价值。

（4）防火墙的局限性　存在着一些防火墙不能防范的安全威胁，如防火墙不能防范不经过防火墙的攻击。例如，如果允许从受保护的网络内部向外拨号，一些用户就可能形成与Internet的直接连接。另外，防火墙很难防范来自于网络内部的攻击以及病毒的威胁。

（5）大型企业网络防火墙应用　某企业现在有PC机接近1000台，通过Cisco的3层交换机及路由器相连，内部配备有Web服务器、Mail服务器、DNS服务器、WINS服务器、DHCP服务器等，公司通过网络专线与总部及各地分公司相连。公司内部PC机通过Proxy服务器或拨号方式上网，公司内部按部门方式划分域名，在Cisco的5500三层交换机上划分VLAN控制各部门间的相互访问，通过NT Server、Windows95、Windows98、Windows2000提供的用户认证功能实现安全防范。公司的Web服务器和Mail服务器接在路由器后，易受黑客攻击，其结构如图7-4。

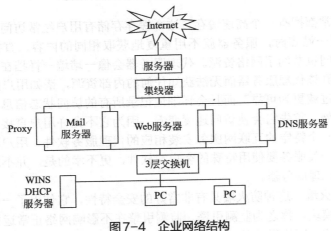

图7-4　企业网络结构

针对上述情况，网络结构不作大的变动，可以采用Sonic WALL防火墙，使网络的安全性有极大的改善，把防火墙放在连接外网的服务器后面，再把公司的Web服务器和Mail服务器放在DMZ区域，这样既有效地保护了这些服务器的安全，同时也严禁外网访问公司内部网，通过以下措施实现网络安全防护。

① 原公司内部的Proxy服务器使用两块网卡，在该Proxy服务器执行NAT功能和代理功能，加上SonicWALL防火墙后，Proxy服务器功能由SonicWALL防火墙实现，所以可以不用Proxy服务器，直接把SonicWALL防火墙LAN口接到公司内部的交换机上做访问存取限制。通过SonicWALL防火墙的路由功能设置各子网访问因特网的权限。

② 把WWW server SonicWALL、Mail服务器和DNS服务器放到DMZ服务器并放到DMZ区并设置安全策略，允许SonicWALL内部网和外部网的所有机器访问DMZ区的机器。

③ 在SonicWALL防火墙上添加到内部各个子网的静态路由，易保证内部网的所有子网都能通过防火墙到Internet。其构成结构如图7-5所示。

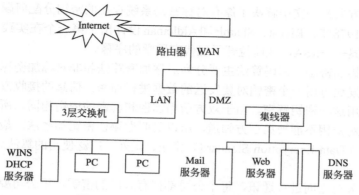

图7-5　增加防火墙后的企业网络结构

④ 总公司和各分公司的联系可以通过建立VPN，使各公司之间通过Internet实现安全通信，而无需昂贵的专线。这样设计，既能收发内、外部邮件，访问Internet，而且允许Internet用户访问Web服务器，同时也考虑了安全问题，如图7-6所示。

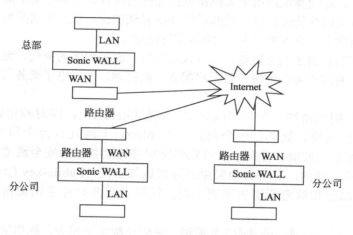

图7-6　各公司互联的网络结构

7.1.3.2　数字加密技术

电子支付安全本身涉及信息的保密性、完整性、可用性、认证性和不可否认性。其中，数字加密技术是保障电子支付安全的核心技术。

密码学是一门充满挑战的交叉学科，有着悠久而迷人的历史。4000多年前就有埃及人运用简单的加密手段传递秘密信息的记录。在两次世界大战中，密码学更是扮演了举足轻重的角色。但是，早期密码技术的研究和应用多属于军队、外交和政府行为。20世纪60年代计算机与通信系统的迅猛发展，促使人们开始考虑如何通过计算机和通信网络安全地完成各项事务，从而使得密码技术开始广泛应用于民间，也进一步促进了密码技术的迅猛发展。

传统密码技术更多被看成是一门艺术，密码学专家常常是凭自己的直觉来进行密码算法的设计和分析。直到1949年Shannon发表《保密系统的通信理论》一文，文章从信息论的角度讨论了加密系统的安全性和设计准则，从此将密码学从艺术带入了系统科学的殿堂。20世纪70年代，IBM公司设计出数据加密标准（DES）分组密码算法，并在1977年被美国联邦政府采纳为联邦信息处理标准。几乎同时，Diffie和Hellman提出了公钥密码学的思想。他们在《密码学的新方向》一文中解决了原有对称密码系统存在的密钥分配问题，并提出了数字签名的新思路。1978年，Rivest、Shamir和Aldleman设计出了第一个在实践中可用的公开密钥加密和签名方案——RSA，从而拉开了现代密码学的序幕。

（1）对称密钥加密法　密码算法主要分为对称加密算法和非对称加密算法两大类。对称加密算法是信息发送方用一个密钥对要发送的数据进行加密，信息的接收方能用同样的密钥解密，而且只能用这一密钥解密。由于双方所用加密和解密的密钥相同，所以叫作对称密钥加密法。由于这对密钥不能被第三方知道，所以又叫做秘密密钥加密法。最常用的对称密钥加密法叫做DES（Data Encryption Standard）算法。此外，广泛使用的算法还有3DES、Rc4、Rc5等。

如甲、乙两公司之间进行通讯，每个公司都持有共同的密钥，甲公司要向乙公司订购钢材，用此共用的密钥加密，发给乙公司，乙公司收到后，同样用这一共用密钥解密，就可以得到这1份订购单。

由于对称密钥加密法需要在通讯双方之间约定密钥，一方生成密钥后，要通过独立的安全的通道送给另一方，然后才能开始进行通讯。这种加密方法在专用网络中使用效果较好，并且速度快。因此，这类算法适用于大批量数据加密的场合。具体在电子商务网络支付时的应用：银行内部专用网络传送数据一般都采用DES算法加密，比如传送某网络支付方式用的密码。军事指挥网络上一般也常用这种对称密钥加密法。

但是，对称密钥加密法也有缺点，与多人通讯时，需要太多的密钥，而电子商务是面向千千万万客户的，有时不可能给每一对用户配置一把密钥，所以电子商务只靠这种加密方式是不行的。

（2）非对称密钥加密法　在公开网络中，如在Internet上，用对称密钥加密法传送交易信息，就会发生困难。比如，一个商户想在Internet上同几百万个用户安全地进行交易，每一位用户都要由此商户分配一个特定的密钥并通过独立的安全通道传送，密钥数太巨大，这几乎是不可能的，这就必须采用公开密钥加密法（Public-key Cryptography）。公开密钥加密法的加密和解密所用的密钥不同，所以又叫非对称密钥加密法（Asymmetric Cryptography）。

非对称密钥加密法的原理是共有2个密钥，它们在数学上相关，称作密钥对。用密钥对中任何一个密钥加密，可以用另一个密钥解密，而且只能用此密钥对中的另一个密钥解密。商家采用某种算法（密钥生成程序）生成了这2个密钥后，将其中一个保存好，叫做私人密钥（Private Key），将另一个密钥公开散发出去，叫做公开密钥（Public Key）。任何一个收到公开密钥的客户，都可以用此公开密钥加密信息，发送给这个商家，这些信息只能被这个商家的私人密钥解密。只要商家没有将私人密钥泄漏给别人，就能保证发送的信息只能被这位商家收到。

非对称密钥加密法的算法原理是完全公开的，加密的关键是密钥，用户只要保存好自己的私人密钥，就不怕泄密。著名的公开密钥加密法是RSA算法。RSA是这个算法三个发明人（Rivest、Shamir和Adleman）姓名首字母。RSA加密算法的安全性能与密钥的长度有关，长度越长越难解密。在用于网络支付安全的SET系统中使用的密钥长度为1024位和2048位。据专家测算，攻破512位密钥RSA算法大约需要8个月时间，而一个768位密钥的RSA算法在2004年之前是无法攻破的。现在，在技术上还无法预测攻破具有2048位密钥的RSA加密算法需要多少时间。美国LOTUS公司悬赏1亿美元，奖励能破译其DOMINO产品中1024位密钥的RSA算法的人。从这个意义上说，遵照SET协议开发的网上交易系统是绝对安全的。

公开密钥加密法是本章后面要讲的数字签名手段的技术基础之一，可以用来解决电子商

务交易过程中在网络支付结算时"防抵赖""认证支付行为"等。这可以从下面对公开密钥加密的两种作用的叙述中看出来。

公开密钥加密的两种作用：信息加密和签名认证。

① 信息加密。两位用户之间要互相交换信息，需要各自生成一对密钥，将其中的私人密钥保存好，将公开密钥发给对方。交换信息时，发送方用接收方的公开密钥对信息加密，只能用接收方的私人密钥解密。他们之间可以在无保障的公开网络中传送消息，而不用担心消息被别人窃取。

如图7-7所示，甲公司要向乙公司订购钢材，甲公司用乙公司的公开密钥将他要发给乙公司的消息加密，乙公司收到后，只能用乙公司自己的私人密钥解密而得到甲公司发来的订购单。只要乙公司保证没有他人知道乙公司的私人密钥，甲、乙两公司就能确信，所发信息只有乙公司能看到。

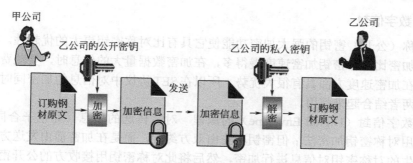

图7-7　非对称密钥加密法信息加密

② 签名认证。消息发送者用自己的私人密钥对数据加密后，发给接收方，接收方只能用发送方的公开密钥解密。由于发送方私人密钥只有发送方知道，任何一个接收者都可以确认消息是由发送方发来的。

如图7-8所示，甲公司用自己的私人密钥加密要发给乙公司的订购单，乙公司收到后，只能用甲公司的公开密钥解密，才可以得到甲公司发来的订购单。只要甲公司保证没有人知道自己的私人密钥，乙公司可以断定，订购单必定是甲公司发来的。

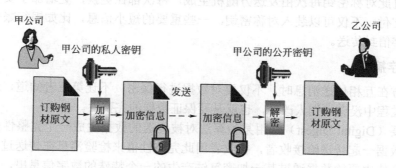

图7-8　非对称密钥加密法签名认证

非对称密钥算法加解密速度慢，尤其是解密时速度更慢，而对称密钥算法非常快，但需要太多的密钥对，实际使用时很麻烦，所以通常两种算法结合起来使用。如图7-9所示，产生一个一次性的对称密钥——会话密钥，然后用会话密钥加密信息，最后用接收者的公钥加密会话密钥——因为它很短。

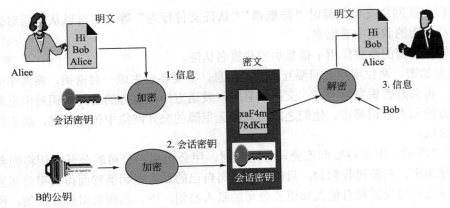

图7-9　对称密钥加密法和非对称密钥加密法组合使用

7.1.3.3　数字信封

非对称（公开）密钥的强大加密功能使它具有比对称密钥更大的优越性。但是，由于非对称密钥加密比对称密钥加密速度慢得多，在加密数据量大的信息时，要花费很长时间，而对称密钥在加密速度方面具有很大优势。所以在SET协议中对信息的加密同时采用两种加密方式，将两者结合起来使用。

（1）数字信封（Digital Envelope）的原理　对需传送的信息（如电子合同、支付指令）的加密采用对称密钥加密法；但密钥不先由双方约定，而是在加密前由发送方随机产生；用此随机产生的对称密钥对信息进行加密，然后将此对称密钥用接收方的公开密钥加密，准备定点加密发送给接受方。这就好比用"信封"封装起来，所以称作数字信封（封装的是里面的对称密钥）。接收方收到信息后，用自己的私人密钥解密，打开数字信封，取出随机产生的对称密钥，用此对称密钥再对所收到的密文解密，得到原来的信息。因为数字信封是用消息接收方的公开密钥加密的，只能用接收方的私人密钥解密打开，别人无法得到信封中的对称密钥，也就保证了信息的安全，又提高了速度。

（2）数字信封的应用　在使用对称密钥加密时，密钥的传递以及密钥的更换都是问题。采用数字信封的方式，对称密钥通过接受方的公开密钥加密后传给对方，可以保证密钥传递的安全。而且此对称密钥每次由发送方随机生成，每次都在更换，更增加了安全性。数字信封用于网络支付，不仅可以装入对称密钥，一些重要的短小信息，比如银行账号、密码等都可以采取数字信封传送。

7.1.3.4　数字摘要

通讯双方在互相传送消息时，不仅要对数据进行保密，不让第三者知道，还要能够知道数据在传输过程中没有被别人改变，也就是要保证数据的完整性。

数字摘要（Digital Digest）是用某种算法对被传送的数据生成一个完整性值，将此完整性值与原始数据一起传送给接收者，接收者用此完整性值来检验消息在传送过程中有没有发生改变。这个值由原始数据通过某一加密算法产生的一个特殊的数字信息串，比原始数据短小，能代表原始数据，所以称作数字摘要。

（1）数字摘要的使用要求　第一，生成数字摘要的算法必须是一个公开的算法，数据交换的双方可以用同一算法对原始数据经计算而生成的数字摘要进行验证。第二，算法必须是一个单向算法，就是只能通过此算法从原始数据计算出数字摘要，而不能通过数字摘要得到原始数据。第三，不同的两条消息不能得到相同的数字摘要。由于每个消息数据都有自己特定的数字摘要，就像每个人的指纹一样，所以，数字摘要又称作数字指纹或数字手印（Thumbprint）。就像可以通过指纹来确定是某人一样，可以通过数字指纹来确定所代表的数据。

（2）数字摘要的常用算法　如RSA公司提出的MD5（128位），还有SHA1等。由于常采用的是一种Hash函数算法，也称Hash（散列）编码法。MD5（128位）由Ron Rivest教授设计。该编码法采用单向Hash函数将需加密的明文"摘要"成一串128bit的密文。

（3）数字摘要在网络支付中的应用　在目前先进的SET协议机制中采用的Hash算法可产生160位的数字摘要，两条不同的消息产生同一数字摘要的机会为1/1048，所以说，这串数据在统计学意义上是唯一的。不同的消息将产生不同的数字摘要，对消息数据哪怕改变一位数据，数字摘要将会产生很大变化。在SET系统中是将数字摘要用发送者的私人密钥加密，产生数字签名来保证数据的完整性。接收者收到加了密的数字摘要，只能用发送者的公开密钥解密，如果可以确信这个数字摘要是发送者发来的，就可以用此数字摘要来验证所收到的消息的完整性。

需要注意的是，Hash算法本身并不能完全保证数据的完整性，还必须与其他密码或密钥结合起来使用才能保证。因为Hash算法是公开的，如果某人改变了传送的消息，可以很容易地同时改变由Hash算法生成的数字摘要。单用数字摘要显然无法保证数据的完整性，而必须将数字摘要保护起来，使别人无法伪造。

7.1.3.5　数字签名

在传统商务的合同或支付信件中平时人们用笔签名，这个签名通常有两个作用：一是可以证明信件是由签名者发送并认可的（不可抵赖）；二是保证信件的真实性（非伪造、非篡改）。在电子商务中，具体到为了保证电子商务安全网络支付中的认证性和不可否认性，必须具有数字签名技术，比如"电子支票上的签名认证"。

数字签名（Digital Signature），就是指利用数字加密技术实现在网络传送信息文件时，附加个人标记，完成传统上手书签名或印章的作用，以表示确认、负责、经手、真实等。

（1）数字签名的原理　就是在要发送的消息上附加一小段只有消息发送者才能产生而别人无法伪造的特殊数据（个人标记），而且这段数据是原消息数据加密转换生成的，用来证明消息是由发送者发来的。

数字签名＝发送者私人密钥加密 [Hash（原文）]

在网络支付SET机制中，是用发送方的私人密钥对用Hash算法处理原始消息后生成的数字摘要加密，附加在原始消息上，生成数字签名。在数字证书中约定了签名算法，如图7-10所示，签名算法为md5RSA。

（2）数字签名的作用　数字签名的作用与手写签名的作用一样，都可以实现身份验证。

① 如果接收方可以用签名者的公钥正确地解开数字签名，则表示数字签名的确是

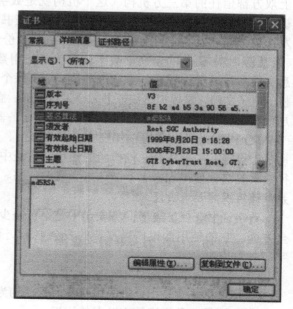

图7-10　数字证书中的签名算法

由签名者产生，这是公开密钥加密法的应用。

② 如果发送方对消息 M 计算出的数字摘要 h（M），和消息 M 的接收方从接收到的消息 M′ 计算出散列值 h（M′），这两种信息摘要相同表示文件具有完整性。这是数字摘要的应用。

③ 数字签名与手书签名的区别在于手写签名（包括盖章）是模拟的，因人而异，即使同一个人也有细微差别，比较容易伪造，要区别是否伪造，往往需要特殊专家。而数字签名是0和1的数字串，极难伪造，要区别是否为伪造，不需专家。对不同的信息数字指纹，即使是同一人，其数字签名也是不同的。这样就实现了文件与签署的最紧密的"捆绑"，更加可靠。

（3）数字签名在网络支付中应用　　数字签名可以解决下述在网络支付中的安全鉴别问题。

① 接收方伪造。接收方伪造一份文件，并声称这是发送方发送的，如伪造付款单据等。

② 发送者或接收者否认。发送者或接收者事后不承认自己曾经发送或接收过支付单据。

③ 第三方冒充。网上的第三方用户冒充发送或接收消息如信用卡密码。

④ 接收方篡改。接收方对收到的文件如支付金额进行改动。

7.1.3.6　数字证书

传统的身份证明一般是通过检验"物理物品"的有效性来确认持有者的身份。这类"物理物品"可以是身份证、护照、工作证、信用卡、驾驶执照、徽章等，上面往往含有与个人真实身份相关的易于识别的照片、指纹、视网膜等，并具有权威机构如公安机关等发证机构的盖章。

由于在电子商务中，信息业务是面向全球的，要求验证的对象集合也迅速加大，因而大大增加了身份验证的复杂性和实现的困难性。比如，在网络通讯双方使用非对称密钥加密之前，必须先要确认得到的公开密钥确实是对方的，也就是有一个身份确认的问题。最好的办法是双方面对面交换公开密钥，但这在实际中是不可行的。就像在前面的例子中，这个商户不可能和几百万个消费者都面对面地交换公开密钥。为了能确认双方的身份，必须要由网络上双方都信任的第三方机构（这个机构就是数字证书认证中心，CA）发行一个特殊证书来认证。在电子商务中，通常是把传统的身份证书改用数字形式，由双方都信任的第三方机构发行和管理，以便在网络社会上使用，进行身份认证，这就是数字证书。

（1）数字证书的定义　　数字证书就是指用数字技术手段确认、鉴定、认证 Internet 上信息交流参与者身份或服务器身份，是一个担保个人、计算机系统或者组织的身份和密钥所有权的电子文档，是模拟传统证书如个人身份证、企业营业证书等的特殊数字信息文档。例如用户数字证书证实用户拥有一个特别的公钥，服务器证书证实某一特定的公钥属于这个服务器。

认证中心作为受信任的第三方，负责产生、分配并管理用户的数字证书，承担着 PKI（公司基础设施）中公钥合法性检验的责任。认证中心为用户发放一个数字证书，并且对证书进行数字签名，使得攻击者不能伪造和篡改证书。如果由于它签发的证书造成不恰当的信任关系，该组织需要负责任。

数字证书在保证电子商务安全中是不可缺少和不可替代的，特别是在保证网络支付的安全方面。它的使用面很广，重要的安全电子交易协议（SET）、电子邮件安全协议都是以数字证书为基础的。

（2）数字证书的基本内容

① 证书格式：是指证书采用格式，目前均为 X.509 格式。

② 序列号：是辨识数字证书的标识。

③ 签名算法：是签名证书采用的算法，如md5RSA。

④ 颁证机构：指颁证机构名称。

⑤ 有效期限：是证书有效期限。

⑥ 持有人姓名：是用来确认证书的拥有者。

⑦ 持有人公钥：包括公钥数值及演算标示。

（3）数字证书的类型　与网络支付有关的数字证书包括以下三种类型。

① 个人证书（客户证书）。这种证书证实客户（例如一个使用IE的个人）身份和密钥所有权。例如，在网络支付时，服务器可能在建立SSL连接时，要求客户证书来证实客户身份。为了取得个人证书，用户可向某一CA申请，CA经过审查后决定是否向用户颁发证书。

② 服务器证书（站点证书）。这种证书证实电子商务服务器的身份和公钥。当与客户建立SSL连接时，服务器将它的证书传送给客户。当客户收到证书后，客户检查证书是由哪家CA发行的，这家CA是否被客户所信任。如果客户不信任这家CA，浏览器会提示用户接受或拒绝这个证书。

③ 认证中心（CA）证书。这种证书证实CA身份和CA的签名密钥（签名密钥被用来签署它所发行的证书）。在IE浏览器里，用户可以看到浏览器所接受的CA证书，也可以选择他们是否信任这些证书。在服务器端，管理员可以看到服务器所接受的CA证书，也可以选择是否信任这些证书。

（4）数字证书的使用流程　数字证书在使用时的操作流程如下。

① 甲准备好要传送的数字信息（明文）。

② 甲对数字信息进行哈希（Hash）运算，得到一个信息摘要。

③ 甲用自己的私钥（SK）对信息摘要进行加密得到甲的数字签名，并将其附在数字信息上。

④ 甲随机产生一个加密密钥（DES密钥），并用此密钥对要发送的信息进行加密，形成密文。

⑤ 甲用乙的公钥（PK）对刚才随机产生的加密密钥进行加密，将加密后的DES密钥连同密文一起传送给乙。

⑥ 乙收到甲传送过来的密文和加过密的DES密钥，先用自己的私钥（SK）对加密的DES密钥进行解密，得到DES密钥。

⑦ 乙然后用DES密钥对收到的密文进行解密，得到明文的数字信息，然后将DES密钥抛弃（即DES密钥作废）。

⑧ 乙用甲的公钥（PK）对甲的数字签名进行解密，得到信息摘要。

⑨ 乙用相同的Hash算法对收到的明文再进行一次Hash运算，得到一个新的信息摘要。

⑩ 乙将收到的信息摘要和新产生的信息摘要进行比较，如果一致，说明收到的信息没有被修改过。

（5）数字证书的有效性　只有下列条件都为真时，数字证书才有效。

① 证书没有过期。所有的证书都有一个期限，可以检查证书的期限来决定证书是否有效。

② 密钥没有被修改。如果密钥被修改，就不应该再继续使用，密钥对应的证书就应被视为无效。

③ 不在CA发行的无效证书清单中。CA负责回收证书，并发行无效证书清单。证书必须不在CA发行的无效证书清单中。

7.2 电子支付安全协议

7.2.1 SSL协议及应用

7.2.1.1 安全套接层（SSL）协议

SSL（Secure Sockets Layer，安全套接层）协议最初是由网景（Netscape）公司研究制定的安全协议，一种在持有证书的浏览器软件（比如Internet Explorer、Netscape Navigator）和WWW服务器（如Netscape Enterprise Server、IIS等，这里具体为电子商务服务器或银行的网上支付结算服务器）之间构造的安全通道中传输数据的协议，它运行在TCP/IP层之上、应用层之下，如图7-11所示。该协议向基于TCP/IP的客户/服务器应用程序提供了客户端和服务器的鉴别、数据完整性及信息机密性等安全措施。该协议通过在应用程序进行数据交换前交换SSL初始握手信息来实现有关安全特性的审查。在SSL握手信息中采用了DES、md5等加密技术来实现机密性和数据完整性，并采用X.509的数字证书实现鉴别。目前已有SSL2.0版本和3.0版本。

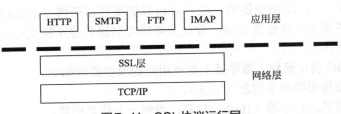

图7-11　SSL协议运行层

（1）SSL安全协议提供的服务　SSL安全协议主要提供如下三方面的服务。

① 认证用户和服务器，使得它们能够确信数据将被发送到正确的客户机和服务器上；

② 加密数据以隐藏被传送的数据；

③ 维护数据的完整性，确保数据在传输过程中不被改变。

（2）SSL安全协议的运行步骤　SSL在运行中的具体步骤包括以下6步。

① 接通阶段：客户通过网络向服务商打招呼，服务商回应。

② 密码交换阶段：客户与服务商之间交换双方认可的密码。一般选用RSA密码算法，也有的选用DiffieHellman和FortezzaKEA密码算法。

③ 会谈密码阶段：客户与服务商间产生彼此交谈的会谈密码。

④ 检验阶段：检验服务商取得的密码。

⑤ 客户认证阶段：验证客户的可信度。

⑥ 结束阶段：客户与服务商之间相互交换结束的信息。

当上述动作完成之后，两者间的资料传送就会加以密码，等到另外一端收到资料后，再将编码后的资料还原。即使盗窃者在网络上取得编码后的资料，如果没有原先编制的密码算法，也不能获得可读的有用资料。

在电子商务交易过程中，由于有银行参与，按照SSL协议，客户购买的信息首先发往商家，商家再将信息转发银行，银行验证客户信息的合法性后，通知商家付款成功，商家再通知客户购买成功，并将商品寄送客户。

7.2.1.2　SSL安全协议的应用

SSL安全协议也是国际上最早应用于电子商务的一种网络安全协议，至今仍然有许多网上商店在使用。在点对点的网上银行业务中也经常使用。该协议已成为事实上的工业标准，并被广泛应用于Internet和Intranet的服务器产品和客户端产品中。如网景公司、微软公司、IBM公司等领导Internet/Intranet网络产品的公司已在使用该协议。图7-12显示的是IE浏览器中安全设置项中SSL标识。

（1）SSL安全协议参与方及应用系统框架 SSL只涉及通讯双方和间接的CA机构，它起的是建立安全通道的作用，并认证商家数字证书，可选客户身份认证。因此，它没有SET协议机制那么复杂。客户（持卡人）与银行之间直接进行SSL保密信息传送，而不通过商家中转，客户与银行之间的SSL保密信息传送如图7-13所示。

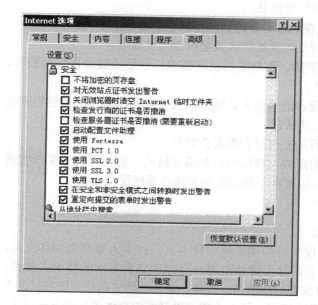

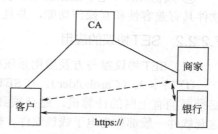

图7-12　IE浏览器中安全设置项中SSL标识　　图7-13　客户与银行之间SSL保密信息传送

（2）SSL安全协议的特点

① 应用多种安全保障手段。SSL安全协议用到了对称密钥加密法、公开密钥加密法、数字签名和数字证书等安全保障手段，安全性比较好。

② SSL应用广泛。目前几乎所有操作平台上的Web浏览器（IE、Netscape）以及流行的Web服务器（IIS、Netscape Enterprise Server等）都支持SSL协议。

7.2.2　SET协议及应用

7.2.2.1　SET协议

（1）SET协议内涵　SET（Secure Electronic Transactions，简称SET）协议，是为了在Internet上进行在线交易时保证信用卡支付的安全而设立的一个开放的规范。1996年2月1日，VISA、MasterCard等国际信用卡组织会同一些计算机供应商，开发了安全电子交易（Secure Electronic Transaction）协议，简称SET协议，并于1997年5月31日正式推出协议的1.0版。SET协议文本《SET Secure Electronic Transaction Specification》1.0版共包括三本书：《Book 1：Business Description》《Book 2：Programmer's Guide》《Book 3：Formal Protocol Definition》。SET1.0版已经公布并可应用于任何银行支付服务。

SET协议为在Internet上安全地进行交易提出了一整套完整的方案，特别是采用数字证书的方法，用数字证书来证实在网上购物的确实是持卡人本人，以及向持卡人销售商品并收钱的各方，包括持卡人、商户、银行等的安全，即涉及整个支付过程的安全。

由于设计合理，SET协议得到了IBM、HP、Microsoft、Netscape、VeriFone、GTE、VeriSign等许多大公司的支持，目前已获得IETF标准的认可，成为B2C业务事实上的工业标准。

安全电子交易是基于因特网的银行卡支付系统，是授权业务信息传输的安全标准，它采用RSA公开密钥体系对通信双方进行认证。利用DES、RC4或任何标准对称加密方法进行信息的加密传输，并用Hash算法来鉴别消息真伪、有无篡改。在SET体系中有一个关键的认证机构（CA），CA根据X.509标准发布和管理证书。

（2）SET协议运行的目标　SET协议在运行时要达到的目标主要有以下5个。

① 保证信息在因特网上安全传输，防止数据被黑客或被内部人员窃取。

② 保证电子商务参与者信息的相互隔离。客户的资料加密或打包后通过商家到达银行，但是商家不能看到客户的账户和密码信息。

③ 解决多方认证问题，不仅要对消费者的信用卡认证，而且要对在线商店的信誉程度认证，同时还有消费者、在线商店与银行间的认证。

④ 保证了网上交易的实时性，使所有的支付过程都是在线的。

⑤ 效仿EDI（电子数据交换）贸易的形式，规范协议和消息格式，促使不同厂家开发的软件具有兼容性和互操作功能，并且可以运行在不同的硬件和操作系统平台上。

7.2.2.2　SET协议的应用

（1）SET协议参与方及应用系统框架

① 持卡人（Cardholder）。在SET协议中将购物者称为持卡人。持卡人要参加SET交易，必须要拥有上网的计算机，还必须到发卡银行申请并取得一套SET交易专用的持卡人软件，这套软件一般都称为电子钱包软件。软件安装好后的第一件事，就是上网去向数字证书认证中心（简称CA）申请一张数字证书。有了数字证书，持卡人就可以开始安全地进行网上支付了。

② 商户（Merchant）。参加SET交易的另一方就是商户。商户要参与SET交易，首先必须开设网上商店（电子商务网站），在网上提供商品或服务，让顾客来购买或得到服务。商户的网上商店必须集成SET交易商户软件，顾客在网上购物时，由网上商店提供服务，购物结束进行支付时，由SET交易商户软件进行服务。与持卡人一样，商户也必须先到收单银行进行申请，而且必须在该银行设立账户。在开始交易之前，也必须先上网申请一张数字证书。

③ 支付网关（Payment Gateway）。为了能接收从因特网上传来的支付信息，在银行与因特网之间必须有一个专用系统，接收处理从商户传来的扣款信息，并通过专线传送给银行；银行对支付信息的处理结果再通过这个专用系统反馈回商户。这个专用系统就称之为支付网关。与持卡人和商户一样，支付网关也必须去指定的CA机构申请一张数字证书，才能参与SET交易活动。银行可以委托第三方担任网上交易的支付网关。

④ 收单银行（Acquirer）。商户要参加SET交易，必须在参加SET交易的收单银行建立账户。收单银行虽然不属于SET交易的直接组成部分，但却是完成交易的必要的参与方。网关接收了商户送来的SET支付请求后，要将支付请求转交给收单银行，进行银行系统内部的联网支付处理工作，这部分工作与因特网无关，属于传统的信用卡受理工作。

⑤ 发卡银行（Issuer）。扣款请求最后必须通过银行专用网络（对VISA国际卡则通过VISANET）经收单银行传送到持卡人的发卡银行，进行授权和扣款。同收单银行一样，发卡银行也不属于SET交易的直接组成部分，且同样是完成交易的必要的参与方。持卡人要参

加SET交易，发卡银行必须要参加SET交易。SET系统的持卡人软件（如电子钱包软件）一般是从发卡银行获得的，持卡人要申请数字证书，也必须先由发卡银行批准，才能从CA得到。

⑥ 数字证书认证中心（CA）。参与SET交易的各方，包括网关、商户、持卡人，在参加交易前必须到数字证书认证中心（CA）申请数字证书，在证书到期时，还必须去CA进行证书更新，重新领一张新的证书。

（2）SET交易过程

① 持卡人用浏览器上网，在网上商店选购商品。网上商店里列出了商店能提供的所有商品的目录，供顾客选购。选好商品后，持卡人向商户提出订货要求。

② 持卡人要求网上支付，商户方计算机系统将从网上商店系统进入SET交易商户系统，并激发持卡人的SET交易持卡人软件，开始进行支付。

③ 持卡人与商户互相验证对方的数字证书，持卡人还要验证由商户转交的网关证书。然后持卡人将购物请求信息传送给商户，其中一部分发给商户的信息用商户的公开密钥加密，商户能够看到，另一部分信息（持卡人账号等信息）则用网关的公开密钥加密，商户无法看到，通过商户转交给网关，商户生成授权请求，并将授权请求连同持卡人要求商户转发的信息一起发送给网关。

④ 网关收到后，将授权请求信息发送给收单银行。收单银行再将信息传送到持卡人的发卡银行。

⑤ 发卡银行将检查该信用卡的有效性及信用额度，决定是否授权。生成授权应答，发送给收单银行。收单银行将应答传送给网关。

⑥ 网关将授权应答消息传送给商户；商户再将消息发给持卡人，从而完成一次交易。如果授权批准，商户要安排送货，银行会将交易款从持卡人账户中扣除，划入商户的账户。图7-14显示了SET的交易过程。

图7-14　SET交易过程

（3）SET交易特点　在网络交易商网上支付时应用SET安全协议进行交易支付具有以下特点。

① 使用DES、RSA等提供数据加密、数字签名、数字信封等功能，给信息在网络中的传输提供可靠的安全性保证。

② SET协议通过DES算法和RSA算法的结合使用，保证了数据的一致性和完整性，并可实现交易以预防抵赖。

③ 通过数字信封、双重签名，确保用户信息的隐私性和关联性。

④ SET 协议有些复杂，成本高，只适用于客户具有电子钱包（Wallet）的场合。

7.2.2.3　SET和SSL的比较

如果将电子交易网上支付中使用的安全协议 SET 和 SSL 进行比较，两者有如下异同点。

① SSL 与 SET 采用的都是公开密钥加密法，在这一点上，两者是一致的。对信息传输的保密来说，两者的功能是相同的，都能保证信息在传输过程中的保密性。

② SSL 与 SET 两种协议在网络中的层次不一样，SSL 是基于传输层的协议，而 SET 则是基于应用层的协议。

③ 有关 SET 的相关产品却相对较少，而市场上已有许多 SSL 相关产品及工具。

④ SSL 已被大部分 Web 浏览器和 Web 服务器所内置，比较容易被接受。而 SET 要求在银行建立支付网关，在商户的 Web 服务器上安装商户软件、持卡人的个人计算机上安装电子钱包软件等。

⑤ SET 还要求必须向交易各方发放数字证书，这也成为阻碍之一。所有这些使得使用 SET 要比使用 SSL 贵得多、复杂得多。

⑥ SSL 一个很大的缺点是无法保证商户看不到持卡人的信用卡账户等信息。而 SET 协议则在这方面采取了强有力的措施，用网关的公开密钥来加密持卡人的敏感信息，并采用双重签名等方法，保证商户无法看到持卡人传送给网关的信息。

⑦ SET 系统给银行、商户、持卡人带来了更多的安全，使他们在进行网上交易时更加放心，但实现复杂、成本高。

7.2.3　其他安全协议

7.2.3.1　PKI体系

电子支付是资金在 Internet 上的传输，主要方式有企业对企业（B2B）、企业对个人（B2C）等方式。电子支付涉及的标准有主要为 PKI（Public Key Infrastructure）标准——公共密钥体系。PKI 标准是一种遵循标准的密钥管理平台，它能够为所有网络应用透明地提供采用加密和数字签名等密码服务所必需的密钥和证书管理。PKI 是新的安全技术和安全规范，PKI 体系必须具有认证机关（CA）、证书库、密钥备份及恢复系统、证书作废处理系统、客户端证书处理系统等基本成分，构建 PKI 也将围绕着这五大系统来构建。

（1）认证机关　CA 是证书的签发机构。构建密码服务系统的核心内容是如何实现密钥管理，公钥体制涉及一对密钥，即私钥和公钥，私钥只由持有者秘密掌握，无须在网上传送，而公钥是公开的，需要在网上传送，故公钥体制的密钥管理主要是公钥的管理问题，目前较好的解决方案是引进证书机制。证书是公开密钥体制的一种密钥管理媒介。它是一种权威性的电子文档，形同网络计算环境中的一种身份证，用于证明某一主体（如人、服务器等）的身份以及其公开密钥的合法性。在使用公钥体制的网络环境中，必须向公钥的使用者证明公钥的真实合法性。因此，在公钥体制环境中，必须有一个可信的机构来对任何一个主体的公钥进行公证，证明主体的身份以及它与公钥的匹配关系。

CA 机构的职责是验证并标识证书申请者的身份；确保 CA 用于签名证书的非对称密钥的质量；确保整个签证过程的安全性，确保签名私钥的安全性；证书材料信息（包括公钥证书序列号、CA 标识等）的管理；确定并检查证书的有效期限；确保证书主体标识的唯一性，防止重名；发布并维护作废证书表；对整个证书签发过程做日志记录；向申请人发通知。

（2）证书库　证书库是证书的集中存放地，它与网上"白页"类似，是网上的一种公共信息库，用户可以从此处获得其他用户的证书和公钥。构造证书库的最佳方法是采用支持LDAP（轻量级目录访问协议）的目录系统，用户或相关的应用通过LDAP来访问证书库。系统必须确保证书库的完整性，防止伪造、篡改证书。

（3）密钥备份及恢复系统　如果用户丢失了用于脱密数据的密钥，则密文数据将无法被脱密，造成数据丢失。为避免这种情况的出现，PKI应该提供备份与恢复脱密密钥的机制。密钥的备份与恢复应该由可信的机构来完成，如CA可以充当这一角色。值得强调的是，密钥备份与恢复只能针对脱密密钥，签名私钥不能够作备份。

（4）证书作废处理系统　证书作废处理系统是PKI的一个重要组件。同日常生活中的各种证件一样，证书在CA为其签署的有效期以内也可能需要作废，如A公司的职员a辞职离开公司，这就需要终止a证书的生命期。为实现这一点，PKI必须提供作废证书的一系列机制。

作废证书有如下三种策略：作废一个或多个主体的证书；作废由某一对密钥签发的所有证书；作废由某CA签发的所有证书。作废证书一般通过将证书列入作废证书表（CRL）来完成。通常，系统中由CA负责创建并维护一张及时更新的CRL，而由用户在验证证书时负责检查该证书是否在CRL之列。CRL一般存放在目录系统中。证书的作废处理必须在安全及可验证的情况下进行，系统还必须保证CRL的完整性。

（5）客户端证书处理系统　客户端证书处理系统为客户、单位服务器以及登记中心服务器生成数字证书。

7.2.3.2　SHTTP协议

SHTTP（安全的超文本传输协议）是对HTTP扩充安全特性、增加报文的安全性，它是基于SSL技术的。该协议向WWW的应用提供完整性、鉴别、不可抵赖性及机密性等安全措施。目前，该协议正由Internet工程任务组起草RFC草案。

SHTTP（Secure HTTP）容许Web浏览器对每个被检索的文档均要求核对电子签名。SSL和SHTTP协议均提供了用户到服务器的传输数据的安全性保护。其实现方法是用对称密钥加密数据流。为防范窃听，对称密钥经公共密钥加密后再传输至服务器。同样的方法还用于用户口令和信用卡号码到鉴别服务器的安全传输。

7.3　电子支付的法律保障

7.3.1　法律在电子支付中的地位

电子支付是在开放网络环境下取代传统支付工具（如现金、票据）的电子信息传递。电子支付是电子商务活动中最核心、最关键的环节，是电子商务得以进行的基础条件。我国的电子支付目前随着业务的开展，其方法和手段逐步被人们所接受，并向企业和民间靠近。

7.3.1.1　电子支付立法的层次

当前，国内已开展网上银行业务的有交通银行、中国银行、中国建设银行、中国工商银行、中国农业银行、招商银行、中国邮政银行、中信银行等。电子支付的立法过程上可分为以下三个层次。

（1）银行和金融机构的电子支付管理办法及操作规章　目前，各银行和金融机构电子支付的管理办法和操作规章主要有：中国人民银行1997年12月公布的《中国金融IC卡卡片规范》和《中国金融IC卡应用规范》，1998年9月公布的与IC卡规范相配合的POS设备规范。1999年1月26日，中国人民银行颁布了《银行卡业务管理办法》，对银行信用卡、借记卡等做出规范。我国电子支付立法工作随着银行系统电子化程度的提高和社会发展对电子支付业务需求的增长而逐步开展。

（2）国务院和国家金卡工程的管理规章　1998年年初，国家金卡工程协调领导小组根据国务院指示发出了《关于加强IC卡生产和应用管理有关问题的通知》，要求制定IC卡生产、应用的技术标准和规范。随后，《全国IC卡应用发展规划》《IC卡管理条例》《集成电路卡注册管理办法》《IC卡通用技术规范》等相继出台。这些规章主要集中在技术标准和应用方面，是低端的电子支付方面的立法。

（3）国家最高立法机关制定和颁布的法律　2004年8月28日，第十届全国人大常委会第十一次会议通过了《中华人民共和国电子签名法》，2005年4月1日起施行。这是我国制定的第一部涉及电子商务、电子支付方面的法律，对用于识别签名人身份并表明签名人认可其中的内容有了统一规定。2005年1月28日，中华人民共和国工业和信息化部发布《电子认证服务管理办法》，2005年4月1日起施行，对电子认证机构实行统一监督和管理。2005年6月9日，中国人民银行与中国银行业监督管理委员会发布了《电子支付指引（征求意见稿）》（以下简称）《指引》）。该《指引》是为规范和引导电子支付业务的健康发展，保障电子支付业务中当事人的合法权益，防范电子支付业务风险，确保银行和客户资金的安全，根据《中华人民共和国电子签名法》《支付结算办法》等法规制度所制定，在中华人民共和国境内的电子支付活动都适用该《指引》。该《指引》使电子支付业务的申请、电子支付指令的发起和接收、安全控制、差错与责任都有了详细的规定。

我国电子支付立法工作是随着银行系统电子化程度的提高和社会发展对电子支付业务需求的增长而逐步开展。我国的电子支付目前尚未制定出统一完整的法律。各银行和金融机构在联行结算和电子联行的基础上，借助于电信业的发展和信息网络的普及，发展了许多新业务，从自身发展出发制定了一些电子支付的管理办法和操作规章。这些管理办法和操作规章，在很大程度上促进了电子交易和电子支付的发展，加快了资金的划拨，拓宽了地域时空，缩短了资金的在途时间。

7.3.1.2　电子支付中暴露的问题

随着电子支付方法和手段的发展，同时也暴露出一些问题，这些问题主要有：

① 人们对电子支付的认识，从观念上还停留在传统的支付手段上；

② 对电子支付产生的法律问题处于懵懂状态，不知道自己有哪些权利，在什么情况下行使；

③ 不知道自己有哪些义务，在什么情况下履行；

④ 也不知道有哪些法律后果，在什么情况下承担；

⑤ 各家银行和金融机构的电子支付管理办法和操作规章不统一，操作起来不方便；

⑥ 跨银行之间的电子支付不顺畅，电子支付的安全问题从法律和技术上都没有得到根本的解决。

传统的法律是建立在一定时间、一定空间，并以真实的纸币、票据、实物为载体的交易与支付规则。而电子商务冲破了国家地域管辖权的限制，没有时间和空间障碍，以一种全新的时空优势，以电子网络为依托，自由进入任何一个国家的商业网站，与任何一个用户进行交易，这就对传统法律规范中的支付手段问题提出了挑战。在我国，具有法律效力的网络交易支付工具已成为我国电子商务发展的"瓶颈"性障碍。因此，加强电子支付方面的立法已迫在眉睫。

网络电子支付方面的立法除了确认电子支付工具的法律地位外，应对电子支付本身易引发的风险进行防范，如软件开发和设计风险、系统崩溃风险、操作不规范风险、黑客侵入风险、计算机病毒危害风险等。防范这些风险除了从法律上确认风险责任分担、严惩违法侵入者外，还应通过技术的发展，增强电子支付当事人的自我防护能力。

7.3.2 电子签名法

7.3.2.1 电子签名的内涵与起源

电子签名也称作"数字签名"，是指用符号及代码组成电子密码进行"签名"来代替书写签名或印章，它采用规范化的程序和科学化的方法，用于鉴定签名人的身份以及对一项数据电文内容信息的认可。电子签名的概念包含以下内容。

① 电子签名是以电子形式出现的数据。

② 电子签名是附着于数据电文的。电子签名可以是数据电文的一个组成部分，也可以是数据电文的附属，与数据电文具有某种逻辑关系、能够使数据电文与电子签名相联系。

③ 电子签名必须能够识别签名人身份并表明签名人认可与电子签名相联系的数据电文的内容。

自20世纪90年代以来，以计算机网络和电子技术应用为依托的电子商务开始在全球范围内得到日益广泛的应用，但人们在感受电子商务比传统商务具有更为便捷、高效、覆盖面广、交易费用低廉等明显优势的同时，也深深感到这种新的交易方式在广泛应用过程中遇到来自传统法律的障碍。这种障碍首先体现在以无纸化记载的信息代替以传统纸质为载体的信息是否具有法律效力的问题；其次是如何界定以数据文件在网络间传递的信息的原件及其保存的问题；此外还有签名的问题，因为在电子商务中，传统的签名方式不可能被采用，人们必须创造一种在网络上的签名方式，并且此方式要被法律确定为有效。而以上三个问题如果不能取得法律上的说法，电子商务就难以取得长足的发展。基于这些原因，世界各国对于电子商务的立法都给予了高度关注。到目前为止，全世界已有60多个国家和地区分别制定了各自的电子签名或电子商务方面的相关法律及法规。

国际上第一部电子签名法制定于1995年，由美国的犹他州制定。1996年联合国国际贸易法委员会推出的《电子商务示范法》，其中第7条对"签字"问题做了具体规定。《电子商务示范法》确立了电子签名和手写签名的"功能等同"原则，包括三个方面的内容，即数据电文等同于书面、电子签名等同于传统手写签名、具有一定条件的数据电文等同于原件。此后，有关电子商务的法律开始在各个国家陆续制定。如新加坡于1998年颁布了《电子商务法》，该法主要涉及电子商务的三个核心问题，其中之一即是"电子签名"，其内容占据了大量篇幅，是该法的核心内容。美国政府于2000年6月颁布《电子签名法》，认定消费者和商家在网上签订的合同具有法律效应。日本政府于2000年6月颁布了《数字化日本之发端——行动纲领》，该纲领重申了电子签名认证系统对发展电子商务的重要意义，并分析了几类具体认证系统及日本应采取的态度，行动纲领建议立法要点有明确"电子签名"的法律地位，保障"电子签名"所使用技术的中立性等。此外，俄罗斯和欧盟及我国的台湾地区也都制定了相关的法律。截至目前，世界上已有60多个国家和地区制定了相关的法律法规。世界各国和地区对电子签名方面的立法对规范电子签名活动、保障电子安全交易、维护电子交易各方的合法权益、促进电子商务的健康发展起到了重要作用。

7.3.2.2 中国电子签名法

随着计算机在中国的普及与应用，中国的电子商务应用也日益广泛。而且从与国际化接轨的需要看，中国的经济正在逐步融入世界经济活动的大家庭中，这就要求中国在享受WTO普遍优惠的同时，其经济行为和方式也必然要受到WTO规则的约束。同时，中国经过20多年的改革开放，在世界范围内的经济地位正在不断攀升，国内及国际间的交流合作也日益频繁。这些都要求我国必须尽快出台既与本国发展相适应，又适合于国际间交流的相关制度，《电子签名法》适时而生。

2004年的8月28日，我国颁布《电子签名法》，全称为《中华人民共和国电子签名法》，自2005年4月1日起实施。

（1）我国《电子签名法》的内容　我国颁布的《电子签名法》共分5章36条。该法立法的直接目的是为了规范电子签名行为，确立电子签名的法律效力，维护各方合法权益；立法的最终目的是为了促进电子商务和电子政务的发展，增强交易的安全性。我国颁布的《电子签名法》具体包括如下内容。

① 关于数据电文、电子签名的法律效力。数据电文、电子签名的法律效力问题，是《电子签名法》要解决的首要问题。《电子签名法》第三条明确规定："民事活动中的合同或者其他文件、单证等文书，当事人可以约定使用或者不使用电子签名、数据电文。""当事人约定使用电子签名、数据电文的文书，不得仅因为其采用电子签名、数据电文的形式而否定其法律效力。"

② 关于电子认证机构的管理。在电子交易过程中，交易双方互不认识，缺乏信任，使用电子签名时，往往需要由第三方对电子签名人的身份进行认证，并为其发放证书，为交易双方提供第三方认证。根据我国的实际情况，电子签名对电子认证机构采用了政府主导的管理模式，对电子认证服务设立了市场准入制度，即从事电子认证服务必须取得政府有关部门的许可。《电子签名法》第十七条、第十八条规定，从事电子认证服务必须具备一定的条件，并取得国务院信息产业主管部门的许可。并在第二十五条规定授权国务院信息产业主管部门依照本法制定电子认证服务业管理的具体办法。

（2）我国《电子签名法》的功能　我国《电子签名法》重点解决了以下五个方面的问题：

一是确立了电子签名的法律效力；

二是规范了电子签名的行为；

三是明确了认证机构的法律地位及认证程序，并给认证机构设置了市场准入条件和行政许可的程序；

四是规定了电子签名的安全保障措施；

五是明确了认证机构行政许可的实施主体是国务院信息产业主管部门。

（3）我国《电子签名法》的特点　与其他国家或地区的电子签名方面的立法相比，我国《电子签名法》有许多共性及个性方面的特点。

① 共性特点。与国外相关法律相比，我国的《电子签名法》共性特点主要体现在三个方面。一是电子签名技术问题复杂，但法律问题相对简单。与传统商务相比，电子商务本身也是商务，只是载体发生了变化，因此在制定《电子签名法》时着重进行了技术方面的规定，而在法律方面大多数只要采用功能等同于传统法律即可，因此文中有关法律描写的章节较少。这一点与国际上相关的法律十分吻合，国际上许多国家的相关立法在法律方面的篇幅也都很少。二是具有很强的国际统一趋势。电子商务最大的优势就是可以利用全球的网络进行网上交易，这就要求《电子签名法》必须具有国际性。在联合国的努力下，目前很多国家有

关数据电文和电子签名的规定大体一致。我国《电子签名法》的基本规定与联合国的《电子商务示范法》也基本一致。三是采取了"技术中立"的立法原则。法律只是规定了作为安全可靠的电子签名所应达到的标准，对于采用何种技术手段法律不做规定，因为信息技术发展日新月异，如果法律过多局限于某项技术，随着技术的变化就可能失效。我国立法初期名称的不断改变就是为了规避因技术发展可能产生的矛盾。

② 个性特点。《电子签名法》的个性特点也主要体现在三个方面。一是体现引导性，而不是强制性。如在电子商务活动或电子政务活动中，可以使用电子签名，也可以不使用电子签名；可以用第三方认证，也可以不用第三方认证。二是体现开放性，而不是封闭性。如虽然从条文规定来看主要适用于电子商务，但又不完全局限于电子商务，电子政务也同样适用。另从技术层面上看，并不局限于使用一种技术。三是条文规定体现的是原则性，而不是具体性。如条文中对"第三方"的界定、对认证机构的条件设置等，都是采用了"原则性"而非"具体性"的处理方式，留下了很大的法律空间。

《电子签名法》作为我国信息化领域的第一部法律，同时也是我国《行政许可法》实施以来以法律形式对直接关系公众利益的电子认证服务业设置行政许可，并授权信息产业部作为实施机关对电子认证服务提供者实施监督管理，对实施信息化管理的部门来说，是依法行政的重要一步。

（4）《电子签名法》的作用 《电子签名法》重点要解决的是数据电文如何等同于传统书面证据这一问题。传统法律有一套成熟的规则判定什么样的纸面记载（书面）具有直接的证据效力。例如，书面形式、手书签名和原件这三项规范性要求是一项有效的书面证据的基本要求。但是，在电子环境下，几乎不存在原件，也没有手书签名，如何确认一份电子文档是某人所签发，认定为"原件"，必须有相应的规则。缺少这样的规则，一遇到纠纷打起官司来，当事人一般不能说服法官直接认定电子记录的证据效力。规则的缺失所导致的尴尬局面是：我国《合同法》已经确认数据电文为书面合同了（《合同法》第11条明确规定数据电文是合同的书面形式之一），法院还不能认定电子记录的证据效力。这里的问题不出在法院，更不能归咎于当事人，主要在于没有相应的规则。

电子签名主要解决数据电文和电子签名的法律效力。《电子签名法》第二章规定了数据电文，第三章规定了电子签名。其中对于数据电文法律效力规定所采用的方法仍然是联合国《电子商务示范法》的功能等同原则。功能等同原则由以下三项等同内容构成：

① 一项数据电文所含信息可以调取以备日后查用，即满足书面要求（书面等同）；

② 只要使用一种方法来鉴别数据电文的发端人并证实该发端人认可了该数据电文的内容，即可达到签字的基本法律功能，也就是说，电子签字在法律效力上可等同于传统的签字；

③ 数据电文首次以最终形式形成后保持了完整性且可视读，即满足原件标准。可以说，我国签名法的主要内容便是确立这些规则，以便为电子证据的认定提供规则。

（5）《电子签名法》适用范围 目前我国的电子签名主要应用于两大领域，即电子商务与电子政务。《电子签名法》适用于民事活动中的合同或者其他文件、单证等文书，若当事人约定使用电子签名、数据电文的文书，不得仅因为其采用电子签名、数据电文的形式而否定其法律效力。《电子签名法》不适用于涉及婚姻、收养继承等人身关系的文书，涉及土地、房屋等不动产权益转让的文书和涉及停止供水、供热、供气、供电等公用事业服务的文书。

（6）《电子签名法》的局限性 不管是联合国示范法的功能等同原则，还是我国《电子签名法》所确立的规则，都是比较粗的原则，它离操作规则还有一段距离；而且它只是确认使用电子签名（主要是数字签名）的法律效果，并未强制任何从事在线交易或通信的人均使用电子签名，并未规定只有使用电子签名的法律文件才具有法律效力。而在现阶段，电子签名应用还非常有限，大量的电子交易仍然不采用电子签名方式。因为电子交易的参与方必须考虑经营的成本，如果使用电子签名的花费远远大于事后举证的花费，那么，多数人宁可在出现纠纷后亡羊补牢而不是防患于未然。而且，《电子签名法》适用范围具有一定的局限性，不少电子化的领域不能直接适用其规定。所以说，出台《电子签名法》，对电子签名效力加以确认，这只能增加人们对电子签名的信心，并不必然导致从事电子交易的人都会使用电子签名。从这一意义上推断，《电子签名法》出台之后很长一段时间内，对电子商务活动并不会有直接或非常明显的影响，除非有相关的配套立法进一步对其进行补充和细化。

7.3.3 信用制度与民事法

7.3.3.1 信用制度的发展

信用制度是指关于信用及信用关系的"制度安排"，是对信用行为及关系的规范和保证，即约束人们信用活动和关系的行为规则。既包括正式的，又包括非正式的。前者如有关信用的法律（如契约法）、信用管理制度等，后者如信用观念、信用习惯等。其中信用管理制度是国家为确保信用活动的正常进行而制定的有关法律法规，如信用征集、信用调查、信用评估、信用保证等信用活动中的工具采纳、机构设置、法律责任、监督管理等。

中华人民共和国建立后，在较长时期内实行与高度集中的产品经济体制相适应的信用制度，其主要特征为：

① 信用形式单一，几乎只有银行信用一种形式，商业信用、国家信用和消费信用都未能得到合理的发展；

② 信用工具简单化，只有纸币、支票等少数信用工具，由于没有金融市场，其流通也受到限制；

③ 信用机构单一化，只有信贷发行合一的国家银行和少数专业银行；

④ 信用资金实行统存统贷、统收统支的供给制；

⑤ 在管理体制上，强调一切信用集中于银行，管理手段单一化、行政化。

1979年以后，随着经济体制改革的展开，一种以国家银行和银行信用为主体的多种信用机构、多种信用形式并存，体现国家宏观调控与市场运行机制相结合的新的信用制度正在形成。其主要特点是：

① 信用制度具有商品性和计划性双重性质，由此决定在坚持银行信用主导地位的同时，允许并鼓励发展商业信用、国家信用、消费信用、租赁信用和民间信用等灵活多样的信用形式；

② 信用机构专业化多层次发展，形成各种专业银行和专门信用机构并存的信用体系；

③ 信用工具多样化，并在逐步建立金融市场的基础上进入流通；

④ 建立中央银行体制，实行直接与间接调控相结合的中央和省（市）两级调控的信用管理体制，并逐步运用经济手段和信用杠杆管理信用活动；

⑤ 信贷资金的管理逐步朝着借贷制度方向转化。

7.3.3.2 电子支付中的信用制度

20世纪末，随着电子商务的迅速发展，原有的信用制度已不能满足新时代的要求，信用制度成为制约全球电子商务发展的重要因素之一。

电子支付是基于一个虚拟的空间之上，市场参与者的诚信度完全建立在虚拟网络信息的基础上，诚信问题显得至关重要。完善的电子支付需要高效安全的交易平台和完善的社会信用体系两个基本支撑。从技术的角度看，我国在支付平台硬件和软件的建设上与发达国家基本同步。而社会信用体系是一个多层次的复杂系统，包括了买卖双方、第三方机构、网站、银行、管理者等所有参与者之间的信用保证。

（1）电子支付中的信用风险　目前我国还没有这样的信用体系，电子支付中的信用风险尤为突出。一方面，我国缺乏完整的信用信息披露机制，没有一套约束个人和企业信用行为，促使其自觉履行承诺的诚信机制；另一方面，整个社会诚信观念缺乏，欺诈现象比较严重。可以说，诚信问题已成为制约我国电子支付业务发展的瓶颈问题。

防范电子支付信用风险，首先要建设个人和企业的信用体系。中国人民银行与信息产业部于2006年4月发布了《中国人民银行、信息产业部关于商业银行和电信企业共享企业和个人信用信息有关问题的指导意见》（以下简称《意见》）。《意见》要求，从共享企业和个人欠缴电信费用信息起步，逐步扩大信息共享范围，发挥征信体系为企业和个人积累信用财富的功能；可在部分信息化程度较高的省市进行试点，再逐步向全国推广。《意见》特别指出，在实施信息共享时，有关企业需要保护个人的合法权益，依法使用企业和个人信用信息。各商业银行和电信企业工作人员要遵守相关法律规定，对所知悉的商业秘密和个人隐私承担相应的保密义务。《意见》对信用信息的共享和使用等关键问题提出了有建设性的意见，对个人和企业征信体系的建设有着积极的意义。

（2）个人信用信息基础数据库　2005年8月18日，中国人民银行发布《个人信用信息基础数据库管理暂行办法》，于2005年10月1日起正式实施。2006年1月，个人信用信息基础数据库正式运行，目前已有近5.3亿人的信用报告被收录在内，其中有信贷记录的人数约为5000万人。

个人信用信息基础数据库是由中国人民银行组织商业银行建立的个人信用信息共享平台，其日常运行和管理由征信中心承担。它就像一个"信用信息仓库"，负责采集、保存、整理个人信用信息，为商业银行和个人提供信用报告查询服务，为货币政策、金融监管提供统计信息服务。个人信用信息基础数据库已经实现全国联网，只要用户与银行发生过借贷关系，就能在国内任何地方和任何一家商业银行信贷网点查到用户的个人信用报告。

央行称个人信用报告为"第二张居民身份证"，认为它将能帮助商业银行发现优质用户。如果某个人在信用报告中留下了不良记录，虽然"信用污点"不会跟随人一辈子，但是在一段时间内对其个人信贷等还是会有很大的影响。个人信用报告主要包括以下四个方面：个人基本信息、个人信贷信息、个人信用报告查询记录、其他相关信息。

（3）信用制度需解决的问题　信用制度是各类经济活动能够有序进行的保障，因此电子商务信用建设问题对于促进电子商务的发展尤为重要。信用制度的建立仍需解决好下列问题。

① 创造良好的法律环境

a.加强信用法制建设，为信用制度建设创造良好的法律环境。不断弥补我国电子商务相关法律空白，不断完善立法，强化执法力度。

b.信用制度相关法律的缺失。从立法上看，对电子商务信用体制进行规范的立法少之又少。我国对电子商务进行规范的立法本来就不多也尚不足以构成一个法律体系，而且，各法律法规之间还存在着一些矛盾，而大量行政法规、部门规章制度的存在又大大降低了立法的位阶。主要问题有：法律规则的缺失，这使得数据电文的合法性及其效力没有法律依据，如何认可数据电文具有与纸制介质合同相同的法律效力，认定"电子签名""电子支付"具有与手写签名及交付同等的法律后果；法律规则的模糊，现行规则对待数据电文的证据力及其执行力存在不确定性，如何确定交易对方真实身份，确保通过互联网交易信息的真实性、完整性和安全性，保护交易过程中涉及的个人数据、知识产权、征税等的合法性及消费者权益保护；争端解决规则不明确，电子商务涉及工商、税务、银行、海关、认证管理等诸多部门，如何确定各部门之间的相互关系，在发生争端后合法、合理和和平地解决问题，对电子商务立法提出了新的要求。

② 完善监管体系。根据我国目前第三方认证的模式，如果第三方信用体制存在不诚实的行为，如何能及时发现并惩戒不诚实行为，国家监管措施必不可少。我国电子商务信用制度中管理秩序混乱，多方面管理现象仍然存在，管理要求不统一，给企业增加了不必要的负担。同时各部门没有形成一致的管理方案，又缺乏对整个行业行使统一管理的行政管理部门。比如，我国已经出现了不同类型的企业征信公司，如中国诚信证券评估有限公司等知名诚信认证机构。然而他们配套的管理体制相当落后，缺乏对诚信机构、征信活动进行的有效管理，出现了一些征信机构采取低价格、高回扣、高评级的手段来抢夺市场，使评级结果成为一种可以买卖的商品，出现了市场运作不规范的现象。因此，要逐步建立交易相对人监管制度、企业内部监管制度和国家监管制度相结合的电子商务信用制度。

③ 建立完善的社会信用管理体系。根据我国目前征信管理的现状，我国电子商务诚信建设应分三步走：

a.要在信息化建设和电子政务做得比较好的省、市进行试点，进行区域化的政府信用基础数据建设的可行性研究和试验，其目的是取得经验，为全国的数据整合制定标准和实施途径；

b.在试点取得成功经验的基础上，引入信用咨询和服务企业，进一步完善数据的完备性，提高可用度，同时开始对金融企业的相关数据进行整合试验，并开展跨地区数据整合的试验；

c.在全国推广统一的数据和整合实施方案，对掌握信用数据的工商、税务、金融、公安等部门的信用数据进行整合，迅速完成全国信用基础数据库建设，促进信用数据的加工和信用信息增值，在信用咨询和服务企业的支持下同步开展，初步完成社会信用体系的建设。

④ 统一行业标准，建立起信用相关性。电子商务的交易方式和手段存在某些差异，因此，需要在电子商务交易活动中建立相关的、统一的国际性标准，以解决电子商务活动的相互操作问题。企业、政府部门、银行之间的统一标准，要求不同电子商务企业和银行之间相互合作，资源共享，上述三方只要得到一个交易不诚信的信息，三者之间信息快速传递，从而进行共同防御。

⑤ 培养全社会诚信意识和诚信消费意识习惯。在我国信用评价和监管机制不健全的环境下，人们在交易过程中诚实守信的意识还很淡薄，由于人们的失信成本很低，或者说有时还不存在失信成本，使得部分人越来越不诚实、不守信。良好的诚信环境和诚信意识的培养，需要人们长期的努力，这也是电子商务诚信机制建设的重要难题之一。

网络交易的消费者相对于传统商业的消费者处于弱势地位。面对我国电子商务交易活动中出现的种种问题，当前迫切需要建设以信用为基础的社会信用体系，大力倡导诚信经商，加强网上交易消费者权益的保护，努力营造良好的电子商务市场氛围，大大提高人们的诚信意识，推进电子商务诚信机制的日益完善。

7.3.3.3 民事法

（1）民事法的内涵　民事法中包含了民事诉讼、民事诉讼法、民事诉讼的法律关系三方面的内容，具体涉及以下几个概念。

① 民事诉讼是指代表国家行使审判权的法院和诉讼参加人以及其他诉讼参与人，为审理

和解决民事、经济纠纷依法进行的活动，以及在这些活动中依法产生的各种诉讼法律关系的总称。

②民事诉讼法是国家制定或认可的，调整法院和一切诉讼参与人的民事诉讼活动以及在这些活动中产生的民事诉讼关系的法律规范的总称。

③民事诉讼法律关系，是指法院和诉讼参加人、其他诉讼参与人以及检察院之间，在民事诉讼过程中分别发生的诉讼权利义务关系。

（2）民事诉讼和民事诉讼法律关系的特点　民事诉讼和民事诉讼法律的关系具有以下特点。

①民事诉讼的特点

a.民事诉讼的标的是民事法律关系；民事诉讼是法院和一切诉讼参与人在解决民事、经济纠纷中的各种诉讼活动和各种诉讼关系结合而成的一个复杂的有机整体及其发展运动过程。

b.民事诉讼具有严格的规范性。

c.民事诉讼法律关系各主体的地位、作用与目的具有差异性。

d.民事诉讼具有严格的程序性。

②民事诉讼法律关系的特点

a.是多对关系既分立又统一的综合体。

b.一方始终是法院，并居于主导地位。

c.是平等的诉讼法律关系。

7.4　电子支付的安全管理

7.4.1　电子支付的安全管理步骤

电子支付的安全管理实际上就是对电子支付的风险管理。目前，最为常见的是巴塞尔委员会采用的安全管理步骤。以网上银行为例，巴塞尔委员会把电子支付安全管理分为三个步骤：评估风险、管理和控制风险以及监控风险。

许多国家都接受巴塞尔委员会电子支付风险管理的步骤，并加以本土化，针对本国银行的特点，制定出本国电子支付风险管理的基本程序。具体到我们国家，可以将与技术有关的安全管理也分成三个步骤：计划、实施、检测和监控。计划阶段包括风险的识别、量化等，主要是针对某一个具体项目的采用而言。经过量化以后，银行的管理层就能够知道银行所面临的风险究竟有多大、对银行会有什么样的影响、这些风险发生的概率有多大等。在此基础上，银行的管理层要做出决定，确定本银行究竟能够忍受多大程度的风险。换句话讲，如果出现这些风险，造成了相应的损失，银行的管理层能不能接受。实施是将各种相应风险控制和防范措施加以实际运用，以控制项目运行后造成的风险。检测和监控阶段是建立在前两个步骤基础上的，在系统投入运行、各种措施相继采用之后，通过机器设备的监控，通过人员的内部或者外部稽核，来检测、监控上述措施是否有效，并及时发现潜在的问题，加以解决。

因此，简单地说，安全管理过程是技术措施同管理控制措施相结合而形成的一系列制度、措施的总和。整个过程同传统银行业务的风险管理差别并不是很大，但电子支付采用的新的风险管理措施需要同银行原有的内控制度相配合，同传统业务的风险管理措施相融合。

7.4.2 电子支付安全管理的技术措施

（1）立网络安全防护体系防范风险　建立网络安全防护体系，防范系统风险与操作风险。不断采用新的安全技术来确保电子支付的信息流通和操作安全，如防火墙、滤波和加密技术等，要加快发展更安全的信息安全技术，包括更强的加密技术、网络使用记录检查评定技术、人体特征识别技术等。使正确的信息及时准确地在客户和银行之间传递，同时又防止非授权用户如黑客对电子支付所存储的信息的非法访问和干扰。其主要目的是在充分分析网络脆弱性的基础上，对网络系统进行事前防护。主要通过采取物理安全策略、访问控制策略、构筑防火墙、安全接口、数字签名等高新网络技术的拓展来实现。为了确保电子支付业务的安全，通常设有三种防护设施。第一种是装在使用者上网用的浏览器上的加密处理技术，从而确保资料传输时的隐秘性，保障使用者在输入密码、账号及资料后不会被人劫取及滥用；第二种是被称为"防火墙"的安全过滤路由器，防止外来者的不当侵入；第三种防护措施是"可信赖作业系统"，它可充分保护电子支付的交易中枢服务器不会受到外人尤其是"黑客"的破坏与篡改。

（2）应用多项新技术防范风险　发展数据库及数据仓库技术，建立大型电子支付数据仓库或决策支持系统，防范信用风险、市场风险等金融风险。通过数据库技术或数据仓库技术存储和处理信息来支持银行决策，以决策的科学化及正确性来防范各类可能的金融风险。要防范电子支付的信用风险，必须从解决信息对称、充分、透明和正确性着手，依靠数据库技术储存、管理和分析处理数据，是现代化管理必须要完成的基础工作。电子支付数据库的设计可从社会化思路考虑信息资源的采集、加工和分析，以客户为中心进行资产、负债和中间业务的科学管理。不同银行可实行借款人信用信息共享制度，建立不良借款人的预警名单和"黑名单"制度。对有一定比例的资产控制关系、业务控制关系、人事关联关系的企业或企业集团，通过数据库进行归类整理、分析、统计，统一授信的监控。

（3）加强电子技术创新对电子支付的影响　加速金融工程学科的研究、开发和利用。金融工程是在金融创新和金融高科技基础上产生的，是指运用各种有关理论和知识，设计和开发金融创新工具或技术，以期在一定风险度内获得最佳收益。目前，急需加强电子技术创新对新的电子支付模式、技术的影响，以及由此引起的法制、监管的调整。

（4）加强从业人员的法纪和安全保密教育　通过管理、培训手段来防止金融风险的发生。电子支付是技术发展的产物，许多风险管理的措施都离不开技术的应用。不过这些技术措施实际上也不是单纯的技术措施，技术措施仍然需要人来贯彻实施，因此通过管理、培训手段提高从业人员素质是防范金融风险的重要途径。《中华人民共和国电脑系统安全保护条例》《中华人民共和国电脑信息网络国际联网管理暂行规定》对电脑信息系统的安全和电脑信息网络的管理使用做出了规定，严格要求电子支付等金融业从业人员依照国家法律规定操作和完善管理，提高安全防范意识和责任感，确保电子支付业务的安全操作和良好运行。

为此，要完善各类人员管理和技术培训工作。要通过各种方法加强对各级工作人员的培训教育，使其从根本上认识到金融网络系统安全的重要性，并要加强各有关人员的法纪和安全保密教育，提高电子支付安全防护意识。一是要培训银行内部员工。由于电子支付是技术的产物，使内部员工具有相应的技术水平也是风险管理的重要方面。这些培训包括各种各样的方式，如专门的技术课程要求员工参加业内的研讨会、工作小组。同时，保证相应的技术人员能够有时间进行研究、学习，跟踪市场和技术的发展状况。二是对客户进行教育和培训，教会他们如何使用银行的设备，出现问题怎么办，并通过培训向客户披露有关的信息，如银行主页上建立的链接点的性质、消费者保护的措施、资料保密的要求等，以此减少相应

的法律风险。

（5）其他防范措施　使用智能卡作为进入系统的"身份证"，采用生物技术措施来识别有关当事人，主要是用指纹、声音、面部特征和眼部特征等人的生物特征来识别人的身份。这些措施采用之后，仍然需要有配套的措施，如智能卡虽然安全，但仍然需要定期更换内部程序或密码，以便保证其安全性能。

此外，还有许多其他的技术防范措施。比如，防病毒的技术措施，对于主服务器的管理等。这些措施技术成分比较大，需要银行管理部门格外注意。同时，只有技术措施也是不够的，同样需要辅以相应的管理和内控措施。

7.4.3　电子支付风险管理的其他方面

技术安全措施在电子支付的安全管理中占有很重要的位置，这也是电子支付安全管理的一个比较明显的特点。但电子支付的安全管理并不仅仅限于技术安全措施的采用，而是一系列安全管理控制措施的总和。

（1）管理好外部资源　目前电子支付的一个趋势是，越来越多的外部技术厂商参与到银行的电子化业务中来，可能是一次性地提供机器设备，也可能是长期地提供技术支持。外部厂商的参与使银行能够减少成本、提高技术水平，但这加重了银行所承担的风险。为此，银行应该采用有关措施，对外部资源进行有效的管理。比如，要求有权对外部厂商的运作和财务状况进行检查和监控，通过合同明确双方的权利和义务，包括出现技术故障或消费者不满意的时候，技术厂商应该承担的责任。同时，还要考虑并准备一旦某一技术厂商出现问题时的其他可替代资源。作为监管机构，也需要保持对与银行有联系的技术厂商的监管。

（2）建立健全金融网络内部管理体系　要确保网络系统的安全与保密，除了对工作环境建立一系列的安全保密措施外，还要建立健全金融网络的各项内部管理制度。

建立健全电脑机房的各项管理制度，并加以严格执行，是目前保障金融网络系统安全的有效手段。机房管理制度不仅包括机房工作人员的管理，而且还包括对机房内数据信息的管理、电脑系统运行的管理等，要求操作人员按照规定的流程进行操作，保证信息资料的保密性和安全性达到要求。

（3）建立应急计划　电子支付给客户带来了便利，但可能会在瞬间内出现故障，让银行和客户无所适从。因此，建立相应的应急计划和容错系统显得非常重要。应急计划包括一系列措施和安排，比如，资料的恢复措施、替代的业务处理设备、负责应急措施的人员安排、支援客户的措施等。这些应急的设施必须定期加以检测，保证一旦出事之后，确实能够运作。

本章小结

在电子商务的整个交易过程中，电子支付安全是最容易出问题也是最不安全的环节，因此，电子支付是电子商务安全管理的重点，也是制约电子商务发展的一个瓶颈。目前根据电子支付的发展现状，对电子支付的安全保障主要从安全技术、安全协议和法律法规三个方面来进行。

电子支付常用的安全技术有防火墙技术、数字加密技术、数字证书和数字签名等。常用的电子支付安全协议主要包括 SSL 协议、SET 协议和其他在小范围应用的安全协议。而在电子支付的法律法规方面，中国人民银行与中国银行业监督管理委员会制定并发布了《电子支付指引》《中华人民共和国电子签名法》《支付结算办法》等保障电子支付安全的法规制度，但电子支付的立法工作是随着银行系统电子化程度的提高和社会发展对电子支付业务需求的增长而逐步开展的，因此我国目前尚未制定出一套完整的电子支付法律法规。

因此，电子支付的安全还需要从安全管理方面加以考虑，包括完善各类人员的管理和技术培训，以及建立健全的金融网络的各项内部管理制度来加以保证。

复习思考

1.电子支付的风险有哪些？

2.简述电子支付的安全需求及相应的安全策略。

3.防火墙的作用有哪些？一般可以分为哪几类？

4.简述数字摘要的技术原理。

5.什么是数字证书？简述数字证书的使用流程。

6.SET协议和SSL协议的比较。

7.什么是电子签名，简述《电子签名法》的作用和使用范围。

8.简述电子支付安全管理的技术措施。

参考文献

[1] 狄卫平，梁洪泽. 网络金融研究 [J]. 金融研究，2000，11.

[2] 舒志军. 全球网络金融超市的崛起 [J]. 国际金融研究，2000，6.

[3] 尹龙. 网络银行与电子货币——网络金融理论初探 [D]. 成都：西南财经大学，2002.

[4] 王雷. 网络金融的国际比较和借鉴 [D]. 大连：东北财经大学，2003.

[5] 孔繁强. 新经济形式下网络金融的发展现状及未来发展趋势 [J]. 中国市场，2010，（22）.

[6] 吴晓光. 网络金融的创新与监管 [J]. 征信，2011，3.

[7] 王琴，王海权. 网络金融发展趋势研究 [J]. 商业时代，2013，8.

[8] 刘小差. 金融业融合发展研究 [D]. 成都：西南财经大学，2012.

[9] 崔时庆. 当前我国网络金融发展现状及其问题的探究 [J]. 华南金融电脑，2007，7：19-22.

[10] 高彩霞. 浅析网络金融对经济作用 [J]. 消费导刊，2010，1.

[11] 翟大伟. 我国移动金融现状与发展策略研究 [J]. 新金融，2011，09：37-42.

[12] 张茜. 我国移动金融发展趋势及需要关注的问题 [J]. 时代金融，2013，12：151.

[13] 吴晶妹. 金融经济学 [M]. 北京：中国经济出版社，2000：316.

[14] 李洪尧，胡亮，钟昌标，党伟华. 知识经济与金融 [M]. 北京：社会科学文献出版社，2000：211.

[15] 李慧凤. 我国网络金融的发展现状与监管思路 [J]. 中国地质大学学报：社会科学版，2004，04：53-56.

[16] 肖霄. 论信息时代网上银行的法律监管 [J]. 法制与经济（中旬刊），2009，1.

[17] 高文思. 浅谈网络金融的发展及对策 [J]. 现代商业，2008，（30）.

[18] 孔繁强. 新经济形式下网络金融的发展现状及未来发展趋势 [J]. 中国市场，2010，（22）.

[19] 彭爱武，陈妞. 网络金融发展研究 [J]. 农村经济与科技，2009，（04）.

[20] 王桂梅. 国外金融监管组织结构的演变及我国的对策 [J]. 国际金融研究，2000，9.

[21] 宋海鹰. "金融服务与市场法"对英国金融监管的变革 [J]. 国际金融研究，2001，5.

[22] 刘妍. 我国商业银行金融业务创新研究 [D]. 长春：吉林大学，2007.

[23] 李海英. 我国商业银行金融业务创新研究 [D]. 哈尔滨：哈尔滨工程大学，2007.

[24] 张浩斌. 国内网络支付结算业务初探 [J]. 生产力研究，2010，（06）.

[25] 郑慧民. 结算中心工作流程机制分析 [J]. 会计之友，2004，（09）.

[26] 沈学红. 银行网络下结算中心的构建 [J]. 经济师，2008，（03）.

[27] 祁书丹. 关于结算中心运作模式的构建 [J]. 中国会计电算化，2003，（09）.

[28] 别坤. 网络支付的技术演进 [J]. 互联网周刊，2011，（02）.

[29] 尤学智，陈荣. 电子商务网络支付的发展研究 [J]. 吉林大学学报：信息科学版，2010，（06）.

[30] 庄晓娟. 我国支付结算体系存在的问题与不足 [J]. 消费导刊，2009，（06）.

[31] 夏志凌. 我国银行支付结算体系研究 [J]. 中国市场，2005，（23）.

[32] 吴金星，汪俊洪. 我国支付结算体系发展现状分析及措施研究 [J]. 财政监督，2008，（14）.

[33] 李东荣. 大数据推动金融领域发生巨大变革 [EB/OL]. 2013-12-17，2013-12-22，http://finance.sina.com.

cn/money/bank/bank_yhfg/20131217/134617660179. shtml

[34] 曹龙骐. 金融学[M]. 第3版. 北京：高等教育出版社，2010.

[35] 中国经济网. 全国首例网上开店偷税案开庭. http://www.ce.cn/xwzx/gnsz/gdxw/ 200706/29/t20070629_12001916. shtml，2007年06月29日.

[36] 曹红辉等. 中国电子支付发展研究[M]. 北京：经济管理出版社，2008：319.

[37] 于海. 电子商务税收征缴方案设计[D]. 大连：大连理工大学，2005：9

[38] 宋槿篱. 电子商务对税法基本原则的影响[J]. 湖南社会科学，2003，（1）：70-171.

[39] 赵枫，陶华. 中美电子商务涉税比较分析[J]. 当代经济研究，2007，（5）：32-33.

[40] 叶姗. 电子商务的课税问题初探[J]. 广西社会科学，2004，（7）：88-91.

[41] 赵枫，陶华. 中美电子商务涉税比较分析[J]. 当代经济研究，2007，（5）：32-33.

[42] 廖益新. 论电子商务交易的流转税法律属性问题[J]. 法律科学（西北政法学院学报），2005，（3）：109-114.

[43] 中国电子商务研究中心. 美国对电商征收销售税 亚马逊推即日送达服务[EB/OL]. http://b2b. toocle. com/detail--6058252. html，2012.

[44] 李绍平，徐嘉南. 欧盟电子商务增值税政策对我国的启示[J]. 哈尔滨商业大学学报：社会科学版，2006，（2）：56-58.

[45] 肖翔. 网店是否应被征税引争论 国外多规定网店需缴税[EB/OL]. http://finance. sina. com. cn/roll/20110712/084910132069. shtml，2011.

[46] 佚名. 国外如何监管第三方支付机构[EB/OL]. http://news. kltong. com/？p=1706，2012.

[47] 金凤. 制定我国电子商务税收政策——借鉴国外电子商务税收政策[J]. 江苏商论，2006. 11：40-41.

[48] 费林，任佰合. 试论电子商务的征税问题及我国的政策选择[J]. 吉林财税，2002，2：34-35.

[49] ROBERT G BISCONTRI，CHRISTINA Y M NG，SUSANNA L M YUENA著. 电子商务_税基侵蚀及对国际税收当局的挑战[J]. 武汉中南财经政法大学杨若召，张节英节译. 经济资料译丛，2002，（1）：73-77.

[50] 董宇. 民建中央关于完善电子商务税收制度的提案[EB/OL]. http://news. qq. com/a / 20080312/003581. htm，2008.

[51] 姜青苗. 电子商务对税收征管的影响与对策研究[D]. 长沙：国防科学技术大学，2005.

[52] 甘丽华. 中国电子商务税收期待"国标"[N]. 中国青年报，2011.

[53] 财政部注册会计师考试委员会办公室编. 税法[M]. 北京：经济科学出版社，2002：556.

[54] 中国电子商务研究中心. 网店开电子发票 月销2万以下不需交增值税[EB/OL]. http://www.100ec. cn/detail--6028413. html，2012年3月15日.

[55] 海关总署. 9月1日起海关调整进出境个人邮递物品管理措施[EB/OL]. http://www.customs. gov. cn/publish/portal0/tab1/info237554. htm，2010-09-03.

[56] 孙强. 商人登记相关问题之探析[J]. 保定学院学报，2010，（1）：43-46.

[57] 刘爱华. 电子商务税收征管相关问题思考[J]. 商场现代化，2007，（2）：169-170.

[58] 夏勇. 浅议电子商务中的增值税征收问题[J]. 中国管理信息化，2006，9（12）：95-98.

[59] Alm James，Melnik Mikhail I. DO EBAY SELLERS COMPLY WITH STATE SALES TAXES？ [J]. NATIONAL TAX JOURNAL，2010：215-236.

[60] Fox William F，Luna LeAnn，Murray Matthew N. The SSTP and Technology：Implications for the Future of the Sales Tax [J]. NATIONAL TAX JOURNAL，2008：823-841.

[61] Li Cheng. Taxation and E-commerce：Do they avoid e-commerce tax in China？ [A]. ICPOM2008：PROCEEDINGS OF 2008 INTERNATIONAL CONFERENCE OF PRODUCTION AND OPERATION

MANAGEMENT[C]，2008：57-59.

[62] Johnson GG，Moore MV，Tao LY. Sales and use taxes in the electronic world：USA and international issues[A]. PROCEEDINGS OF INTERNATIONAL CONFERENCE ON E-BUSINESS[C]，2002：598-604.

[63] 陈虹. 电子商务对传统税制的冲击[J]. 涉外税务，2000，（9）：20-22.

[64] Ballard Charles L，Lee Jaimin. Internet purchases，cross-border shopping，and sales taxes[J]. NATIONAL TAX JOURNAL，2007：711-725.

[65] Hale Kathleen，McNeal Ramona. Technology，politics，and e-commerce：Internet sales tax and interstate cooperation[J]. GOVERNMENT INFORMATION QUARTERLY，2011：262-270.

[66] 李凤荣. 电子商务带来的税收问题及应对措施[J]. 财会月刊，2004，（B4）：28-29.

[67] McLure CE. The value added tax on electronic commerce in the European Union [A]. INTERNATIONAL TAX AND PUBLIC FINANCE[C]，2003：753-762.

[68] 王裕康. 论电子商务对国际税权划分的影响[J]. 涉外税务，2004（7）：38-43.

[69] 张媛. 电子商务与税收新理念的探析[J]. 国际商务研究，2005（6）：21-23.

[70] 马廉颇，马岩琳. 我国应对电子商务涉税问题的整体构想与思考[J]. 南方经济，2005，（12）：83-85.

[71] 郭丽霞. 电子商务税收筹划探析[J]. 河南税务，2003，03：48-49.

[72] 于丽娜，杨旭辉. 跨国企业实施国际税收筹划策略分析[J]. 沈阳建筑大学学报：社会科学版，2006，（84）：374-376.

[73] 赵宪武，龚巧茹，李湘纯. 我国电子商务的逃税问题及对策[J]. 税收与企业，2003，（07）：23-24.

[74] 叶姗. 电子商务的课税问题初探[J]. 广西社会科学，2004，（7）：88-91.

[75] 杨元伟. 电子商务时代税收制度及政策选择的理论分析[J]. 税务研究，2002，（7）：20-27.

[76] 刘英，李为. 电子商务税制问题的辨析[J]. 武汉理工大学学报：信息与管理工程版，2001，23（1）：41-46.

[77] 徐子尚. 跨国电子商务消费税税收管辖权界定之初探[J]. 辽宁经济，2002，（7）：17-18.

[78] 夏勇. 如何在我国现有税制下借鉴OECD的电子商务增值税课税机制[J]. 中国管理信息化，2007，10（3）：74-77.

[79] 宋霄，蒋正. 对有奖发票制度的几点思考[J]. 法制与社会，2007，05：363.

[80] 祝博. 关于电子商务税制改革的措施[J]. 哈尔滨市委党校学报，2004，（4）：54-55.

[81] 金凤. 制定我国电子商务税收政策——借鉴国外电子商务税收政策[J]. 江苏商论，2006，11：40-41.

[82] 李绍平，徐嘉南. 欧盟电子商务增值税政策对我国的启示[J]. 哈尔滨商业大学学报：社会科学版，2006，（2）：56-58.

[83] 费林，任佰合. 试论电子商务的征税问题及我国的政策选择[J]. 吉林财税，2002，2：34-35.

[84] 李绍平，王甲山. 电子商务对我国增值税的冲击及对策研究[J]. 江汉石油学院学报：社科版，2003，5（4）：24-25.

[85] 李安定，陈嘉慧. 全功能模式下电子商务增值税征收政策研究[J]. 上海会计，2004，（6）：38-40.

[86] 吴萌. 电子商务的国际税收问题[J]. 财政税收，2007，（4）：36-37.

[87] Yang Qi-feng，Wang Jun，Song Ping. THE METHOD OF TAX COLLECTION AND TECHNICAL REALIZATION BASED ON THE THIRD-PARTY ONLINE PAYMENT MODE[A]. DCABES 2009：THE 8TH INTERNATIONAL SYMPOSIUM ON DISTRIBUTED COMPUTING AND APPLICATIONS TO BUSINESS，ENGINEERING AND SCIENCE，PROCEEDINGS[C]，OCT 2009：228-232.

[88] 黄素梅. 电子商务中常设机构认定标准的新发展[J]. 涉外税务，2006，（8）：40-43.

[89] 刘旭. 非传统交易方式下的利润来源地税收管辖权标准[J]. 贵州财经学院学报，2005，（4）：54-56.

[90] 尹音频. 电子商务税收理念与制度探析——关于构建信息预提税制的设想 [J]. 涉外税务，2002，（6）：11-15.

[91] 刘锦萍. 税收中的电子商务 [J]. 辽宁工学院学报，2004，（12）：86-87.

[92] 肖北溟. 电子商务冲击国际税收 [J]. 中国管理科学，2002，10：520-522.

[93] 陈蕾，钟雪. 电子商务对世界税制一体化进程的影响 [J]. 四川经济管理学院学报，2006（1）：38-39.

[94] 王迎春，李业. 税收面对电子商务的困惑与挑战——河南漯河税案的调查分析 [J]. 中国税务，1999-11-5：12-14.

[95] 中央政府门户网站. 关于促进电子商务健康快速发展有关工作的通知 [EB/OL]. http://www.gov. cn/zwgk/2012-02/17/content_2069604. htm，2012年2月17日.

[96] 中国电子商务研究中心. 苏宁易购承接"国家课题"启动电子发票应用项目 [EB/OL]. http://b2b. toocle. com/detail--6063695. html，2012年10月23日.

[97] Haisheng CAO，Bingyong TANG，Fengtao LIU，Zhihong WANG. The Design of Embedded Electronic Invoicing [A]. 2012 3rd International Conference on E-Business and E-Government（ICEE）[C]：6737-6739.

[98] 曹海生. 电子商务税收征管体系研究 [D]. 上海：东华大学，2012：69-70.

[99] Haisheng CAO，Bingyong TANG，Fengtao LIU，Zhihong WANG. An Electronic Invoice Online Identification Scheme Based on Information Anti-counterfeiting Mechanism [A]. Proceedings of the 2011 National Conference on Electronic Information Technology and Application [C]：358-360.

[100] 佚名. 网络发票知识问答 [J]. 中国税务，2013，06：16-17.

[101] 国家税务总局令第30号网络发票管理办法 [J]. 财会月刊，2013：124.

[102] 佚名. 中国内地电子商务领域首张电子发票诞生 [J]. 印刷技术，2013，15：2-3.

[103] 宋滟泓. 使用环境不成熟电子发票试点多难题 [J]. IT时代周刊，2013，14：22-23.

[104] 王海燕. 申城首张电子发票年底前开出 [N]. 解放日报，2013-10-10.

[105] 邵峰，余静，王颖. 试行电子发票 实施综合改革——江苏省地方税务局发票管理改革综述 [J]. 中国税务，2013，06：25-27.

[106] [美]卡拉西克 - 亨姆（Carasik-Henmi，A）. 防火墙核心技术精讲 [M]. 李华飚译. 北京：中国水利水电出版社，2005.

[107] 曾勋炜，付爱英，盛鸿宇. 防火墙技术标准教程 [M]. 北京：北京理工大学出版社，2007.

[108] 熊于宁. 电子商务C2C模式信任机制研究 [J]. 中山大学学报论丛，2006，（9）.

[109] 周若谷. 电子商务中的信用与监管 [J]. 电子商务，2008，（9）.

[110] 路峰，吴慧中. 网络环境下的信任评估模型研究 [J]. 计算机应用研究，2008，（4）.

[111] 柯新生. 网络支付与结算 [M]. 北京：电子工业出版社，2005.

[112] 张先红. 数字签名原理及技术 [M]. 北京：机械工业出版社，2004.